U0573005

皮书系列为
"十二五""十三五""十四五"时期国家重点出版物出版专项规划项目

BLUE BOOK

智库成果出版与传播平台

国家中心城市蓝皮书

BLUE BOOK OF NATIONAL CENTRAL CITY

国家中心城市建设报告（2023）

ANNUAL REPORT OF THE CONSTRUCTION OF NATIONAL CENTRAL CITIES (2023)

扩大内需战略与特大型城市建设

顾　问／仇保兴　张大卫

主　编／刘国际　张　钢

执行主编／胡明生　喻新安　陈　耀

副主编／杜学霞　徐艳红

社会科学文献出版社

SOCIAL SCIENCES ACADEMIC PRESS（CHINA）

图书在版编目（CIP）数据

　　国家中心城市建设报告. 2023：扩大内需战略与特
大型城市建设 / 刘国际，张钢主编；胡明生，喻新安，
陈耀执行主编；杜学霞，徐艳红副主编. --北京：社
会科学文献出版社，2023.11
　　（国家中心城市蓝皮书）
　　ISBN 978-7-5228-2703-2

　　Ⅰ. ①国…　Ⅱ. ①刘…　②张…　③胡…　④喻…　⑤陈
…　⑥杜…　⑦徐…　Ⅲ. ①城市建设-研究报告-中国-
2023　Ⅳ. ①F299.2

　　中国国家版本馆 CIP 数据核字（2023）第 205170 号

国家中心城市蓝皮书
国家中心城市建设报告（2023）
　　——扩大内需战略与特大型城市建设

主　　编 / 刘国际　张　钢
执行主编 / 胡明生　喻新安　陈　耀
副 主 编 / 杜学霞　徐艳红

出 版 人 / 冀祥德
组稿编辑 / 任文武
责任编辑 / 王玉霞
文稿编辑 / 吴尚昀
责任印制 / 王京美

出　　　版 / 社会科学文献出版社·城市和绿色发展分社（010）59367143
　　　　　　地址：北京市北三环中路甲 29 号院华龙大厦　邮编：100029
　　　　　　网址：www.ssap.com.cn
发　　　行 / 社会科学文献出版社（010）59367028
印　　　装 / 三河市东方印刷有限公司

规　　　格 / 开　本：787mm×1092mm　1/16
　　　　　　印　张：30　字　数：451 千字
版　　　次 / 2023 年 11 月第 1 版　2023 年 11 月第 1 次印刷
书　　　号 / ISBN 978-7-5228-2703-2
定　　　价 / 168.00 元

读者服务电话：4008918866

《国家中心城市建设报告（2023）》
编 委 会

主要编撰者简介

刘国际　工学博士，郑州师范学院党委书记、教授、博士生导师，享受国务院政府特殊津贴，中国化工学会理事，河南省学术技术带头人，河南省化工学会理事长，《化工学报》编委，河南省绿色催化加氢重点实验室主任，河南省绿色催化与分离技术工程实验室主任。主要研究领域为新型催化剂开发、绿色化工工艺过程开发。先后承担省部级科研项目15项、厅局级科研项目10余项、企业委托项目20余项。作为成果第一完成人，获河南省科技进步二等奖3项、河南省科技进步奖三等奖2项、河南省教育厅科技进步奖一等奖1项、郑州市科技进步奖二等奖1项。获国家发明专利10余项，在国内外正式出版的学术刊物上发表学术论文100余篇，其中60余篇被SCI/EI收录。

张　铟　工学博士，郑州师范学院院长、三级教授，郑州大学、中原工学院硕士研究生导师，国家一级注册结构工程师、监理工程师，河南省教育厅学术技术带头人，"河南省工程结构性能监测与控制"创新型科技团队带头人。主要研究领域为FRP材料在土木工程中的应用、结构的力学性能仿真分析、装配式建筑等。主持国家自然科学基金面上项目和博士后科学基金项目各1项，作为主要成员参与国家自然科学基金面上项目1项。主持或主要参与已鉴定省级科研项目5项，获得河南省科技进步奖三等奖1项，南阳科技进步奖一等奖1项、二等奖2项。先后在权威期刊发表专业论文30余篇，主编或参编教材5部。

胡明生　博士，郑州师范学院副校长、教授。电气和电子工程师协会（IEEE）高级会员，中国计算机学会高级会员，河南省教育科研计算机网专家委员会委员，河南省计算机学院软件工程专委会委员，河南省教育厅学术技术带头人。长期从事计算机教学管理和相关课程教学，主要研究领域为人工智能、数据挖掘。主持国家级研究课题 2 项，参与国家级研究课题 4 项、省级研究课题 10 项，发表学术论文 40 余篇，撰写专著 1 部，主编教材 2 部。

喻新安　经济学博士，郑州师范学院国家中心城市研究院院长，河南省社会科学院原院长，二级研究员，享受国务院政府特殊津贴，河南省优秀专家，河南省首批杰出专业技术人才，兼任中国区域经济学会副会长，国家统计局"中国百名经济学家信心调查"特邀经济学家。郑州大学、河南大学、河南工业大学等高校客座教授。主要研究领域为区域经济、产业经济、经济体制改革。代表作有《大省崛起》《中国新城区建设研究》《全面建设小康社会的目标体系》《中原经济区研究》《新型城镇化引领论》《中原崛起之路》《工农业协调发展的河南模式》等，主持完成国家级、省部级课题 30余项；在《求是》《中国工业经济》《中国改革》《改革》《人民日报》《光明日报》《经济日报》等报刊发表论文 400 多篇，获省部级特等奖、一等奖 10 项。

陈　耀　经济学博士，郑州师范学院国家中心城市研究院首席专家，中国社会科学院工业经济研究所研究员、教授、博士生导师，中国区域经济学会副会长兼秘书长，中国社会科学院西部发展研究中心副主任，国家社会科学基金重大项目首席专家。享受国务院政府特殊津贴，中央组织部"院士专家西部行"、全国政协常委视察团和国家发展改革委等活动受邀专家、中国区域经济 50 人论坛成员。主要研究领域为区域经济、产业空间组织和政府政策。代表性论著有《国家中西部发展政策研究》《中国区域经济学前沿》《区域经济学》《区域经济辞典》等，在《经济研究》《中国工业经济》《经济管理》《区域经济评论》等刊物发表论文和各项研究报告数百篇，获得国家科技进步奖、中国发展研究奖、中国社会科学院优秀成果奖等 10 余项奖励。

摘　要

　　《国家中心城市建设报告（2023）》是由郑州师范学院国家中心城市研究院组织，联合全国20多个科研机构、近50位专家学者参与创研的第六部国家中心城市蓝皮书。本部皮书以"扩大内需战略与特大型城市建设"为主题，分析了当前"需求收缩、供给冲击、预期转弱三重压力仍然较大"的经济形势下，2022年各国家中心城市和其他特大城市社会经济发展现状水平和发展态势，以及各城市在扩内需促消费稳增长方面的做法、成效及对策措施。

　　本书分为总报告、评价篇、城市篇、案例篇、探索篇等五个部分，结构和内容如下。

　　总报告。《2022年特大型城市扩内需促消费稳增长建设报告》，基于21个超大和特大城市，尤其是9个国家中心城市在2022年和2023年1~4月城市主要经济社会指标情况，通过分析各城市扩内需促消费稳增长的主要举措和成效、存在的主要问题，进一步分析了在新发展阶段特大型城市应勇于承担扩内需促消费稳增长使命担当的必要性和紧迫性，并提出了建设以实体经济为支撑的现代化产业体系、释放全社会的创新创造潜能、改善居民消费预期、提振和增强民间投资信心与活力、大力发展新产业培育新动能、培育壮大各类新型消费、加大金融支持扩大内需力度、优化营商环境、深化改革开放，以及推进区域协调发展和新型城镇化等对策建议。

　　评价篇。《2022年国家中心城市建设指数及成长性指数评价分析》，对包括9个国家中心城市在内的21个特大型城市进行了统一的权重计算和建

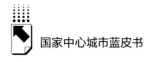
设指数测度，国家中心城市中，北京、上海、广州建设指数位列第一梯队，成都、武汉、重庆、西安建设指数位列第二梯队，郑州和天津建设指数位列第三梯队；与其他 12 个特大城市相比，西安、郑州、天津的建设指数在 21 个特大型城市中分别排在第 12、第 15 和第 16 位，其余 6 个国家中心城市位列建设指数前 10。各国家中心城市 2022 年的成长性指数均有较大幅度降低，城市成长性排名变化明显，综合成长性指数最高的是成都，其次是郑州、重庆、武汉，天津、北京和广州成长性分别排在第 5、第 6 和第 7 位，上海和西安成长性为负，排后两位。其他 12 个特大型城市的建设指数测度中，深圳、南京、杭州和青岛位于第一层级，建设发展指数均在 0.45 以上；济南、长沙、昆明等位于第二层级，建设发展指数在 0.35~0.42；沈阳、佛山、大连、东莞、哈尔滨位于第三层级，其建设发展指数在 0.32~0.36。

城市篇。各报告全面展现了 2022 年 9 个国家中心城市在扩大内需战略下城市建设取得的主要成效，研判了国际国内环境深刻变化下，各城市在扩内需促消费稳增长中存在的问题、面临的机遇与挑战，提出了特大型城市融入新发展格局，推动高质量发展、构建现代化产业体系、破解社会需求不足和消费不振的政策及举措。

案例篇。选取了各个国家中心城市在扩内需实践中比较有特点、有特色的创新举措进行专题研究，如北京、上海、天津的国际消费中心城市建设，重庆、西安的扩内需促消费相关实践，郑州制造业发展，以及成都的公园城市实践等。

探索篇。针对城市消费能级跃迁、产业转型、数字经济发展、国际消费中心城市建设、居民消费行为城市热点和重点问题等开展了探讨分析，提出了针对性的对策和建议，以期为城市建设提供参考和借鉴。

关键词： 扩大内需；促消费；稳增长；国家中心城市；特大型城市

Abstract

The "Report on the Construction of National Central Cities (2023)" is the sixth blue book on national central cities. It is the fruition of innovative research of over 50 experts and scholars from more than 20 research institutions across China who participated in this project under the initiation and mobilization of the National Central Cities Institute at Zhengzhou Normal University. With the theme of "expanding domestic demand strategy and the construction ofmegacities", it analyzes the current economic situation, which is marked by "three major pressures of shrinking demand, supply shock, and weakened expectations", and examines the social and economic development status and trends of national central cities and other megacities in 2022. It also explores the practices, achievements, and countermeasures of these cities in expanding domestic demand, promoting consumption, and stabilizing growth.

This book is divided into five parts: general report, evaluation section, city section, case study section and exploration section. The structure and content of each part are as follows.

The General Report, "Report on the Construction of Expanding Domestic Demand, Promoting Consumption, and Ensuring Stable Growth inMegacities in 2022", is based on the analysis of the main economic and social indicators of 21 megacities and extra-large cities, especially the 9 national central cities, in 2022 and January to April of 2023. By analyzing the main measures and achievements of each city in expanding domestic demand, promoting consumption, and stabilizing growth, as well as the main problems that exist, it further analyzes the necessity and urgency for megacities to undertake the mission of expanding domestic demand, promoting consumption, and stabilizing growth in the new stage of

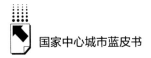
development. Moreover, the report proposes countermeasures and suggestions, including building a modern industrial system supported by the real economy, unleashing the innovative potential of the entire society, improving residents' consumption expectations, boosting and enhancing the confidence and vitality of private investment, vigorously developing new industries and cultivating new drivers, fostering and expanding various new forms of consumption, increasing financial support for expanding domestic demand, optimizing the business environment, deepening reform and opening up, and promoting regional coordinated development and new urbanization.

Evaluation Section. The report, "Evaluation Analysis of National Central City Construction Index and Growth Index in 2022", conducted a unified weight calculation and construction index measurement for 21 megacities including 9 central cities. Among the national central cities, Beijing, Shanghai, and Guangzhou ranked in the top tier of the construction index, while Chengdu, Wuhan, Chongqing, and Xi'an ranked in the second tier, and Zhengzhou and Tianjin ranked in the third tier. Compared with the other 12 megacities, Xi'an, Zhengzhou, and Tianjin ranked 12th, 15th, and 16th, respectively, in terms of the construction index among the 21 megacities, while the other 6 national central cities ranked within the top ten in terms of the construction index. The growth index of each national central city in 2022 has decreased significantly, and there has been a notable shift in the ranking of cities' growth index. Chengdu has the highest comprehensive growth index, followed by Zhengzhou, Chongqing, and Wuhan. The growth index of Tianjin, Beijing, and Guangzhou are ranked fifth, sixth, and seventh, respectively, while Shanghai and Xi'an have negative growth index and ranked the last two. In the construction index measurement of the other 12 megacities, Shenzhen, Nanjing, Hangzhou, and Qingdao are in the first tier with construction development index above 0.45. Jinan, Changsha, Kunming, and others are in the second tier with construction development index between 0.35 to 0.42. Shenyang, Foshan, Dalian, Dongguan, and Harbin are in the third tier with construction development index between 0.32 to 0.36.

City Section. The reports comprehensively showcase the main achievements of the 9 national central cities in urban construction under the strategy of expanding domestic demand in 2022, and analyze the problems, opportunities, and challenges that cities face in expanding domestic demand, promoting consumption, and stabilizing growth in the context of profound changes in the international and domestic environment. The reports also propose policies and measures formegacities to integrate into the new development pattern, promote high-quality development, build a modern industrial system, and solve the problems of insufficient social demand and weak consumption.

Case Study Section. Special studies have been conducted on innovative measures that are distinctive and characteristic in the practice of expanding domestic demand in each national central city, such as the construction of international consumer center cities in Beijing, Shanghai, and Tianjin, the practice of expanding domestic demand and promoting consumption in Chongqing and Xi'an, the development of manufacturing industry in Zhengzhou, and the park city practice in Chengdu.

Exploration Section. Discussions and analyses have been conducted on hot and key issues, such as the leapfrogging of urban consumption levels, industrial transformation, digital economy development, construction of international consumer center cities, and hot topics of residents' consumption behavior in cities. Targeted countermeasures and suggestions have been proposed to provide references and insights for urban construction.

Keywords: Expanding Domestic Demand, Promoting Consumption, Stabilizing Growth, National Central Cities, Megacity

目 录 ↘

Ⅰ 总报告

Ⅱ 评价篇

Ⅲ 城市篇

Ⅳ　案例篇

Ⅴ　探索篇

皮书数据库阅读 **使用指南**

CONTENTS ⟨⟩

I General Report

II Evaluation Section

III City Section

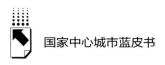
Ⅳ Case Study Section

V Exploration Section

总 报 告
General Report

B.1
2022年特大型城市扩内需
促消费稳增长建设报告

郑州师范学院国家中心城市研究院课题组*

摘 要： 2022年，我国经济面临需求收缩、供给冲击、预期减弱三重压力，特大型城市全面落实疫情要防住、经济要稳住、发展要安全的重要要求，出台实施稳经济一揽子政策，推动经济企稳回升，以近全国1/5的常住人口，创造了近1/3的国内生产总值，在国家发展全局中占据了举足轻重的地位。尽管如此，特大型城市也面临供给侧结构不优、新兴产业与传统产业融合不充分、投资与消费的动态适配性不足和收入分配格局不合理等问题。作为经济增长的核心引擎，特大型城市集中了空间、人才、资源和政策上的主要优势，理应承担起挑大梁的重大责任，在创新政策举措上

* 课题组组长：喻新安、陈耀。执笔人：闫德民，郑州师范学院国家中心城市研究院特聘研究员，研究方向为区域发展、社会治理；徐艳红，博士，郑州师范学院国家中心城市研究院院长助理，研究方向为城市发展、城市生态；辛绢，博士，郑州师范学院国家中心城市研究院讲师，研究方向为城市生态。

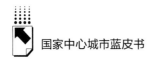
进一步加力提效，展现特大型城市担当，在稳经济中发挥主力作用，为全国发展大局做出更大贡献。

关键词： 特大型城市　经济　消费　内需

2022年，我国经济社会发展面临复杂多变的局势，需求收缩、供给冲击、预期减弱三重压力凸显。2022年12月，中央经济工作会议强调要把恢复和扩大消费摆在优先位置。特大型城市①作为经济社会发展的动力源和增长极，要牢牢把握扩大内需战略基点，勇于承担挑大梁的责任使命，积极主动作为，在全面建设社会主义现代化国家新征程上展现新担当实现新作为，为全国发展大局做出更大贡献。

一　特大型城市扩内需促消费稳增长发展态势及特点

（一）2022年以来特大型城市经济增长总体发展态势

2022年是党和国家发展进程中极不平凡的一年，党的二十大胜利召开，描绘了中国式现代化全面推进中华民族伟大复兴的宏伟蓝图。2022年也是极不容易的一年，我国经济发展遇到了多重超预期因素的冲击，但以习近平同志为核心的党中央团结带领全国各族人民迎难而上，坚定不移地推进供给侧结构性改革，全面落实疫情要防住、经济要稳住、发展要安全的重要要求，出台实施稳经济一揽子政策，推动经济企稳回升，实现国内生产总值增长3.0%，货物进出口总额增长7.7%，居民可支配收入增长2.9%。

1.特大型城市建设基本情况

城市尤其是超大、特大城市在经济社会发展中发挥着动力源和增长极的

---

① 本报告所述"特大型城市"包括超大城市和特大城市。

作用，是引领区域发展的核心，为全面建设社会主义现代化国家提供了坚实的基础。根据国家统计局第七次全国人口普查数据，目前全国有 7 个超大城市、14 个特大城市。① 2022 年，面对需求收缩、供给冲击、预期转弱三重压力，以及国内外多重超预期因素冲击，各特大型城市坚持稳中求进的工作总基调，主动服务和融入新发展格局，全力推动高质量发展，以近全国 1/5 的常住人口，创造了近 1/3 的国内生产总值，在国家发展全局中占据了举足轻重的地位。

2022 年，从主要经济社会发展指标来看（见表 1），21 个特大型城市（以下简称"21 市"）中除了沈阳、哈尔滨、大连、昆明，其余 17 个城市的经济总量均在 1 万亿元以上，其中上海、北京经济总量超 4 万亿元，深圳经济总量超 3 万亿元，重庆、广州、成都经济总量超 2 万亿元，21 市的 GDP 总量为 386667.8 亿元，占全国 GDP 的 31.95%，充分体现特大型城市作为区域增长极的地位。GDP 增速上，特大型城市增长优势不够明显，仅有长沙（4.5%）、西安（4.4%）、武汉（4.0%）、大连（4.0%）、青岛（3.9%）、沈阳（3.5%）、深圳（3.3%）、济南（3.1%）、昆明（3.0%）9 个城市的增速达到或高于全国平均水平（3.0%）。一般公共预算收入上，21 市共计 39530.9 亿元，占全国总量的 19.41%。常住人口上，21 市常住人口总数占全国人口总数的 20.89%，其中，重庆常住人口超 3000 万，上海、北京、成都均超 2000 万，广州、深圳、天津、武汉、西安、郑州、杭州、东莞、长沙、青岛均超 1000 万。社会消费品零售总额上，21 市共完成 143913.6 亿元，占全国总量的 32.73%，其中北京、上海、广州、重庆 4 个国际消费中心城市的社会消费品零售总额均在 1 万亿元以上。进出口总值上，全国进出口总值为 420678 亿元，21 市进出口总值达到 222708.1 亿元，占总量的 52.94%，充分表明特大型城市在稳外贸方面的重要作用。城镇居

---

① 根据第七次全国人口普查数据，按照城区人口排序，截至 2020 年 11 月 1 日，全国共有超大城市 7 个，分别为上海、北京、深圳、重庆、广州、成都、天津；特大城市 14 个，分别是武汉、东莞、西安、杭州、佛山、南京、沈阳、青岛、济南、长沙、哈尔滨、郑州、昆明、大连。

民人均可支配收入上，全国平均水平为 49283 元，21 市中，除了西安、郑州、重庆、哈尔滨 4 个城市的城镇居民人均可支配收入略低，其余城市均高于全国平均水平，其中北京、上海、广州、杭州、南京的城镇居民人均可支配收入均在全国平均水平的 1.5 倍以上。

表 1　2022 年全国及特大型城市主要经济社会发展指标

地区	GDP（亿元）	GDP 增速（%）	一般公共预算收入（亿元）	常住人口（万人）	社会消费品零售总额（亿元）	进出口总值（亿元）	城镇居民人均可支配收入（元）
全国	1210207	3.0	203703	141175	439733	420678	49283
21 市	386667.8	—	39530.9	29485.5	143913.6	222708.1	—
北京	41610.9	0.7	5714.4	2184.3	13794.2	36445.5	84023
天津	16311.2	1.0	1846.6	1363.0	3573.8	8448.5	53003
上海	44652.8	-0.2	7608.2	2475.9	16442.1	41902.8	84034
广州	28839.0	1.0	1854.7	1873.4	10298.2	10948.4	76849
重庆	29129.0	2.6	2103.4	3213.3	13926.1	8158.4	45509
成都	20817.5	2.8	1722.4	2126.8	9096.5	8346.1	54897
武汉	18866.4	4.0	1504.7	1373.9	6936.2	3532.2	58449
郑州	12934.7	1.0	1130.8	1282.8	5223.1	6069.7	46287
西安	11486.5	4.4	834.1	1299.6	4642.1	4474.1	48418
深圳	32387.7	3.3	4012.3	1766.2	9708.3	36737.5	72718*
东莞	11200.3	0.6	766.0	1043.7	4254.9	13926.6	65406
杭州	18753.0	1.5	2451.0	1237.6	7294.0	7565.0	77043
佛山	12698.4	2.1	796.9	955.2	3593.6	6637.8	65417
南京	16907.8	2.1	1558.2	949.1	7832.4	6292.1	76643
沈阳	7695.8	3.5	713.7	914.7	3864.5	1406.6	51702
青岛	14920.8	3.9	1273.2	1034.2	5891.8	9117.2	62584
济南	12027.5	3.1	1001.1	941.5	4878.1	2208.9	59459
长沙	13966.1	4.5	1202.0	1042.1	5235.6	3313.9	65190
哈尔滨	5490.1	2.5	262.2	939.5**	2195.9	387.0	43981
昆明	7541.4	3.0	505.3	860.0	3385.3	1997.4	52523
大连	8430.9	4.0	669.7	608.7**	1846.9	4792.1	51904

　　数据来源：国家统计局和各城市统计局。"＊"为深圳的居民人均可支配收入；"＊＊"为哈尔滨和大连 2022 年户籍人口数。

　　特大型城市集聚了区域众多的资源，对区域发展具有重要的影响。作为经济发展中心和人口集聚中心的特大型城市在百年未有之大变局和多重因素影响下，社会经济发展速度有所放缓，而2022年10月党的二十大的召开为各城市加快现代化建设指明了方向。与2022年同期相比，2023年1~4月全国规模以上工业增加值增速为3.6%，在特大型城市中，沈阳（16.3%）、上海（14.6%）、大连（14.5%）、济南（12.2%）、西安（11.6%）的增速均超过10%，除此之外，郑州（8.4%）①、青岛（6.0%）、昆明（5.9%）、南京（5.7%）、佛山（5.4%）、哈尔滨（5.1%）、成都（3.7%）的增速均高于全国平均水平。固定资产投资增速上，2023年1~4月，北京（9.3%）、上海（28.9%）、广州（11.7%）、武汉（5.4%）、郑州（7.8%）②、西安（9.8%）、深圳（10.3%）、东莞（10.0%）、杭州（8.6%）、南京（4.1%）、沈阳（4.3%）、哈尔滨（9.8%）、大连（9.4%）增速均高于全国平均水平（4.0%）。2023年1~4月全国社会消费品零售总额同比增速为9.3%，特大型城市中，上海（20.4%）、武汉（9.4%）、深圳（13.5%）、南京（9.4%）、哈尔滨（13.5%）增速高于全国平均水平，③ 其他特大型城市在促消费稳增长方面仍需发力（见图1）。

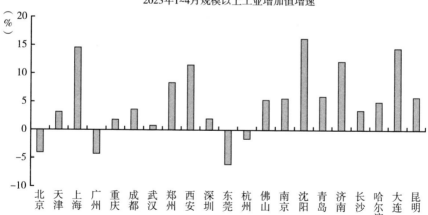

2023年1~4月规模以上工业增加值增速

---

① 全国2023年第一季度规模以上工业增加值平均增速为3.0%，郑州高于全国平均水平。

② 全国2023年第一季度固定资产投资平均增速为5.1%，郑州高于全国平均水平。

③ 西安、沈阳、青岛数据为限额以上零售业同比增速，两者不具可比性，故未列出。

2023年1~4月固定资产投资增速

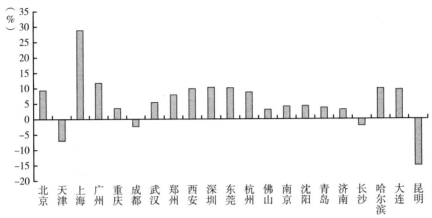

2023年1~4月社会消费品零售总额增速

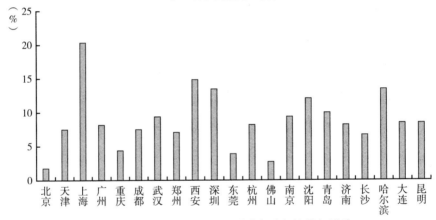

图1　2023年1~4月特大型城市部分经济指标增速

　　数据来源：国家统计局和各城市统计局。其中郑州各项指标增速为1~3月同比增速；
规模以上工业增加值增速中，天津为规模以上工业总产值同比增速；社会消费品零售总额增
速中，西安、沈阳、青岛、济南、大连为限额以上零售业同比增速。

2.国家中心城市建设基本情况

　　2022年，社会经济发展总体平稳，部分指标占比略有下滑。作为全国城镇体系的"塔尖"，国家中心城市承担着更多的经济职能。总体上看，2022年9个国家中心城市①（以下简称"9市"）GDP达224648.1

---

　　①　国家中心城市包括北京、上海、天津、广州、重庆、成都、武汉、郑州、西安9个城市。

亿元，占全国 GDP 的 18.56%，较 2021 年（18.91%）有所降低。从 GDP 增速上看，9 市中 GDP 增速高于全国的仅有西安（4.4%）和武汉（4.0%）。9 市常住人口总量达到 17193.0 万人，较 2021 年增加 1290.2 万人，占全国人口总量的 12.18%，占比较 2021 年增加 0.92 个百分点。一般公共预算收入上，2022 年 9 市总量为 24319.3 亿元，占全国的比重为 11.94%。社会消费品零售总额上，2022 年 9 市总量为 83932.3 亿元，占全国的比重为 19.09%，较 2021 年降低 0.7 个百分点，从总量上看，9 市 2022 年社会消费品零售总额较 2021 年缩减量为 3273.6 亿元，而全国总缩减量为 1090 亿元。进出口总值上，9 市总量达到 128325.9 亿元，较 2021 年增加 8009.8 亿元，但占比略有下降，从 2021 年的 30.77% 下降到 30.50%。实际利用外商直接投资额下降最为明显，从 2021 年的 967.6 亿美元下降到 733.4 亿美元，占全国的比重为 38.79%，较 2021 年直接下降 16.7 的百分点（见图 2）。总体上看，2022 年各国家中心城市发展平稳，且随着政策持续发力，2023 年第一季度各城市经济发展持续向好。

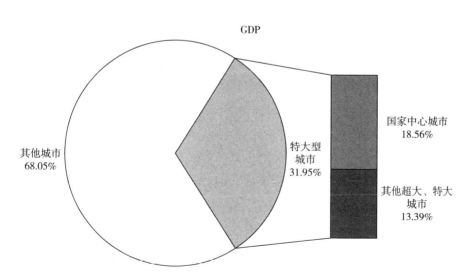

GDP

其他城市
68.05%

特大型
城市
31.95%

国家中心城市
18.56%

其他超大、特大
城市
13.39%

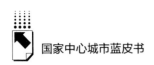

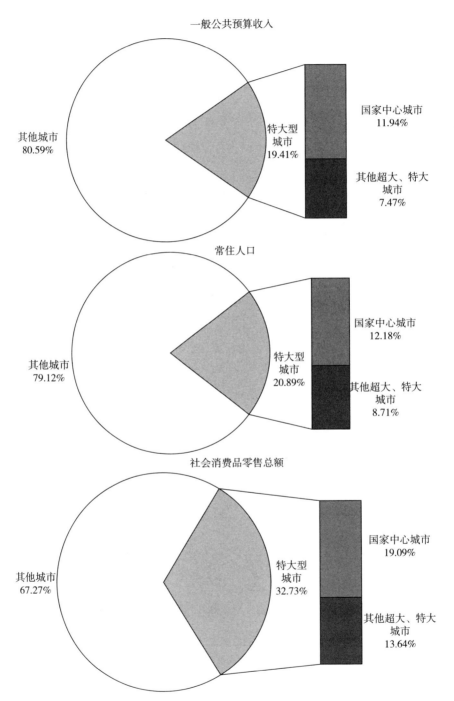

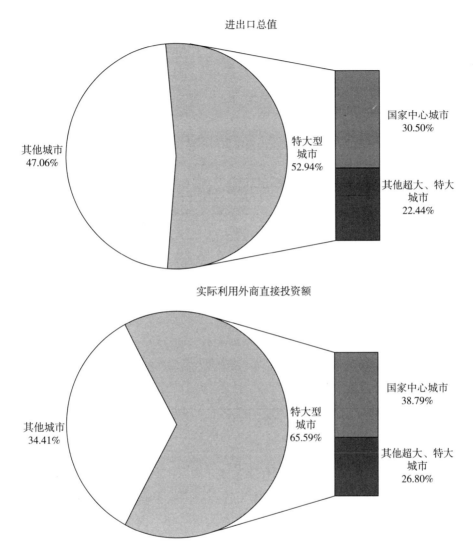

进出口总值

实际利用外商直接投资额

图2 2022年国家中心城市主要经济指标占特大型城市及全国的比重

数据来源：根据国家统计局及各城市统计局公布的数据统计计算。

2023年第一季度，经济发展增速逐步恢复。2023年第一季度，9市经济总量达到53899.6亿元，占全国的18.91%，占比较2022年同期增加0.13个百分点，经济总量增量占全国的21.30%。从增速上看，2023年第一季度全国平均增速为4.5%，不同于2022年仅两个城市增速高于全国平均水平，

2023 年第一季度，郑州（6.0%）、天津（5.5%）、成都（5.3%）、西安（4.8%）、重庆（4.7%）、武汉（4.5%）6 个国家中心城市的增速达到或高于全国平均水平（见表2）。复工复产逐步全面恢复后，各国家中心城市颁布实施的一系列政策措施开始持续发力，发展的强劲动力逐步显现。

表 2 2023 年第一季度全国及国家中心城市经济总量增长情况

单位：亿元，%

城市	2023 年第一季度	2022 年第一季度	增量	实际增速
全国	284997	270178	14819	4.5
9 市	53899.6	50743.2	3156.5	—
北京	9947.7	9413.4	534.3	3.1
上海	10536.2	10010.3	526.0	3.0
天津	3715.4	3538.5	176.9	5.5
广州	6963.9	6751.8	212.1	1.8
重庆	6932.9	6398.0	534.9	4.7
成都	5266.8	4895.0	371.8	5.3
武汉	4317.7	3960.1	357.6	4.5
郑州	3384.9	3138.1	246.8	6.0
西安	2834.1	2638.0	196.1	4.8

数据来源：国家统计局及各城市统计局。

国家中心城市引领作用尚未有效发挥。国家中心城市应是引领区域高质量发展的"排头兵"，尤其是同时作为省会的国家中心城市，承担着带动省内各地市经济发展的责任和义务。从某种意义上说，国家中心城市的经济增速应在全省各城市中处于超前甚至领先的地位，才能更好地引领区域高质量发展。但从 2022 年和 2023 年第一季度部分国家中心城市及其所在省份的经济发展增速上看，2022 年除西安的 GDP 增速（4.4%）略高于陕西省（4.3%）外，其余4个城市的增速均低于所在省的平均水平；2023 年第一季度，成都、郑州的 GDP 增速分别高于其所在的四川省、河南省 1.5 个百分点和 1.0 个百分点，而广州、武汉、西安 GDP 增速均低于其所在省份增速（见图3），国家中心城市"领头羊"的角色尚未充分发挥。

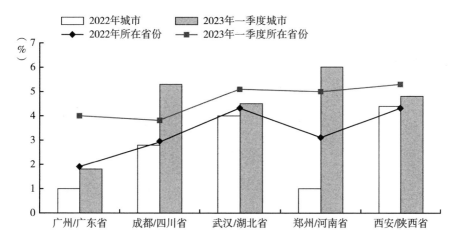

图3 2022年和2023年第一季度部分国家中心城市及其所在省份GDP增速对比

数据来源：各省份及各城市统计局。

（二）国家中心城市扩内需促消费稳增长的主要举措

1.优化提升产业链创新发展

在产业基础高级化和产业链现代化建设中，各国家中心城市主要做法如下。一是以科技创新促产业升级。重庆制定实施了《重庆市建设世界级智能网联新能源汽车产业集群发展规划（2022—2023年）》《重庆市软件和信息服务业"满天星"行动计划（2022—2025年）》，加快布局卫星互联网、硅基光电子等产业新赛道，新能源汽车产量增长1.4倍、软件业务收入增长10.5%；天津针对汽车产业全面开展串链补链强链工程，充分发挥龙头企业带动作用，加快整车制造、核心零部件、新能源和智能网联等产业布局，加快科研人才等各类生产要素和创新资源集聚，逐步形成完整产业链条。二是着力提升产业链供应链韧性。成都启动运营工业互联网标识解析国家顶级节点（成都托管与灾备节点），与重庆国家顶级节点在成渝地区形成"一顶一备"的标识战略生态，有效提升四川及周边地区乃至全国的标识全体系应急灾备能力。三是加快数字经济创新发展。武汉相继出台了《武汉市突破性发展数字经济实施方案》《武汉市数字经济发展规划（2022—2026年）》等文件，并组建数字经济发展研究院，着力推进数字新基建、数字产业化、产业数字化、数字化治理和数据要素价值化等工作，数字经济核心产业增加值占比达到10%左右；上海锚定产业数字化发展的"核爆点"，积极开发数字前沿技术与文创产业融合共生的应用场景，拓展了文创产业的价值新蓝海。2022年11月，天津、郑州、成都、西安4个国家中心城市获批为全国供应链创新与应用示范城市，这是着力推进供给侧结构性改革和消费升级，打造内陆型改革开放新高地的具体成效。

2. 多措并举促进消费回补

消费是畅通国内大循环的关键环节和重要引擎，对经济具有持久拉动力。针对消费需求恢复缓慢的问题，各国家中心城市提出了多样化的消费回补措施，主要做法如下。一是调整贷款利率。北京对符合条件的部分行业中小微企业，2022年在贷款服务中心现场或首都之窗"获得信贷一件事"平台登记、签订合同并放款的首贷贴息比例从20%提高到40%；郑州为稳定住房消费，自2022年10月1日起，将首套个人住房公积金贷款利率下调0.15个百分点，其中五年期（含五年）以下由现行的2.75%下调至2.6%，五年期以上由现行的3.25%下调至3.1%。二是适时发放各类消费券。北京通过引导平台发放便利店、美容美发消费券等，提高生活服务行业"触网"率，激发社区商业活力；上海在2022年8月下旬至11月下旬发放了可与商户、电商平台各类优惠叠加使用的"爱购上海"电子消费券，国庆节日（2022年9月30日至10月6日）7天全市餐饮、汽车、家电线下消费分别同比增长18%、76.3%和300%。① 三是发放购置补贴。天津通过举办"惠民补贴消费月""家电购物节""暖心家装节"等活动，鼓励大型商场、家电生产企业、电商平台等以打折、补贴等方式开展家电以旧换新、绿色智能家电和电子消费产品促销；重庆对2022年3月6日在重庆市内外售卖转移或者报废注销了登记在本人名下6个月以上的旧乘用车，并在重庆市辖区内

---

① 数据来源于上海市商务委公布的《关于2022国庆节上海消费市场运行情况的报告》。

的汽车销售企业购买了国六排放标准乘用车新车或新能源乘用车新车的前10000名消费者，每辆给予2000元的汽车"以旧换新"市级财政资金补贴。

3. 积极扩大有效投资

扩大有效投资是激发稳增长动能的重要抓手。2022年终端消费的冲击对投资也造成了一定程度的影响，但各国家中心城市积极采取各种方式，稳定有效投资，主要做法如下。一是激发带动民间投资。2022年11月，国家发改委发布《关于进一步完善政策环境加大力度支持民间投资发展的意见》，提出支持民间投资参与102项重大工程等项目建设。2023年5月30日，上海制定出台了《上海市加大力度支持民间投资发展若干政策措施》，提出支持民营企业参与重大项目的设计、施工、原材料、设施设备供应等，在招投标中一视同仁，目的在于破除隐形壁垒。二是将社会民生领域补短板强弱项作为积极扩大有效投资的重要内容。2022年4月，郑州发布《2022年全市扩大有效投资工作实施方案》，年底打通"断头路"50条，新增公共停车泊位5万多个，轨道交通6号线一期首通段、城郊线二期开通运营。2022年，重庆就业和社会保障、教育、健康、文化体育等民生领域重大项目共完成投资292.4亿元，其中，教育重大项目完成投资118.1亿元，同比增长61.1%。三是营造良好投资环境。财政部北京监管局积极加强债务监管，建立债券项目动态监测机制，实现债务监管业务闭环，力求让项目资金发挥最大效益，同时做好项目建设要素资源保障。重庆改革政府股权投资基金，新设产业投资基金，西部首只基础设施REITs成功上市。《2022城市营商环境创新报告》中，西安、成都、郑州上榜"投资建设完善"城市，天津、重庆上榜"监管机制创新"城市，上海、广州、成都上榜"公共服务优化"城市，国家中心城市投资环境持续优化。

4. 持续推进稳外贸稳外资

外贸外资在推动产品出口、扩大产能升级、缓解就业压力方面发挥着至关重要的作用。稳外贸稳外资是推动经济企稳复苏的重要引擎。各国家中心城市在稳外贸稳外资方面采取的主要措施有以下几点。一是持续深化对外开放。郑州充分发挥国家物流空港、陆港双枢纽优势，制定出台《郑州市开展跨境电子商务零售进口药品试点工作实施方案》《跨境电子商务零售进口药品试点协同监管办法》《中国（河南）自由贸易试验区郑州片区深化改革创新打造新时代制度型开放高地实施方案》等措施，2022年进出口总额达6069.7亿元，继续稳居中部城市第1，获得国务院督察"稳外贸和创新发展成效明显"的奖励①。二是支持外资企业恢复生产经营。2022年5月上海发布《加快经济恢复和重振行动方案》，提出建立重点外资企业复工复产专员服务机制，实行专人跟踪服务，帮助重点外资企业解决复工复产、物流运输等方面的突出问题，切实稳定外资企业的发展预期；保障重大外资项目顺利推进，启用重大外资项目线上服务系统；支持跨国公司在沪设立地区总部和外资研发中心。三是助力企业开拓国际市场。2022年5月，成都市商务局印发《成都市2022年度促进外贸高质量发展若干政策措施》，提出大力支持中小微企业运用政策性出口信用保险工具，将全市出口信保统保平台统保范围扩大至年出口额500万美元（含）以下企业，对年出口额500万美元（含）以下企业给予100%的保费支持；同时对企业办理关税保证保险业务的，按其实际保险费用的50%给予补贴。

5. 加大企业纾困支持力度

受疫情等因素冲击，不少企业和个体工商户生产经营困难加剧，各国家中心城市为帮助企业有效纾困，采取的主要措施有以下几点。一是强化落实退税减税缓税政策。北京自2022年9月1日起，对于已享受延缓缴纳税费50%的制造业中型企业和延缓缴纳税费100%的制造业小微企业，将其已缓缴税费的缓缴期限届满后继续延长4个月。成都全力以赴助企纾困解难，打好"降缓返补"政策组合拳，2022年为企业降本减负145.87亿元，有效帮助企业稳岗扩岗。天津全面落实增值税留抵退税扩围、援企稳岗、金融支持等政策，投入710亿元支持企业有效缓解现金流紧张局面。

① 《国务院办公厅关于对2021年落实有关重大政策措施真抓实干成效明显地方予以督查激励的通报》（国办发〔2022〕21号）。

二是降低企业经营成本。成都实施对合规承租市、区（市）县属国有企业和行政事业单位房产、土地、摊位、广告位等资产从事生产经营活动的非国有中小微企业和个体工商户，在原租金减免政策基础上，再减免2022年9月的租金，2022年共为市场主体减免房租22.5亿元。三是激励中小企业参与市场竞争。天津和西安均出台措施，以政府采购政策促进中小企业发展，提出对采购限额标准以上，200万元以下的货物和服务采购项目、400万元以下的工程采购项目，适宜由中小企业提供的，专门面向中小企业采购。

6. 强化稳岗扩就业政策支持

稳岗扩就业政策的实施对减少失业人口的数量、提高人民生活质量、维护社会稳定具有重要的意义。各国家中心城市在稳岗扩就业方面采取的主要措施包括以下几点。一是优化失业保险稳岗返还政策。广州发放失业保险稳岗返还、一次性留工培训补助、扩岗补助共计46.99亿元，惠及企业121.86万家次，牢牢稳住了就业大局。重庆为28.9万户企业降低失业保险费30亿元，为15万户稳岗企业返还失业保险费13亿元，联合41家银行创新实施"减息让利援企稳岗"行动，为近7000家企业减息3.1亿元，稳定岗位23.6万个。二是保障重点群体就业。郑州实施市青年创新创业行动，鼓励用人单位招用高校毕业生，对招用应届高校毕业生，签订1年以上劳动合同并按规定缴纳社会保险费的企业，由市财政给予一定补贴，2022年全市城镇新增就业人员13.9万人，增长2.3%，失业人员实现再就业2.1万人。成都创新构建"1+3+125"的就业工作格局，出台"促进高校毕业生就业创业22条"，充分发挥高层次人才智慧优势，大力搭建创业就业平台，2022年吸纳8.53万名高校毕业生来蓉留蓉就业创业，实现有就业意愿的离校未就业高校毕业生就业率99.45%、困难高校毕业生就业率100%。三是精准开展就业帮扶。重庆筹集专项资金1140万元，聚焦17个重点帮扶乡镇实施"一镇一策"，促进有就业意愿和劳动能力的脱贫人口基本实现就业；广州、郑州均通过技能培训开展就业帮扶，2022年广州培训认定"粤菜师傅"1.21万人次，开展新型学徒制培训1.44万人，开展补贴性职业技能培

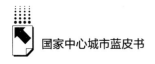

训 20.59 万人次。各国家中心城市采取的稳岗促就业措施有效保障了社会经济稳定发展。

（三）特大型城市扩内需促消费稳增长中存在的主要问题分析

1. 供给侧结构不优，供需匹配度较低

扩大内需、推动消费的重要抓手之一是从生产、供给端入手，调整供给结构，激活居民潜在的消费需求。深入推进供给侧结构性改革是党的十八大以来，以习近平同志为核心的党中央围绕推动经济社会高质量发展做出的一系列重大战略部署之一。党的二十大报告强调，"我们要坚持以推动高质量发展为主题，把实施扩大内需战略同深化供给侧结构性改革有机结合起来"。目前我国消费品的生产规模和能力显著提升，消费品工业增加值占全国工业增加值的比重超过 1/4，百亿规模消费品企业达150 余家，但目前供给体系与需求侧不配套已成为提升居民消费欲望的最大障碍。

随着生活水平的提高，人们对产品质量、服务水平等的要求也在提升，尤其是特大型城市居民消费水平相对较高，但由于受高品质产品制造能力不强、服务业供给和创新能力不足、消费基础设施不完善等因素影响，部分原料价格和生产成本偏高，导致质优价廉的产品缺乏，再加上国产品牌设计开发和市场号召能力不足，供给体系难以满足消费者对于高质量产品和服务的需求，中低端产品过剩，高端产品供给不足，消费外流现象突出。以奢侈品为例，2019 年中国消费者购买了全球 35% 的个人奢侈品，[1] 2019~2021 年中国的奢侈品市场规模实现翻番。[2] 2022 年，中国人奢侈品市场销售额虽同比下滑 4%，但仍然高达 38%，其中 43% 的奢侈品消费发生在境外。[3] 而中国

---

① 数据来源于全球性咨询公司贝恩公司发布的《2019 年中国奢侈品市场报告》。
② 数据来源于全球性咨询公司贝恩公司发布的《2022 年中国奢侈品市场报告》。
③ 数据来源于中国高端消费领域专业研究和顾问机构要客研究院发布的《2022 中国奢侈品报告》。

购买奢侈品人群画像也显示，66.2%的奢侈品消费行为发生在一线和新一线①等特大型城市。特大型城市居民对高品质生活的追求与其对供给产品高端认同感的缺乏导致的"供需错位"是居民消费水平提升的阻碍之一。

2. 新兴产业与传统产业融合不充分，产业链控制力和话语权不高

产业发展能够促进就业，而就业能够让百姓有稳定的收入，百姓有了收入才有底气和意愿去消费。2022年中央经济工作会议提出，要"狠抓传统产业改造升级和战略性新兴产业培育壮大"。传统产业和新兴产业协同发力、共同发展，最关键的还是要以融合发展、融合创新打开高质量发展的新空间。但各特大型城市产业发展中仍存在传统产业附加值偏低、占比过重、发展质量不高，新兴产业创新能力不足、贡献不够等问题。以郑州为例，目前其传统产业发展仍然较粗放且占比较大，高端产业少、产业链条短且多处在价值链中低端，行业龙头企业少、缺乏对行业的引领力；2022年全市战略性新兴产业增加值同比增长14%，占工业增加值的比重为52.5%、较2021年增加9.1个百分点，但份额和贡献率仍旧偏小，且以电子信息、新能源汽车等为代表的战略性新兴产业尚未形成规模效应。

产业链涵盖产品生产或服务提供的全要素、全环节、全过程。目前多数特大型城市的高端创新要素投入还不够、创新平台还不多，如国家中心城市郑州的国家级创新平台、高科技企业等创新平台数量与中西部的西安、武汉、长沙等特大型城市相比差距明显。关键环节关键技术不掌握，产业发展的核心竞争力和产业控制能力就不够，就不能抓住产业链发展的制高点和控制区。面对全球产业链竞争日趋加剧的实际，特大型城市在产业链发展上要更加依靠创新驱动，依托大数据、人工智能等新技术，让传统产业和新兴产业"融"起来，以期形成高效链接、紧密协同的产业链条，以此才能更有效地提高居民收入，从而增强居民消费意愿。

---

① 数据来源于对外经济贸易大学开展的《2022中国奢侈品消费行为分析》。

3. 投资与消费的动态适配性不足，促进消费升级能够无法发挥

2020 年以后，三大需求对国内生产总值的贡献情况产生了较为明显的变化。从国内需求的角度来看，其包括消费和投资两方面，两者同时呈现相互促进的关系。根据国家统计局数据（见表 3），2020 年，最终消费支出对国内生产总值增长拉动较 2019 年以前有较为明显的负向变化。居民的消费水平取决于收入，而绝大部分人的收入是与就业挂钩的，而就业需要企业生产，生产又离不开投资。近年来，受国际环境及其他因素的持续影响，固定资产投资增长情况也较 2019 年以前有较为明显的降低（见图 4），一方面是投资者对生产前景的期望较低，另一方面投资的市场导向不足，投资的额度和效率变低，进而也无法发挥促进消费升级、加快引导消费创新的功能。

表 3　三大需求支出对国内生产总值的贡献率和拉动

指标	2022 年	2021 年	2020 年	2019 年	2018 年	2017 年	2016 年
最终消费支出对国内生产总值增长贡献率(%)	32.8	58.3	-6.8	58.6	64	55.9	66
最终消费支出对国内生产总值增长拉动(百分点)	1	4.9	-0.2	3.5	4.3	3.9	4.5
资本形成总额对国内生产总值增长贡献率(%)	50.1	19.8	81.5	28.9	43.2	39.5	45.7
资本形成总额对国内生产总值增长拉动(百分点)	1.5	1.7	1.8	1.7	2.9	2.7	3.1
货物和服务净出口对国内生产总值增长贡献率(%)	17.1	21.9	25.3	12.6	-7.2	4.7	-11.7
货物和服务净出口对国内生产总值增长拉动(百分点)	0.5	1.9	0.6	0.7	-0.5	0.3	-0.8

数据来源：国家统计局。

一直以来，我国的房地产业，交通运输、仓储和邮政业的固定资产投资占服务业固定资产投资的比重超过一半，而居民服务和其他服务业，

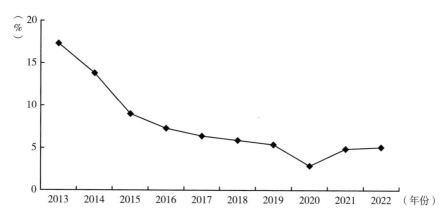

图4 2013~2022年全国固定资产投资（不含农户）增长率情况

数据来源：国家统计局。

卫生、社会保障和社会福利业，文化、体育和娱乐业等占比明显偏低，这也在一定程度上影响了改善民生和促进居民消费升级的进程。科学研究、技术服务和地质勘查业，信息传输、软件和信息技术服务业等现代服务业投资占比也不高，产业结构升级对消费升级的促进作用尚未得到有效发挥。

4. 收入分配格局不合理，居民消费意愿降低

特大型城市社会消费品零售总额占全国的32.73%，9个国家中心城市占全国的19.09%。受收入分配格局的影响，我国居民收入增速较低，2020年以来我国居民人均可支配收入增速进一步放缓，以国家中心城市为主体的特大型城市表现尤其明显（见表4）。2019年以前，部分国家中心城市的人均可支配收入增速与国家平均水平相差不大，但2020年以来，多数国家中心城市的居民人均可支配收入同比增速低于全国平均水平，同时特大型城市居民房贷、房租等资产负债率仍居高不下，随着居民工资性收入比重日趋降低、不稳定收入比重的持续加大，居民为应对未来不确定性增加储蓄的动机仍然强烈，一定程度上抑制了居民消费。

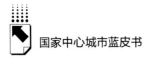

表4　国家及部分国家中心城市居民人均可支配收入同比增速

单位：%

城市	2022 年	2021 年	2020 年	2019 年	2018 年
全国	5.0	9.1	4.7	8.9	8.7
北京	3.2	8.0	2.5	8.7	9.0
上海	2.0	8.0	4.0	8.2	8.8
天津	3.2	8.2	3.4	7.3	6.7
广州	4.6	8.9	5.2	8.7	8.9
重庆	3.1	13.5	4.4	7.9	7.5
郑州	3.9	6.0	3.7	8.6	8.3
西安	3.9	8.2	4.9	8.5	8.7

数据来源：国家统计局及各城市统计局，数据为未扣除价格因素的增长率。

城乡居民收入分配失衡也是抑制居民消费的因素之一。从消费群体上看，城镇居民可支配收入增长快，而农村居民增长相对较慢，城乡差距越来越大。依据经济学有关理论，高收入者的边际消费倾向要低于中低收入者。从北京、郑州的相关数据来看（见图5），收入相对较高的城镇居民人均消费支出占人均可支配收入的比重一直低于农村居民。

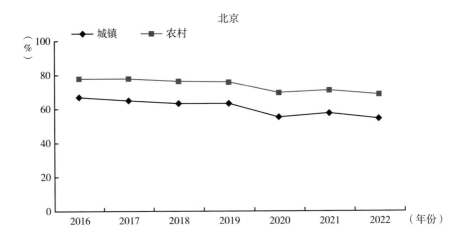

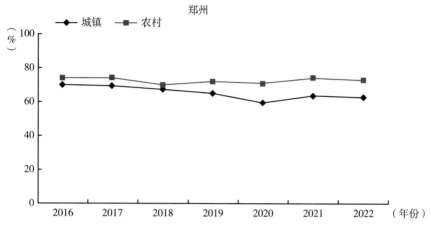

图5 北京和郑州城镇和农村人均消费支出占人均可支配收入的比重情况

二 特大型城市在扩内需促消费稳增长的使命担当

特大型城市作为我国现代化进程的重要引擎，经济最具活力、人口最为集中、社会事业蓬勃发展。2022年特大型城市常住人口达29485.5万，占全国人口的20.89%，经济总量达386667.8亿元，占全国经济总量的31.95%，在国家现代化建设中具有举足轻重的战略地位。国家中心城市作为特大型城市的特例，是国家城镇体系的"塔尖"城市，其中6个是超大城市、3个是特大城市，9市以占全国近1/8的人口，创造了全国近1/5的经济总量，是国家经济社会发展的"顶梁柱"，承载了国家的政治目标和战略任务，既是全国性的政治、经济、文化中心，也是国家对外开放的重要载体和平台。2022年8月，中央政治局会议提出，经济大省要勇挑大梁，有条件的省份要力争完成经济社会发展预期目标。作为经济增长核心引擎的特大型城市必须要强化责任担当、积极主动作为，牢牢把握扩大内需战略基点，打好稳增长"组合拳"，推动经济实现质的有效提升和量的合理增长，切实挑起国家发展、稳经济的大梁，在全面建设社会主义现代化国家中承担起引领带动、示范探索的责任使命。

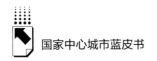

（一）以国家中心城市为代表的特大型城市理应在扩内需促消费稳增长中承担起挑大梁的重大责任

国家中心城市作为全国城镇体系的最高层级，居于国家战略要津、肩负国家使命、体现国家意志、引领区域发展、参与国际竞争、代表国际形象，是我国城市化发展的必然结果。截至目前，已有北京、天津、上海、广州、重庆、成都、武汉、郑州、西安 9 个城市被确定为国家中心城市或支持建设成为国家中心城市。与传统的直辖市、省会城市不同，国家中心城市作为国家发展战略的重要平台和战略支点，承载了国家的政治目标和战略任务，是中国新型城镇化理论和实践创新的一个重要标志。国家中心城市在一般中心城市的基础上，根据其承担的国家使命，又被赋予独特的功能定位，在全国具备引领、辐射和集散功能。总体来看，北京、上海、天津、广州地处我国东部地区，引领带动环渤海、长三角和珠三角等区域的发展；重庆、成都、西安地处内陆腹地，引领带动西部地区发展；武汉、郑州地处中部地区，引领带动中部地区发展。因此，国家中心城市不仅要关注自身发展，还要勇担国家赋予的重大历史使命和责任担当，践行新发展理念，率先打造成为高质量发展区域增长极，引领城市群一体化发展，引领国家中心城市建设走出一条更高质量、更有效率、更可持续的发展之路。

现阶段，受错综复杂的国际局势等超预期因素影响，我国经济基础尚不牢固，需求收缩、供给冲击、预期减弱三重压力仍然凸显。消费作为拉动经济增长的第一动力，是经济发展的压舱石。2022 年 12 月，中央经济工作会议强调要把恢复和扩大消费摆在优先位置，扩内需、促消费成为当前我国经济发展的重要支撑。以国家中心城市为代表的特大型城市作为全国性或区域性中心城市，综合实力强、对外开放水平高、科技创新能力强、区域辐射带动作用显著、发展潜力巨大，理应充分发挥比较优势，在扩内需促消费稳增长中承担起挑大梁的重大责任，展现特大型城市担当，在稳经济中发挥主力作用，为全国发展大局做出更大贡献。特大型城市要把恢复和扩大消费摆在优先位置，全面贯彻落实中央促消费一揽子政策措施，通过"政策+

活动"共同发力，壮大新型消费、提振大宗消费、吸引外来消费等，增强消费能力，改善消费条件，创新消费场景，进一步激发消费市场活力，提振消费信心，持续释放消费潜力，推动经济稳步回升，引领带动周边地区快速发展。

（二）以国家中心城市为代表的特大型城市有条件承担挑大梁的重大责任

以国家中心城市为代表的特大型城市在我国的经济、政治、文化和区域辐射等方面发挥着重要的中心和枢纽作用，是主要经济区和城市群的核心城市。国家中心城市大都居于我国的中心、节点、枢纽等关键位置，在空间、人才、资源和政策上具有优势，这些优势被科学合理、高效利用，实现了城市内部规模的优化、生产资源的集约利用、科技创新的加速迸发、信息交流的通畅共享，长期的集聚效应促进产生区域增长动能，中心城市的技术、资金等迅速向周边地区扩散，周边地区经济得到稳固提升，进而提升区域整体发展能级，由此来看，特大型城市完全有能力承担挑大梁的重大责任。

郑州作为河南省省会，锚定"两个确保"，深入实施"十大战略"，加快"四高地、一枢纽、一重地、一中心"和郑州都市圈建设，以全省4.5%的土地面积和13.0%的人口，创造出了全省21.1%的经济总量、21.4%的社会消费品零售总额和71.2%的进出口总额，龙头带动作用不断增强。

西安作为陕西省省会，紧紧围绕"六个打造"奋斗目标，扎实推进"三个年"活动和八个方面重点工作，回稳向好态势不断巩固，高质量发展取得新成效，以全省4.9%的土地面积和32.9%的人口，创造出了全省35.0%的经济总量、44.6%的社会消费品零售总额和92.5%的进出口总额。

武汉作为湖北省省会，深入贯彻学习习近平总书记考察湖北武汉时的重要讲话精神，坚持稳中求进工作总基调，全市经济稳中向好、进中提质。2022年地区生产总值达到18866.43亿元，在全国城市中位列第8，以全省4.6%的土地面积和32.9%的人口，创造出了全省35.1%的经济总量、

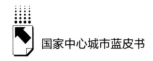

31.3%的社会消费品零售总额和57.2%的进出口总额。

成都作为四川省省会，坚定把学习贯彻习近平总书记对四川及成都工作系列重要指示精神作为最重要的政治任务、最根本的工作遵循，完整、准确、全面地贯彻新发展理念，扎实推动高质量发展，以全省2.5%的土地面积和25.4%的人口，创造出了全省36.7%的经济总量、37.7%的社会消费品零售总额和82.8%的进出口总额，成为全国第1个常住人口突破2100万人、第3个经济总量突破2万亿元的副省级城市，迈入超大城市行列。

广州作为广东省省会，毫不动摇坚持"两个确立"、坚定不移做到"两个维护"，主动服务和融入新发展格局，经济总体保持恢复态势，基本盘总体稳定。以全省4.1%的土地面积和14.8%的人口，创造出了全省22.3%的经济总量、22.9%的社会消费品零售总额和13.2%的进出口总额。

（三）以国家中心城市为代表的特大型城市在发挥龙头作用方面的经验教训

以国家中心城市为代表的特大型城市在经济社会发展中发挥着动力源和增长极的作用，地区生产总值、固定资产投资额、进出口总额等主要经济指标均居全国前列，产业发展、科技创新、乡村振兴等综合优势突出，龙头辐射带动作用显著增强。

在以习近平同志为核心的党中央的领导下，武汉坚决贯彻落实习近平总书记重要指示精神和中央决策部署，化危为机，统筹疫情防控和经济社会发展，紧扣"控、保、稳、进、抬、扛"的总要求，扎实做好"六稳六保"工作，经济运行企稳回升，社会大局总体稳定。2020年底，武汉经济总量稳居全国城市前10，达到15616.1亿元，同比下降4.7%，较第一季度降幅收窄35.8个百分点；市场主体达到141.3万户，增长8.6%；招商引资达到9328.6亿元，增长6.7%；净增高新技术企业1832户，增长41.7%，进出口逆势增长10.8%，稳住了经济基本盘，夺取了疫情防控和经济社会发展的双胜利。其他8个国家中心城市GDP增速也均实现了正增长，其中广州、重庆、成都、郑州、西安GDP增速分别达到2.7%、3.9%、4.0%、3.0%和

5.2%，超过国家增速（2.3%），呈现持续恢复势头。

对于郑州而言，2021年是极其艰难、极具挑战的一年，发展环境严峻复杂、风险挑战超过预期。关键时刻，在以习近平同志为核心的党中央的坚强领导下，郑州统筹推进灾后重建、疫情防控和经济社会发展，全市经济企稳向好，2021年全市完成地区生产总值12691亿元，比上年增长4.7%。2022年郑州中心城区接触型聚集型传统商业大面积停摆，经济承压前行，地区生产总值为12934.7亿元，同比增长1%，增速分别低于全国、全省2.0个、2.1个百分点，在河南18个地市中排在末位，在9个国家中心城市中与天津、广州并列第5位。2023年郑州坚持稳中求进的工作总基调，以"开局即决战、起步即冲刺"的奋斗姿态，推进生产需求不断改善，市场预期持续好转，全市经济呈现快速回暖、开局良好的发展态势。2023年第一季度地区生产总值达到3384.86亿元，同比增长6.0%，分别高于全国、全省1.5个、1.0个百分点，增速在全省18个地市中居第5位，在9个国家中心城市中仅低于西安居第2位，固定资产投资额、规模以上工业增加值等主要经济指标增速也延续高于全国、高于全省的"双高"态势。

（四）以国家中心城市为代表的特大型城市应坚定信心、积极应对扩内需促消费稳增长

2022年是极不寻常的一年，多重超预期因素叠加，给我国经济发展带来严重影响。2023年，我国经济发展面临的形势依然严峻，外部环境动荡不安、复杂多变，世界经济复苏仍显乏力，不稳定不确定因素增多；国内市场需求不足，经济主体困难较多、经济恢复基础尚不牢固。尽管面临压力和挑战，我国经济长期向好的基本面没有改变。党的二十大报告提出，要增强消费对经济发展的基础性作用。消费作为我国经济增长主引擎的作用愈加凸显，着力扩大内需已成为推动经济运行整体好转的当务之急。

以国家中心城市为代表的特大型城市经济韧性强、潜力大、资源要素条件充足，消费市场长期向好的基础十分牢固，推动经济整体好转的积极因素明显增多。一是恢复基础更加坚实，市场预期稳定向好。特大型城市经济体

量已达到 386667.8 亿元，产业体系更加完整，基础设施网络健全完备，粮食能源安全保障能力加强，产业链供应链韧性增强，居民收入稳定增长，内生增长动力进一步增强，保持消费市场恢复的物质基础更加坚实，市场信心预期稳定向好。二是超大规模市场优势，消费回升向好。我国特大型城市拥有 29485.5 亿人口，人均 GDP 超过 13 亿元，城镇化进程加快推进，城镇、农村消费市场广阔。另外，随着经济逐步恢复，居民就业形势总体稳定，收入稳步提升，消费能力和意愿逐步增强。三是消费市场稳步恢复，消费潜力持续释放。随着消费场景全面放开，生产生活秩序有序恢复，加之各地区积极出台一系列促消费政策，促进传统消费提档升级，新兴消费加快培育，改善消费条件，创新消费场景，大力释放消费潜能，消费复苏势头强劲，消费市场呈现持续回暖态势。

总体来看，以国家中心城市为代表的特大型城市有能力、有条件推动消费加快复苏，经济运行持续好转。特大型城市应坚定信心、乘势而上，积极主动、稳中求进，把恢复和扩大消费摆在优先位置，围绕"敢消费""愿消费""能消费"，多举措开展扩内需促消费稳增长工作，释放市场消费潜力，推动消费提质升级。

三　特大型城市扩内需促消费稳增长的对策建议

当前，我国特大型城市扩内需促消费稳增长面临诸多风险和挑战。首先，外部环境十分严峻复杂。不确定不稳定和难以预料的因素明显增多，使我国经济发展面临的外部安全风险显著增大。世界经济景气度仍然低迷，市场需求持续疲弱，全球贸易增长乏力，国际供应链格局也在加速重构，使我国对外贸易拉动经济增长的动能进一步减弱。在美国等主要经济体大规模财政和货币刺激计划的作用下，全球通胀预期上升，国际大宗商品价格上涨，使我国承受成本上升风险和货币政策困境。其次，国内环境不容乐观。当前经济持续复苏回暖，经济增长好于预期，但这种复苏回暖主要是恢复性的，需求收缩、供给冲击、预期转弱三重压力有所缓解但仍然较大，市场需求有所恢复但仍显不足，社会预期有所增强但仍旧偏弱，内生动力有所集聚但仍待增强。种种迹象表明，当前我国经济恢复的基础尚不牢固。应对面临的国内外风险挑战，实现特大型城市稳增长，仍待在创新政策举措上进一步加力提效。

（一）加快建设以实体经济为支撑的现代化产业体系

实体经济是我国经济的命脉所在，不论经济发展到什么水平，我国要在国际竞争中赢得主动，都必须始终打牢实体经济这个根基，不能搞"脱实向虚"。习近平总书记强调："现代化产业体系是现代化国家的物质技术基础，必须把发展经济的着力点放在实体经济上，为实现第二个百年奋斗目标提供坚强物质支撑。"实现特大型城市稳增长，必须着力发展实体经济，加快建设以实体经济为支撑的现代化产业体系，这是特大型城市稳增长的重要依托和基础支撑。

构建以实体经济为支撑的现代化产业体系，一是完善新发展阶段产业政策，从战略高度加强农业的基础地位，着力增强工业的核心竞争力，强化服务业和基础设施的支撑保障作用，推动三次产业和上下游之间融合发展、协同发展。二是坚持把制造业高质量发展作为主攻方向。创新是构建现代化产业体系、促进制造业高质量发展的动力源泉。要聚焦制造业重点产业链，找准关键核心技术和零部件薄弱环节，集中优质资源合力攻关，在短板领域加快突破，在优势领域做大做强，进一步夯实科技自立自强根基，培育壮大制造业高质量发展新动能。三是加快传统制造业转型升级。传统制造业是现代化产业体系的基底，也是目前我国各特大型城市工业经济的主体。要加快实施传统制造业信息化、智能化、数字化改造，推动产业基础高级化、产业链现代化，着力提升制造业高端化、智能化、绿色化水平。四是大力发展战略性新兴产业。战略性新兴产业是引领未来发展的新支柱、新赛道。要抓住全球产业结构和布局调整孕育的新机遇，聚力高水平科技自立自强，大力发展数字经济、智能制造、生命健康、新材料等战略性新兴产业，推动战略性新兴产业集群化发展，着力培育一批具有国际竞争力的战略性新兴产业集群，打造新一代信息技术、人工智能、生物技术、新能源、新材料、高端装备、绿色环保等新的增长引擎。五是前瞻布局未来产业。未来产业是制胜新赛道的重要领域。聚焦类脑智能、量子信息、基因技术、未来网络、深海空天开发、氢能与储能等前沿科技和产业变革领域，前瞻谋划和布局一批未来产业，力争在关键领域抢占发展先机。

（二）最大限度释放全社会的创新创造潜能

创新是驱动经济复苏和高质量发展的强大动力。面对严峻复杂的国际国内形势和需求收缩、供给冲击、预期转弱三重压力，推动经济复苏、促进高质量发展的根本在于创新。习近平总书记在深刻总结世界经济发展历史经验时指出："体制机制变革释放出的活力和创造力，科技进步造就的新产业和新产品，是历次重大危机后世界经济走出困境、实现复苏的根本。"

特大型城市扩内需促消费稳增长，必须把基点放在创新上，最大限度释放全社会的创新创造潜能。一是坚持以创新驱动经济复苏和经济增长，增强经济内生动力，拓展经济发展空间，推动传统产业改造升级，壮大战略性新兴产业，促进产业高端化、智能化、绿色化发展。二是坚持以创新驱动创造市场需求，把实施扩大内需战略同深化供给侧结构性改革有机结合起来，充分释放和激发市场潜力。要通过深化改革进一步优化投资结构，扩大有效投资，拓展投资空间，提高投资效率，促进投资规模合理增长。要面向需求结构变化，顺应新一轮科技革命和产业变革趋势，聚焦重点领域重点问题，以系统集成和协同高效的改革创新举措，强化科技自立自强，推动供需在更高水平上实现良性循环。三是坚持以创新引领和创造新需求，拓宽消费领域，优化消费结构，培育消费热点，释放消费潜力，增强消费动能，促进消费提质扩容。要坚持产品创新引领消费升级，增强供需适配性。要积极培育消费新业态、新模式、新场景，加快传统商业数字化、智能化改造，推动线上线下消费深度融合。四是加快收入分配制度改革，提高劳动报酬在初次分配中的比重，健全各类生产要素参与分配机制，推动分配向中等收入群体和低收入群体适当倾斜，逐步扩大中等收入群体规模。多渠道促进居民增收，尤其要着力增加居民财产性收入，有效提升居民消费能力。五是坚持以创新举措持续推进大众创业、万众创新，加大对企业稳岗扩岗的支持力度，促进市场化社会化就业，增加新就业形态和灵活就业。

（三）千方百计改善居民消费预期

当前影响我国经济运行的突出问题是消费持续低迷、内需持续不振、居民消费信心不足以及消费预期转弱。在我国经济面临需求收缩、供给冲击、预期转弱三重压力的大背景下，中低收入群体、失业及就业状况不稳定群体普遍缺乏消费信心，于是便出现了"不敢消费、不便消费、不愿消费"的情况。与此同时，由于市场供给的产品和服务满足居民消费需求的状况不够理想，部分有消费能力的居民也降低了消费意愿。消费是拉动经济增长最重要的因素，推动我国经济持续复苏与增长，就应当着力改善居民消费预期，切实解决好消费低迷和内需不振等突出问题。

特大型城市要改善居民消费预期，释放消费潜力，推动经济复苏与增长。一是着力增加居民收入，提升居民消费能力。要制定和出台更加公平合理的政策和制度，加强对高收入群体的收入调节，让收入更加平等地分配。进一步强化对重点群体的支持帮扶，增加低收入群体的收入。加大财产性收入开源清障力度，增加居民的财产性收入。二是着力稳定和扩大就业，为居民消费提供强有力支撑。全面强化就业优先政策，深入实施高校毕业生就业促进计划和创业引领计划，制定实施农民工稳就业促创业行动方案，统筹推进农村转移劳动力、退役军人、就业困难人员等重点群体就业工作。坚持市场化社会化就业与政府托底帮扶相结合，完善重点群体就业支持体系。坚持深化就业供给侧改革，从供需两端缓解结构性就业矛盾。三是着力健全和完善社会保障体系，增强居民消费意愿。紧扣扩大内需这个战略基点，健全医疗、教育、养老等多层次社会保障体系，最大限度地夯实社会保障的兜底作用，消除居民消费的后顾之忧。四是着力提升消费服务满意度，极大地激发居民消费热情。顺应消费升级趋势，持续提升传统消费，加快培育升级新型

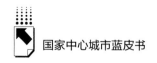
消费，大力扩容提质服务消费，积极改善消费条件、创新消费场景，千方百计提升产品和服务质量。

（四）千方百计提振和增强民间投资信心与活力

在多重因素叠加影响下，近年来特大型城市民间投资增速出现下滑态势。2022年成都市民间投资增速由2021年的14.6%放缓至5.4%，武汉市由2021年的18.6%放缓至1.0%；而重庆市、北京市、广州市则由2021年增长转为2022年下降，3市分别由增长9.3%转为下降0.5%、由增长6.4%转为下降6.1%、由增长19.4%转为下降9.3%。民间投资增速下滑，对保就业、稳增长造成较大负面影响。民间投资是全社会投资的重要组成部分，特大型城市扩内需促消费稳增长，必须千方百计提振和增强民间投资信心与活力。

特大型城市提振和增强民间投资信心与活力，一是始终坚持和切实贯彻"两个毫不动摇"的基本方针，在安排各类政府性投资资金时对民营企业一视同仁，采用投资补助、贷款贴息等方式支持符合条件的民间投资项目建设。二是着力构建和全面落实统一的市场准入制度，健全市场准入负面清单动态调整机制，进一步扩大民间投资准入范围，支持和吸引更多民间资本参与国家重大工程项目和补短板项目建设。三是坚持深化改革，优化提升民间资本投资环境，持续破除制约民营企业公平参与市场竞争的制度障碍，积极营造有利于民间投资发展的政策环境，对民营企业在资源要素获取、行业准入许可、生产销售经营、政府采购和招投标等方面采取无差别对待，确保民间资本投资有门、投资有效、投资有利。四是进一步优化民间投资法治化营商环境，着力提升民间投资服务质量，积极推进民间投资一站式办理施工许可，一次申请并联审批，一次性核发电子证照。五是加快打造民间投资项目与金融机构沟通衔接平台，着力完善投融资合作对接机制，强化对民间投资的财政金融支持，拓宽民营企业融资渠道，引导金融机构积极支持民间投资项目，支持民间投资项目申报国家政策性开发性金融工具（基金）、制造业中长期贷款。六是全面落实增值税小规模纳税人减免增值税等政策，有效降低民营企业土地使用成本。

（五）大力发展新产业 抢占新赛道 培育新动能

当前，新一轮科技革命和产业变革加速演进，新产业、新赛道日益成为各个国家和地区抢占的制高点、构筑未来发展新优势的重要平台，同时也成为我国稳增长、推动高质量发展的重要动力源。各特大型城市要实现扩内需促消费稳增长，在推动全国经济复苏和稳定增长中走前头、做示范、挑大梁，更好发挥"顶梁柱"作用，就要深入实施创新驱动发展战略，因地制宜发展战略性新兴产业，积极抢占产业发展新赛道，加快集聚经济发展新动能。

特大型城市发展新产业、抢占新赛道、培育新动能，一是积极顺应新一轮科技革命和产业变革演化趋势，持续发力推动战略性新兴产业发展。要聚焦新一代信息技术、新能源、新材料等重点领域，更好释放特大型城市在产业、市场、场景、金融和人才等方面的优势，加强技术攻关和成果转化，加快形成一批具有标志性的先进技术、创新产品和龙头企业，加快集聚一批战略性新兴产业集群，以新产业的高质量发展支撑城市经济复苏与增长。二是坚持面向未来、超前谋划，加快布局一批代表前沿科技和产业变革方向的未来产业，形成一批引领和支撑城市经济高质量发展的先导产业，积极竞逐数字经济、绿色低碳、元宇宙、智能终端等新赛道。要牢牢把握数字化和低碳化发展战略方向，以数字化技术塑造新业态、新模式，以低碳化推动持续健康发展，借助难得的"机会窗口"实现新赛道超车，在新的全球性科技和产业竞争中抢占先机、赢得主动。三是深入实施科教兴国战略、人才强国战略、创新驱动发展战略，不断集聚发展新动能。坚持以创新驱动经济发展，着力提升科技、人才、资本等要素质量和资源配置效率，更大范围激发全社会创新动力。坚持以创新推动转型，加快城市创新体系能级跃升，全面提高在全球科技创新竞争中的影响力和在全球创新治理中的话语权。

（六）积极培育壮大各类新型消费

近年来以网络购物、移动支付、线上线下融合等新业态新模式为特征的新型消费迅速发展，新消费场景竞相涌现，在引领消费创新转型、促进消费提质扩容、加快推进扩大内需等方面发挥了重要作用。特大型城市多为区域消费中心城市，有些甚至是国际消费中心城市。特大型城市要释放消费潜力，促进市场需求加快恢复，推动经济发展持续呈现回升向好态势，就应顺应消费升级趋势，进一步培育壮大各类新型消费。

特大型城市培育壮大各类新型消费，一是深入实施创新驱动发展战略，加快技术、管理、商业模式创新，支持互联网平台企业向线下延伸拓展，加快传统线下业态数字化改造和转型升级，推动互联网和各类消费业态紧密融合，加快线上线下消费双向深度融合，促进新型消费加快发展。二是针对新型消费发展中存在的突出问题，加快新型消费基础设施和各类载体建设，支持城市规划建设管理多场景应用，优先覆盖核心商圈、重点产业园区、重要交通枢纽、主要应用场景等，着力完善商贸流通基础设施网络，优化新型消费网络节点布局，促进智能化技术集成创新应用，推动车联网和充电桩（站）建设，积极发展"智慧街区""智慧商圈"，完善社区便民消费服务圈，尽快补齐新型消费发展短板。三是坚持以深化"放管服"改革、优化营商环境促进新型消费发展，坚决破除一切影响和制约新型消费发展的体制机制障碍，最大限度激发消费市场活力。加强相关法规制度建设，完善新型消费标准体系，简化优化行政审批，加快推行新型消费领域涉企经营许可事项告知承诺制，建立健全消费领域以信用为基础的新型监管机制，进一步强化消费领域专项整治，推动构建消费投诉信息公示系统，着力规范线上经济秩序，持续优化新型消费发展环境。

（七）持续加大金融支持扩大内需力度

金融是现代经济的核心，也是国民经济特别是实体经济的"血脉"。尤其是在我国经济面临需求收缩、供给冲击、预期转弱三重压力的背景下，加大金融对扩大内需支持力度的重要性更加凸显，成为扩内需促销费稳增长的关键。特大型城市要扩大内需、促进经济稳定增长，就应持续加大金融支持扩大内需的力度，更好发挥金融的"核心"与"血脉"作用。

特大型城市持续加大金融支持扩大内需力度，一是加快金融政策创新，并使之与财政政策和社会政策密切配合，把支持恢复和扩大消费摆在优先位置。坚持需求导向，着力打造政银企交流平台，精准对接供需两端政策需求，把更多的金融资源要素吸引到服务扩大内需上来，支持和鼓励金融机构围绕先进制造业、战略性新兴产业、传统产业转型升级等重点领域，持续增加中长期贷款投放和保险资金投资。二是进一步优化房地产政策，因城制宜地逐步取消和调整制约消费需求释放的限购限贷等限制性政策。三是引导金融机构完善消费金融政策，支持住房改善、新能源汽车、养老服务、教育医疗文化体育服务等消费。四是尽心帮助中小微企业、个体工商户解决融资难题，着力改善民营经济和中小微企业融资环境，以保市场主体来稳就业保民生。五是支持金融机构积极发展科技金融、绿色金融、普惠金融、跨境金融、消费金融、财富金融、供应链金融、市域金融，加快金融服务数字化转型，支持培育消费新业态、新模式，助力消费回暖升级。六是着力推动金融机构优化消费金融产品服务，丰富金融产品供给，多渠道增加居民安全稳定的财产性收入，鼓励新能源汽车、绿色家电等大宗商品消费，促进居住消费提升，为新型消费和服务消费提供信贷支持和保险保障。

（八）以优化营商环境扩内需促消费稳增长

当前稳住经济基本盘，推动经济持续复苏和稳定增长，关键是要千方百计稳住市场主体、改善市场预期，着力提振市场主体信心、激发市场活力。而稳市场主体、稳市场预期的一个重要前提是不断优化营商环境。特大型城市扩内需促消费稳增长，必须对标国际一流城市，着力打造能够充分释放市场活力的营商环境。

特大型城市以优化营商环境扩内需促消费稳增长，一是注重发挥政策对优化营商环境的支撑作用。始终坚持"两个毫不动摇"，着力构建亲清统一的政商关系，强化产权保护、市场准入、资金要素获取等方面的普惠性政策支持，切实为市场主体投资经营排忧解难，加快推动减税降费、退税缓税等政策措施落地见效，持续加大信贷支持力度，有效降低企业融资成本。二是紧紧围绕市场化法治化国际化方向，切实把优化营商环境的各项任务举措落细落实。着力提升营商环境法治化水平，使法治成为城市核心竞争力的重要标志。全面落实"法定职权必须为、法无授权不可为"的法治要求，持续清理各类具有审批性质的管理事项，坚决消除隐性壁垒。三是协同推进行政审批改革和事中事后监管，推动行政审批改革深化和整体效能提升。聚焦企业关注的重点，扩大告知承诺制覆盖范围，加快推进工程建设领域一体化改革，着力建立高质量的产业服务体系。深化包容审慎监管，完善监管规则规范。提升科技监管效能，推进营商环境数字化转型。

（九）坚持以深化改革开放增强内需发展动力

改革开放是实现中华民族伟大复兴的关键一招，也是当前扩内需促消费稳增长的关键一招。总需求不足是当前经济运行面临的突出矛盾，恢复和扩大需求是推动经济持续回升向好的关键所在。恢复和扩大需求，必须持续深化改革，着力破解制约扩内需促消费稳增长的体制机制障碍，在双循环新发展格局中，内需外需密切联系，扩内需与稳外需相互促进。要加快推进高水平对外开放，把扩内需与稳外需结合起来，努力推动经济运行持续回升向好。

特大型城市以深化改革开放增强内需发展动力，一是坚决破除一些重点服务消费领域的体制机制障碍和隐性壁垒，完善促进消费的体制机制，促进不同地区和行业标准、规则、政策协调统一，简化优化相关证照或证明办理流程手续。二是深入实施公平竞争政策，严厉打击低价倾销、价格欺诈等违法行为，全面加强消费者权益保护，加快建立健全全方位、多层次、立体化监管体系，积极营造安全放心诚信的消费环境。三是加快推进投融资体制改革，完善民营企业参与国家重大战略实施机制，加大对民间投资的支持和引导力度；完善投资法规制度和执法机制，优化投资审批和监督管理；健全政府性融资担保体系，增强资本市场对实体经济的融资功能；完善平等保护产权的法律法规体系，加强对非公有制经济财产权的法律保护，着力健全现代产权制度。四是推进高水平对外开放，稳步扩大规则、规制、管理、标准等制度型开放，提升参与国际循环的质量和水平；加快推进基础设施互联互通，打造国际陆海贸易新通道，推进中欧班列安全稳定高质量发展，高质量共建"一带一路"；健全外商投资准入前国民待遇负面清单管理制度，优化外商投资服务，持续提升利用外资水平；实施自由贸易区提升战略，做好《区域全面经济伙伴关系协定》（RCEP）生效后的实施工作，稳步推进多双边贸易合作。

（十）推进区域协调发展和新型城镇化

城镇化对投资需求具有明显的带动效应。新型城镇化是扩大消费需求的加速器和拉动有效投资的倍增器。当前扩内需促消费稳增长，迫切要求把扩大内需战略和新型城镇化战略有序衔接起来。区域协调发展是推动高质量发展的关键支撑。推动区域协调发展是释放内需潜能、促进产业升级的重要举措。特大型城市要扩内需稳增长，必须深入实施区域协调发展战略和区域重大战略，增强发展的整体性和协调性，充分释放内需潜在势能。

特大型城市以推进区域协调发展和新型城镇化扩内需稳增长，一是建立中心城市引领城市群发展、城市群带动区域发展的新模式，着力打造内需新增长极。坚定贯彻中央决策部署，积极引领京津冀、长三角、粤港澳大湾区、成渝、长江中游、中原、关中平原等城市群发展，带动环渤海地区协同发展，带动长江经济带发展，带动珠江—西江经济带创新绿色发展，带动相关板块融合发展，完善内需增长空间格局。二是积极引领现代化都市圈发展。着力增强自身辐射带动能力，加快自身非核心功能向周边城市（镇）疏解。以推动都市圈内各城市间专业化分工协作为导向，推动自身产业高端化发展，带动中小城市夯实制造业基础，促进城市功能互补、产业错位布局。三是着力健全市场一体化发展机制。率先实施全国统一的市场准入负面清单制度，消除歧视性、隐蔽性区域市场准入限制，促进城乡区域间要素自由流动。积极引领京津冀、长江经济带、粤港澳大湾区等加快区域市场建设，积极探索建立规划制度统一、发展模式共推、治理方式一致、区域市场联动的区域市场一体化发展新机制。四是持续深化区域合作机制。加强城市

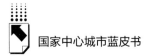

群内部城市之间的紧密合作，推动城市间产业分工、基础设施、公共服务、环境治理、对外开放、改革创新等协调联动，推动形成大中小城市和小城镇协调发展的城镇化格局。五是加快推进以人为核心的新型城镇化，推进农业转移人口市民化，推进以县城为重要载体的城镇化建设，推进城市设施规划建设和城市更新。

参考文献

金观平：《坚定不移扩内需促消费》，《经济日报》2023 年 6 月 26 日。

王文博：《促消费多点开花 扩内需"快马加鞭"》，《经济参考报》2023 年 6 月 16 日。

张慧慧、李雪松：《扩大内需战略下全面促进消费问题研究》，《当代经济管理》2023 年第 8 期。

陈文玲：《推动经济快速复苏的关键是提振消费》，《宏观经济管理》2023 年第 3 期。

李清彬：《中国居民实际消费水平差距问题初探》，《宏观经济研究》2023 年第 4 期。

评 价 篇

Evaluation Section

B.2
2022年国家中心城市建设指数及成长性指数评价分析

郑州师范学院国家中心城市研究院课题组*

摘　要： 2022年，我国经济发展遇到国内外多重超预期因素冲击，城市发展速度变缓，国家中心城市的部分发展指标增速低于全国平均水平。国家中心城市建设指数测度结果显示：国家中心城市队伍中，北京、上海、广州建设指数位列第一梯队，成都、武汉、重庆、西安建设指数位列第二梯队，郑州和天津建设指数位列第三梯队。国家中心城市成长性评价结果显示：2022年各国家中心城市的成长性均有较大幅度降低，城市成长性排名变化明显，综合服务功能、科技创新功能、生态宜居功能的成长性相对较高。其中，综合成长性指数最高的是成都，其次是郑州、重庆、武

* 课题组组长：喻新安、陈耀。执笔：徐艳红，博士，郑州师范学院讲师，研究方向为城市发展、城市生态；陈耀，博士，郑州师范学院国家中心城市研究院首席专家，中国社会科学院工业经济研究所研究员、教授、博士生导师，研究方向为区域经济、产业空间组织和政府政策。

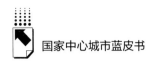
汉，天津、北京和广州成长性分别排在第 5、第 6 和第 7 位，上海和西安成长性为负，排在后 2 位。其他 12 个特大型城市建设评价结果显示：建设指数分三个层级，其中位于第一层级的城市包括深圳、南京、杭州和青岛，建设发展指数均在 0.45 以上；济南、长沙、昆明位于第二层级，建设发展指数在 0.35~0.42；处于第三层级的城市包括沈阳、佛山、大连、东莞、哈尔滨，其建设发展指数在 0.32~0.36。总体上，2022 年各国家中心城市科技创新实力持续提升、城市宜居水平有效改善，但各城市三重压力依然严峻，亟须有效发挥其在扩内需促销费稳增长中的引领带动作用。

关键词： 国家中心城市　建设指数　成长性指数　特大型城市

一　国家中心城市经济发展基础指标对比

2022 年是国家发展进程中极不平凡的一年。在以习近平同志为核心的党中央坚强领导下，各国家中心城市认真落实党中央、国务院决策部署，立足新发展阶段，完整、准确、全面地贯彻新发展理念，积极服务和融入新发展格局，社会经济运行稳中有进，在引领和促进区域持续稳定发展中发挥了重要作用。2022 年各国家中心城市经济基础指标发展情况如图 1~图 10 所示。

从 2022 年 GDP 来看，上海和北京居前 2 位，分别为 44652.8 亿元、41610.9 亿元，重庆（29129.0 亿元）、广州（28839.0 亿元）、成都（20817.5 亿元）均在 2 万亿元行列，分别位列第 3、第 4 和第 5，武汉、天津、郑州、西安居后 4 位；从 GDP 增长率来看，除上海外，各国家中心城市均实现了正增长，其中武汉（4.0%）和西安（4.4%）增速高于全国平均水平。从 2022 年常住人口数来看，重庆（3213.3 万人）依旧是人口最多的城市，其次是上海（2475.9万人）和北京（2184.3万人），西安（1299.6万人）、郑州（1274万人）分别排第8和第9位。从2022年地方一般公共预算收入来看，上海最高，为7608.2亿元，其次是北京（5714.4亿元），以上2个城市远高于其他7个国家中心城市，武汉（1504.7亿元）、郑州（1130.8亿元）、西安（834.1亿元）居后3位。从2022年社会消费品零售总额来看，上海（16442.1亿元）、北京（13794.2亿元）、重庆（13926.1亿元）、广州（10298.2亿元）均超1万亿元，西安（4642.1亿元）和天津（3573.8亿元）未超5000万元，分别排第8和第9位，与2021年相比，各城市均有不同程度的下降。从2022年全社会固定资产投资额增速来看，武汉（10.8%）、西安（10.5%）增速均超过10%，成都（5.0%）、北京（3.6%）、重庆（0.7%）也均为正增长，其他城市全社会固定资产投资额均呈不同程度降低。从2022年金融机构本外币存款余额来看，北京（218628.8亿元）和上海（192293.1亿元）依然领先于其他城市，分别位列第1和第2，广州（80495.1亿元）排名第3，郑州（29031.9亿元）排名第9；从2022年金融机构本外币贷款余额来看，上海（103138.9亿元）排名第1，其次是北京（97819.9亿元），广州（68918.6亿元）排名第3，排名第9的是西安（32053.7亿元）。从2022年居民人均可支配收入来看，达到7万元的城市包括上海（79610元）、北京（77415元）、广州（71366元），武汉居民人均可支配收入为53978元，位列第4，其余国家中心城市居民人均可支配收入均低于50000元；各城市居民人均消费支出的排名基本与居民人均可支配收入排名一致，但重庆（25371元）略高于西安（24015元）；从居民人均消费支出占人均可支配收入的比例来看，居民人均可支配收入最低的重庆该比例反而最高，为71.1%，其次是武汉（65.3%）、郑州（64.5%）、天津（64.0%）。从2022年进出口总额来看，上海（41902.8亿元）、北京（36445.5亿元）和广州（10948.4亿元）居前3位，西安（4474.1亿元）和武汉（3532.2亿元）分别排在第8和第9位。从2022年实际利用外商直接投资额来看，各国家中心城市差距较为明显，较高的上海（239.6亿美元）、北京（174.1亿美元）和天津（144.3

亿美元）3 个城市，其实际利用外商直接投资额是成都（25.9 亿美元）、武汉（22.0 亿美元）、重庆（18.6 亿美元）、郑州（12.0 亿美元）、西安（11.7 亿美元）的数倍。从 2022 年技术合同成交额来看，北京最高达7947.5 亿元，上海（4003.5 亿元）位列第 2，西安（2881.3 亿元）位列第3，而重庆（630.4 亿元）和郑州（509.3 亿元）尚未突破千亿元大关。

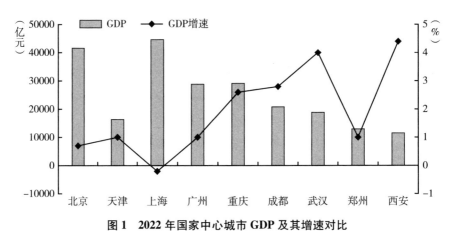

图 1　2022 年国家中心城市 GDP 及其增速对比

数据来源：各城市《2022 年国民经济和社会发展统计公报》。

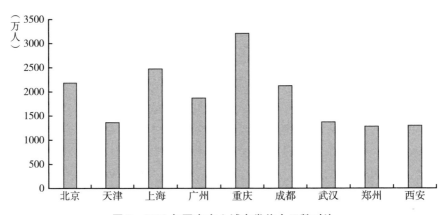

图 2　2022 年国家中心城市常住人口数对比

数据来源：各城市《2022 年国民经济和社会发展统计公报》。

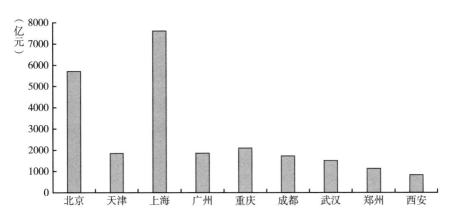

图3 2022年国家中心城市地方一般公共预算收入对比

数据来源：各城市《2022年国民经济和社会发展统计公报》。

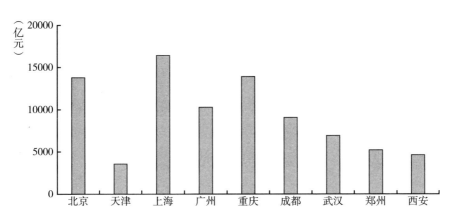

图4 2022年国家中心城市社会消费品零售总额对比

数据来源：各城市《2022年国民经济和社会发展统计公报》。

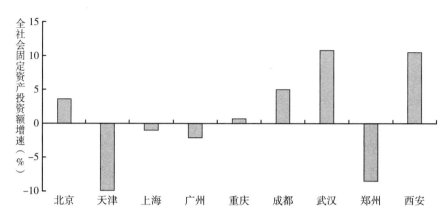

图5　2022年国家中心城市全社会固定资产投资额增速对比

数据来源：各城市《2022年国民经济和社会发展统计公报》。

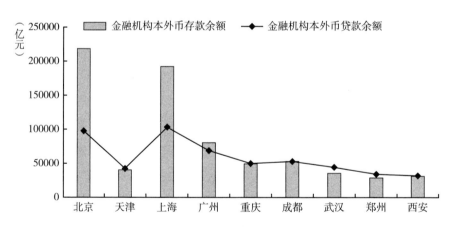

图6　2022年国家中心城市金融机构本外币存款和贷款余额对比

数据来源：各城市《2022年国民经济和社会发展统计公报》。

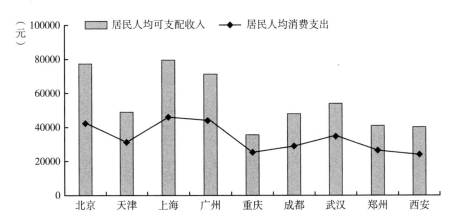

图7　2022年国家中心城市居民人均可支配收入和人均消费支出对比

数据来源：各城市《2022年国民经济和社会发展统计公报》。

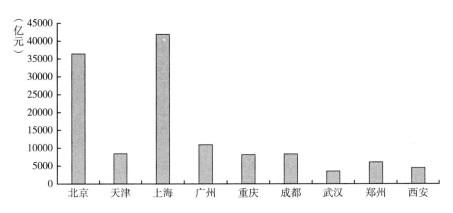

图8　2022年国家中心城市进出口总额对比

数据来源：各城市《2022年国民经济和社会发展统计公报》。

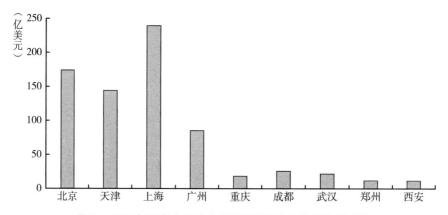

图9 2022年国家中心城市实际利用外商直接投资额对比

数据来源：各城市《2022年国民经济和社会发展统计公报》，其中广州实际利用外商直接投资额根据2022年平均汇率计算。

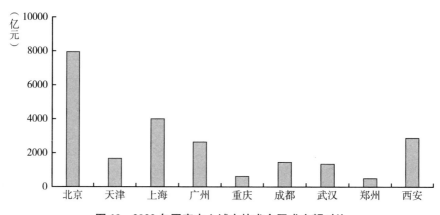

图10 2022年国家中心城市技术合同成交额对比

数据来源：各城市《2022年国民经济和社会发展统计公报》。

二 评价方法体系

（一）评价指标体系构建

根据国家中心城市功能分析，结合我国城市发展实际情况，国家中心城市评价指标体系包含三个层次：第一层为功能层，包括综合服务、网络枢纽、科技创新、开放交流、人文凝聚、生态宜居 6 项；维度层在功能层内涵基础上进一步细化为 15 项；第三层是指标层，选取具有代表性、可比性并能够客观真实体现国家中心城市建设水平的指标（见表 1）。

表 1 国家中心城市建设评价指标体系

功能层	维度层	指标层	单位	属性
综合服务	经济活力	人均 GDP	万元	+
		第三产业增加值比重	%	+
		GDP 增速	%	+
		社会消费品零售总额占 GDP 的比重	%	+
		常住人口数	万人	+
	生产服务	上市公司数量	个	+
		人均金融机构本外币存款余额	万元	+
		人均金融机构本外币贷款余额	万元	+
	公共服务	万人医疗机构床位数量	张	+
		城市轨道交通运营里程	公里	+
网络枢纽	信息枢纽	万人固定宽带互联网用户数	户	+
		邮电业务总量	亿元	+
	交通枢纽	货物周转量	亿吨公里	+
		旅客周转量	亿人公里	+
		机场年货物吞吐量	万吨	+
		机场年旅客吞吐量	万人次	+
科技创新	创新资源	万人普通高等学校在校生数量	人	+
		高新技术企业数量	个	+
	科研平台	国家重点实验室、国家工程技术研究中心、国家企业技术中心数量	个	+
		"双一流"大学数量	所	+
	要素投入	R&D 投入强度	%	+
		教育支出占一般公共预算支出的比重	%	+
	创新成果	发明专利授权数	万项	+
		技术合同成交额	亿元	+

功能层	维度层	指标层	单位	属性
开放交流	国际商贸	实际利用外商直接投资占 GDP 的比重	%	+
		外贸依存度	%	+
	对外交流	使领馆数量	个	+
		机场出港航线数量	条	+
		展览数量	个	+
人文凝聚	城市名片	世界遗产数量	项	+
		地理标志商标数量	个	+
	文化氛围	公共图书馆数量	座	+
		博物馆数量	座	+
		文化馆数量	座	+
生态宜居	环境优美	人均公园绿地面积	平方米	+
		建成区绿化覆盖率	%	+
		地表水国控断面优良水体比重	%	+
	和谐宜居	通勤高峰期交通拥堵指数	—	—
		PM$_{2.5}$年平均浓度值	微克每立方米	—

（二）评价分析方法

本次评价采用"熵值法+TOPSIS 法"的方法开展相关分析，具体方法如下。

鉴于各个评价指标的表征数据和单位不统一，无法直接进行比较计算，需对所有数据进行标准化处理，即进行无量纲化处理。考虑到评价指标中既有正面影响指标也有负面影响指标，选择 max−min 标准化方法进行数据标准化处理。

$$
y_{ij} = \begin{cases} \dfrac{x_{ij} - \min(x_{ij})}{\max(x_{ij}) - \min(x_{ij})}, & x_{ij} \text{ 为 "+" 指标} \\[3mm] \dfrac{\max(x_{ij}) - x_{ij}}{\max(x_{ij}) - \min(x_{ij})}, & x_{ij} \text{ 为 "−" 指标} \end{cases} \tag{1}
$$

式中，i 表示参与评价的第 i 个城市，j 表示第 j 个评价指标，x_{ij} 表示第 i

个城市第 j 个指标的初始指标值，y_{ij} 表示第 i 个城市第 j 个指标经过标准化的指标值。

为降低主观因素对赋权产生的影响，指标权重的计算采用能够客观反映各个评价指标数据变异程度的熵值法。

第 j 个评价指标的熵计算如下：

$$P_{ij} = \frac{y_{ij}}{\sum\limits_{i=1}^{m} y_{ij}} \tag{2}$$

$$E_j = \ln\frac{1}{n} \cdot \sum\limits_{i=1}^{m} (P_{ij} \cdot \ln P_{ij}) \tag{3}$$

各评价指标权重为：

$$W_j = \frac{1 - E_j}{\sum\limits_{j=n}^{n} (1 - E_j)} \tag{4}$$

式中，m 表示参与评价的城市数，n 表示参与评价的评价指标数，P_{ij} 表示第 j 个指标下第 i 个评价城市指标的比重，E_j 表示第 j 个指标的熵值，W_j 表示第 j 个指标的权重值。

建设指数计算结果采用 TOPSIS 方法计算。该方法通过计算各项评价指标与最优方案和最劣方案的相对距离并进行排序，从而更加客观地评价城市发展指数。

首先根据数据标准化结果和权重计算结果，构建各城市测度指标的加权矩阵：

$$G = \begin{bmatrix} Y_{11} & \cdots & Y_{1n} \\ \vdots & Y_{ij} & \vdots \\ Y_{m1} & \cdots & Y_{mn} \end{bmatrix} \tag{5}$$

其中，$Y_{ij} = y_{ij} \cdot W_j$。$n$ 个评价指标中，各个指标的最优解 B_j^+ 和最劣解 B_j^-，取其在 G 中的最大值和最小值，则每个参与评价城市的各指标值到理想解的距离 D_j^+ 和 D_j^- 分别为：

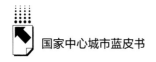
$$D_j^+ = \sqrt{\sum_{j=1}^{n} (Y_{ij} - B_j^+)^2} \qquad (6)$$

$$D_j^- = \sqrt{\sum_{j=1}^{n} (Y_{ij} - B_j^-)^2} \qquad (7)$$

各城市评价指数与理想解的接近程度 C_i 为：

$$C_i = \frac{D_j^-}{D_j^+ + D_j^-} \qquad (8)$$

式中，G 表示各城市测度指标的加权矩阵，C_i 表示各城市评价指数与理想解的接近程度，D_j^+ 表示各评价指标值到最优理想解的距离，D_j^- 表示各评价指标值到最劣理想解的距离。

（三）研究对象

本次评价分析将利用特大型城市①2022 年的面板数据，对 21 个城市进行综合对比分析，分别讨论各个国家中心城市在国家中心城市队伍及特大型城市队伍中的排名情况。

三　国家中心城市2022年建设指数和成长性指数

（一）国家中心城市建设指数评价

1. 数据来源

本研究数据主要来源于 9 个城市的《2022 年国民经济和社会发展统计公报》《2022 生态环境状况公报》《统计年鉴 2022》，中国民航局发布的《2022 年全国民用运输机场生产统计公报》，住建部发布的《2021 年城市建

---

① 特大型城市包括上海、北京、深圳、重庆、广州、成都、天津 7 个超大城市，以及武汉、东莞、西安、杭州、佛山、南京、沈阳、青岛、济南、长沙、哈尔滨、郑州、昆明、大连 14 个特大城市。

设统计年鉴》，百度地图发布的《2022年度中国城市交通报告》，中国城市轨道交通协会发布的《城市轨道交通2022年度统计和分析报告》，飞常准大数据公布的《2022年境内机场发展报告》等，部分数据根据科技部官网、教育部官网、国家证券监督管理委员会官网，以及9个城市的人民政府、财政厅（局）、统计局、科技局、文化（广电）旅游局等政府网站官方公布数据整理。考虑到数据可获得性，本次评价分析中，R&D投入强度、展览数量、人均公园绿地面积、建成区绿化覆盖率等指标采用2021年数据。

2. 权重分布

根据相关数据分析，国家中心城市建设评价指标体系各功能层中，综合服务功能层的权重最大，为0.2719，其次是科技创新（0.2096），网络枢纽权重（0.1449）居第3位（见图11）。与2021年相比，综合服务、网络枢纽、科技创新、生态宜居等功能层权重均有所提升，这可能与本年度测度分析中，所用数据为21个特大型城市的面板数据，部分指标间的差距拉大有关。从指标上看，综合服务功能层10个指标中8个指标高于39个评价指标平均权重值，网络枢纽功能层6个指标中2个指标高于指标平均权重值；科技创新功能层8个指标中5个指标高于指标平均权重值；开放交流功能层6个指标中3个指标高于指标平均权重值；人文凝聚功能层5个指标中2个指标高于指标平均权重值；生态宜居功能层5个指标均高于指标平均权重值。

3. 评价结果

（1）建设指数综合排序

根据测度结果，2022年，在国家中心城市队伍中，各城市建设指数排名与2021年没有变化。第一梯队的北京（0.6283）、上海（0.5593）、广州（0.5207）仍分别位列第1、第2、第3；成都、武汉、重庆、西安位列第二梯队，建设指数在0.4~0.5，郑州、天津位列第三梯队。从21个特大型城市建设指数综合对比上看，北京、上海和广州三个城市在特大型城市中仍占据优势地位，综合建设指数仍位列前3。此外，建设指数10强城市还包括成

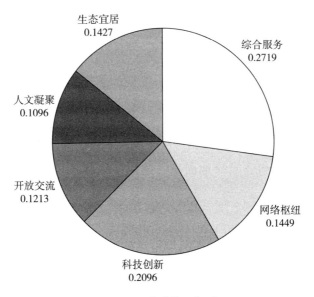

图 11 六大功能层权重

都（0.4666）、武汉（0.4259）、重庆（0.4194），分别位列特大型城市第6、第9和第10。而西安（0.4032）、郑州（0.3753）、天津（0.3678）的建设指数在21个特大型城市中分别排在第12、第15和第16位（见图12）。

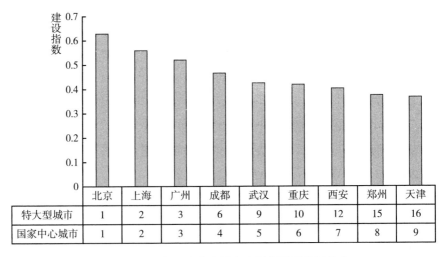

图 12 2022年国家中心城市建设指数评分及排名

（2）六大功能层建设指数对比

2022年国家中心城市各功能指数对比如图13所示，各城市的六个功能层发展水平与整体发展水平还存在一定差异。建设指数排名第1的北京，其网络枢纽功能尚处于第二梯队；上海的生态宜居功能处于第三梯队；广州的人文凝聚功能处于第三梯队；成都的人文凝聚功能处于第一梯队，但科技创新功能暂列第三梯队；武汉的网络枢纽功能和开放交流功能指数相对靠后；重庆的科技创新功能和开放交流功能均处于第三梯队；西安的生态宜居功能尚处于第三梯队；郑州的综合服务、网络枢纽、开放交流、科技创新、人文凝聚功能均相对落后；天津的综合服务、网络枢纽、科技创新、生态宜居功能均需要进一步加强。

综合服务功能中，各国家中心城市指数值差距相对较小，其中北京、上海、广州分别位列前3，而西安、郑州、天津位列后3。该功能层表征指标中，各城市人均GDP、GDP增速、第三产业增加值比重、社会消费品零售总额占GDP的比重、万人医疗机构床位数量等指标的权重相对较大。从指标上看，2022年，人均GDP中，北京（19.00万元）、上海（18.04万元）最高，郑州本年度突破10万元，而成都（9.81万元）、重庆（9.07万元）、西安（8.88万元）等城市的人均GDP仍尚未突破10万元；GDP增速指标中，各国家中心城市表现均不理想，除武汉（4.0%）和西安（4.4%）外，其他7个国家中心城市的GDP增速均低于全国平均水平（3.0%）；社会消费品零售总额占GDP的比重指标中，各城市占比均较2021年有所降低，其中重庆（47.81%）最高，其次是成都（43.70%）、西安（40.41%），郑州（40.38%）、上海（36.82%）、武汉（36.76%），广州（35.71%）、北京（33.15%）、天津（21.91%）尚未达到全国平均水平（36.34%）。此外，在上市公司数量上，郑州仅为广州的1/3，西安不足广州的1/4，这2个城市与同为省会城市的广州、成都、武汉还存在较大差距。

网络枢纽功能中，上海排第1位，其次是广州，郑州、武汉、天津位列后3位。2022年各城市网络枢纽功能层的多项表征指标均有不同程度的下滑。从具体指标来看，重庆有5个机场，上海、北京、成都均有2个机场，

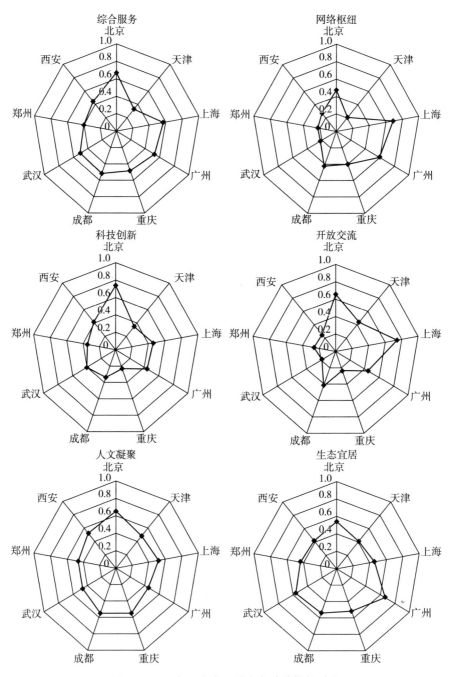

图 13　2022 年国家中心城市各功能指数对比

2022年，机场年旅客吞吐量较高的国家中心城市上海（2889.0万人次）、北京（2298.10万人次）均较2021年（上海6541.4万人次、北京5769万人次）下降一半多，而成都（3109.34万人次）、广州（2610.50万人次）分别由2021年的第3、第4位，上升至第2、第3位；相比以上城市，武汉（1160.64万人次）、郑州（922.17万人次）、天津（584.17万人次）机场年旅客吞吐量最少。2022年，机场年货物吞吐量达到百万吨级别的国家中心城市有上海（330.18万吨）、广州（188.41万吨）、北京（111.62万吨），但较2021年也有不同程度的下降，郑州（62.47万吨）排名第4。

科技创新功能中，北京功能指数（0.7302）排名第1，上海（0.4604）、广州（0.4388）、西安（0.4146）分别位列第2、第3、第4，成都（0.3368）和重庆（0.2322）位列第8和第9。该功能层表征指标中，各城市间指标差距较大，其中万人普通高等学校在校生数量、高新技术企业数量、R&D投入强度、教育支出占一般公共预算支出的比重等指标的权重相对较大。从指标上看，2022年，郑州的万人普通高等学校在校生数量达到1088人，排在国家中心城市第1位，其次是武汉（970人）、广州（881人），而重庆（365人）、上海（323人）最低。高新技术企业数量指标上，重庆（6394个）、郑州（5191个）相对较少，其他城市均在1万个以上，其中北京、上海分别达到27698个、23976个。R&D投入强度上，较2021年均有所提升，北京达到6.53%，其次是西安（5.18%）、上海（4.21%），郑州（2.45%）、重庆（2.16%）仍低于全国平均水平（2.55%）。在创新成果上，郑州（0.74万项）的发明专利授权数尚未过万，而发明专利授权数排在前3位的北京达8.8万项、上海达3.68万项、广州达2.76万项；技术合同成交额指标上，近几年各城市增长速度均较快，2022年，除重庆（630.4亿元）、郑州（509.3亿元）外，其余国家中心城市均在千亿元以上，其中北京最高达到7947.5亿元，上海（4003.51亿元）、西安（2881.3亿元）、广州（2645.5亿元）分别位列第2、第3、第4。

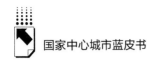
开放交流功能中，各国家中心城市功能指数分层明显，最高的是上海和北京，指数在0.65以上；其次是广州、天津和成都，功能指数在0.40以上；郑州、西安、重庆和武汉位列后4，功能指数低于0.30。该功能层表征指标中，由于2022年实际利用外商直接投资降低明显，各城市实际利用外商直接投资占GDP的比重排名也有明显变化，2022年天津（5.95%）最高，其次是上海（3.61%）、北京（2.81%）、广州（1.99%），其他国家中心城市均未超过1.0%。外贸依存度上，上海（93.84%）最高，北京（87.59%）排名第2，天津（51.80%）、郑州（46.93%）分别排第3、第4位，重庆（28.01%）、武汉（18.72%）最低。2022年，各国家中心城市的对外交流水平均有不同程度的下降，拥有2个机场的北京、上海的机场出港航线数量仍最高，分别有295条、269条，成都（255条）排名第3，广州（199条）排名第4，天津、郑州的机场出港航线数量最少。①

人文凝聚功能中，北京该功能指数最高，其次是成都、重庆、西安，而郑州、广州暂列国家中心城市最后2位。该功能层表征指标中，9个国家中心城市均为国家历史文化名城，但在世界遗产数量上，上海、广州、武汉均未实现零的突破；公共图书馆数量上，除重庆外，其他8个国家中心城市差距不大；博物馆和文化馆作为城市文化氛围的载体，各国家中心城市间差距相对较大，北京、上海、成都、上海、西安、重庆的博物馆数量均过百；文化馆数量上，重庆有41座，在国家中心城市中排第1位，其次是成都，有23座，其他城市均未超过20座。

生态宜居功能中，各国家中心城市功能指数差距相比其他功能较小。其中广州的生态宜居功能指数最高，达到0.6648；武汉（0.5625）、北京（0.5405）排第2、第3位，西安（0.4157）和天津（0.4100）最低。该功能层表征指标中，人均公园绿地面积最大的是广州，高达24.51平方米，其次是重庆（16.67平方米）、北京（16.62平方米）、郑州（15.27平方米），其余城市尚未达到全国平均水平（14.87平方米），其中天津（9.74平方

---

① 数据来自飞常准公布的《2022年境内机场发展报告》。

米）、上海（9.02 平方米）最低。① 建成区绿化覆盖率中，除天津（38.28%）、上海（37.73%）外，其他 7 个城市均在 41.0%以上，最高的是北京，达到 49.29%，武汉（44.77%）排第 2 位。2022 年，各城市的地表水国控断面优良水体比重中，北京、天津和郑州相对较低，其余 6 个国家中心城市均在 85%以上。通勤高峰期交通拥堵指数中，各城市拥堵情况均有所好转，其中郑州（1.444）仍为最优，其次是天津（1.477），重庆（1.79）、北京（1.769）在通勤高峰期相对其他国家中心城市更为拥堵。同时，多数城市 2022 年 $PM_{2.5}$ 年平均浓度值均有不同程度降低，但除上海（25 微克每立方米）和广州（22 微克每立方米）外，其余国家中心城市的 $PM_{2.5}$ 年平均浓度值仍高于全国 339 个地级及以上城市的平均水平（29 微克每立方米），其中郑州、西安仍在 45 微克每立方米以上。

（二）国家中心城市成长性指数排序

1. 数据处理

为更准确地表征城市成长性，在成长性测度的数据标准化中，首先根据成长性正负情况，对存在负向变化的指标数据进行平移处理，再进行（0，1）标准化；然后利用熵值法计算权重；最后利用平移后的最大值和最小值，对增长率为负的指标数据进行负值化，将再次处理后的标准化数据与权重加权得到各国家中心城市的成长性指数。

2. 成长性指数综合排序

2021 年和 2022 年各国家中心城市成长性指数如图 14 所示。总体上看，与 2021 年相比，2022 年各国家中心城市的成长性指数均有较大幅度下降，城市成长性指数排名变化明显，正向成长的各城市总体成长性指数差距不大。其中，成长性指数最高的为成都，成长性指数为 0.0705，其次是郑州（0.0660）、重庆（0.0641）、武汉（0.0619）；2022 年有 2 个城市成长性指数为负，分别是上海（-0.0616）和西安（-0.1258）。

---

① 由于部分城市未公布数据，为保证数据一致性，人均公园绿地面积和建成区绿化覆盖率数据选用中华人民共和国住房和城乡建设部公布的《2021 年中国城市建设统计年鉴》中的数据。

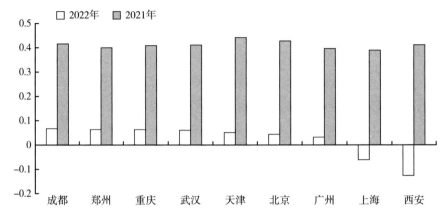

图14　2021年和2022年各国家中心城市成长性指数

从2018年测度国家中心城市成长性以来，各年度国家中心城市成长性指数均有较大变化。相对来说，建设指数处于第二、第三梯队的国家中心城市的成长性相对更大。2018~2022年，成都的成长性指数一直保持在各国家中心城市的前3位（见表2）。

表2　2018~2022年国家中心城市建设成长性指数排名

城市	2022 年	2021 年	2020 年	2019 年	2018 年
成都	1	3	1	1	3
郑州	2	7	4	2	1
重庆	3	6	2	4	6
武汉	4	5	9	7	4
天津	5	1	5	5	9
北京	6	2	8	8	8
广州	7	8	3	3	5
上海	8	9	6	9	7
西安	9	4	7	6	2

数据来源：各年度《国家中心城市建设报告》。

3.国家中心城市成长性分析

从2022年9个国家中心城市六大功能层的成长性上看（见表3），多数城市的网络枢纽功能层、开放交流功能层表征指标的成长性指数有不同程度降低，但大部分城市的综合服务功能和科技创新功能仍处于不断提升中，各城市科技创新功能的成长性指数处于正向增长态势。由此可见，综合服务功能、科技创新功能已成为推动城市实现高质量发展的主动力。

表3　2022年各国家中心城市各功能层成长性

城市	六大功能层					
	综合服务	网络枢纽	科技创新	开放交流	人文凝聚	生态宜居
成都	0.1082	−0.0672	0.0337	0.0080	0.0074	−0.0195
郑州	0.0565	−0.0463	0.0420	−0.0123	0.0270	−0.0008
重庆	0.0793	−0.0952	0.0490	−0.0142	0.0169	0.0281
武汉	0.0623	−0.0729	0.0471	−0.0203	0.0068	0.0389
天津	0.0319	−0.0984	0.0798	0.0030	0.0043	0.0335
北京	0.0589	−0.1044	0.0341	0.0198	−0.0082	0.0452
广州	0.0613	−0.0434	0.0125	−0.0022	−0.0013	0.0082
上海	−0.0028	−0.0777	0.0271	−0.0041	−0.0361	0.0320
西安	0.0457	−0.1279	0.0167	−0.0284	−0.0015	−0.0304

成都的综合服务功能成长性指数对综合成长性指数贡献最大，其成长性也在9个国家中心城市中排第1位，其中变化较为明显的指标主要有：人均GDP增长0.35万元，常住人口数增加7.60万人，万人医疗机构床位数量增加3张等。但成都2022年网络枢纽功能和生态宜居功能的成长性指数为负，主要原因是邮电业务总量、机场年旅客吞吐量以及人均公园绿地面积等指标的降低。

郑州的综合服务功能和科技创新功能得到较为快速的增长，科技创新功能成长性指数居国家中心城市第4位。其中成长性指数相对较高的指标中，常住人口数增加8.60万人，R&D投入强度增加0.14个百分点，① 发明专利授权数和技术合同成交额分别增长10.09%、66.17%。但由于机场年货物吞

---

① R&D投入强度数据为郑州市2021年较2020年对比数据。

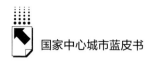

吐量和机场年旅客吞吐量分别降低 11.40% 和 51.35%，机场出港航线数量降低 14.29%，2022 年郑州的网络枢纽功能和开放交流功能成长性大幅降低。

重庆的综合服务功能、科技创新功能和人文凝聚功能相对其他城市均得到较快发展，但网络枢纽功能和开放交流功能成长性指数为负。从指标上看，重庆成长性较好的指标有人均 GDP、上市公司数量、城市轨道交通运营里程、发明专利授权数、技术合同成交额等。而旅客周转量、机场年旅客吞吐量、机场出港航线数量、实际利用外商直接投资占 GDP 的比重等指标降低比例相对较大。

武汉的综合服务功能、科技创新功能、人文凝聚功能、生态宜居功能对城市成长性起到了正向作用。2022 年武汉的常住人口数增加 9.01 万人，上市公司数量增加 26 个，R&D 投入强度增加 0.21 个百分点，[①] PM$_{2.5}$ 年平均浓度值下降 2 微克每立方米。降低幅度较大的指标包括邮电业务总量、实际利用外商直接投资占 GDP 的比重、机场出港航线数量等。

天津的科技创新功能得到相对较快发展，其中 R&D 投入强度增加 0.22 个百分点，[②] 教育支出占一般公共预算支出的比重增加 2.1 个百分点，技术合同成交额增加 354.7 亿元、增长 26.83%，发明专利授权数增加 0.43 万项、增长 58.62%。同时除网络枢纽功能外，天津的综合服务功能、开放交流功能、人文凝聚功能和生态宜居功能总体均得到了不同程度的提升。

北京的开放交流功能成长性相对好于其他城市，其实际利用外商直接投资占 GDP 的比重和外贸依存度均实现了正增长。同时，2022 年北京的第三产业增加值比重增长了 2.1 个百分点，R&D 投入强度保持第 1 且增加 0.09 个百分点。城市生态环境也持续优化，地表水国控断面优良水体比重持续提升，通勤高峰期交通拥堵指数和 PM$_{2.5}$ 年平均浓度值均持续下降。

广州 2022 年城市轨道交通运营里程增加了 53.1 公里，万人医疗机构床

---

① R&D 投入强度数据为武汉市 2021 年较 2020 年对比数据。
② R&D 投入强度数据为天津市 2021 年较 2020 年对比数据。

位数量增加2.4张，人均GDP增长0.33万元，相关指标的增长对其综合服务功能的提升起到了主要推动作用。同时，与其他城市相比，广州的网络枢纽功能下降幅度最小，但科技创新功能增长幅度最低。

上海是国家中心城市中唯一一个综合服务功能成长性指数为负值的城市，主要受GDP增速、社会消费品零售总额占GDP的比重、常住人口总数等指标降低的影响。上海增长相对较快的指标包括上市公司数量、万人普通高等学校在校生数量、发明专利授权数、技术合同成交额等指标。

西安的各功能层中，综合服务功能的成长性相对较高，其中人均GDP增长0.51万元，是唯一一个GDP实现正增长的城市，城市轨道交通运营里程增加19.80公里。但在开放交流功能层，西安实际利用外商直接投资占GDP的比重下降4.57个百分点，外贸依存度下降2.22个百分点，机场出港航线数量减少21条。在生态宜居功能层，地表水国控断面优良水体比重降低13.7个百分点，$PM_{2.5}$年平均浓度值升高11微克每立方米，与其他城市不断优化的城市环境相比，西安仍需加强城市环境建设和管理。

四 部分特大型城市2022年建设现状评价

（一）数据来源与评价方法

本部分评价采用国家中心城市建设评价指标体系，利用"熵值法+TOPSIS法"的评价方法，测度国家中心城市之外的其他12个特大型城市2022年建设发展现状。

研究数据主要来源于各城市《2022年国民经济和社会发展统计公报》，部分指标数据与国家中心城市建设评价中的相关指标数据来源一致。

（二）评价结果及分析

2022年，12个特大型城市中，根据建设指数评价结果，各城市建设发展现状也大概分三个层级（见表4）。其中，深圳的建设指数排名第1，建设指数为 0.5113；其次是南京，建设指数为 0.4762；杭州、青岛分别排第 3、第 4 位，建设指数分别为 0.4577 和 0.4570，以上 4 个城市位于第一层级。位于第二层级的城市包括济南、长沙、昆明，分别排第 5、第 6 和第 7 位，建设指数在 0.39～0.42，其中长沙排名较 2021 年下降 1 位。沈阳、佛山、大连、东莞、哈尔滨的建设指数在 0.32～0.36，位于第三层级，其中佛山排名较 2021 年提升 3 位，大连下降 1 位，而哈尔滨下降至最后 1 位。

在 21 个特大型城市中，深圳、南京、杭州、青岛的建设指数超过了国家中心城市西安、郑州、天津，分别排在第 4、第 5、第 7、第 8 位。

表 4　2022 年部分特大型城市建设指数排名

城市	排名	环比排名升降	21 个特大城市排名	建设指数
深圳	1	保持	4	0.5113
南京	2	保持	5	0.4762
杭州	3	保持	7	0.4577
青岛	4	保持	8	0.4570
济南	5	升 1	11	0.4153
长沙	6	降 1	13	0.4002
昆明	7	保持	14	0.3905
沈阳	8	保持	17	0.3545
佛山	9	升 3	18	0.3533
大连	10	降 1	19	0.3493
东莞	11	保持	20	0.3454
哈尔滨	12	降 2	21	0.3298

2022 年 12 个特大型城市各功能建设指数及排名如表 5 所示。从各城市功能上看，处于第一层级的深圳、南京、杭州、青岛在综合服务、网络枢纽、科技创新、开放交流等功能上具有明显优势。具体来看，综合服务功能中，2022 年各城市功能指数排名较 2021 年变化较小，深圳排名第 1、杭州排名第 2、南京排名第 3，大连、佛山、东莞依旧居后 3 位；网络枢纽功能中，

表5 2022年12个特大型城市各功能建设指数及排名

功能	综合服务		网络枢纽		科技创新		开放交流		人文凝聚		生态宜居	
	建设指数	排名	建设指数	排名	建设指数	排名	建设指数	排名	建设指数	排名	建设指数	排名
深圳	0.6068	1	0.4843	1	0.4477	1	0.4972	1	0.2265	10	0.6596	4
南京	0.5820	3	0.3157	6	0.4118	2	0.3081	5	0.4624	4	0.6070	6
杭州	0.5826	2	0.3645	4	0.3651	3	0.3214	4	0.4988	3	0.4848	10
青岛	0.4720	5	0.3906	3	0.2902	7	0.3427	3	0.5820	1	0.7005	2
济南	0.4399	7	0.3908	2	0.3320	5	0.1723	11	0.5081	2	0.5459	9
长沙	0.4762	4	0.2725	7	0.2945	8	0.2177	8	0.4102	9	0.5574	8
昆明	0.4285	8	0.3254	5	0.3041	6	0.2096	9	0.4380	7	0.5655	7
沈阳	0.4427	6	0.1673	9	0.2014	12	0.3047	6	0.4519	5	0.4009	11
佛山	0.2844	11	0.0783	12	0.2486	10	0.1773	10	0.4255	8	0.7823	1
大连	0.3805	10	0.1947	8	0.2381	11	0.2645	7	0.0279	12	0.6549	5
东莞	0.2449	12	0.1536	10	0.3512	4	0.3680	2	0.1671	11	0.6718	3
哈尔滨	0.3873	9	0.1501	11	0.2748	9	0.1322	12	0.4497	6	0.3914	12

济南和青岛得到较大提升，其中济南排名第 2、青岛排名第 3，哈尔滨、佛山建设指数最低，分别排第 11、第 12 位；科技创新功能中，深圳、南京、杭州居前 3 位，哈尔滨、佛山、大连、沈阳建设指数不足 0.28，居后 4 位；开放交流功能中，广东的深圳和东莞分别排第 1、第 2 位，青岛排名第 3，昆明开放交流功能建设指数为 0.2096，排名从 2021 年的第 5 位下降至第 9 位，济南和哈尔滨排最后 2 位；人文凝聚功能中，青岛、济南、杭州、南京 4 个城市建设指数明显高于其他城市，位列前 4，大连和东莞建设指数不足 0.20，排在后 2 位；生态宜居功能中，各城市建设指数相比于其他功能较高，其中，佛山排名第 1、青岛排名第 2、东莞排名第 3，哈尔滨和沈阳该功能的建设指数相对较低。

从 12 个特大型城市内部各功能来看，处于第一层级的 4 个城市中，深圳的综合服务功能、网络枢纽功能、科技创新功能和开放交流功能的建设指数均排在第 1 位，但人文凝聚功能指数相对较低。要实现高质量发展，深圳仍需加强城市文化功能的发展。南京各城市功能发展相对较为均衡，其中科技创新功能建设指数位列第 2，综合服务功能建设指数略低于杭州位列第 3，其网络枢纽和城市环境建设仍需加强。杭州的综合服务功能建设指数位列第 2，科技创新功能、人文凝聚功能建设指数均位列第 3，但生态环境方面的建设仍需加强，特别是城市绿化方面。青岛的人文凝聚功能建设指数位列第 1，生态宜居功能建设指数位列第 2，网络枢纽功能和开放交流功能建设指数均位列第 3，其高校建设、成果转化等方面仍需注重。

处于第二层级的 3 个城市中，济南的网络枢纽功能和人文凝聚功能建设指数均位列第 2，科技创新功能建设指数位列第 5，但城市的开放交流仍显不足，生态宜居功能建设指数还相对较低。长沙的综合服务功能建设指数位列第 4，城市的对外贸易发展、文化建设、大气环境污染控制等方面仍需加强。昆明的网络枢纽功能建设指数在特大型城市中排名相对靠前，还需进一步加强人均 GDP、上市公司数量、万人医疗机构床位数等城市综合服务功能以及开放交流功能。

处于第三层级的 5 个城市中，沈阳的人文凝聚功能建设指数位列第 5，综合服务功能、开放交流功能建设指数位列第6，但生态宜居功能和科技创新功能建设指数均排在后2位，仍需持续加大科技创新资源的投入建设力度，加强创新成果转化，同时注重生态环境建设，提升城市宜居性。佛山的生态宜居功能建设指数位列第1，但其他各项功能建设指数均相对较低，需要着重加强科技创新，强化信息和交通枢纽建设。大连的生态宜居功能建设指数位列第5，开放交流功能建设指数位列第7，网络枢纽功能建设指数位列第8，综合服务功能优势不明显，特别是科技创新功能建设指数排在第11位，需加大创新资源集聚力度，加强科研平台构建，激励创新成果产出。东莞的开放交流功能、科技创新功能、生态宜居功能发展相对较好，但综合服务功能中生产服务和公共服务水平是其提升的重点。哈尔滨亟须提升网络枢纽功能、开放交流功能、生态宜居功能。

五　2022年国家中心城市发展特征总结

本文通过对国家中心城市的建设现状和成长性现状测度，以及对12个特大型城市建设现状的分析，发现2022年以国家中心城市为代表的21个超大和特大城市呈现以下发展特征。

一是经济社会发展速度变缓。2022年各国家中心城市的成长性指数较去年有较大幅度降低，部分指标呈负增长态势，GDP仍有小幅度增长，但增长速度下降，特别是拉动经济增长的投资、消费、进出口等指标，多数城市呈现负增长态势。

二是三重压力依然较为严峻。坚持构建以国内大循环为主体、国内国际双循环相互促进的新发展格局既是应对国外需求冲击和输入型风险的必要之举，也是稳定和推动经济增长的内生动力，增强特大型城市的经济韧性和应对风险能力的重要手段。2022年各国家中心城市和特大型城市区域信息枢纽和交通枢纽的优势并未有效发挥，多数城市进出口总额、实际利用外商直接投资额等出现一定程度下滑，终端消费受到直接冲击，投资也受到不同程度影响。

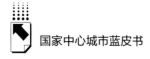
三是科技创新实力持续提升。科技创新是经济发展的重要驱动力。2022年各城市持续加大对高水平科研平台的培育建设力度，不断增强创新资源集聚，持续加大要素投入力度，从创新资源及创新要素投入、创新成果产出等指标测度结果上看，在其他指标发展相对不利的情况下，各城市科技创新仍表现出良好的发展态势。

四是城市宜居水平有效改善。2022年，各城市持续加大基础设施建设力度，强化民生基本保障，城市医疗、交通等公共服务水平持续提升；大气环境和地表水环境持续改善，生态环境不断优化。

以国家中心城市为代表的特大型城市积极稳住经济社会发展，取得了一定成绩，但经济下行压力仍然较大。在党的二十大报告和2022年末召开的中央经济工作会议中，"扩内需""促消费""稳增长"都是关键词。而作为全国城镇体系"塔尖"的国家中心城市应在其中起到引领带动作用，在经济社会各项指标发展中真正做到引领区域发展，全力推动经济实现质的有效提升和量的合理增长，加快构建新发展格局，推动实现经济社会高质量发展。

参考文献

国家统计局：《中华人民共和国2022年国民经济和社会发展统计公报》，《中国统计》2023年第3期。

汪红驹、张馨羽：《化解"三重压力"，促进经济发展质量与增长速度共同提升》，《财贸经济》2023年第1期。

徐政、姬晨阳、赵子衡：《"三重压力"下的经济发展：表现、根源与路径》，《华东经济管理》2022年第11期。

王红茹：《专访中国国际经济交流中心副理事长王一鸣：扩大内需战略成为经济回升主引擎》，《中国经济周刊》2023年第Z1期。

郑经：《为加快构建新发展格局提供有力支撑——〈扩大内需战略规划纲要〉解读》，《党课参考》2023年第3期。

城 市 篇
City Section

B.3

北京市扩大内需支撑首都高质量发展的
战略思路、主要成就和完善建议

赵 弘 刘宪杰[*]

摘 要： 扩大内需战略实施以来，北京市紧紧围绕首都城市战略定位，把扩大内需战略与首都发展战略紧密结合，充分发挥超大城市市场优势和人才、科技资源优势，坚持以供给侧结构性改革创造新需求，以高质量供给引领新需求，以分配格局优化激发新需求，消费的基础性作用和投资的关键性作用不断增强，成为驱动首都高质量发展的重要动力引擎。

关键词： 扩大内需 首都高质量发展 消费提质升级 有效投资

---

* 赵弘，北京市社会科学院原副院长、研究员，主要研究方向为区域经济、产业经济、首都经济、总部经济等；刘宪杰，北京方迪经济发展研究院部门经理，主要研究方向为区域经济、产业经济。

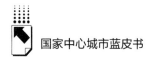

当前，世界百年未有之大变局进入加速演变期，全球产业链、供应链遭受冲击，世界经济面临诸多风险和不确定性。我国已进入高质量发展新阶段，但发展中仍面临着城乡区域发展和收入分配差距较大、经济恢复的基础尚不牢固、民生保障存在短板等问题，发展不平衡不充分的矛盾突出。国家根据我国发展阶段和宏观形势的新变化，提出要更好统筹供给侧结构性改革和扩大内需，通过高质量供给创造有效需求，支持以多种方式和渠道扩大内需，把恢复和扩大消费摆在优先位置。国家中心城市是肩负国家使命的现代化大都市，是推动高质量发展的重要力量。北京作为首都，在人才、科技、消费市场等方面具有独特优势，近年来着力推进国际消费中心城市建设、国际科技创新中心建设，在扩内需促消费、推进高质量发展等方面取得积极成效。本文全面梳理总结新时代北京扩大内需实现高质量发展的战略思路和主要做法，总结成功经验，对国家中心城市更好发挥领头羊作用，落实扩大内需战略，推动高质量发展具有重要意义。

一　新时代北京扩大内需实现高质量发展的环境分析

进入 21 世纪以来，北京经济社会发展总体向好，经济规模不断提升，社会事业稳定发展，科技创新加快进步。但面对严峻复杂的国内外环境，近年来我国外资外贸增幅下降，经济由高速增长向中低速增长转变，北京经济增速明显放缓，交通、住宿、旅游、零售等消费性行业面临较大压力，但经济发展质量效益不断提升。

（一）国际环境发生深刻变化，对我国经济产生重大影响

当前，世界处于百年未有之大变局，世界政治经济格局发生历史性革命性变化，为我国外资外贸发展带来巨大压力。2000 年以来，我国货物出口总额由 2000 年的 2.1 万亿元提高到 2021 年的 21.7 万亿元，实际利用外资金额由 2000 年的 593.6 亿美元增长到 2021 年的 1734.8 亿美元。其中2000~2010 年货物出口总额、实际利用外资金额年均增速分别为 17.9% 和

6.2%，2011~2021 年年均增速只有 5.8% 和 4.0%，较前 10 年明显下降（见图 1）。

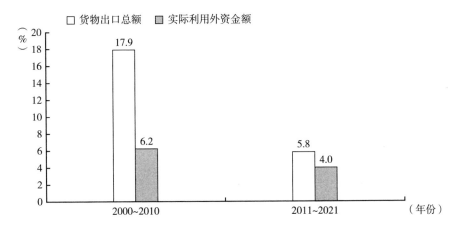

图 1　2000 年以来我国货物出口总额和实际利用外资金额年均增速

数据来源：国家统计局。

（二）我国经济进入新旧动能转换期，迈向高质量发展新阶段

近年来，全球经济处于深刻的再平衡调整期，我国经济发展面临的环境更趋复杂严峻，经济发展进入新常态，经济增长正从高速增长转向中高速增长，增长动力正从传统增长点转向新的增长点，发展模式由传统的要素驱动型、投资驱动型向更多依靠创新驱动转变。我国不再单纯追求高增速，而是更加追求经济发展质量，更加强调人口与资源环境的协调发展，更加突出科技创新。总体上看，2000 年以来，我国经济增长速度呈下降趋势，但经济发展质量持续提高。2000~2010 年，我国 GDP 年均增速为 15.2%，2011~2021 年年均增速为 8.9%（见图 2）。在我国深入转变发展方式、加快推动高质量发展的背景下，面对人口资源环境矛盾突出、城乡区域间发展不平衡不充分等突出问题，北京市积极贯彻落实新发展理念，主动降增速、转方式、调结构，努力推动经济高质量发展。2000 年以来，北京经济增长态势与全国基本一致，均呈现逐步减缓态势，但经济发展质量持续稳步提高。

2000~2021 年，北京市一般预算收入年均增长 15.3%，比 GDP 年均增速高
1.9 个百分点（见图 3）；劳动生产率由 5.3 万元/人提高到 34.7 万元/人，
提高了 5.5 倍；2001~2021 年单位 GDP 能耗、单位 GDP 水耗持续下降，下
降幅度均在 80% 以上（见图 4）。

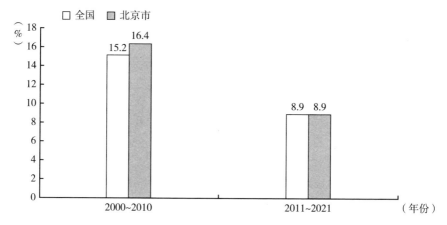

图 2 2000 年以来全国和北京市 GDP 年均增速

数据来源：国家统计局和北京市统计局。

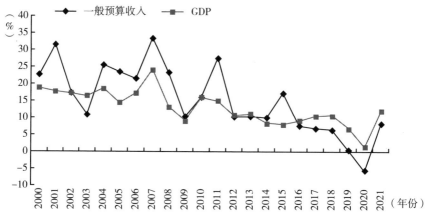

图 3 2000~2021 年北京市一般预算收入和 GDP 的增速变化

数据来源：北京市统计局。

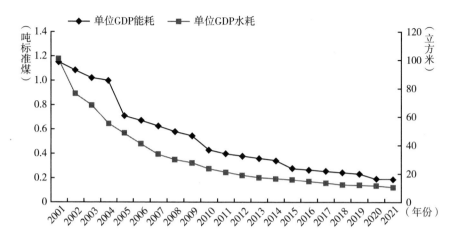

图 4　2001~2021 年北京市单位 GDP 能耗、单位 GDP 水耗变化趋势

数据来源：北京市统计局。

（三）减量发展背景下北京迫切需要加速转变发展方式，培育发展新动能

《北京城市总体规划（2016 年—2035 年）》提出北京要坚持集约发展，以资源环境承载能力为硬约束，确定人口规模、用地规模和平原地区开发强度，到 2035 年城六区常住人口控制在 1085 万人以内，城乡建设用地规模减到 2760 平方公里左右，通过人口和建设用地"双控"，倒逼发展方式转变、产业结构转型升级、城市功能优化调整。2014 年以来，北京市从源头上严控非首都功能增量，修订实施新版新增产业禁止和限制目录，截至目前已累计有 2.44 万件新设立业务或变更登记业务不予办理；扎实开展"疏解整治促提升"专项行动，累计退出一般制造和污染企业近 3000 家，疏解提升区域性专业市场和物流中心近 1000 个，城乡建设用地面积减少 120 平方公里。北京疏解非首都功能、实现减量发展，客观上对城市财政收入形成了一定压力。特别是在全球经济前景不明朗、全国和首都经济增速放缓的背景下，北京市更加迫切需要加速转变发展方式，积极寻求培育发展新动能，为落实四个中心战略定位、进一步深入推进非首都功能疏解、推进减量发展提供有力支撑。

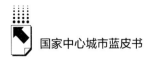
二 北京扩大内需支撑高质量发展的 战略思路和主要做法

（一）战略思路

近年来，北京市立足服务新时代首都发展的更高视野谋划实施扩大内需战略，紧密围绕首都城市战略定位，顺应消费发展新趋势和人民美好生活新向往，充分发挥首都人才、科技资源优势，着力推动扩大内需战略与首都发展战略紧密结合，以国际消费中心城市建设为抓手，坚持"五子"联动服务和融入新发展格局，以科技创新为引领提升经济发展质量，积极培育数字经济、平台经济、互联网经济等消费新动能，加快拓展扩内需新方式新渠道，全面优化消费供给，推动消费提质升级，持续释放首都消费活力和市场潜能，消费对经济发展的基础性作用不断增强，成为驱动首都高质量发展的重要动力引擎。

一是始终坚持城市战略定位，在四个中心建设中挖掘内需新增长点。高水平推进非首都功能疏解，利用腾退空间发展高精尖产业项目。举全市之力建设城市副中心，加快引进培育数字经济、现代金融、智能制造、高端商务、文化旅游等优质产业资源，构筑高质量发展新高地。全力支持雄安新区建设，围绕科技创新、交通、教育、医疗等重点领域，统筹全市优质资源，强化特色优势产业培育和公共服务配套。利用北京冬奥会契机加快提升区域综合承载能力，大力发展冰雪文化旅游产业，培育文旅消费新热点。加快推进全国文化中心建设，把握全球文化产业发展趋势，着力推动文化科技产业融合发展，培育壮大3D打印、元宇宙、动漫游戏、视听新媒体等新兴文化业态，激发文化消费活力。着力提升国际交往中心功能建设水平，依托"双枢纽"建设打造国际消费桥头堡。着力打造国际科技创新中心，重点开展"从0到1"原始创新和"卡脖子"关键核心技术攻关，做大做强高精尖产业，提升供给质量，释放消费市场潜力。

二是始终坚持创新驱动，不断培育扩大内需和高质量发展新动能。北京市在做好四个服务的同时着力推动城市发展动力从要素投入向创新驱动转变，以科技创新赋能经济发展，培育高质量发展内生动力。坚持以供给侧结构性改革引领和创造新需求，加快推动产业结构优化升级，大力发展数字经济，着力培育人工智能、区块链等新兴产业集群，以数字化为引领，壮大新一代信息技术、医疗健康、智能制造、集成电路、智能网联汽车、新能源与节能环保、新材料等高精尖产业，推动在线教育、远程办公等新业态发展，扩大健康、养老、文旅、体育等服务消费。发挥投资关键作用，以打造全球数字经济标杆城市为契机，加快建设 5G、人工智能、区块链等新型基础设施，推动传统基础设施数字化改造。

三是始终坚持以人民为中心，不断扩大民生领域投资和消费。多年来，北京市始终把人民对美好生活的新需求新向往作为扩大内需、推动高质量发展的出发点和落脚点，不断加大民生投入，在经济发展中增进民生福祉，在民生改善中激发消费需求。实施城市更新行动，通过更新改造推动产业结构调整升级，优化投资供给结构，切实改善人居环境和安全条件，满足人民群众更好生活需求，带动消费升级。面向"七有"要求和"五性"需求，不断加大在教育、医疗、文化、养老、住房、就业等公共服务和民生方面的投入力度，民生支出占比持续保持在八成以上。将提高收入作为改善民生的重中之重，着力提高中低收入群体收入，深化收入分配制度改革，壮大中等收入群体规模，厚植内需发展潜力。

（二）主要做法

一是强化顶层设计，加强统筹协调。近年来，北京市把扩大内需、恢复消费摆在优先位置，坚持高位部署，加强统筹协调。出台《北京市扩大内需建立完善总消费政策促进体系工作方案》和《北京培育建设国际消费中心城市实施方案》，明确提出到 2035 年全面建成具有全球影响力的国际消费枢纽城市。为更好推动工作方案和实施方案，北京市成立了由市主要领导牵头的北京培育建设国际消费中心城市领导小组，构建了"一办十组"工作推进机制和跨部门、跨区域协调工作体系，全市 52 个部门、各区政府和经开区管委会高效联动，协同实施"十大专项行动"，以任务、项目、政策、企业、消费季活动"五大清单"为抓手高效推进，共同推动商品消费和服务消费持续稳健增长。

二是突出重点领域，科技赋能高质量消费供给。北京市充分发挥人才和科技资源优势，把实施扩大内需战略同深化供给侧结构性改革有机结合起来，加快构建高精尖产业体系，大力发展数字经济、平台经济、互联网经济等新经济形态，发挥新经济带动作用，不断提高供给质量。近年来，北京市制定了《〈中国制造 2025〉北京行动纲要》《北京市"十四五"时期高精尖产业发展规划》等 50 余项高精尖产业相关政策法规，加大对新一代信息技术、医药健康、集成电路、智能制造与装备等高精尖产业的支持力度，抢占科技创新制高点。把握数字经济发展机遇，全面推进数字经济标杆城市和智慧城市建设，加快发展区块链、人工智能、元宇宙、超高清显示、自动驾驶等数字产业，培育数字消费新热点。适应无接触式消费等消费新趋势新变化，积极打造消费体验新场景，推动零售、文化旅游、展览展示、医疗卫生等领域消费升级，有效激发新供给新需求。

三是创新模式路径，充分释放市场消费潜力。为深度挖掘消费热点，北京市不断创新促进消费升级的模式和路径，近年来通过发放电子消费券、打造消费新地标、培育消费品牌矩阵等方式和途径，持续激发消费潜能。例如，2019 年启动首轮传统商圈改造提升工作，目前已完成王府井、前门大栅栏、三里屯等 22 个传统商圈的改造提升；2022 年启动新一轮商圈改造提升行动，计划到 2025 年完成 54 个传统商圈的改造提升，打造 2~3 个千亿级规模、具有全球影响力的国际级标志性商圈；2022 年启动北京网红打卡地评选活动，全网征集网红打卡地线索，评出 100 个新晋北京网红打卡地和100 个提名推荐打卡地，进一步引领和创造文旅消费新需求。把握冬奥会契机，北京市组织开展了冰雪运动消费季、北京冰雪消费节等活动，打造了一批冰雪运动消费场景，并通过发放冰雪体验券、支持企业提供专属打车补贴、团购降价、购物满减等形式，鼓励市民积极参与冰雪消费。例如，2022年北京市发放冰雪体验券超过4.65万张，推出"玩冰雪""学冰雪""购冰雪""看冰雪"四大系列活动，吸引全市80余家冰雪场地、温泉酒店、户外运动企业、商业综合体等参与。

四是倡导消费新理念，催生消费新增长点。北京市顺应国内国际消费新趋势，立足文化科技资源优势，把握"两区"建设契机，积极倡导数字消费、绿色消费、文化科技融合型消费等新消费理念，引领消费新热点。例如，北京市始终坚持开放发展，在开放中不断扩大内需、促进消费，尤其是近年来紧抓"两区"建设机遇，主动融入全球市场和国际产业分工协作体系，聚焦科技服务、数字经济、数字贸易、金融服务、新一代信息技术、生物健康、科技服务、文化创意等重点行业领域集中发力，加大全产业链开放力度，培育壮大新经济新业态，增强高质量发展新动能。积极倡导绿色消费理念，扩大绿色智能产品供给，通过节能家电、新能源汽车置换补贴等政策引导，鼓励消费者购买使用绿色智能商品，进一步扩大新能源汽车使用范围。

五是深化改革开放，营造扩内需良好制度环境。近年来，北京市紧抓"两区"建设重大机遇，积极对标国际高水平经贸协定规则，持续深化政策机制和制度创新，通过更深层次改革、更高水平开放，不断消除影响和制约扩大内需的体制性制度性障碍，提高市场流通便捷度和消费便利性，释放消费潜能。例如，在国际收支便利化方面，2022年北京市印发《"两区"建设国际收支便利化全环节改革工作方案》，推动国际收支便利化全环节改革，推广跨境人民币结算应用，提升经常项目、资本项目和国际收支便利化水平。在清理消费隐性壁垒方面，2023年1月北京市印发《清理隐性壁垒优化消费营商环境实施方案》，制定了51项改革任务，将清理隐性壁垒与恢复扩大消费有机结合，打通营商环境痛点堵点。截至2023年2月，北京"两区"建设已累计落地全国突破性政策42项、全国标志性项目61项，向全国复制推广改革创新经验34项，开放水平不断提高。

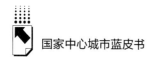

三 北京市扩大内需支撑高质量发展的
成效和面临的挑战

（一）扩大内需有力支撑四个中心建设

多年来，北京市坚持以服务新时代首都发展为统领谋划扩大内需，进一步加强四个中心功能建设，提高四个服务能力和水平。

全国政治中心建设方面，始终把服务保障政治中心摆在首要位置，严格执行首都规划重大事项向党中央请示报告制度，坚定推进规划和自然资源领域问题整改，坚决维护规划的严肃性。编制实施首都功能核心区控规、城市副中心控规、分区规划及重点功能区规划，首都规划体系全面深化完善。奋力完成总规实施第一阶段减量发展任务，实现城六区常住人口比2014年下降15%的目标，城乡建设用地减量120平方公里，严格管控132平方公里战略留白用地。

全国文化中心建设方面，加快推动文化产业发展，2020年北京市文化产业实现增加值3770.2亿元，占全市GDP的1/10。2021年全市规模以上文化产业实现总收入17563.8亿元，其中文化核心领域实现收入15848.3亿元，占规模以上文化产业总收入的90.2%；规模以上核心数字文化企业实现营业收入11409.8亿元，拉动全市文化企业营业收入增长14.9个百分点。顺应消费升级趋势，打造了《觉醒年代》《长津湖之水门桥》《万里归途》等主旋律文化精品和《只此青绿》等文化精品项目，为市民提供了高品质文化产品，促进了文化消费的提升。

国际科技创新中心建设方面，北京坚持以服务国家科技自立自强为使命，着力提升创新在发展全局的核心位置。前瞻布局基础研究，2012~2021年，基础研究经费从125.8亿元增加到422.5亿元，约占全国的1/4；基础研究经费占全社会R&D经费的比重从2012年的11.8%提高到2021年的16.1%（见图5）。着力推进重大科技基础设施集群建设，培育国家实验室、新型研发机构等一批国家战略科技力量，涌现了量子反常霍尔效应、马约拉纳任意子、细胞焦亡抗肿瘤免疫功能等世界级重大原创成果，在前沿领域、关键核心技术领域的基础研究水平和源头创新能力持续提升，成为世界科技创新的"并跑者"，在某些领域已经成为"领跑者"。坚持科技创新为经济高质量发展赋能，促进产业结构升级，2021 年，全市高技术产业实现增加值 1.1 万亿元，是 2013 年的 2.5 倍；数字经济实现增加值 1.6 万亿元，是 2015 年的 1.9 倍。

图 5　2012~2021 年北京市基础研究经费及其占比

数据来源：北京市统计局。

　　国际交往中心建设方面，扩大内需有效拉动进出口规模增长，进一步增进了北京与国际市场主体的经贸交往。2021 年，北京市货物进出口总值为 4710.2 亿美元，实际利用外商直接投资额为 144.3 亿美元，分别是 2000 年的 9.5 倍和 8.6 倍（见图 6）。2000~2021 年累计新设外商投资企业 3.4 万家，截至 2022 年，在京跨国公司地区总部 207 家，外资企业接近 5 万家，西门子、宝洁、微软、ABB 等国际知名企业均在京设立了研发机构。扩大内需带旺国际旅游消费，2019 年北京入境游客 376.1 万人次，实现国际旅游收入 51.9 亿美元，分别是 2000 年的 1.3 倍和 1.8 倍（见图 7）。

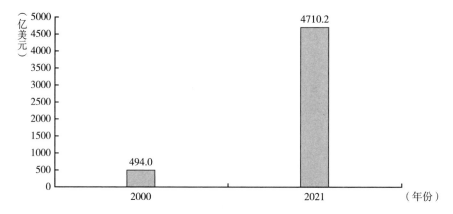

图6 北京市货物进出口总值变化

数据来源：北京市统计局。

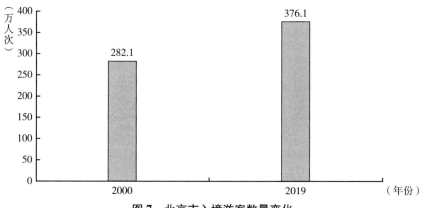

图7 北京市入境游客数量变化

数据来源：北京市统计局。

（二）扩大内需成为稳增长重要压舱石

近年来，北京市坚定实施扩大内需战略，不断提升国内供给质量，着力释放国内市场需求，内需在稳定城市经济发展中发挥了重要作用。特别是外部需求明显减弱的情况下，北京充分发挥超大城市市场规模优势，进一步加大扩内需、促消费政策支持力度，城市消费规模不断提升。

消费对稳经济的基础性作用进一步增强。2021年，北京实现GDP

40269.6 亿元，同比增长 8.5%，是 2000 年的 12.3 倍。2021 年最终消费支出 22949.4 亿元，是 2000 年的 13.9 倍，最终消费支出对经济的贡献率为 60.1%，对经济增长的贡献率最高（见图 8）。消费升级态势明显，党的十八大以来限额以上通信器材类、文化办公用品类、家用电器和音像器材类商品零售额年均增速分别为 22.2%、10.4% 和 13.4%。2022 年北京消费品市场受疫情影响明显，在全年社会消费品零售总额下降 7.2% 的背景下，金银珠宝等升级类消费同比增速为 10.6%，明显高于粮油食品（6.0%）、饮料（2.4%）等基本生活类商品零售额的同比增速。

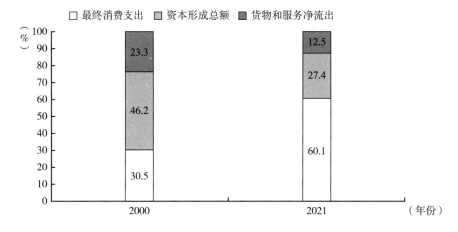

图 8 三大需求对经济增长的贡献率变化

数据来源：北京市统计局。

有效投资拉动作用显著增强。近年来，北京市着力优化投资结构，积极扩大有效投资，持续加快高新领域投资，投资对优化供给结构的关键作用不断增强。2022 年，北京市积极扩大有效投资，建安投资和设备购置投资合计占比 55.7%，为近 5 年来最高水平。加大制造业投资力度，2022 年全市制造业投资同比增长 18.4%，其中高技术制造业投资增长 28.3%，占制造业投资的 78.2%。服务业投资保持快速增长势头，2022 年信息服务、科技服务、商务服务、金融产业投资同比增速分别达到 36%、60.7%、31% 和 41.3%。

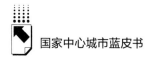

（三）扩大内需推动经济结构优化调整

北京市扩大内需一系列重大举措，不仅有力支撑了城市经济增长，同时投资结构的优化调整对优化城市经济结构、培育经济发展新动能也发挥了重要推动作用。

投资引导产业转型升级。立足首都城市战略定位，北京坚持走"高精尖"发展道路，以抢占数字经济制高点为突破口，以高精尖经济结构为关键支撑，以扩大内需为战略基点，着力构建符合首都发展方向的现代产业体系，重点领域投资规模持续加大。党的十八大以来，北京产业投资重点向高技术制造业等高端产业倾斜，并不断压缩石化、化学原料、非金属矿物制品等传统高耗能制造业投资规模，2012～2021年高技术制造业投资年均增长15.5%（见图9）；集成电路、电子信息、现代生物医药等高技术制造业投资占制造业的比重由2012年的30.3%提高至2021年的72.1%，有力支撑了制造业转型升级。新兴服务业投资加快发展，2012～2021年，全市信息服务业、商务服务业投资年均增速分别为9.9%和13.7%。

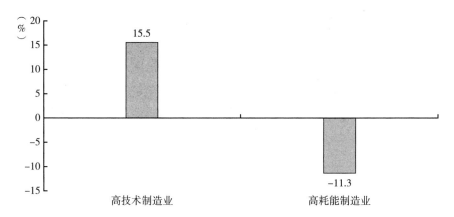

图9　2012～2021年高技术制造业和高耗能制造业投资年均增速

数据来源：北京市统计局。

投资空间布局更加优化。近年来，北京市积极发挥投资对引导市场资源配置、优化城市空间结构的推动作用，持续加大对城市副中心和平原新城等区域的投资力度。例如，城市副中心开发建设以来保持了每年1000亿元的投资强度，打造了运河商务区、文化旅游区、张家湾设计小镇、台湖演艺小镇、宋庄艺术创意小镇等高品质产业平台载体。"十四五"期间城市副中心总投资规模将达到8000亿元，并以环球主题公园、大运河景区、张家湾设计小镇等建设为重点，布局一批高品质消费设施，打造城市副中心新型消费圈。

（四）扩大内需弥补城市公共服务短板

北京市紧扣"七有"要求和市民"五性"需求不断优化投资结构，加强普惠性、基础性、兜底性民生建设，多措并举改善民生领域消费环境，创新民生领域消费新模式，人民群众获得感显著提升。

公共服务投资持续较快增长。2012~2021年，全市社会公共服务领域投资年均增长7.5%。其中，教育投入持续增加，教育投资年均增长5.2%，教育保障能力不断提升。卫生和社会工作投资年均增长8.1%，医院建设、医疗设备购置助推基层卫生服务网络不断完善、服务能力逐步加强。文化、体育和娱乐业投资年均增长9.4%，北京环球度假区、首钢滑雪大跳台等成为北京文化旅游新名片。

公共服务消费品质不断提升。面向日益特色化、优质化、国际化的公共服务需求，北京市积极发挥市场作用，鼓励市场主体参与构建教育、医疗、养老等公共服务消费市场，建立多元供给的高质量公共服务体系。比如，在教育领域，北京市鼓励社会资本进入学前教育领域，加大政府购买服务力度，通过给予扩班补助、租金补贴、生均定额补助等方式，支持社会资本开办普惠性幼儿园；加快发展国际教育，截至2021年北京已有12所新布局的国际学校投入使用，14所学校正在开发建设。在养老服务方面，北京市积极深化供给侧结构性改革，着力构建以社区为基础的多层次养老服务体系，截至2021年底，北京市累计建成运营养老机构579家、街道（乡镇）养老照料中心276家、社区养老服务驿站1112家。

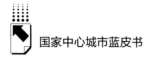

总体上看，多年来北京持续扩大内需推动高质量发展取得积极成效，但发展中还面临诸多问题和挑战：北京城市消费需求旺盛，发展型、享受型消费日益成为消费热点，但城市消费潜力还没有完全释放，2021年北京教育文化娱乐消费占人均消费支出的比重为7.7%，不及上海（9.6%）、深圳（11.3%）等城市；城市国际化水平还不高，走向国际的本土知名品牌数量不多，京东、美团等北京知名商业品牌在国际消费市场的影响力有限；民生领域消费还存在短板弱项，特别是中高端优质公共服务供给不足，城乡之间、区域之间发展还不够均衡。

四 进一步推动北京市扩大内需实现高质量发展的思考与建议

近年来北京市着力扩大内需促进经济增长，取得了积极成效，也形成了一些比较好的经验和做法。但无论从北京市强化首都城市战略定位的目标要求，还是从北京与世界先进城市的比较来看，北京市扩大内需实现高质量发展还有很大提升空间。未来北京市要深入贯彻党和国家关于扩大内需、推动高质量发展的战略部署，紧紧围绕首都城市战略定位，以服务新时代首都发展为统领，以满足人民日益增长的美好生活需要为根本目的，以大力推进国际消费中心城市建设为工作抓手，坚持"五子"联动服务和融入新发展格局，统筹好供给和需求、消费和投资、内需和外需、数量和质量、国内和国际、速度和效益、效率和公平、发展和安全等重大关系，着力提高供给质量，优化分配格局，健全流通体系，进一步释放首都大市场消费潜能，拓展有效投资空间，推动新时代首都高质量发展。

（一）立足"四个中心"功能建设，进一步拓展投资空间

紧密围绕四个中心首都城市战略定位，进一步优化投资结构，拓展投资空间。一是高水平建设城市副中心。"十四五"期间每年继续保持千亿元以上级别的投资强度，加快推动城市副中心三大文化设施、城市副中心站综合

交通枢纽、东六环入地改造等重大工程项目建设，依托运河商务区、中关村通州园、张家湾特色小镇、台湖特色小镇、宋庄特色小镇，加快集聚优质产业资源，提升城市副中心综合承载能力和产业发展能级，推动城市副中心框架基本成型。二是积极构建现代化首都都市圈。促进环京地区通勤圈深度融合，强化通勤圈内快线轨道交通联系，提升公共服务配套能力和服务水平；促进功能圈错位联动发展，加强京津深度对接合作，唱好京津"双城记"，继续落实好"雄安新区需要什么，就主动支持什么"，推动符合雄安新区定位的在京科教资源、优质产业资源向雄安新区疏解转移；促进节点城市产业圈强链补链，推动产业要素沿京保、京雄、京津、京唐秦、京承、京张"六廊"向区域节点城市集聚，形成紧密分工的协作格局。加快建设"轨道上的京津冀"，提升交通互联互通水平。加强京津冀协同创新共同体建设，推动北京创新成果在津冀转化应用。三是扎实推进全国文化中心建设。推进路县故城、琉璃河考古遗址公园建设，推进长城国家文化公园建设和"三山五园"国家文物保护利用示范区创建，以大运河文化带、长城文化带、西山永定河文化带建设为抓手，推动公共文化服务体系示范区和文化产业发展引领区建设。四是完善国际交往中心功能体系。完善城市副中心、南部地区等区域国际交往服务功能，推动奥林匹克中心区功能升级。提前谋划第四使馆区、城市副中心、大兴国际机场临空经济区基础设施、办公用房、公共服务等相关配套建设。加快推进国家会议中心二期建设。持续推进新国展二三期规划建设，打造国际会展引领区。五是加快建设国际科技创新中心。积极打造国家战略科技力量，高水平建设昌平国家实验室、中关村实验室、怀柔实验室等国家实验室，加快智源人工智能研究院、量子信息科学研究院、脑科学与类脑研究中心等新型研发机构建设，打造良乡、沙河高教园区新型研发中心。

（二）发挥超大城市市场容量优势，着力恢复和扩大消费

以国际消费中心城市建设为抓手，发挥首都市场容量优势，以供给侧结构性改革创造新需求，积极培育消费新业态新模式，着力恢复和提升消费规

模。一是打造一批具有国际影响力的消费地标。以王府井商圈、前门大栅栏商圈、西单—金融街商圈等重点商圈为依托，加快推进街区数字化、智能化改造升级，充分挖掘老字号资源优势，打造一批具有国际影响力的消费地标。强化新消费地标载体建设，以北京环球主题公园、大运河景区、张家湾设计小镇、台湖演艺小镇、宋庄艺术小镇建设为重点，布局一批高品质消费设施，建设城市副中心新型消费圈。二是加快发展消费新业态新模式。加强商旅文体等消费跨界融合，积极培育数字消费、文化消费、绿色消费、冰雪消费，在王府井、西单、国贸、三里屯等重点商圈推广数字消费新场景；加大对文化精品力作的支持力度，鼓励头部文化机构和企业精心打造一批文化艺术精品；推进山水自然资源、冬奥元素、工业遗存和商业融合发展，将首钢园培育成为以"体育+创意"为特色的全球首发消费圈。三是加快建设全球数字经济标杆城市。系统推进新一代数字集群专网、边缘计算体系等新型基础设施建设，加强数据中心优化提升和算力中心统筹布局，加快千兆固网和 5G 网络建设，推进 6G 技术研发，夯实数字经济发展底座。推进高级别自动驾驶示范区扩区建设，加强工业互联网融合应用，提升国际大数据交易所能级，积极布局互联网 3.0 等新赛道，打造更具优势的数字产业集群。

（三）在更高水平上保障和改善民生，提升公共服务水平

聚焦群众对美好生活的向往，努力提供丰富多样、更高品质的公共服务，提升民生消费能级，在更高水平上保障和改善民生。一是提供多样化教育服务。以信息化带动教育现代化，依托大数据、人工智能等关键技术，促进信息技术与教育教学融合创新，推进科技应用教学场景和"未来学校"建设，发展"互联网+教育"新模式、新业态。大力发展职业教育培训，鼓励北京职业院校与国外知名企业共建基地、共育人才，吸引外商投资举办非学制类职业技能培训机构。做强"留学北京"品牌，优化留学教育环境，完善国际学校招生、教学、管理等政策，打造全球主要留学中心和世界杰出青年向往的留学目的地。二是提升医疗服务国际化水平。加快国际医院建设，探索在"三城一区"、朝阳、海淀、顺义、通州等外籍人员相

对密集和国际交往重点区域建设一批国际医院，推动公立医院在国家允许的比例范围内设置和发展国际医疗部，推动医疗服务流程、结算方式、医保支付等方面与国际接轨。创新医疗服务模式，加强信息化和高新技术在医疗卫生领域的应用，有序发展"互联网+"诊疗服务模式，建设一批互联网诊疗监管平台。三是增加高质量养老服务供给。构建多层次机构养老服务格局，鼓励有条件的医疗机构开展养老服务，提升居家养老、社区医养结合服务的能力。鼓励社会力量举办医养结合机构、护理机构、安宁疗护机构，开展老年健康服务。支持社会力量参与，提升居家养老服务品质，培育养老新业态，壮大"银发经济"。推动市级重点商圈适老化改造，发展老年用品市场。

（四）培育一批国际消费品牌，提升北京消费国际知名度

进一步提升国内外优质消费资源集聚能力，吸引国内国际品牌在京开设首店、创新店、旗舰店，加快老字号转型升级，培育一批具有国际影响力的品牌活动，打造多元化消费品牌，不断提升北京消费国际知名度。一是集聚优质品牌首店首发。着力吸引一批国内外一线品牌总部机构以及具有全球视野和品牌运作能力的投资商、运营商，汇集本土、国际品牌，大力引进国内外知名品牌首店、旗舰店、体验店、定制中心，发展原创品牌概念店、定制店，构建品牌汇集、品质高端、品位独特的优质商品供给体系。加快首钢园区配套设施建设，打造全球新品首发首秀活动平台。二是擦亮老字号金字招牌。引导餐饮、食品、零售、文化等行业老字号汇聚，在前门、大栅栏、琉璃厂等区域打造一批老字号聚集区，重塑城市商业名片。推动老字号企业数字化转型，引导老字号企业开展线上销售、直播销售。鼓励老字号企业创新经营模式，与知名 IP 跨界合作，推出蕴含京味文化的联名系列、文创系列产品，重振老字号生机和品牌影响力。三是培育一批具有国际影响力的品牌活动。全面提升北京国际电影节、中国国际时装周、"电竞北京"、北京国际音乐节等品牌活动的国际竞争力和影响力。推进北京国际设计周永久会址建设，提升北京"设计名城"影响力和传播力。依托中国国际时装周、北

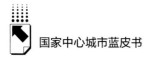

京国际舞蹈院校芭蕾舞邀请赛、全球音乐教育联盟等平台提升北京时尚消费引领力。

（五）深化重点领域改革和机制创新，营造一流消费环境

深入贯彻落实扩大内需战略部署，把握"两区"建设契机，深化重点领域改革和服务机制创新，破除影响和制约扩大消费的制度性障碍，充分释放消费活力。一是加强促消费政策机制创新。落实好《清理隐性壁垒优化消费营商环境实施方案》，围绕进一步放宽消费企业市场准入，深入推进综合监管、柔性监管改革以及增强普惠性政务服务供给等，深化体制机制改革创新，打造更优的消费营商环境。加强财政、金融、人才、土地等配套政策创新，培育发展消费新模式、新业态、新场景。深化科技创新、文化旅游、医疗健康、国际教育等重点领域开放，鼓励外资在消费升级相关领域加大布局力度。二是打造规范高效的服务环境。规范对消费企业的监管执法，深入推进综合监管、柔性监管改革，加强监管的科学性、规范性，实现"有事管住，无事不扰"。打造有温度的"北京服务"品牌，通过商业服务业技能大赛、优质服务品牌培育和推广、服务质量管理规范宣传推广、服务质量评价等活动，提升商业服务业服务质量。

参考文献

张立群：《全面实施好扩大内需战略》，《红旗文稿》2023 年第 1 期。

赵弘、刘宪杰：《以可持续城市理念推动国家中心城市高质量发展》，《区域经济评论》2020 年第 5 期。

杨松：《北京建设国际消费中心城市的成效、问题与对策》，《中国经贸导刊（中）》2021 年第 6 期。

贺京同、张斌：《有效供给、消费升级与扩大内需》，《南开学报》（哲学社会科学版）2023 年第 1 期。

B.4
扩大内需战略下上海国家中心城市建设成效与展望

李 江 吴玉鸣*

摘 要： 2022年中央经济工作会议指出，我国经济恢复的基础尚不牢固，需求收缩、供给冲击、预期转弱三重压力依然较大。2022年，面对国内外复杂严峻的经济环境，上海市深入实施扩大内需战略，从供需两侧协同发力，通过促进消费升级、扩大有效投资和提高供给质量，加快释放消费潜力，增强消费对经济恢复发展的基础性作用，取得经济运行呈V形反转、总体保持高质量发展，消费投资协同发力、内需结构不断优化，民生保障有力、城乡居民生活水平提升，科技创新引领数字经济发展、内需效率不断提升等成效。但同时也存在扩大内需的制度供给有待完善、民生保障和社会公平领域的短板亟待补齐、消费品高质量供给能力有待提高、建设国内大循环中心节点面临挑战等问题。面向未来，上海市需要完善政策体系、释放消费潜能，加强民生保障、增进民生福祉，把握数字机遇、提高供给质量，积极应对挑战、畅通国内大循环。

关键词： 上海 扩大内需 数字经济 经济高质量发展

---

* 李江，华东理工大学商学院博士研究生，研究方向为城市与区域经济发展；吴玉鸣（通讯作者），博士，华东理工大学奥利弗·哈特合同与治理研究中心执行主任，华东理工大学商学院经济学系教授、博士生导师，研究方向为城市和区域经济发展、空间统计与空间计量经济学、空间治理。

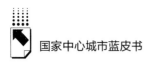

一 扩大内需战略下上海国家中心城市建设取得的成效

2022 年面对严峻的国内外经济环境，上海市加快推进各项稳经济政策的实施，全市经济运行呈现"平稳开局、深度回落、快速反弹、持续恢复"的 V 形态势，扩大内需战略下，上海国家中心城市建设保持良好发展态势。

（一）经济运行呈 V 形反转，总体保持高质量发展

2022 年，上海地区生产总值达 44652.80 亿元，经济总量在国家中心城市中仍居首位。从上海市地区生产总值季度分布情况来看，第 1 季度全市 GDP 达 10010.25 亿元，第 2 季度全市 GDP 缩减至 9339.06 亿元，但随着上海市复工复产工作的加快推进，第 3、4 季度全市 GDP 分别为 11607.34 亿元、13696.15 亿元。从上海市生产总值增长情况来看，第 1 季度全市 GDP 同比增长 3.1%，上半年全市 GDP 同比下降 5.7%，此后，前 3 季度全市 GDP 同比降幅收窄至 1.4%，全年全市 GDP 降幅又逐渐收窄至 0.2%，经济运行呈现先降后升的 V 形反转趋势，充分凸显了上海市经济发展的活力与韧性。进一步地，从三大产业产值分布来看，除第一产业产值在 4 个季度逐季增长外，第二、三产业产值均在第 2 季度前后出现 V 形反转趋势，说明疫情对第二、三产业的影响大于第一产业。从三大产业产值增长情况来看，上半年除第一产业产值仍保持增长外，第二、三产业产值相较于 2021 年均出现了下降，其中，第二产业产值同比降幅最大达 13.7%，第三产业产值同比降幅最小达 3.1%，全年第三产业产值同比降幅快速收窄并逐渐转变为 0.3%的增幅，第二产业产值同比降幅逐渐收窄到 1.6%，而第一产业产值由上半年 1.7%的同比增长转变为全年 3.5%的同比下降。此外，相较于上海市地区生产总值，第三产业产值降幅更小增幅更大，而第二产业产值降幅更大增幅更小，可见上海市第三产业彰显强大韧性，发挥内需规模优势，支撑和引领上海市经济高质量发展（见图 1、图 2）。

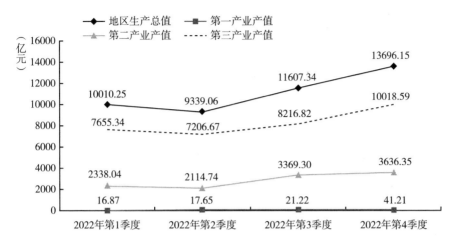

图 1   2022 年上海市生产总值

数据来源：根据上海统计数据整理。

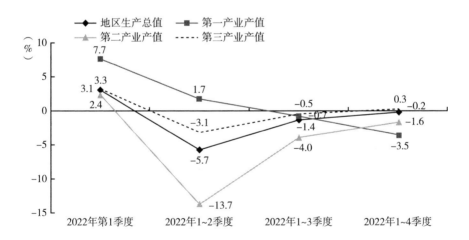

图 2   2022 年上海市生产总值增长情况

数据来源：根据上海统计数据整理。

（二）消费投资协同发力，内需结构不断优化

上海市坚持把扩大内需作为战略基点，作为打造国内大循环的中心节点

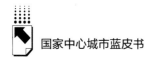
和国内国际双循环的战略链接，充分挖掘国内市场潜力。上海市凭借强大的国内市场优势，通过消费需求和投资需求协同发力，促进消费升级和扩大有效投资，使得经济回稳向好发展。

从消费需求来看，上海市积极利用首批国际消费中心城市建设的契机，基于庞大市场优势，发展商业并繁荣消费。2022 年上海市社会消费品零售总额达 16442.14 万亿元，继续居国家中心城市首位。从上海市社会消费品零售总额季度分布情况来看，从第 1 季度到第 4 季度，上海市社会消费品零售总额呈现 V 形反转趋势，且这种趋势在住宿和餐饮业中更为明显。上海市社会消费品零售总额在经历了第 1 季度到第 2 季度的深度回落、第 2 季度到第 3 季度的快速反弹后，在第 3 季度到第 4 季度呈现持续恢复的良好态势（见图 3）。从上海市社会消费品零售总额同比增长情况来看，虽然 2022 年上海社会消费品零售总额相较于 2021 年下降 9.1%，但其降幅比上半年和前 3 季度分别收窄 7 个百分点和 1.6 个百分点。分行业来看，批发和零售业零售额同比下降 7.9%，其降幅比上半年和前 3 季度分别收窄 6.7 个百分点和 1.5 个百分点；住宿和餐饮业零售额同比下降 22.4%，其降幅比上半年和前 3 季度分别收窄 10.7 个百分点和 2.4 个百分点（见图 4）。此外，2022 年上海网上商店零售额达 3461.40 亿元，同比下降 3.9%，但其占社会消费品零售总额的比重为 21.1%，比 2021 年提高 2.5 个百分点，说明上海市居民的消费方式发生了改变，2022 年上海网络零售市场释放了巨大消费潜力。为推动经济恢复和发展，上海市政府出台了《上海市加快经济恢复和重振行动方案》，上海市商务系统通过实施"消费供给结构优化"行动、"商贸流通创新扩容"行动、"商务便民惠民利民"行动，优化了消费环境，促进了消费升级。依托庞大的需求规模，上海市通过促进消费升级和优化内需结构，使得市场消费在下半年有所回暖，并推动经济发展在短期内回到正常轨道。

从投资需求来看，2022 年第 1 季度上海市全社会固定资产投资总额同比增长 3.3%，有效地发挥了投资对上海市经济稳增长的支撑作用。进一步地，从经济类型来看，集体经济增幅最高达 197.9%；从三次产业划分

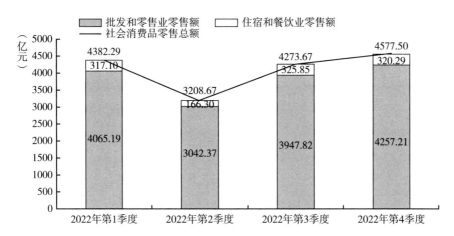

图3　2022年上海市社会消费品零售总额季度分布情况

数据来源：根据上海统计数据整理。

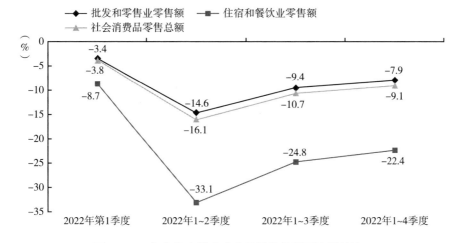

图4　2022年上海市社会消费品零售总额同比增长情况

数据来源：根据上海统计数据整理。

来看，第三产业增幅最高达3.4%；从行业类型来看，金融业增幅最高达64.6%，可见经济活力高的集体经济、经济效益高的第三产业、经济动能强的金融业固定资产投资活动更显著。虽然2022年全年上海市全社会固定资产投资总额同比下降1.0%，但其降幅比上半年和前3季度分别收窄

18.6个百分点和7.6个百分点，外商投资经济，建筑业，信息传输、软件和信息技术服务业的固定资产投资相较于2021年仍保持较高的增长（见表1）。2022年初上海出台《2022年上海市扩大有效投资稳定经济发展的若干政策措施》，利用中国国际进口博览会、中国国际工业博览会等重大活动，加大招商引资力度；启动1000亿元的中芯临港基地项目，抓好重大产业项目，放大"芯"速度效应；谋划新一轮技术改造三年行动计划，激发企业投资潜能等。此外，2022年上海市通过加快重大项目建设、强化项目资金要素保障、激发社会投资动能、打造城市发展新空间、不断优化投资环境，从而扩大有效投资、优化内需结构，使得经济发展能够较快回稳向好。

表1 2022年上海市全社会固定资产投资同比增长情况

单位：%

指标名称	第1季度	1~2季度	1~3季度	1~4季度
全社会固定资产投资总额	3.3	-19.6	-8.6	-1.0
按经济类型分				
国有经济	60.0	-18.2	-6.5	0.8
集体经济	197.9	-32.9	-31.6	-19.8
个体私营经济	-34.2	-21.8	-12.1	-4.9
港澳台商投资经济	5.2	-23.0	-16.6	-9.9
外商投资经济	-18.0	-7.3	12.8	24.8
按三次产业分				
第一产业	-43.7	-56.2	-64.4	-61.5
第二产业	3.1	-21.1	-5.9	0.6
第三产业	3.4	-19.2	-9.1	-1.2
按行业分				
工业	3.1	-21.1	-5.9	0.6
建筑业			-73.0	51.1
交通运输、仓储和邮政业	1.0	-41.7	-27.8	-1.3
信息传输、软件和信息技术服务业	50.8	35.6	22.3	22.7
批发和零售业	-23.1	-54.9	-32.0	-40.4

指标名称	第 1 季度	1~2 季度	1~3 季度	1~4 季度
住宿和餐饮业	−20.3	−52.9	−40.8	−45.1
金融业	64.6	15.2	−42.4	−0.3
房地产业	3.1	−16.8	−8.1	−0.5
城市基础设施投资	2.6	−38.1	−23.3	−7.9
电力建设	6.3	−36.6	−18.5	−9.7
交通运输、邮电通信	6.3	−36.9	−23.6	0.5
交通运输	1.6	−43.0	−28.2	0.0
邮电通信	53.7	28.5	13.5	4.2
公用设施	−1.3	−39.7	−23.7	−15.7
公用事业	−3.1	−40.0	−17.3	−3.0
市政建设	−1.1	−39.6	−24.5	−17.3

数据来源：根据上海统计数据整理。

（三）民生保障有力，城乡居民生活水平提升

2022 年上海市居民收入继续保持增长，但增速有所放缓，全市居民收入水平依然居全国首位，农村居民收入增长连续 13 年快于城镇居民，城乡居民收入差距不断缩小。从近几年增长情况来看，2022 年上海市全市居民人均可支配收入为 79610 元，是 2016 年的 1.47 倍，2022 年上海市城镇常住居民人均可支配收入和农村常住居民人均可支配收入分别为 84034元、39729 元，分别是 2016 年的 1.46 倍和 1.56 倍；城镇与农村常住居民人均可支配收入比值由 2016 年的 2.26 缩小到 2022 年的 2.12，呈逐年下降趋势，城乡居民收入增长较快，城乡协调度稳步提升（见图 5）。从人均可支配收入同比增长情况来看，2022 年全年上海市居民人均可支配收入同比增长 2.0%，增幅比上半年和前 3 季度分别回升 5.4 个百分点和 1.0 个百分点。分城乡来看，全年城镇常住居民人均可支配收入同比增长 1.9%，增幅比上半年和前 3 季度分别回升 5.2 个百分点和 1.0 个百分点；全年农村常住居民人均可支配收入同比增长 3.1%，增幅比上半年和前 3 季度分

别回升 8.0 个百分点和 1.7 个百分点，居民收入增长逐季呈现"开局平稳、快速回落、由负转正、持续回升"态势，且农村居民收入反弹力度大于城镇。此外，2022 年上半年上海市居民消费有所下降，下半年居民消费逐渐恢复，消费支出降幅也逐渐收窄。从人均消费支出同比增长情况来看，2022 年全年上海市居民人均消费支出同比下降 5.8%，降幅比上半年和前 3 季度分别收窄 5.3 个百分点和 1.8 个百分点。分城乡来看，全年城镇常住居民人均消费支出同比下降 6.2%，降幅比上半年和前 3 季度分别收窄 5.0 个百分点和 1.8 个百分点；农村常住居民人均消费支出同比增长 0.8%，增幅比上半年和前 3 季度分别回升 10.1 个百分点和 3.2 个百分点（见表 2）。上海市政府采取一系列举措恢复经济和保障民生，激发了内需潜力。一方面，上海市通过提高养老金以及各种帮扶救助标准，向全市居民发放生活和防疫物资；为困难行业企业吸纳重点群体发放一次性就业补贴；大力推进乡村振兴战略，实施一系列惠农增收措施等增加居民收入。另一方面，上海市通过实施发放爱购上海电子消费券、绿色智能家电补贴等政策来刺激消费，增强居民消费意愿。在民生保障下，上海市发挥其巨大的内需潜力，消费和经济得到有力恢复。

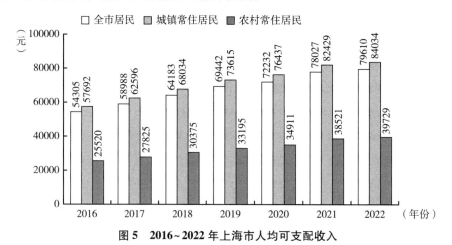

图 5　2016~2022 年上海市人均可支配收入

数据来源：根据上海统计数据整理。

表 2　2022 年上海市居民人均可支配收入及消费支出同比增长情况

单位：%

指标名称	第 1 季度	1~2 季度	1~3 季度	1~4 季度
全市居民人均可支配收入	5.2	−3.4	1.0	2.0
城镇常住居民人均可支配收入	5.0	−3.3	0.9	1.9
农村常住居民人均可支配收入	7.4	−4.9	1.4	3.1
全市居民人均消费支出	5.4	−11.1	−7.6	−5.8
城镇常住居民人均消费支出	5.2	−11.2	−8.0	−6.2
农村常住居民人均消费支出	7.5	−9.3	−2.4	0.8

数据来源：根据上海统计数据整理。

（四）科技创新引领数字经济发展，内需效率不断提升

2022 年上海市继续坚定走创新驱动发展之路，通过加大创新投入和改善创新环境提高了创新水平，为数字经济发展筑牢了根基，新动能下内需效率得到提高，促进了上海市经济高质量发展。在创新投入方面，2022 年上海市 R&D 经费支出约 1869 亿元，占 GDP 的比重达 4.2%，增速较上年提高 0.1 个百分点，比 2016 年高 0.69 个百分点（见图 6）。在创新产出方面，2022 年全市专利授权量 16.34 万件，其中发明专利授权量 3.37 万件，每万人口发明专利拥有量为 80.2 件，相较于 2021 年均有所增长。此外，上海科学家在《科学》《自然》《细胞》三大顶刊上发表论文 120 篇，占全国的比重达 28.8%，科技创新硕果累累。在创新环境方面，上海市累计核发外国人工作许可证 37 万余份，海外引才引智领先全国；上海市积极落实企业税收减免政策，加快高新技术企业和科技小巨人企业发展，有效期内高新技术企业突破 2.2 万家，支持科技小巨人（含培育）企业累计超过 2600 家；上海市深入实施科技助企专项行动，有效降低科技企业创新成本。在数字经济发展方面，2022 年，上海市信息传输、软件和信息技术服务业增加值达 3788.56 亿元，同比增长 6.2%；1~11 月，信息传输、软件和信息技术服务业营业收入同比增长 8.1%，其中互联网和相关服务业营业收入增长

15.5%；1～11月，科学研究和技术服务业营业收入同比增长4.2%，增速较前3季度回升3.3个百分点。2022年《上海市数字经济发展"十四五"规划》提出，到2025年底，上海数字经济发展水平稳居全国前列，增加值力争达到3万亿元，占GDP的比重大于60%。数字经济和实体经济深度融合所催生的消费新业态、新场景、新模式、新服务，极大地提高了内需效率，成为推动上海市经济高质量发展的新动能。

图6 2016～2022年上海市R&D经费支出及其占GDP的比重

数据来源：上海统计局。

二 扩大内需战略下上海经济发展面临的问题

（一）扩大内需的制度供给有待完善

一是建设国际消费中心城市的理念和相应的保障机制有待协同提升。上海通过建设国际消费中心城市，促进消费升级和发挥内需对经济发展的支撑作用，需要建立健全统筹协调的工作机制。当前，上海市国际消费中心城市建设存在部门单一发力而非协同合力，涵盖商贸、旅游、购物等个人消费以及公共服务、教育、医疗、养老、文娱体等现代服务消费的"大消费"建设规划尚未形成，统筹协调机制不够健全，目标同步推进难，政策落地难，综合效应评估难等一系列问题。

二是消费信用体系建设有待加强。数字经济时代，随着消费维权领域新形势、新问题的不断出现，传统的消费维权模式无法满足大众的消费维权需求，加强消费信用体系建设是保障消费维权工作的必然途径。2022 年上海市消保委共受理消费者投诉案件 32 万余件，通过投诉梳理和相关消费调查发现，医美争议举证难、未成年人网游充值退款难举证难、快递末端服务不规范、智能客服不智能、智能产品后续服务保障差、宠物交易存乱象等问题亟待关注。近年来，随着消费结构由物质生存型向精神享受型转变，信用消费的领域越来越广泛，而且在数字技术下其应用场景也越来越丰富，营造良好的信用环境成为消费者迫切的消费需求。消费信用体系的建设将直接影响消费者满意度，进而影响消费市场的增长潜力。只有加快构建信用评级机制以及加强市场主体信用体系建设，才能有效增强消费和促进消费升级。

三是线上消费监管仍然缺位。线上消费模式备受消费者青睐，但与此同时，数据与隐私泄露、大数据杀熟等线上消费负面问题频频爆出。例如上海市 2022 年消费者投诉案件中短信鱼龙混杂、网络虚拟财产权益保护难、超低价引流营销兑现难等乱象频出，扰乱了网络消费秩序，损害了消费者权益。具体来看，当前线上消费监管存在以下盲区：平台主体以盈利最大化为原则，并未严格履行企业职责，对加盟商监管力度较小；数字经济时代商业环境更新快，商家改头换面成本低，不诚信经营欺诈经营现象多，对监管方式和技术提出更高要求；线上侵权往往案件多而案值小，消费者维权成本高，也不易引起消费者权益保护部门的重视，加大了侵权者线上侵权的概率。面向新模式新业态的相关法律法规缺失，传统监管方式无法跟上新业态的发展，上海市打造国际消费中心城市，要重点关注数字时代下凸显的线上侵权问题，加强线上监管对于保护消费者权益和促进消费升级具有重要意义。

四是有效投资稳定经济发展的能力有待提高。上海市有效投资稳定经济发展的能力较弱。2022 年，上海市全社会固定资产投资总额比上年下降

1.0%，工业投资保持 0.6% 的增长，房地产开发投资下降 0.5%，住宅投资增长 3.7%，办公楼投资下降 9.4%，商业营业用房投资下降 18.6%，城市基础设施投资下降 7.9%，电力建设投资下降 9.7%，交通运输投资持平，邮电通信投资增长 4.2%，公用事业投资下降 3.0%，市政建设投资下降 17.3%，社会事业投资下降 6.0%，教育投资增长 0.8%，卫生和社会工作投资下降 11.9%，文化、体育和娱乐业投资下降 6.6%，公共管理、社会保障和社会组织投资下降 14.7%。当前，国内经济面临着需求收缩、供给冲击、预期转弱三重压力挑战，实现经济社会平稳高质量发展，需要充分发挥投资跨周期和逆周期调节作用，上海市亟须合理扩大有效投资，增强有效投资的规模。

（二）民生保障和社会公平领域的短板亟待补齐

多年来，上海市在民生保障和社会公平领域取得长足进步，在全国处于领先水平，但与居民服务保障需求相比还有较大提升空间。从人口老龄化来看，上海市人口老龄化问题凸出，老龄化程度在全国一线城市中居首位，常住人口老龄化率比第 2 位的北京高出近 4 个百分点。具体来看，2020 年上海市全市常住人口中，60 岁及以上人口为 5815462 人，占 23.4%，与 2010 年第六次全国人口普查数据相比，60 岁及以上人口的比重提高 8.3 个百分点。[①] 截至 2021 年末，上海市建有社区综合为老服务中心 371 家，老年助餐服务场所 1433 个，共有养老机构 730 家，床位 15.86 万张。相较于庞大的养老需求，养老服务设施还存在较大缺口。此外，老龄化压力在带来庞大的养老服务消费市场的同时，也为养老保障体系带来了挑战。为了有效应对人口老龄化问题，促进养老服务扩大升级，挖掘老龄化带来的消费新潜力迫在眉睫。从城乡收入差距来看，2022 年上海市城乡居民收入比进一步缩小至 2.12，在缩小城乡收入差距方面取得实质性成效，增进了社会收入分配公平，但与相邻浙江省 1.9 的城乡居民收入比相比，上海市在缩小城乡收入差

---

① 数据来源于《上海市第七次全国人口普查主要数据公报》。

距、实现共同富裕方面还有待进一步提升。收入分配制度不完善是内需不足的重要原因，为进一步缩小城乡收入差距和扩大内需，上海市需要在优化城乡收入分配和促进共同富裕方面持续发力。从收入分配来看，2020年上海市劳动者报酬占GDP的比重为47.5%，① 比上年提高1.4个百分点，但与欧美发达国家和地区60%左右的占比相比仍有较大的差距，收入分配制度还有待进一步完善。

（三）消费品高质量供给能力有待提高

实现消费品的高质量供给是扩大内需的关键举措之一。近年来，上海市在提高消费品供给质量上表现亮眼。2020年上海市制造业质量竞争力指数为95.34，继续领跑全国，制造业产品质量合格率稳中有升。② 2022年上海市社会消费品零售总额为1.64万亿元，继续居国家中心城市首位，新增首店1073家，数量和质量继续保持领先地位。但与此同时，上海市在消费领域存在本土产品缺乏设计和创新、具有全球影响力的本土品牌较少等问题。据前瞻研究院调研，除冠生园、光明、老凤祥外，多数品牌在全国处于消费者低认知度状态，且客户群体偏老龄化，距"卖全球"的要求也有差距。上海市要打造设计之都、深化上海品牌认证，需要加大创新力度，提高消费品质量以优化供给。此外，2021年上海市居民居住支出为16136.8元，占消费总支出的比例为33.0%，仅次于北京市，而全国居民人均居住支出为5641.1元，占消费总支出的比例为23.4%，③ 上海市居民居住支出占比远远高于全国平均水平，居住类支出过高对其他类消费存在挤出效应，不利于创新消费模式、丰富供给内容和提高供给质量。

（四）建设国内大循环中心节点面临挑战

上海作为我国最大的经济中心和开放度最高的城市，在打造国内大循环

---

① 数据来源于《2022上海统计年鉴》，《2022上海统计年鉴》中劳动者报酬数据只公布到2020年。
② 数据来源于《2021年上海市质量状况白皮书》。
③ 数据来源于《中国统计年鉴2022》。

中心节点上具有显著优势，包括创新资源丰富、金融资源集中度高、新型基础设施建设迅猛、国家战略优势明显等。从创新方面来看，截至 2022 年，上海市共拥有普通高等学校 64 所、跨国公司总部 891 家、外资研发中心 531 家，在沪两院院士 178 人，创新资源不断聚集；① 从金融方面来看，上海证券交易所股票市值、成交金额均居世界第 4 位，上海黄金交易所现货黄金交易量居全球第 1 位，在华境外金融机构 80% 在上海落户，其资产 70% 集中在上海；新型基础设施建设方面，2020 年、2021 年上海"新基建"完成新增投资分别为 710 亿元、913 亿元，占全市固定资产投资总额的比重分别为 8% 和 9.6%，投资拉动效应明显，截至 2022 年底，上海已建成超 6.8 万个室外基站；从国家战略方面来看，中央对上海在整体国家战略中的地位和作用高度重视，并不断给予上海承担国家战略、参与国际合作与竞争的使命，在党和国家的支持下上海大力推进"五个中心"建设。上海在建设国内大循环中心节点具备显著优势的同时，应当清醒地认识到面临的一系列挑战。

首先，科技创新策源作用有待提升。一方面，上海缺乏本土科技型"引擎"企业和独角兽公司，北京有联想、小米，深圳有华为、中兴、腾讯，杭州有阿里巴巴，而上海则相对较少；另一方面，产业创新能力和动力不足，上海仍未完全摆脱对汽车、机电、烟草等传统行业的依赖，生物医药、人工智能、新能源汽车等新兴产业虽然增长较快，但支撑作用有待提升。

其次，制度供给有待创新。一是营商环境有待优化，根据世界银行《2020 年全球营商环境报告》，2018～2020 年，上海在获得信贷、纳税、跨境贸易、执行合同、办理破产 5 个一级指标中得分偏低，与世界最优水平差距较为显著；② 二是放管服改革有待深化，上海市作为全国"放管服"改革的排头兵，一直走在全国前列，进行了大量的制度创新。但在进一步深化

① 数据来源于上海市科学技术委员会发布的《2022 上海科技进步报告》。
② 数据来源于世界银行《2020 年全球营商环境报告》。

"放管服"改革的过程中,有三个关键问题亟待解决:在行政管理事项下放中如何贯彻依法行政原则,兼顾下放的合法性与高效性;在行政管理事项下放的过程中如何合理配置不同层级政府间的事权,真正做到该放的放,该管的管;在行政管理事项下放后如何合理构建事权衔接机制,实现政府职权的有序衔接和监管的顺利转型。

最后,金融服务实体经济功能有待加强。2021 年上海金融市场交易额超过 2500 万亿元,但是服务实体经济和带动国际国内生产要素配置的功能还不够强。上海金融市场对国际开放度不高,国际投资者少,国际金融产品少,国际金融业务少,全球有影响力的国际金融机构也少。上海配置全球金融资源的能力不够强,利用更多的国际金融资源,对中国经济发展的支持力度不够。

三 扩大内需战略下如何加快推动上海经济高质量发展

(一)完善政策体系,释放消费潜能

优化消费环境,促进消费升级,推动经济高质量发展。一方面,上海市需加快推进国际消费中心城市建设,发挥其在促消费中的引领作用。通过加强顶层设计,提升其制度创新能力,重点在建立健全免税和退税制度、提高退税流程效率和服务水平,建立健全消费品牌保护制度、推动上海本土品牌走向国际,建立健全商圈统筹发展制度、合力推动上海商圈转型升级等方面发力。另一方面,上海市要着眼于数字经济时代消费信用体系建设新要求,加快构建信用评级体制机制,深化消费信用体系建设,推进信用分级分类监管,依法依规实施失信惩戒。此外,上海市要加强线上消费监管,加大对线上虚假宣传、仿冒混淆、制假售假等违法行为的监管和处罚力度,全面加强跨地区、跨部门、全流程协同监管。通过建设国际消费中心城市、深化消费信用体系建设、加强线上消费监管,优化消费环境,激发消费活力,促进消费升级和经济高质量发展。

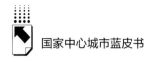

积极扩大有效投资，为稳定经济发展提供有力支撑。上海市要着眼于经济高质量发展，扩大有效投资，以制度创新为核心，以数字化转型为依托，进一步转变政府职能，推进放管服改革，深化"一网通办"建设，更加有效地调动社会投资积极性，进一步增强投资增长的内生动力，为企业解忧、为企业增效、为企业赋能。具体来看，一方面，要不断优化投资环境，继续加大投资环境改善力度；另一方面，要加大重大项目建设力度，充分发挥重大项目对扩大有效投资的支撑和牵引作用。此外，还要采取政策激励激发社会投资动能，稳定社会投资主体的信心。

（二）加强民生保障，增进民生福祉

完善收入分配制度，构建完整内需体系。扩大消费的关键是要增加城乡居民收入，特别是提高消费倾向高的中低收入居民的消费能力。优化收入分配格局、减小收入分配的"马太效应"不仅对释放消费活力和推动经济增长具有积极意义，也有利于增进民生福祉和增强社会公平。上海市需要完善收入分配制度，深化收入分配制度改革。一是要提高居民收入在国民收入分配中的比重和劳动者报酬在初次分配中的比重，健全人才、信息、技术等生产要素按贡献分配的制度；二是要规范收入分配秩序，发挥税收对收入分配的调节作用；三是要完善最低工资保障制度，建立健全工资正常增长机制和支付保障机制；四是要加强收入分配制度的针对性，着力提高城镇低收入群体和农村居民收入，有效扩大中等收入群体规模。

缩小城乡收入差距，扩大内需规模。边际消费倾向递减规律表明收入较低者的边际消费倾向较高，收入较高者的边际消费倾向较低，因而缩小城乡收入差距可以提高农村居民的消费需求和社会总需求。城乡收入差距的缩小有利于上海市实现城乡共同富裕和扩大内需。为此，上海市要通过深化农村"三块地"改革、增加农村居民财产性收入、深化户籍制度改革、加快推动农村劳动力进城落户、消除土地和劳动力城乡流动障碍、促使资本回流农村等措施进一步缩小城乡收入差距和实现城乡共同富裕。

加快发展养老服务业，挖掘内需新空间。加快养老服务业发展，有利于

培育内需亮点，释放内需潜力，增强上海市经济发展的活力和韧性。针对养老服务业有效供给不足和发展体系不健全等问题，上海市需要通过构建多样化的养老服务供给格局、完善养老服务发展体系来加大养老投资和促进养老消费。一是加速补齐居家养老服务供给"短板"，满足"就近就便、原居安养"的养老服务需求；二是激发多元社会主体参与养老服务供给，满足老年人多样化养老服务需求；三是保险等金融机构创新养老金融产品，扩大养老资金投资需求；四是利用大数据等数字化技术，满足老年消费者个性化需求，并拓展文化生活消费新需求。

（三）把握数字机遇，提高供给质量

以数字化变革助力品质升级，以优质品牌促进消费增长。当前，随着数字技术蓬勃发展，数字经济新动能持续增强。上海市要把握数字化发展机遇，促进数字经济和实体经济深度融合，释放数字技术在提高消费品品质中的放大、叠加、倍增作用，通过数字赋能产品创新和加强品牌建设，提高消费品供给质量。一是积极利用数字技术提高产品创新水平，打造以技术、标准、服务为核心的产品质量竞争新优势；二是将数字赋能与弘扬企业家精神和工匠精神相结合，培育一批产品质量高、时代元素强、文化内涵丰富的上海本土品牌，增强上海品牌国际影响力；三是围绕健康、医疗、养老、育幼、家居等民生需求大力发展"互联网+消费品"，加快绿色、智慧、创新产品研发，为消费者提供海量丰富的创新型产品；四是打造产业发展融合共生生态，建设多方参与、合作共赢的数字化公共服务平台，实现产业数字化发展的"融合、创新、共赢"，优化产业供给质量。

以数字化创新消费模式，以消费升级促进消费增长。提高供给质量的同时还需要注重消费模式的创新，通过丰富消费场景、增加消费内容、促进新型消费来促进消费升级和扩大内需。上海市要抓住数字经济发展高地的优势，深化数字化技术在创新消费模式和促进消费升级中的应用。一是利用大数据和互联网等数字化技术追踪海量消费数据，采取鼓励性政策支持优势企业开展个性化定制和柔性生产模式，满足消费者多层次、多类型的个性化消费需求；二是促进线上线下消费有机融合，培育智慧产品、智慧零售和信息消费等消费新业态；三是加强商业、文化、旅游、体育、健康、交通等消费跨界融合，拓展沉浸式、体验式、互动式消费新场景，有序引导网络直播规范发展；四是提升供应链协同管理水平，面向重点消费品行业，打造数据互通、信息交互、生产协同、资源柔性配置的智慧供应链服务体系，为消费模式创新升级提供支撑。此外，上海市还应从增加供应、调控需求、稳定预期和规范市场四个方面采取措施促进房地产市场健康平稳发展，降低居住类支出对文教娱乐等享受型支出的挤出效应，为创新消费模式提供前提。

（四）积极应对挑战，畅通国内大循环

深化科技策源功能。第一，依托张江科创基础，打造张江区域创新极。依托国家实验室、重大科技基础设施群，加大对集成电路、生物医药、人工智能等新兴产业的培育力度，增强重点领域核心基础原创能力。第二，加强产学研用深度融合，提高多元合作创新效率。推动企业、高校、科研院所合作，提高科研成果的转化率。第三，加强数字赋能，激发企业创新活力。利用数字经济发展优势，促进数字经济和实体经济深度融合，发挥数字技术在降低企业创新成本、促进企业创新资源集聚等方面的作用，推动创新型企业发展。

深化制度创新。法制方面，完善法律法规创新制度供给，在自贸区和临港新片区进行试验，对标国际一流营商环境制度，从制度上保证企业的市场主体地位，激发市场活力和社会创造力，为推动经济高质量发展提供强劲动力；监管方面，不断革新监管理念，积极探索新型监管机制，充分利用现有互联网、区块链等新技术优化审批流程，建立以诚信系统为基础的事中事后监管模式，进一步深化"放管服"改革。此外，在推进"放管服"改革时，要探索行政管理事项下放法制建构的路径，更好地实现政府职能转变，进一步释放市场活力。

增强金融服务功能。第一，加强金融基础设施建设，提高金融服务效

率。加强上海金融机构对实体经济的风险管理功能，落实大宗商品期货、利率管理工具、汇率管理等风险管理的宏观工具；支持上海保险交易所建设，扩大上海金融服务半径。第二，利用资本市场优势，激发企业创新活力。深化资本市场改革，促进资本和科技深度融合，发挥资本市场对创新要素的引领、带动、定价、激励及风险缓释等作用，推动创新型企业发展，发挥好金融市场对创新资源的配置功能。第三，加快金融混业经营，做大做强金融平台。一方面，鼓励金融混业经营，支持通过收购、并购、建立子公司等方式打造功能全面的金融集团；另一方面，吸引其他地区金融公司在沪设立总部，加强金融机构集聚。第四，强化审慎全面的金融监管。一方面，坚持依法将各类金融活动全部纳入监管，防范金融机构打着创新旗号进行无序扩张和逃避监管；另一方面，丰富监管方式和手段，提高穿透式监管能力，坚持规范与发展并重，加快完善金融科技监管法规。

参考文献

张伊娜、方晓斌：《上海国际消费中心城市建设与扩大内需打造国内大市场》，《科学发展》2022 年第 4 期。

李清娟、陈楠：《上海发展动力转换面临的挑战及对策》，《科学发展》2019 年第 7 期。

李锋、向明勋、陆丽萍等：《上海打造国内大循环中心节点和国内国际双循环战略链接的切入口和发力点》，《科学发展》2021 年第 3 期。

渠滢：《放管服改革背景下行政管理事项下放法制路径研究》，《政府法制研究》2021 年第 6 期。

上海市科学技术委员会：《2022 上海科技进步报告》，2023 年 1 月 10 日。

B.5
天津扩大内需的情势、制约与应对举措

周彩云　周立群*

摘　要： 面对经济下行压力，天津贯彻落实习近平总书记和党中央决策部署，坚定实施扩大内需战略，增强内需对经济增长的支撑作用，在取得诸多成效的同时，也面临消费需求增长受诸多制约、投资需求增长空间不足等问题。天津正着力破除制约消费、投资增长的因素，完善现代市场和物流体系，推动内需增长。

关键词： 消费　投资　扩大内需　供给质量

一　天津市内需变化的基本情势

（一）消费与投资规模下降，基础设施投入增长

2022 年，天津消费与投资规模下降，社会消费品零售总额下降5.2%，居民人均消费支出下降5.6%，消费行为受到限制、消费意愿下降是消费放缓的主要原因。固定资产投资（不含农户）下降9.9%，其中房地产开发投资下降23.2%是影响固定投资下降的关键。但基础设施投入持续增长，全市基础设施投资增长6.8%，水利、生态环境等公共基础设施投资增长显著，科技基础设施投入不断加大，新筹建市级重点实验

---

* 周彩云，天津财经大学经济学院副教授，南开大学应用经济学博士后，研究方向为区域经济；周立群，南开大学经济学院教授、天津市智库联盟理事长，研究方向为市场结构、企业组织、区域经济。

室 63 家，开展重大课题 130 余项，基础设施投资的上升有效缓解了投资不足。

（二）消费结构升级态势明显，投资调结构作用显现

一是天津消费结构优化升级态势明显，升级类商品消费需求增幅较大。2022 年，天津通过各类促销举措提振消费信心，释放消费潜力，实现限额以上单位通过公共网络实现商品零售额增长 9.8%。低碳智能类商品零售额显著提升，新能源汽车、智能家电和音像器材、智能手机等零售额分别增长 1 倍、1.7 倍和 46.5%。二是投资调结构作用有效发挥。虽然总投资规模下降，但新兴领域投资较快增长，2022 年，天津市战略性新兴产业投资增长 7.3%，比上年提高 4.6 个百分点，高技术制造业投资增长 10.0%，比上年提高 3.3 个百分点，投资结构优化明显。

（三）城乡居民收入稳定增长且趋平衡，内需潜力扩大

2022 年天津的一系列稳企扩岗促就业措施取得明显成效，城镇新增就业 36.05 万人。民生保障投入持续加大，七成以上的一般公共预算支出用于民生领域，尤其是教育与卫生健康支出显著增长。就业平稳和民生投入的有力实施为居民收入的稳定增长提供了保障，2022 年，全市居民人均可支配收入达 48976 元，增长 3.2%，位居全国第 5。同时城乡居民收入差距进一步缩小，城乡居民收入之比降低至 1.826，城乡收入更趋平衡，内需潜力扩大。

（四）产业链供应链资金链稳定，内需发展效率得到保障

天津启动产业链、供应链和资金链"接链"专项行动计划，聚焦重点产业链和重点领域，延伸产业链、打通供应链、融通资金链。一是重点产业链带动作用持续显现。12 条重点产业链增加值合计占规模以上工业增加值的 77.9%，比上年提高 5.2 个百分点。二是天津港新开通 5 条集装箱航线、1 条滚装船舶航线，南北海运大通道进一步畅通，全年港口货物吞吐量达

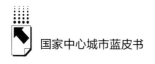

5.49亿吨，再创历史新高。三是融资服务对接加强，普惠小微贷款增长20%以上，信贷需求得到有效满足。

二 应对冲击的扩大内需主要举措

（一）全面促进消费，提振消费信心

一是促进大宗商品消费，以汽车、家居、家电等大宗商品为重点，提升消费能级。一方面，鼓励汽车消费。增加个人专项摇号指标，支持新能源汽车消费，落实国家对新能源汽车免征车辆购置税政策，加快充电设施建设；采取多种形式促进新车消费，通过发放汽车消费券，组织开展汽车经销商让利促销，举办汽车展销会、汽车下乡等活动，激发消费者购车意愿。另一方面，促进家电家居消费。鼓励有条件的区对消费者购置低碳智能型家电产品给予支持，鼓励大型商场、家电生产企业、电商平台等开展多种形式的家电产品促销。

二是提升服务消费。一方面，促进餐饮消费。以"津津有味，津菜传承"为主题，举办美食嘉年华大赛、特色美食评选等活动，动员餐饮企业开展大力度促销活动。另一方面，拓展文旅消费。打造精品旅游线路，整合优化天津优势资源，推出文化博览游、名人故居游、亲水休闲游、山野名胜游、津夜荟萃游、红色记忆游、津城工业游等十大主题共计50条旅游精品线路；强化文旅市场线上线下合作，借助美团直播平台进行文旅产品直播带货；构建文旅消费新场景，通过100个天津文旅消费新场景的评选，进一步扩大天津文旅影响力。同时做强会展消费，2022年，全市共举办世界智能大会、中国（天津）国际汽车展览会等展会16场。

三是繁荣夜间消费和农村消费。提升夜间消费活力，以打造"夜津城"为主题，在持续提升夜间经济街区的同时，打造一批主题鲜明的"夜津城"文化休闲活动，并组织部分商户延长经营时间，培育夜间消费新场景新模式。激活农村消费。加快消费品下乡，组织企业举办"品质消费农村行"

活动，推动农村消费品升级换代；推动农产品进城，促进农业品牌化建设，2022 年培育认定"津农精品"新品牌 28 个，助力品牌农企通过直播带货等形式拓宽销售渠道，发挥乡村特色产品、非遗产品、旅游民宿等供给优势，丰富城市消费内容。

四是培育新型消费。培育线上消费，引导电商平台通过发放消费券（含数字人民币）、打折促销、推出购物补贴、设立品牌打折专区等多种形式让利消费者，支持京东、美团等平台举办网购节、直播电商节等活动，提升消费者线上消费体验。壮大旅游、家政、健康等"互联网+"消费新业态，鼓励餐饮、商超、药店等传统零售企业进行数字化转型升级改造，推动生活服务在线化。拓展无接触式消费体验，鼓励市场主体建设布局智慧商店、智慧餐厅、智慧驿站、智慧书店等。

五是优化消费环境。打造消费地标，围绕天津市的河、海、洋楼、古镇古街等特色自然人文资源亮点，着力打造滨江道、鼓楼、友谊路、和平路等彰显城市特色的地标商圈。2022 年全市新开 15 个大型商业项目，累计新增商业面积 80 万平方米，新增商户 1000 余家。积极营造消费氛围，打响海河国际消费季，实行"一区一主题""一业一方案"，构建丰富的消费场景。如举办 2022 天津"品质生活节"活动，以发放消费券为引领，举办"擎动津城"汽车消费节、绿色家电惠民月、"哏都百味儿"美食节、第三届夜生活节、津城新品首发节、进口商品嗨购节等 10 项主题促消费活动。

（二）优化投资结构，提高投资效率

一是加大制造业投资支持力度。一方面，扩大先进制造领域有效投资，持续提升制造业招商引资水平。2022 年前三季度，天津引进制造业内资项目 697 个，到位资金 558.37 亿元，同比增长 9.82%。另一方面，加大制造业技术改造力度，支持企业实施技术改造、设备更新投资和产业基础再造项目，2022 年上半年，工业技改投资增长 12.7%。同时，运用多种货币政策工具强化对制造业领域的信贷支持，鼓励有条件的金融机构在先进制造业聚

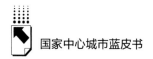
集区设立金融服务中心，加强对制造业重点产业链的专业化支持。2022年天津制造业贷款余额增长16.6%，增幅比上年提高13.5个百分点，创10年来新高。其中12条重点产业链贷款余额比年初增长40%，获批数字人民币试点，实现16大类通用和特色场景全面落地。

二是推进交通、能源、水利、节能环保等重点领域补短板投资。在交通基础设施建设方面，新开通京滨城际北段、京唐高铁，高铁城际里程达到410公里；强化京津冀公路网密联互接，津石、塘承高速等全线贯通；建成全球首个全物联网集装箱码头。在能源基础设施方面，以石油、天然气、电力为重点，致力打造具有较强辐射力的区域能源枢纽。推动"外电入津"特高压网建设，优化电网网架结构；推动滨海新区"盐光互补"等百万千瓦级基地建设，加快可再生能源利用。在水利基础设施建设方面，建成津滨水厂二期，宝坻引江、静海引江等工程顺利推进，津沽污水处理厂三期、张贵庄污水处理厂二期开工建设。在节能环保基础设施建设方面，扩大生态环境领域有效投资，推动天津子牙经济技术开发区等大宗固体废弃物综合利用示范基地建设，推动特殊类别危险废物利用处置基地、垃圾转运站与垃圾处理设施建设。

三是完善物流和民生基础设施。以构建"通道+枢纽+网络"的现代物流运行体系为导向，积极扩大物流基础设施领域有效投资。完善多式联运基础设施，开展津蓟铁路扩能改造前期工作，完善新港北集装箱中心站设施，推进新港北集装箱中心站堆场扩建工程建设，推进东疆港区智能化集装箱码头一期等项目前期工作；加快推动天津滨海国际机场三期改扩建工程建设，重点打造智慧型物流机场，建设航空物流区，推进大通关基地等重点项目建设；畅通天津滨海国际机场陆侧货运物流体系。同时以加快医疗、教育领域建设为重点，扩大民生领域有效投资。协和天津医院一期建成投入使用，市第三中心医院新址扩建、环湖医院原址改扩建等项目开工建设。优化教育布局，认定新增普惠性民办幼儿园94所；新建、改扩建义务教育学校39所。

（三）促进城乡融合发展，释放内需潜能

一是加快推进新型城镇化。促进农业人口有效有序融入城市，发布《2022年天津滨海最新落户政策》，放宽外来人口在滨海新区落户限制；加大对新生代农民工等农业转移人口的技能提升培训支持力度，提升农业转移人口技能素质。积极培育都市圈，深入落实《港产城融合发展行动方案》，推动滨海新区港产城融合发展；促进环城四区产业发展和功能完善；强化"通武廊"区域协作，支持宝坻对接通州、唐山，联合打造"京东黄金走廊"。强化城镇综合服务能力，打造特色小镇，2022年新推出5个市级特色小镇。高质量推动城市更新改造，2022年完成123个城镇老旧小区的改造，着重增加社区服务配套设施，新增车位3600余个、智能安防系统36套。

二是积极推动农村现代化。大力推动乡村建设，完善农村基础设施，2022年，提升改造农村公路211.5公里，维修改造桥梁20座，实施农田水利改造、洼蓄滞洪区工程多个。加强农村市场体系建设，推进农产品产地市场冷链仓储、初加工设施建设，在全市10个涉农区开展农产品产地冷藏保鲜设施建设；推动优质农产品出村进城出国，助力农产品开拓国际市场，2022年天津认定13家农业国际贸易高质量发展基地。做强现代农业产业体系，打造小站稻、蔬菜、畜牧、水产4条百亿元全产业链；创新发展休闲农业、乡村旅游等特色产业，规划发布宝坻—蓟州红色游、津南—东丽—宁河稻乡游、武清—北辰运河游等5条天津市休闲农业与乡村旅游精品线路；开展农业产业化联合体培育工作，共培育农业产业化联合体18个，培育市级示范家庭农场70个。

三是优化区域经济布局。以京津冀协同发展为抓手，积极推进天津滨海—中关村科技园、宝坻京津中关村科技城、京津合作示范区等重点承接载体建设，打造内需新增长极。2022年，天津滨海—中关村科技园企业达到4051家，累计注册资本1806亿元；京津中关村科技城累计注册1039家市场主体，初步形成了高端装备制造、新能源与新材料、人工智能与智能制造、生物医药与医疗器械四大产业集群。深化"津城""滨城"双城格局，

推动"津城"多中心发展，着力打造海河柳林中心、银河中心、侯台中心、程林中心、刘园中心5大副中心和西青华苑中心、北辰产城融合中心、东丽空港中心、津南会展中心4大主城。加快实施"美丽滨城建设十大工程"，推进"滨城"向海滨城市转型提升。

（四）提升有效供给质量，促进需求增长

一是加快新产业新产品发展。提升创新策源能力，支持海河实验室开展前瞻性、前沿性技术研究，推动创新平台建设，强化企业创新主体地位。2022年6家海河实验室开展重大课题130余项；新认定8家市级大学科技园，国家级专精特新"小巨人"企业累计192家，市级"专精特新"中小企业累计961家。壮大战略性新兴产业，加快构建以新一代信息技术、新材料、高端装备制造为主导的战略性新兴产业体系和产业集群。2022年，天津高技术产业（制造业）增加值比上年增长3.2%，滨海新区海洋工程装备创新型产业集群成功获批国家级创新型产业集群。促进创新产品研发和规模化应用，新产品产量快速增长，锂离子电池、城市轨道车辆产量分别增长15.3%和53.8%。实施"5G+X"工程，已培育30个国家部委层面5G应用试点示范或重大专项，遴选支持50个市级试点示范项目。

二是积极促进传统产业改造升级。大力发展现代农业，优化现代都市农业布局，发展绿色生态农业渔业，推进农业机械化转型升级。2022年，新增24万亩高标准农田，创建7万亩粮食作物绿色高质高效示范区，小站稻品牌入选全国首批农业品牌精品培育计划，全市稻渔投产面积达到53.5万亩，在全域范围内实现主要农作物生产全程机械化。加快传统制造业转型升级，大力推动制造业数字化转型，工业关键工序数控化率达到61.5%，居全国第3位；加快打造工业互联网平台，推动5G与垂直行业融合发展，2022年新推出100个5G典型应用场景；实施智能制造专项资金项目203个，不断提升企业智能制造水平。持续提升现代服务业发展能级，推动生产性服务业向价值链高端延伸、生活性服务业向高品质和多样化升级，2022年规模以上服务业企业营业收入比上年增长4.4%。

三是大力强化标准质量品牌建设。加快消费和服务标准化建设，强化有机农产品、绿色食品认证管理，持续提高产品和服务质量。加强质量强市战略顶层设计，针对 12 条重点产业链开展质量攻关，列入质量攻关项目 1157 项；持续加强质量基础设施建设，推进天津港等 11 个单位"一站式"质量服务站建设。深入开展多种形式的"质量月"活动，营造质量发展浓厚氛围。实施天津品牌发展战略，加大对天津品牌的宣传推广力度，定期发布天津品牌指数，提高农业品牌建设水平，到 2022 年全市"津农精品"总量已达 212 个。

三　扩大内需面临的主要问题和挑战

（一）消费需求增长受诸多制约

一是人口规模缩减，消费需求面临收缩压力。近年来天津人口规模呈下降趋势，常住人口从 2020 年的 1386 万人下降至 2022 年的 1363 万人，每年约以 10 万的量递减。人口规模的下降有新生儿出生率下降、人口老龄化下死亡率提高等自然原因，也有外来人口减少和本地人口迁移等原因，尤其是由于经济结构调整、环保政策约束，外来人口较大幅度减少。而人口规模下降，产生的最直接影响就是消费需求增长乏力。天津人口老龄化程度较高，根据第七次全国人口普查数据，天津 60 岁及以上人口占比达到 21.66%，远高于全国平均水平（18.9%），由于老年人的消费倾向相对较低，这也会对本地的消费需求产生负面影响。

二是消费引领和创新度不够，消费吸引力不足。首先，"买全球"亟待发力，首店经济吸引力不够。从 2022 年全国各大城市新增首店数量来看，上海（1073 家）、北京（812 家）、成都（708 家）、武汉（351 家）、深圳（321 家）、南京（301 家）、杭州（182 家）、重庆（148 家）、广州（144 家）新增较多，[①] 天津 2022 年第一季度新增首店 18 家，虽然统计数据不

---

① 全联房地产商会商业地产委员会：《2022 城市首店经济观察》。

全，但是可以看出天津的首店经济与上海、北京、成都的差距较大，高端商品集聚不足，消费引领度不够。其次，天津商业布局以传统餐饮、购物等为主，缺乏体验式、时尚性、潮流性业态或服务供给，缺乏消费"爆款"，时尚会展、顶级娱乐赛事、高级酒店等高端消费类产业较少。再次，文旅业亮点丰富，但是缺少叫得响、记得住、吸引力十足的城市品牌项目。据天津商务局2020年底数据，天津共有66个中华老字号和149个津门老字号品牌，但消费者认知度或者认可度不高。

三是消费配套服务建设不足，消费效能有待提升。首先，消费基础设施建设不足。社区商业业态单一、服务网点不足；城市轨道交通发展缓慢，城市冷链物流、智慧物流、社区配送等基础设施建设不足，商业网点之间（特别是城乡之间、社区之间）联通性需要加强；消费热点区域的无障碍设施、母婴设施等公益性基础设施建设不足，消费舒适度有待提升。其次，尽管在加强消费地标的打造上各区均有热点，但缺乏如纽约第五大道、巴黎香榭丽舍大道、伦敦牛津街、北京王府井、上海外滩等知名度较高的地标性商圈。另外，与消费相关的配套服务也有待加强，如消费纠纷处理、售后维修服务咨询、消费者个人信息保护、消费者维权响应、外国游客离境退税等方面都需要提升。

（二）投资需求增长空间不足

一是经济转型较慢，投资增长潜能不足。天津产业结构调整的痛处不断涌现，对投资带来较大影响，产业结构的调整对工业传统支柱产业投资形成限制，再加上产业转型升级较慢，新兴产业尚未对工业形成强有力的支撑，新旧动能续接不畅，投资增长潜能不足。同时，生态环境和资源能源的硬约束不断加强，短期内必然会提高企业进入门槛，增加企业的生产经营成本，不利于工业投资增长。

二是科技成果转化率较低，投资机会不足。从科技部火炬中心发布的2019、2020、2021年全国技术流向表可知，近年来天津技术合同成交额较快增加，意味着本地创新能力在不断提升。但同时天津输出技术交易额远高于吸纳技术交易额，科技成果转化率较低，可见本地的创新成果未能较好地应用于产业发展，技术优势未能转化为产业发展优势，创新链和产业链协同不足，不但阻碍产业链升级，也大大减少了产业发展中的投资机会。

三是民营经济发展程度较低，投资活力不足。民营经济总体规模较小、质量效益不高，民间投资处于低位运行，投资活力不足。2022年，天津民营经济增加值同比下降0.2%，占全市地区生产总值的比重较2021年下降了0.8个百分点。规模以上民营企业工业增加值同比下降1.6%，比全市低0.6个百分点。民间投资总额1574.9亿元，同比下降23.1%，比全市低13.2个百分点。

（三）市场环境和物流体系亟待提升

一是营商环境有待进一步优化。近年来，天津不断优化营商环境，但对比一流营商环境的目标仍然还有进一步优化的空间。首先，面对市场的快速发展，政府的应对能力略显不足。如天津出台了不少政策扶持新兴产业发展，但这些政策多以资金性扶持为主，创新性手段较少。企业的多元化需求日益明显，单一的资金扶持以及缺乏根据市场变化随机应变的调整，都难以满足企业发展的需求。其次，天津对高素质人才的黏性指数不高，《全球城市人才黏性指数报告（2021）》中涉及我国的城市有23个，天津的人才黏性指数排在我国第10位，不仅远低于北京、上海，也低于西安、成都。

二是要素市场化水平有待提高。劳动力、资本、土地等传统要素市场发育相对滞后，要素市场化配置范围相对有限；要素价格形成机制仍不健全，土地的产权制度仍然存在缺陷，市场分割和市场失灵的存在也使得要素价格的市场形成机制未完全确立。要素流动存在体制机制障碍，城乡要素流动还受到城乡二元户籍制度、社会保障以及城乡公共服务配置不合理的制约。京津冀区域之间的人才、资金和创新要素流动也受到行政壁垒的约束。新型要素快速发展但相关市场规则建设滞后，如技术转移体系还不够完善、专业化数据转移机构还未发展起来、数据交易市场还未建立。

三是流通体系有待进一步完善。商贸流通网络布局有待优化，高水平商品交易市场较少且规模较小，多层次的城乡商贸网络有待完善。现代物流基础设施水平有待提高，港口基础设施不强，尚未开设铁路国际口岸，缺乏直通西北的铁路通道，中欧班列新线路发展较慢；冷链仓储等物流设施及作为货物集散交易分拨功能的服务系统不足；应急物流基础设施存在短板。滨海国际机场航线区域覆盖密度落后于国内其他大型机场，且货运管理信息化建设进展缓慢。流通主体不够优强，大部分商贸流通企业规模小、服务内容有限、服务手段单一，提供完善物流服务的能力较为有限；航空货运代理企业集货能力较弱，缺乏国际大型货代企业和物流服务提供商。流通新业态新模式发展较慢，冷链物流、货运服务创新、海边直提、海铁联运海空联运等都有待突破。

四 天津扩大内需的思路和对策

（一）减少制约消费的不利因素，促进消费需求扩大

首先，增强人口集聚能力，优化人口结构与分布，促进消费规模提升。深入实施《天津市人口发展"十四五"规划》，通过持续扩大就业、打造创业之都、改善宜居环境等多举措增强人口承载力和集聚力，吸引优秀人才来天津创新创业，扩大人口规模的同时优化人口结构。通过强化中心城区与环城区域的公共交通建设，引导优质公共服务资源向环城四区布局，提升外围五区城镇化水平，增强环城四区和外围五区的人口吸纳能力。深入推进人力资源开发，打造最优人才生态。加大"海河英才"行动计划升级版实施力度，拓宽人才来津通道，创造条件吸引更多人才来津创新创业；加强各类人才队伍建设，造就更多国际一流的创新创业领军人才和团队，加快培养"大国工匠""海河工匠"等高素质劳动者和技术技能人才。加强生育支持和家庭发展能力建设，建立完善从生育到成长再到善后的政策支持体系，提升家庭发展能力。积极应对人口老龄化，增强养老服务能力，统筹养老和经济发展，积极开发老年人力资源和"银发经济"。

其次，强化消费引领，以建设国际消费中心城市为契机，提升消费吸引力。一方面，通过增加高端商品供给，提升天津城市消费层次和城市商业影响力，提升高端商品和服务集聚能力。加大力度吸引商贸企业总部和需求旺盛的高端零售企业投资落地，通过品牌首店、品牌首展将国内外知名品牌商、高端商品和新型业态引进来。在国家服务业扩大开放综合试点中，加大商业品牌首店政策实施力度，对入驻的品牌首店、旗舰店给予支持，对运营商引入知名品牌首店、新业态店给予奖励。培育面向全球的本土品牌，打造老字号新活力聚集区，扩大老字号品牌的品牌效应，深化老字号与电商平台合作，加大老字号品牌推广平台的宣传推广力度。促进老字号消费新时尚，推进传统老字号店铺向老字号文化展示中心、定制体验中心、网络直播中心等新场景发展。另一方面，丰富新模式新业态，积极布局体验式、沉浸式、参与式等新业态；发展时尚消费，引育在国内外具有重要影响力和知名度的文化展演活动，策划全球性会展、文体赛事、时尚演出等活动，引领消费潮流；打造独具魅力的城市文旅消费名片，如充分利用天津的相声产业和文化名人，形成影响全国的文化演艺、文化节庆和文化活动；以五大道、意大利风情区、历史文化街等为重点突破结构，通过新时尚文化综合体带动，形成标志性夜间消费聚集区，打造全国的夜天津。

最后，强化消费配套服务建设，提升消费效能。进一步改善消费配套基础设施。优化社区商业供给，完善社区便利店、小区驿站、养老助医、家政维修等网点布局。提升交通、信息、物流设施网络的通达性，增设绿色公交线路，加快轨道交通建设，完善冷链物流节点和终端建设；推行全市交通"一卡通"，实现航空、铁路、公路、码头枢纽的旅游交通无缝对接，在车站、机场、码头、景区等区域，完善无障碍设施、母婴设施、医疗设施的配置。同时依托现有优势，充分挖掘潜力，整合资源，打造国际知名的地标性商圈和高端交易平台。如建设全国海外商业文化街，依托天津租界文化遗产，探索商业与海外社区融合发展模式，用数字化手段提升改造酒店餐饮、商贸服务等国际化业态，增加配套不同风格的国际性服务场所，并适时推出中外文化艺术交流平台、海外文化艺术节等，打造业态齐全、服务优质、体

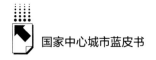

验感强的海外商业综合体。加快天津 K11select 购物艺术中心、生态城爱琴海购物公园、金隅嘉品 MALl、海信广场高端百货等商业体开业和扩容，打造若干高端商品专区和商业新地标，形成若干百亿级国际消费商圈和多业态、多品类高端交易平台。增强消费配套服务，便捷离境退税方式，加快天津港离境港建设，简化消费争议处理程序，建立消费维权绿色通道，降低消费者维权成本；健全消费者个人信息保护制度，加强缺陷消费品召回管理，切实维护消费者合法权益。

（二）拓宽投资增长空间，促进投资需求增长

首先，要加快产业转型升级，挖掘投资增长潜力。大力促进制造业数字化、智能化、服务化、绿色化。在制造业数字化转型方面，以信创、新能源、集成电路、生物医药等重点产业链为核心，依托海河实验室以及电力系统仿真控制、现代机电装备技术等市级重点实验室和天工院、中交天航研究所等市级企业技术中心，支持 5G、大数据、人工智能等新一代信息技术在关键技术装备（产品）中的应用。在制造业智能化转型方面，重点支持工业母机、机器人等智能制造装备发展，加大力度支持智能制造系统解决方案供应商培育，支持智能车间、智能工厂等新模式应用和试点示范。在制造业服务业转型方面，大力发展总部经济、绿色经济、平台创新经济等服务化转型发展的关键增量，推进服务型制造业和工业设计发展，统筹推进生产性服务业与高端制造业融合发展。在制造业绿色化转型方面，实施绿色低碳发展行动，加快培育绿色制造系统解决方案供应商，支持企业绿色化改造，推进产业生态化和生态产业化。通过加快制造业的数字化、智能化、服务化和绿色化转型，强化产业发展支撑，拓宽投资空间。

其次，要大力推动科技成果转化，增加投资机会。一方面，要强化科技成果转化激励和服务能力。通过放权赋权、落实收益分配、改革考核奖励等激发科技人员创新和转化活力；强化科技成果转化的金融支撑，引导企业家、投资人等各类市场主体提早介入研发活动；加强技术转移机构建设，积极运作天津市科技成果展示交易运营中心，深入推进"平台+职业技术经理

人"运营模式,以平台运营公司为核心,聚集一批专业化机构,并通过职业经理人对成果、需求、资本等要素精准匹配和跟踪,构建科技成果转化的有效途径;要大力培养合格的职业技术经理人和技术经纪人,充分利用天津高校汇集、科研人员丰富的资源优势,通过培训、合作等方式赋能,打造专业服务能力强的职业技术经理人队伍。另一方面,拓展转化渠道,加强与北京科研机构的合作,推动北京等地科技成果在津转化。通过强化激励、提升服务能力、拓展转化渠道,提升天津科技成果的转化率,为企业投资创造更多机会。

最后,要促进民营经济发展,提升投资活力。在市场准入方面,将民间投资领域进一步放宽,积极落实市场准入负面清单管理制度,支持民间资本进入清单以外的行业和领域;鼓励民间资本积极投资新能源新材料、智能科技等天津市重点发展的产业方向和乡村旅游、基础设施、社会事业等重点领域。在财税和资金支持方面,实施更大规模减税降费,落实深化增值税改革和提高小规模纳税人增值税起征点政策,全面落实小微企业、高新技术企业研发费用加计扣除等企业所得税优惠政策;加大民营企业稳贷续贷支持力度,加强融资担保服务,对符合条件的天津小微企业给予一定比例的担保费用补助。在要素保障方面,在当前长期租赁、先租后让、弹性年期出让等方式的基础上,进一步创新企业用地供地方式,为更多企业落户天津提供用地保障;对符合条件的企业给予吸纳就业补贴、社保补贴,切实降低民营企业用工成本;鼓励民营企业组织开展项目定制培训,可将滨海新区给予企业培训人员每人 1000 元补贴的案例推广至全市。在产权保护方面,启动检察机关服务保障民营经济健康发展高质量发展专项行动,保护民营企业和企业家合法财产,开展办理涉民企案件质量效率提升行动,最大限度降低对涉案企业生产经营活动的不利影响。通过放宽市场准入、优化资金和要素保障支持、健全司法保护促进民营经济加快发展,增加投资主体,提升投资活力。

(三)完善市场和物流体系,实现供需有效衔接

首先,要优化营商环境,提升政府治理效能。一方面,构建和维护

"亲""清"新型政商关系，提高对企业需求的感知力，持续深化"放管服"改革，创新新经济、新业态、新模式监管方式和监管手段，提高政策的创新性、前瞻性和适配性，提高响应企业需求的速度、力度和精准度。建设高素质公务员队伍，提高服务能力，尽快实现从"家长型"政府向"服务型"政府转变，提升政府公信力和透明度，增强民众对政策的信心。另一方面，要高效推动政策协同，在产业发展政策、劳动和社会保障政策、人才政策等方面有效地推进政策协同，形成政策合力，做到积极落实、快速见效。同时，要优化公平竞争的市场环境，破除区域分割和地方保护等不合理限制，清理招投标和政府采购中存在的差别化待遇与歧视性做法，打破不公平的市场准入和退出，全面清理不当市场竞争和市场干预行为。

其次，要提升要素市场化配置水平。在畅通劳动力和人才流动方面，健全完善居住证管理制度，推动实施京津冀居住证互认，深化异地就医直接结算改革，开展京津冀异地就医普通门诊直接结算"免备案"试点。在推动经营性土地要素市场化配置方面，在明确产权的主体边界和客体边界的基础上，探索赋予地方更大的土地配置自主权，助力土地入市；深化土地管理制度改革，优化产业用地供应方式，引导产业空间量质齐升；建设统一的建设用地市场，稳妥有序推进农村集体经营性建设用地入市，推动开展集体经营性建设用地使用权抵押融资，支持以转让、出租、改造提升等方式盘活利用存量用地和低效用地。在知识、技术、数据要素配置方面，深化科技体制改革，营造良好创新生态，建设高质量成果供给有力、专业技术服务机构活跃、转化渠道通畅的科技成果转移转化体系；积极探索数据流通交易的新业态、新模式，激活数据要素价值潜力，设立北方大数据交易中心，建设数据交易的全流程服务体系，打造国家级数据交易场所。

最后，加快推进区域贸易中心和现代物流体系建设。深入实施《天津市建设区域商贸中心城市行动方案》，通过建设全球商品贸易港、打造全球租赁贸易发展高地、提升贸易平台能级、增强远程交易能力，打造面向全球的商品贸易基地；通过建设汽车大流通枢纽、优化冷链商品集散网络、延展粮油生产流通链条等建设联通内外的商品流通集散地；通过提升供应链管理现代化水平、培育国际中转和离岸贸易等打造引领未来的商贸创新策源地；通过建设高显示度共享消费市场、疏解非首都功能重要商贸承载地等打造区域商贸服务中心。同时，加快构建"通道+枢纽+网络"的现代物流网络体系，依托天津港、滨海国际机场以及天津市水陆交通便捷的优势，加快推进天津港口型、空港型、商贸服务型国家物流枢纽建设；面向全球，打造高效便捷的集装箱运输网络，重点拓展"一带一路"国际集装箱航线；优化陆运物流通道，加快构建贯通"三北"、联通中蒙俄经济走廊的腹地运输网络；加快布局形成由"物流园区、物流中心、城乡配送点"构成的三级物流设施网络体系；做优做强流通主体，有针对性地招引北京商贸流通企业、现代物流企业等落地发展；积极培育新业态新模式，推动冷链物流、货运服务创新、海边直提、多式联运等商贸流通新业态发展。

参考文献

《天津市政府 2023 年政府工作报告》，2023 年 2 月。
《2022 年天津市国民经济和社会发展统计公报》，2023 年 3 月。
《天津市建设区域商贸中心城市行动方案（2022—2025）》，2022 年 7 月。
《天津市"十四五"扩大内需战略实施方案》，2023 年 2 月。
《天津市推进现代流通体系建设的实施方案》，2022 年 10 月。
宋林霖、李欣璐：《新发展阶段天津营商环境治理问题研究》，《城市》2022 年第 4 期。

B.6
广州国家中心城市建设进展与未来展望

覃剑 尹涛 赵蓓蕾*

摘　要： 2022年，广州聚焦高质量实现老城市新活力，牢记国家中心城市使命担当，全面推动经济发展、城市建设、改革创新和社会治理取得显著成效，但也面临前有标兵后有追兵的压力。2023年4月，习近平总书记再次莅临广州视察，明确指出"现在广州正在积极推进粤港澳大湾区建设，继续在高质量发展方面发挥领头羊和火车头作用"，这既是对广州发展所取得成效的再肯定，也是对广州战略地位的再明确，对广州在新时代新征程继续推进粤港澳大湾区建设、实现高质量发展的再要求。以此为新起点，广州应锚定高质量发展首要任务，以建设中国式现代化标杆城市为目标，不断优化城市空间结构，构建现代化产业体系，推进高水平制度型开放，加快推动地区生产总值突破3万亿元。

关键词： 高质量发展　城市竞争力　中心城市　广州

　　2018年10月，习近平总书记视察广东广州，要求广州实现老城市新活力，在综合城市功能、城市文化综合实力、现代服务业、现代化国际化营商环境方面出新出彩。广州围绕贯彻落实习近平总书记的指示批示精神，牢记国家中心城市使命担当，全面推动经济发展、改革创新和社会治理取得显著

---

* 覃剑，博士，广州市社会科学院区域发展研究所所长，广州城市战略研究院常务副院长；尹涛，博士，广州市社会科学院副院长，广州城市战略研究院院长；赵蓓蕾，广州城市战略研究院研究助理。

成效。2023年4月，习近平总书记再次莅临广州视察，明确指出"现在广州正在积极推进粤港澳大湾区建设，继续在高质量发展方面发挥领头羊和火车头作用"。面向未来，广州应牢记习近平总书记殷殷嘱托，高质量推进老城市新活力，奋力在中国式现代化建设中走在前列、做出新贡献。

一 广州建设国家中心城市的进展与成效

（一）经济顶压前行，总体稳中有进

2022年，面对需求收缩、供给冲击、预期转弱三重压力，广州经济全年顶压前行，总体保持恢复态势，GDP达到28839.00亿元，同比增长1.0%，接近"三万亿"大关（见图1）。其中，第一产业增加值为318.31亿元，同比增长3.17%；第二产业增加值为7909.29亿元，同比增长1.07%；第三产业增加值为20611.40亿元，同比增长0.97%，三次产业结构为1.10∶27.43∶71.47，制造业占GDP的比重略有增加，表明广州近年来一直推动实施的先进制造业强市战略取得了一定的成效，产业结构持续优化。

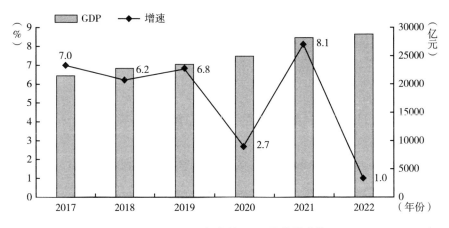

图1 2017~2022年广州GDP及其增速情况

数据来源：广州各年份统计公报。

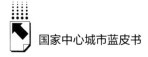

与其他城市比较来看，2022年广州的经济总量继续位于上海、北京和深圳之后，但被重庆反超，以4880.7亿元的优势领先于身后的苏州，位居全国第5。从GDP增速来看，2022年广州GDP增速高于北京、上海，但低于深圳、重庆、苏州等城市（见图2）。

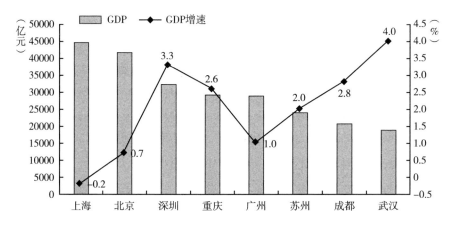

图2　2022年我国部分城市GDP及其增速情况

数据来源：各市2022年统计公报。

根据第四次全国经济普查核定的GDP数据，重庆在2017、2018年曾两度超过广州，2019年后广州再次反超重庆，但两市差距一直较小，2022年重庆以290.03亿元的微弱优势，再次超越广州（见表1）。作为中国四大直辖市之一，重庆的面积约为广州的11倍，常住人口约为广州的1.7倍，重庆虽在经济总量上略高于广州，但经济密度和人均GDP与广州相比，还存在不小差距。

表1　2014~2022年广州与重庆GDP比较

单位：亿元

年份	重庆GDP	广州GDP
2014	14623.78	16135.95
2015	16040.54	17347.37
2016	18023.04	18559.73
2017	20066.29	19871.67
2018	21588.80	21002.44

年份	重庆 GDP	广州 GDP
2019	23605.77	23844.69
2020	25041.43	25068.75
2021	27894.02	28231.97
2022	29129.03	28839.00

数据来源：《重庆统计年鉴2022》、《广州统计年鉴2022》、2022年两市统计公报。

"十四五"时期，广州综合各区资源禀赋、区位优势和产业基础，明确主导产业和发展重点，形成横向错位发展、纵向分工协作的联动发展新局面。根据赛迪顾问城市经济研究中心发布的《2022年中国城区经济高质量发展研究报告暨2022赛迪百强区》，广州各城区发展质量不断提高，11区中除了增城、荔湾和从化，其他区全部位列全国百强县。其中，天河、黄埔和越秀居前列，天河区的经济总量已经超过6000亿元，综合竞争力仅次于深圳南山区，排名第2；南沙在国家、广东省及广州市政策的大力支持下，经济发展不断取得新突破，2022年GDP增速位列11区之首，经济总量达2252.58亿元（见表2）。

表2 2022年广州各区主要经济指标及其在全国百强区排名

单位：亿元，%

区域	百强区排名	GDP	增速
天河	2	6215.72	2.40
黄埔	7	4313.76	1.50
越秀	11	3650.18	0.10
番禺	30	2705.47	1.40
海珠	40	2502.52	1.40
白云	31	2476.2	-3.30
南沙	42	2252.58	4.20
花都	59	1770.81	-1.10
增城	—	1325.27	4.00
荔湾	—	1215.57	1.10
从化	—	410.92	-1.90

数据来源：广州市各区2022年统计公报，赛迪顾问城市经济研究中心《2022年中国城区经济高质量发展研究报告暨2022赛迪百强区》。

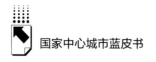
（二）先进制造业与现代服务业铸就新动能

2022年，广州战略性新兴产业加速领跑，实现增加值8879亿元，占GDP的比重提升至30.8%，贡献了近1/3的经济增长新动能。其中，新一代信息技术、智能与新能源汽车、生物与医药健康三大新兴支柱产业发挥引领作用，合计实现增加值增长5.4%，潜力逐渐显现。同时，工业和服务业两大领域提质增效，为提升广州产业综合竞争力积蓄"聚变"力量。

工业新动能加快集聚成势。其中，汽车制造业发挥重要支撑作用。2022年，广州汽车产量突破300万辆，稳居全国城市第1。广汽集团累计生产汽车247.99万辆、销售汽车243.38万辆，同比分别增长16.0%和13.5%，销量位居全国第4。新能源汽车产出势头良好，分别实现产值、产量446.61亿元和31.37万辆，同比分别增长1.2倍和1.1倍。新增8家国家级制造业单项冠军、2家国家技术创新示范企业、55家专精特新"小巨人"企业、1家全球"灯塔工厂"，先进制造业实力凸显，占全市规上工业增加值的比重提升至61.6%，提升0.8个百分点，高技术制造业实现增加值同比增长8.1%。

现代服务业能级加快提升。2022年，广州现代服务业增加值占服务业的比重超67%，数字经济核心产业增加值超3600亿元，增长1.7%，相继获批国家营商环境创新试点城市、国家第三批数字人民币试点地区、服务业扩大开放综合试点城市。互联网和相关服务业、科学研究和技术服务业、科技成果转化服务业、检验检测服务业、研发与设计服务业实现快速增长。广州期货交易所首个交易品种工业硅挂牌上市，广州数据交易所挂牌运行。

消费基本盘得以稳定。2022年，广州社会消费品零售总额达到10298.15亿元，同比增长1.7%。与此相比，北京社会消费品零售总额同比下降了7.2%，上海下降了9.1%，重庆下降了0.3%。

（三）创新机构和企业加快成长，创新驱动能力持续提升

2022 年，广州科技创新能力进一步增强，科技创新强市地位进一步巩固。根据英国《自然》增刊《2022 自然指数——科研城市》，广州科研城市排名跃居全球第 10。世界产权组织（WIPO）《2022 年全球创新指数报告》显示，深圳—香港—广州创新集群创新指数连续 3 年位居全球第 2，仅次于东京—横滨地区。国家科技部和中国科学技术信息研究《国家创新型城市创新能力评价报告 2022》显示，广州排名全国第 4，仅次于深圳、南京和杭州（见表 3）。

表 3　部分机构对广州创新能力的排名

机构	报告	排名
《自然》增刊	《2022 自然指数——科研城市》	排名第 10,国内城市中仅次于北京、上海和南京
WIPO	《2022 年全球创新指数报告》	深圳—香港—广州创新集群创新指数位居全球第 2
国家科技部和中国科学技术信息研究所	《国家创新型城市创新能力评价报告 2022》	排名第 4,位于深圳、南京和杭州之后

数据来源：根据各机构发布的报告整理。

创新市场活力持续迸发。2022 年广州有效发明专利拥有量首次突破 10 万件，增长 26%，入选首批国家知识产权强市建设示范城市，高新技术企业突破 1.23 万家。根据广州市科技创新企业协会 2022 年 12 月发布的《2022 年广州"独角兽"创新企业榜单》，广州"独角兽"创新企业比去年增加 7 家，23 家"独角兽"创新企业中有 18 家为高新技术企业，平均拥有知识产权超过 305 件（见表 4）。其中，奥动新能源拥有 2700 多件发明专利，超级独角兽广汽埃安拥有 525 件，显示出其较强的创新能力。这些企业的成长壮大，将为广州创新产业发展提供新动能。

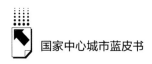

表4　2022年广州"独角兽"创新企业名单

序号	企业名称	产业领域
1	广汽埃安新能源汽车股份有限公司(超级独角兽)	先进制造
2	广州粤芯半导体技术有限公司	信息技术
3	奥动新能源汽车科技有限公司	新能源与节能环保
4	广州中科宇航探索技术有限公司	先进制造
5	广州巨湾技研有限公司	新能源与节能环保
6	广州文远知行科技有限公司	人工智能
7	广州小马智行科技有限公司	人工智能
8	树根互联股份有限公司	信息技术
9	广州极飞科技股份有限公司	人工智能
10	广州华胜科技信息服务有限公司	信息技术
11	广东汇天航空航天科技有限公司	人工智能
12	广州市百果园网络科技有限公司	信息技术
13	广州星际悦动股份有限公司	信息技术
14	广东快乐种子科技有限公司	信息技术
15	广州趣丸网络科技有限公司	信息技术
16	广州速道信息科技有限公司	信息技术
17	广州探途网络技术有限公司	电子商务
18	广州探迹科技有限公司	人工智能
19	广州诗悦网络科技有限公司	信息技术
20	广州立景创新科技有限公司	先进制造
21	广州致景信息科技有限公司	物联网
22	广州市钱大妈农产品有限公司	电子商务
23	广州市巴图鲁信息科技有限公司	电子商务

数据来源：广州市科技创新企业协会。

　　创新平台建设稳步推进。广州实验室重大科研任务取得显著进展，大湾区国家技术创新中心入轨运行。人类细胞谱系、冷泉生态系统配套基础设施建设进展顺利。新增高水平企业研究院15家，人体蛋白质组导航国际大科学计划获批启动实施，生物医药与新型移动出行未来产业科技园被纳入全国首批试点。

（四）改革开放纵深推进，营商环境跑出"加速度"

2022 年 6 月，国务院出台了《广州南沙深化面向世界的粤港澳全面合作总体方案》（以下简称《南沙方案》），致力于将南沙打造成为立足湾区、协同港澳、面向世界的重大战略性平台。《南沙方案》的出台，为广州更深层次链接世界打开了窗口、建立了桥梁和纽带。把握这一机遇，广州制定《南沙方案》"1+3"政策体系，全面发力推动《南沙方案》落地实施。南沙企业所得税、港澳居民个人所得税、高新技术企业延长亏损结转年限优惠政策落地，获批开展应对气候变化投融资、跨境贸易投资高水平开放试点，建立香港科学园南沙孵化基地，香港科技大学（广州）正式开学。

对外开放水平进一步提升。2022 年，广州实现外贸进出口总额 1.09 万亿元，增长 1.1%，实际使用外资超 570 亿元，增长 5.7%。广州经济技术开发区、南沙经济技术开发区和增城经济技术开发区三大国家级经开区综合发展水平居全国前列，黄埔区入选国家进口贸易促进创新示范区。大力发展跨境电商、数字贸易、保税加油、平行汽车进口等新业态，中欧班列开行 656 列，增长 2.4 倍。国际金融论坛、国际投资年会、中国生物产业大会、广州国际城市创新奖十周年庆祝大会等国际会议成功举办。

营商环境改革取得显著成效。截至 2022 年底，广州市场主体达 315.55 万户。实施营商环境 5.0 改革，50 项改革举措在全国复制推广，电子政务等 3 项指标代表国家向世界推介。《2022 年广东省营商环境评价报告》显示，在对全省 21 个地级以上市开展的营商环境评价中，广州与深圳位列第一档。根据全国工商联发布的《2022 年万家民企评营商环境报告》，广州位居最佳口碑城市第 3。

（五）城市治理水平提升，切实保障和改善民生

2022 年，广州加强农村生活污水治理、加强网络餐饮安全监管、扩大自动体外除颤器（AED）配置数量和覆盖范围、提升老年人优待服务水平等民生十件事全部如期完成，2023 年广州民生十件事亦经人大代表"票决"

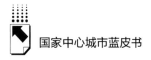

正式出炉。《瞭望东方周刊》和瞭望智库发布的"2022中国最具幸福感城市"调查结果显示，广州与成都、杭州、宁波、南京、青岛、沈阳、长沙、合肥、西宁共同被评为"2022中国最具幸福感城市"。

在城市治理方面，广州以"绣花功夫"推进城市治理，坚持党建引领城中村综合治理，完成15个旧厂房"工改工"微改造、49个老旧小区改造，治理违法建设2557.82万平方米。新建5G基站1.36万座，完成"新城建"项目42个，入选全国首批创建"新城建"产业与应用示范基地城市。在减污降碳方面，广州制定碳达峰碳中和工作政策，新开工绿色建筑超3000万平方米，广州碳排放权交易中心成交额居全国首位，新能源汽车产量增长超1倍。

总体上，以建设国家中心城市与粤港澳大湾区中心城市为牵引，广州城市发展能级、综合竞争力持续增强，在全球城市体系中的地位逐渐攀升，得到了诸多国际知名评级机构的认可。根据全球知名城市评级机构全球化与世界级城市研究小组（GaWC）基于175家高端生产性服务企业在全球经营网络情况对全球主要城市进行的评级，2016年广州在全球城市体系中位居第40，在国内仅次于香港（Alpha+）、北京（Alpha+）、上海（Alpha+）和台北（Alpha-），首次进入标志着世界一线城市的Alpha级别城市之列。2022年，广州的排名上升到第33位。全球知名管理咨询公司科尔尼从商业活动、信息交流、人力资本、文化体验、政治事务5个维度对全球主要城市综合实力进行排名，根据其发布的《2022全球城市指数报告》，广州城市综合实力位居全球主要城市第56，在国内仅次于北京、香港、上海和台北。在科尔尼基于居民幸福感、经济状况、创新和治理4个维度发布的《2022全球城市潜力排行榜》中，广州位居全球第26，排名跃升8位，在国内仅次于台北和深圳。香港中外城市竞争力研究院从城市经济实力、资源潜力、文化蕴力、科技动力、创新能力、开放张力、管理效力、民生保障8个维度对全球主要城市竞争力进行排名，在其发布的《2022GN全球城市竞争力评价指标体系》中，广州排在全球第23位，在国内排名仅次于香港、深圳、北京和上海。中国城市规划设计研究院基于生产和服务网络、创新网络、联通设施网络3个维度构建全球价值活力评价模型,在其发布的《"一带一路"倡议下的全球城市报告(2022)》中,广州的全球价值活力城市指数排在全球主要城市第13位,在国内排名仅次于上海、北京、深圳和香港(见表5)。

表5 广州在全球城市体系中的排名

评级机构及出处	排名
2022年全球化和世界城市研究小组(GaWC)《世界级城市名册》	33
2022年科尔尼《2022全球城市指数报告》	56
2022年科尔尼《2022全球城市潜力排行榜》	26
2022年香港中外城市竞争力研究院《2022GN全球城市竞争力评价指标体系》	23
2022年中国城市规划设计研究院《"一带一路"倡议下的全球城市报告(2022)》	13

数据来源:作者整理。

二 广州建设国家中心城市的经验与做法

立足城市历史文化底蕴和阶段演进特征,适应国内外新形势新要求,广州持续巩固国际综合交通枢纽、国际商贸中心、综合性门户城市优势,推动产业体系、创新能力和资源配置能力建设与提升,国家中心城市综合实力不断增强。具体而言,广州建设国家中心城市的主要经验如下。

(一)顺应城市发展规律与战略调整产业策略

回顾广州建城2230多年以来的发展史,可以发现广州产业发展策略呈现明显的阶段性特征。作为古代海上丝绸之路的起点和发祥地,广州曾在十九世纪中叶跻身世界第四大贸易中心,商贸流通业占据主导地位。新中国成立以来,广州开始从流通型城市迈向生产型城市,逐渐成为工业门类相对齐全、配套相对完善的工业生产型城市。在工业化进程中,广州又经历了从轻工业主导阶段向适度重型化阶段演变。进入工业化后期,发展重工业面临日益增大的资源环境压力,广州适时提出构建以现代服务业为主导的现代产业体系，明确重点发展现代服务业，提升中心城市集聚辐射和综合服务功能。整体而言，广州各个时期产业发展策略导向呈现明显的阶段特征，但基本上都遵循了产业发展一般规律，响应了城市发展战略目标定位，这也是广州能够稳定推进发展动能转换接续、保持持久发展活力的关键秘诀。

（二）实施现代服务业和先进制造业双轮驱动

进入新发展阶段，新一轮科技革命和产业变革加速演进，以新技术、新产业、新业态、新模式为代表的新经济不断涌现并持续冲击传统经济，创新作为发展第一动力的特征越来越突出，创新型城市的竞争力越来越强。面对这一新机遇新变化，广州明确提出打造先进制造业强市和现代服务业强市，《2022 年广州市政府工作报告》进一步强调"坚持产业第一、制造业立市"，对制造业发展的重视程度达到了新高度。在第三产业增加值占 GDP 的比重超过 70%即服务业经济高度发达的背景下，广州再度把发展先进制造业作为构建现代产业体系的重中之重，主要是要重组科教、人才等创新资源优势，进一步强化产业科技创新能力，面向未来致力在全球高新技术产业和战略性新兴产业发展中谋求竞争新优势，打好产业基础高级化和产业链现代化攻坚战，塑造动能更强、韧性更强的现代产业体系，支撑城市发展能级提升。

（三）促进数字经济与实体经济深度融合发展

进入 21 世纪以来，以大数据、人工智能、物联网、云计算等为代表的数字经济风起云涌，数据成为驱动经济发展的战略要素资源。在此背景下，广州明确提出推动城市全面数字化转型，打造数字经济引领型城市、数产融合的全球标杆城市，围绕推进数字经济发展进行了一系列战略顶层设计和政策配套体系构建。2022 年，广州正式制定出台国内城市第一部数字经济地方法规《广州市数字经济促进条例》，明确鼓励、引导和支持促进数字技术创新、数字基础设施、数字化产业、产业数字化、数据资源、数字治理、城市数字化转型等领域全面发展。通过系统谋划、强力推动，广州数字经济引擎功能全面凸显，数字经济发展水平稳居国内一线城市方阵，在政府层面已形成推进数字经济发展高度协同的机制，在社会层面已形成数字经济发展高度认同的氛围，在市场层面已形成企业数字化转型、数字企业发展高度活跃的态势，为现代产业体系建设注入了新动力。

（四）强化都市圈城市群合作共建与协同布局

20世纪90年代以来，全球化、区域化和信息化加速推进，城市的发展跨越了自身界限形成了城市区域。顺应这一趋势，广州围绕增强粤港澳大湾区核心引擎功能的战略目标，加快建设广州都市圈，积极推进广佛同城化、广清一体化、广深双城联动，把推动广州都市圈和粤港澳大湾区建设作为提升城市承载能力、增强城市功能、拓展城市空间的重要战略，促进城市进入新一轮建设和发展周期，进一步提升了现代产业体系的空间承载力和辐射影响力。以广佛同城化为例，自两市2009年正式签署战略合作协议以来，双方建立了"党政四人领导小组—市长联席会议—分管副市长工作协调会议—专责小组"多层次同城化协调机制，形成了广佛同城全球联合招商机制，携手在交界地区共建广佛高质量发展融合试验区，明确提出"广州服务+佛山制造""广州创新大脑+佛山转化中心"的产业协同发展模式。2021年，广佛惠超高清视频和智能家电集群、广佛深莞智能装备集群、深广高端医疗器械集群入选工业和信息化部先进制造业集群决赛优胜者榜单。

（五）提升全球网络连接和双循环链接能力

良好的连接和联系能力意味着更高的开放程度、更高的生产效率和更低的生产成本。无论是GaWC基于175家高端生产性服务企业在全球经营网络情况对世界城市的评价模型，还是中国城市规划设计研究院基于生产和服务网络、创新网络、联通设施网络3个维度构建的全球价值活力城市评价模型，都体现了对城市全球网络连接能力的高度重视。相对于其他机构发布的全球城市排行榜，广州在上述评价模型的评价结果中有更好的表现。事实

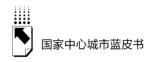

上，广州作为我国改革开放先行地，自古以来就通过发达的对外交通网络、国际贸易网络构筑起对外开放和综合性门户城市地位，在国内国际双循环中一直担当重要的战略支点作用。

三　广州建设国家中心城市的方向与重点

党的二十大明确指出高质量发展是全面建设社会主义现代化国家的首要任务，并对我国推进高质量发展做出一系列战略部署，包括加快构建新发展格局、高水平建设社会主义市场经济体制、建设现代化产业体系、全面推进乡村振兴、促进区域协调发展、推进高水平对外开放等。在新征程上，广州必须始终对标中国式现代化、对标高质量发展、对标先进城市、对标人民群众期待，奋勇担当国家中心城市的领头羊和火车头。

（一）“三驾马车”协同发力，打造“3万亿级”新广州

以固定资产投资、社会消费品零售总额、外贸进出口总额“三个一万亿”支撑广州地区生产总值突破3万亿元。在消费方面，以国际消费中心城市建设为牵引实施扩大内需战略，改善消费条件，创新消费场景，着力在传统消费、新型消费、服务消费、绿色消费、公共消费等领域寻找新增长点、培育新优势。多渠道增加城乡居民收入，增强日常消费能力，充分释放住房改善、新能源汽车、养老服务、教育医疗文化体育服务等消费潜力。在投资方面，重点是要聚焦基础设施互联互通、重大科技基础设施建设、现代化产业体系建设、城市品质提升、社会民生服务、重大战略性平台建设、广州都市圈建设等领域推动一批重大项目开工建设，不断夯实城市中长期发展基础条件，推动产业结构转型升级。拓展多元化投融资渠道，全面增强国有资本、民间资本、外商资本投资吸引力。在出口方面，以国际商贸中心、“一带一路”重要枢纽城市建设为牵引，推动外贸、外资、外包、外经、外智“五外联动”，持续优化贸易结构，提高出口附加值，扩大服务贸易，发展数字贸易，扩大先进技术、重要设备、能源资源等产品进口。强化港海铁

联运，推动中欧国际货运班列扩量增效，拓展国际陆海贸易新通道，打造贸易强市。

（二）坚持制造业当家，"竞标争先"增动力

在一线城市当中，深圳已经悄然成为我国第一大工业城市，重庆经济总量赶超广州，也主要制胜于工业，"追兵"苏州也在工业领域展现出优势。未来，广州能否不断提升国家中心城市地位和能级，很大程度上取决于制造业，重点是着力推动战略性新兴产业和先进制造业成链集群式发展，打造智能网联与新能源汽车、软件和信创、时尚产业、文化创意等8个万亿级产业链群，现代高端装备、超高清视频和新型显示、半导体和集成电路、生物医药及高端医疗器械、新能源等13个千亿级产业链群，以及一大批百亿级产业链群，加快形成"万千百"规模化产业链群梯队。提高产业链供应链韧性和安全水平，强化产业链协同创新，促进制造业领域自主创新和成果产业化应用。

（三）开辟数字经济新领域新赛道，引领现代化产业体系建设

全球数字经济发展浪潮奔涌向前，数字化已经成为决定城市竞争力的关键。与北京、上海、深圳等城市相比，广州数字经济核心产业规模还不够大，大型龙头企业和知名企业较少，中小型企业较多，原始创新能力还不够强。未来，应推动发展势头较好的头部企业加快成长为标杆企业，推动发展潜力较好的中小型企业加快成长为尖刀型企业，推动传统优势产业加快孕育数字经济优势产业，推动数字类平台、创新性平台和服务类平台等平台经济发展，加快促进数字经济核心产业与实体经济融合发展。集中力量构建新一代信息技术、人工智能等新的增长引擎，打造若干产值规模大、产业链长、生态完善的数字产业集群。

（四）强化战略科技力量，畅通"科研—科技—产业—金融"循环

应对国际科技竞争、实现高水平自立自强，推动构建新发展格局、实现

高质量发展，迫切需要科学规划布局前瞻引领型、战略导向型、应用支撑型重大科技基础设施，从源头和底层解决关键技术问题。作为千年商都，广州产业体系整体呈现"服务业比重高、制造业比重低""商业应用能力强、原始创新能力弱"等特征，并形成路径依赖，导致科技创新能力与城市发展地位不相匹配。综观全球科技产业发展前沿，人工智能、量子科技、纳米科技、深海空天等新赛道新领域极有可能成为下一个战略性科技力量和基础设施建设的关键领域。因此，广州应创造条件加快在这些领域争取布局一批国家级战略科技力量，抢抓未来科技产业机遇，培育城市中长期核心竞争力。支持高校和科研院所成为基础研究主力军，通过产学研资深度结合，使科技成果及时产业化，发挥金融对科技创新和产业振兴的支持作用，并为金融发展提供坚实的实体经济支持，不断畅通"科研—科技—产业—金融"循环。

（五）构建"一廊一带、双核五极"空间格局，优化多中心、网络化城市结构

高水平规划建设广州科技创新走廊，从北向南推动科技创新、现代产业关键节点和重大平台串珠成链，推动城市空间更好向湾区融合发展。高水平规划建设珠江高质量发展带，推动珠江沿岸基础设施、产业科技、要素资源共建共享和深度融合，打造广州推进环珠江口100公里黄金内湾建设的前沿地带。全面增强中心城区、南沙新区"双核"能级，中心城区重点通过城市有机更新释放发展新空间，增强总部经济、高端服务业发展能力，提升国际资源配置决策与控制能力，南沙新区重点通过增强粤港澳大湾区交通、科技、产业、门户、交往枢纽功能，高质量建设中国式现代化新城市标杆。根据广州城市地理空间形态特征，着力推进北部增长极、中新广州知识城、东部枢纽、番禺智造创新城、从化绿色发展示范区等重大平台建设，打造形成一批各有特色、功能突出的空间增长极，带动中心城区和外围城区、城镇地区和乡村地区更好协同发展。打造独具"世界水准、中国气派、湾区特色、岭南风韵"的城市发展标杆，建设成为高端资源要素集聚、重要功能作用叠加、引领辐射作用彰显的核心引擎城市。

（六）加快南沙开发开放，打造高水平制度型开放高地

举全市之力持续加大南沙的开放力度、投资强度和经济密度，集中力量建设先行启动区，努力把南沙建设成为立足湾区、协同港澳、面向世界的重大战略性平台，为高质量发展注入强大动能。推动南沙科学城建设，集聚国际一流科技创新人才团队，加快布局一批国家战略科技力量，增强原始创新策源地功能。通过深入实施"五乐"计划，打造港澳青年创新创业基地，有效吸引港澳青年参与粤港澳大湾区建设，使其更加了解和认同中国式现代化发展道路。依托南沙产业和市场基础，携手港澳不断深化对外经贸合作。通过深入实施"湾区通"工程，积极探索与港澳规则机制对接衔接典型经验，深入推进要素市场一体化和服务市场一体化，有效促进粤港澳大湾区人才、资金、技术和数据等要素更加便捷流动。

（七）启动营商环境6.0版改革，建设高标准市场体系

国际一流营商环境建设是宜居宜业功能的重要支撑，受到国内外城市竞争力评价机构的一致认同，在实践中也备受各大城市关注。但是，全面优化营商环境改革，必须高度重视以吸引全球人才、企业、资本等要素资源能力为结果导向和评价导向，如此才能更好地将营商环境优势转化为城市竞争力优势。因此，广州必须以企业和市民感受为第一标准，把优化营商环境融入抓项目、兴产业、促招商全过程。引领全国统一大市场建设，全面落实国家市场准入负面清单制度，深入实施新一轮国家市场准入效能评估试点、要素市场化配置综合改革试点，努力破除影响市场平等准入的各种壁垒。在简化流程上做"减法"，在优质服务上做"加法"，优化企业全生命周期服务，深化"一照通行"审批服务，推动"一照多址""一证多址"改革，实施市场主体"准入即准营"。完善企业登记数字化服务平台，强化数字赋能知识产权治理。加快推动《广州市民营经济促进条例》立法。

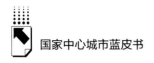

参考文献

中共中央宣传部、国家发展和改革委员会：《习近平经济思想学习纲要》，人民出版社，2022。

王昌林：《深入学习贯彻党的十九届五中全会精神 以推动高质量发展为主题》，《人民日报》2020年11月。

广州市人民政府：《广州市国民经济和社会发展第十四个五年规划和2035年远景目标纲要》，2021年4月。

赛迪顾问城市经济研究中心：《2022年中国城区经济高质量发展研究报告暨2022赛迪百强区》，2022年7月。

广州市人民政府：《2023年广州市政府工作报告》，2023年2月。

成都：超大城市阶段性特征
及高质量发展路径思考

杨继瑞　袁宇微*

摘　要： 在超大城市的新站位上，成都要正视其若干阶段性特征，在消费新阶段，针对城区人口高集聚特征，注重城市全要素的集成和国际消费中心城市生态圈的健全与完善，深入推进新型工业化，做好公园城市新示范，努力推动人均 GDP 增长，注重城市非核心功能疏解，实现高质量发展。

关键词： 成都　超大城市　国际消费中心城市

根据第七次全国人口普查数据，我国超大城市共有 7 个，分别是上海，北京，深圳，重庆，广州，成都，天津（按城区人口数量排序）。跻身超大城市方阵，是四川做强做优首位城市的硕果，更是城市发展顺理成章的"升级版"。在超大城市的新站位上，成都要正视其若干阶段性特征，在新发展阶段未雨绸缪、因势利导、继往开来，在高质量发展道路上续写成都作为超大城市的新篇章。

* 杨继瑞，博士，成都市社科联名誉主席，中国消费经济学会会长，中国区域经济学会副理事长，西南财经大学成渝经济区发展研究院院长，重庆工商大学成渝经济区城市群产业发展协同创新中心主任，研究方向为区域经济学、政治经济学；袁宇微，西南财经大学中国西部经济研究院硕士研究生，研究方向为农业经济学。

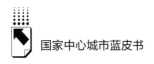
一 城区人口：高聚集晋升新层级

数据显示，2010~2020年成都常住人口增加了581.91万人，这一增量排在深圳、广州之后，位列全国第3。成都2022年全区域常住人口约2093.7万人，居全国第4位，在重庆、上海、北京之后；市区常住人口排在上海、北京、深圳、重庆、广州之后，位列全国第6，较第7位的天津多240万人。

成都中心城区常住人口约1541.94万人，比2010年第六次全国人口普查的989.39万人增加了552.55万人，占全市常住人口的比例高达73.64%，比2010年第六次全国人口普查时的65.45%增加8.19个百分点。

分地区看，成都2022年常住人口100万以上的地区有8个，其余都在100万以下，其中50万~100万的地区有11个；30万~50万的有3个，少于30万的有1个。成都常住人口排在前5位的区域依次是新都区、双流区、郫都区、成华区和龙泉驿区，合计占全市常住人口的34.2%。与2010年第六次全国人口普查数据相比，成都市常住人口增加的区域有21个，增量排在前5位的区域依次为新都区、双流区、成都高新区、郫都区、龙泉驿区，分别增加782763人、767291人、704116人、634866人、579007人。①

在不断向超大城市行列靠近的同时，常住人口与城区人口的可持续增长、人口区域分布均衡性等受到更多关注。就业与定居，是人们步入社会之后必须要考虑清楚的问题，在信息化时代，人口的增长速度在加快，流动范围在扩大，但亘古不变的是追求幸福生活的原动力。"工作与生活能够相得益彰"是每个人心中对现实与理想黄金分割点的最普遍认知。

因此，成都要按照《成渝地区双城经济圈建设规划纲要》的指引，加

---

① 成都市统计局成都市第七次全国人口普查领导小组办公室：《成都市第七次全国人口普查公报》，《成都日报》2021年5月27日。

大力度实施"大都市圈"新发展战略，以建设国际消费中心城市为目标，实施"住有所居、居有所安"环境再造工程，把成都打造成影响力巨大的重要经济中心、科技创新中心、改革开放新高地和高品质宜居之地。① 尤其是对于一些人口相对稀疏的地区，成都更要不断加大政策措施导向力度，促进常住人口和城区人口的合理分布，使其成为人口可持续净流入的"新磁场"。

在"双循环"大背景下，成都作为建设中的国际消费中心城市，产业之芯、现代之市、生态之美、国际之范和文化之城是其铸就国际消费之都的重要基础。成都要准确把握自身比较优势，吸引更多人口再流入。

成都建设国际消费中心城市，蕴含着"双循环"国家重大使命和内生动力激发的担当价值。成都应逆势而动，注重合理流动和高效聚集城市各要素，完善国际化消费生态圈，在城市能级、消费场景、消费业态、消费环境、服务领域等方面给予更多的技能人才支持，提升城市竞争力。

第一，成都应着力提升城市能级，从城市"芯片"——产业能级出发，完善资源配置机制，拓宽国际市场优质资本利用渠道，增强城市服务功能的国际化含量，进一步推动高质量发展。在国际消费中心城市建设进程中，成都要以智能化、数据化代替传统制造业，打造新时代先进制造业，注意规避过早"去工业化"导致的城市能级发展动力不足、"再工业化"所产生的低效与受损问题，关键在于通过"互联网+"将新一代信息技术与现代制造业、生产性服务业等融合创新，由单一生产制造延伸到供应链协同，把握与适应市场需求的多变，采用柔性生产模式提高产业核心竞争力，构建信息经济与知识经济相互融合的开放创新系统。

第二，成都应着力加强培育"成都制造"和"成都服务"消费供给基因，促进商业店铺与制造间的联动性，加大对百货商店、购物中心以及连锁

---

① 宋妍妍、赵荣昌、曹渐源：《唱好"双城记"联手打造内陆改革开放高地》，《成都日报》2020年10月18日。

企业原创性、自主性商品经营的鼓励，以提高自有商品比例，提升企业自主品牌经营能力，积极应对当前供需链条重组的挑战。特别是要重视成都本土消费品牌的发展，从供给端加大创新研发投入，以"品牌联想"理念，打造"成都休闲、成都消费、成都创造、成都服务"四大品牌，提升自主品牌品质，扩大自主品牌规模，拓展自主品牌细分领域新产品，塑造市场对"成都品质"的充分认知。成都 2022 年规模以上高技术服务业、科技服务业、战略性新兴服务业营业收入分别同比增长 13.0%、13.1%、12.1%。数字经济核心产业增加值占地区生产总值的比重提高到 12.8%，信息传输、软件和信息技术服务业增加值增长 6.8%，现代服务业发展势头良好。金融业增加值增长 8.5%，直接融资实现 3907.9 亿元，本外币存贷款余额双双超过 5.3 万亿元，在中西部城市中排名第 1，全球金融中心指数上升到第 34位，金融对实体经济的作用功不可没。

第三，成都应以"政府支持、协会引导、企业主导"为原则，加强政府、行业协会与金融机构间的合作，以政府力量重点扶持培育起一批又一批满足细分市场领域的本土化龙头品牌，打造起一批又一批极具当地特色、引领消费潮流、充满时代气息的原创性、自主性龙头品牌，为成都消费品品牌创新联盟的成立做出进一步的贡献。成都要抓住在蓉举办世界大学生运动会的契机，利用国际"双空港"、国际铁港等优势，加强与世界各大城市在通航、物流等方面的频密沟通，提升成都国际优质品牌的聚集力，打造"奥特莱斯"世界级品牌店集群，优化新供给，打造国际一流品牌。更重要的是，成都应重视本土品牌崛起，把握最佳时机举办"东南亚及南亚进口博览会"，让更多既富有文化传承、又极具创新发展的优质本土化品牌得以展示，并加强对这一类本土化龙头品牌的培育，让品牌展示展销集聚区更显中国鲜明特色，形成独具中国特色的国际消费品有效供给的"成都能级"。

第四，成都要着力进一步打造极具深度和广度的消费场景，培育形成四大国际顶级商圈和一批国家级示范商圈，即"春熙路-盐市口""天府新区""空港新城""东部新区"，打造历史有根、文化有脉、商业有魂、运营有道、品牌有名的特色商业街区，① 特别是富有传统历史文化、川菜美食文化、时尚文化、休闲文化等特色文化的商业街，使新兴商业圈焕发出勃勃生机。宽窄巷子、文殊院等充分展现天府文化特色的商业街是极具本土特色消费场景的重要体现。除此之外，成都消费场景还应该走向国际化，打造展现各国特色文化的国际风情商业街，从商贸、旅游、文化、餐饮、康养五个层面形成千亿级消费市场。同时在地铁、空铁、智轨、轻轨、有轨电车等轨道交通上下足功夫，增强商圈交通可达度，形成商圈聚合力与疏散力，注重各交通枢纽的优化建设，如立体停车场的建设、地铁枢纽上方消费场景的规划与建设等，进一步优化商业消费与交通枢纽多维发展的消费场景，并强调不仅要着力完善 15 分钟公共消费圈，还要着力重构 5 分钟"家门口"的城乡社区消费新场景。

第五，成都要着力打造新型公园绿道消费场景，将"千座城市公园"以绿道为纽带串联起来，充分利用本地资源环境，使两者相互融合，赋予绿道消费、休闲、文化、体育等功能，展现主题鲜明、服务便利、环境宜人的消费新场景。在国际前沿消费趋势引领下，充分了解与明确绿道体系承载功能与目标消费群体特点，充分利用国内外两种资源，吸引更多名家名人名企名品入驻公园和绿道消费场景，引领公园绿道新消费风尚，促使绿道与公园的消费场景功能升级，使其成为享誉国际的"休闲和健康消费新场所"，从而推动成都成为国际消费中心。

第六，成都应着力丰富和完善消费业态。随着时代的不断发展，人们的消费模式与以往大不相同，由过去的推崇"勤俭节约"向现在的追求"快乐至上"转变，消费结构也逐渐向娱乐、休闲、文化、旅游等精神层面消费倾斜，新型消费业态应运而生。因此，观察和发现生活消费的短板至关重要，积极发展楼宇经济、时尚经济、创意经济、假日经济、绿色经济、名店经济、会展经济、夜间经济、共享经济、流量经济等，找准新时代消费群体的多样化需求并进行创新拓展，满足消费群体个性化、数字化、社群化、定

---

① 盛毅：《六力并举加快建设国家中心城市》，《先锋》2016 年第 10 期。

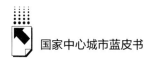

制化、场景化等的新需求，重视与之对应的零售新业态，通过不断钻研与探索零售新技术、新形式，构建融合发展新模式，形成线上与线下结合、商品与服务结合、零售与体验结合的全新发展格局。

第七，成都应着力深挖蕴含在"天府文化"中的元素，借助广告植入的方式将其融入创意性产品与服务之中，培养高品质消费。在创业经济方面，中西文化的有机融合与现代化智能技术的灵活应用相结合是时代所需，产品或服务的产出既要注重阳春白雪，又要体现下里巴人的情怀。积极促进成都"农家乐"的提质升级，鼓励发展品牌店、知名便利连锁店、社区店、电商体验店等。此外，成都的消费升级潜力还在夜间经济的增长中有所显现。① 通过出台繁荣夜间经济、促进消费升级的资金、财税以及水电气优惠政策，打造"夜市街区"等热门区域，并通过鼓励街区及周边日常生活店改善营业时间、延长周末地铁营运时间等，为消费群体提供生活便利，以延长拓展成都的消费潜力。

第八，成都应着力推进各项新兴业态与科技创新的融合发展，以深化供给侧结构性改革为主线，满足人民的美好生活需要。围绕产业变革趋势和消费升级需求，积极发展智慧服务、体验服务、定制服务、共享服务、绿色服务、跨境服务六种新业态，优化升级供给端，以创造"新需求"；围绕生活性服务业的特色优势和短板弱项，在商业零售、文化服务、旅游休闲、餐饮服务、医疗健康服务、养老服务、教育服务、体育服务、居民和家庭服务、婴幼儿照护服务等领域形成新产业和新业态。

第九，成都应着力优化消费环境。为推进国际消费中心城市建设，成都既要关注产品或服务的质量，还要时刻关注产品或服务售后问题的处理与消费者诉求的回应，不仅要建设良好的经营环境，还要注重进一步提升消费环境。最重要的是重视人才对消费环境的积极作用，进一步促进各类机构与人才的汇聚，促使更多的海内外名校落地成都，增加成都人口的净

---

① 朱春临：《上海国际消费城市建设及打响"上海购物"品牌难点研究》，《科学发展》2019年第4期。

流入，提升消费人气的同时营造更具文化、科技力量的消费市场。此外，成都还需要建立健全相应的应对假冒伪劣商品和服务问题的管理机制，以保障消费者权益为首要任务，在制定消费纠纷解决方案、普及消费市场相关法律知识、避免消费者落入消费"陷阱"等方面，进一步推进区域消费纠纷协作平台建设。通过绿色通道化解消费纠纷，积极发挥小额消费纠纷快速化解机制的作用。

第十，成都应着力加大开放程度与国际化力度。建设国际消费中心城市，需要进一步提高服务业开放水平，分门别类地推动重点行业的标准制定，逐步与国际化服务行业标准接轨，其中包括中外文标识的商品与服务、外语接待与服务、外语网站、重点景区及窗口行业的多语种服务等，注重国际服务专业机构培育，以外国人的思维逻辑演绎好"成都故事"，以宜居、宜业、宜游、宜养、宜学和安全的优势，吸引境外人员到成都学习、创业、旅游等。成都还应探索创新内陆自贸港和自由贸易试验区制度安排，争取到更大范围的消费品关税减免税目录，实施更加便利快捷的免税购物、离境退税等政策，吸引集聚更多的境外消费，形成吸引国内外人口来蓉安居的新格局。

人民城市人民建，人民城市为人民。加快城市建设的目的在于提高人民收入、提升人民生活水平，让民生获得实实在在的红利是"城富"与"百姓富"密切关系的重要体现。成都 2022 年城镇新增就业 25.3 万人，城镇登记失业率为 2.0%。居民收入稳定增长，城镇居民人均可支配收入 54897 元，比上年增长 4.3%；农村居民人均可支配收入 30931 元，同比增长 6.2%；城乡居民收入比缩小到 1.78∶1。成都在全国幸福城市的榜单上，已经足足霸榜 14 年，2021 年成都 GDP 迈上了 2 万亿元的新台阶，"幸福第一城"的名头显得更有质感，更有底气。[①]

---

① 清华大学国情研究院、成都高质量发展研究院联合课题组：《示范超大城市转型发展 探索新发展理念践行新路》，《先锋》2022 年第 3 期。

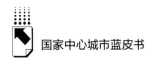

二 城市发展：步入新型工业化新进程

新型工业化是信息化赋能的工业化，知识化、信息化、全球化、生态化是新型工业化的本质特征。以信息化赋能的工业化是城市高质量增长的"芯片"。成都产业效益稳中有升，三产增加值分别增长3.8%、5.5%和1.5%。尤其是成都服务业十分发达，预计未来在经济总量中所占比重将达到70%左右。从发展水平看，成都的服务业已接近于中等发达国家水平。

同时，我们应该清醒地看到，2022年成都的第二产业占比仅为三成左右，还有足够大的提升空间。晋升为超级城市阶段的成都，虽然GDP总量已经稳定在全国前10名，但其规模以上工业产值距离前10名仍有一定差距，规模以上工业企业的门槛也早在10年前调整到年主营业务收入2000多万元。①

近年来，成都在制造业强市战略的推动下，96个先进制造业重大项目落地，制造业单项冠军企业达到10家，电气机械装备制造业增加值增长56.3%。全市规模以上工业企业达到4117家，增加值增速达到11.3%的龙头企业达到35户，为全市工业增长做出了突出贡献。

成都在2022年成功获批国家知识产权强市建设示范城市，城市创新指数跃居全球第29位②。成都科创板累计上市企业17家（已过会），培育国家级"专精特新"小巨人企业202家，获国家级高新技术评定企业10000余家。据悉，2022年成都全市的软件产业主营业务收入超5000亿元，近几年的增速都维持在了两位数。成都的信息产业规模已经突破了万亿元。在新发展阶段，成都的规模以上工业不仅要重数量，关键还要增加"含金量"。目前，成都的信息、软件等新兴产业发展态势良好，已成为具有较强竞争力的核心产业。

---

① 刘文全：《"规模以上企业"是什么企业》，《四川统一战线》2013年第9期。
② 蔡宇：《三驾马车发力 千亿级区压舱》，《成都日报》2023年2月4日。

事实上，超大城市的高质量发展，必须有赖于更强大的"产业发动机"的推进。在"两个大局"交织、"两个百年"交汇的新发展阶段，成都要承担起新发展格局中"国内大循环"的重任，在卡脖子技术解决上占有一席之地，先进制造业的智能化和数字化还须加力和给力。

成都要继续围绕"十四五"期间工作重点，在信息、软件、新能源汽车、航空航天等诸多产业领域，形成"新极化"和新态势。同时，成都要深化"服务业再造工程"，实现服务业由面向区域到面向全球、由服务中心到服务枢纽、由劳动力和资源密集型到资本和知识密集型转变，积极向建设国际消费中心城市行列靠拢。此外，成都还要实施高标准、高质量、高效率推进都市现代农业发展的"三高都市农业工程"，在提供"无公害、绿色、有机"农产品的同时，走"农创、农旅、农养"一体化的发展路子，打造现代农业典范区。这样，才能避免超大城市"经济虚拟化"和"产业空心化"带来的问题，才能避免出现"大而不强"和"增速递减"的困境。①

三 城市格局：形成公园城市新示范

成都是公园城市的"首提地"，是中国特色公园城市建设的"发源地"。从逻辑来看，建设践行新发展理念的公园城市示范区，要坚定新时期现代化城市的发展方向，用极具创新精神的方式，重新诠释新发展理念的城市表达方式，以新发展理念为核心和灵魂，以示范区为标尺和责任，以"五位一体"为公园城市的形态特征，更好地完成党中央交给成都的重大战略任务和时代重任。

明确支持成都成为"践行新型发展理念的公园型城市示范区"，是中央财经委员会 2020 年 1 月第六次会议提出的。2020 年 10 月中央政治局会议再

---

① 《成都市委工作会议召开要求以省会城市担当拼经济搞建设抓发展全力以赴落实全年工作任务》，《产城》2022 年第 7 期。

次强调，要把成都打造成引领中心城市的重要增长极和新的动力源，带动全国各地区高质量发展。四川省委、省政府也相应出台《关于支持成都打造园区城市示范区践行新发展理念的意见》。近年来，成都加快实施标志性重大项目，推动实现城市能级整体提升、发展方式整体转变、治理体系整体完善、生活品质整体提升，自觉承担起建设公园城市的政治责任，系统探索公园城市的实践路径。[①]

为打造公园城市示范区，创建幸福美好生活，成都要始终坚持以新发展理念为引领，始终把新发展理念作为城市发展的战略优势，以最强的科技创新动力引擎，打造好、维护好成都公园城市的形象标识，倍加珍惜公园城示范区建设这一重大时代机遇，以创造幸福美好生活为根本价值依托，努力在社会主义现代化城市建设和共同富裕道路上走在前列、做出示范，使成都成为满足人民日益增长美好生活需要的"美誉地""幸福地""安全地"。[②]

四 人均GDP：增速呈现新轨迹

成都2022年GDP实现新突破，全市GDP达20817.5亿元，首破2万亿元大关。通常情况下，财政增收会受到城市GDP增长的拉动；财政收入增长了，才能有更多的资金用于教育、科研、军事、医疗卫生等领域，而教育、科研、军事等领域投入的增加，带来的是这些领域产出的增加，进而增加整体实力。

2001~2019年，成都的人均GDP逐年增加，2019年达到103386元。2020年人均GDP下降至84616元。2022年人均GDP达9.82万元，未能突破10万元，在新一线城市中排名靠后，而四川省攀枝花市人均GDP达10.08万元，首次超过省会城市成都。

① 缪梦羽等：《建设公园城市示范区创造幸福美好生活》，《成都日报》2021年7月24日。
② 《中共成都市委十三届九次全会举行》，《成都日报》2021年7月24日。

因此，进入超大城市的成都，要敞开怀抱扩大开放，大刀阔斧推进创新，披荆斩棘深化改革，把积极融入"双循环"新发展格局的"普通话"翻译成具有成都辨识度、致力于走在全国前列的"成都话"，让成都的磁性得到释放，成都的价值得到升华。抓住打造成渝地区双城经济圈的新机遇，加快促进成都成为国际消费目的地、内陆开放高地；招大引强，加快促进成都成为内资、外资云集之地；凭借超大规模的人力资源优势，加快促进成都成为资源配置方面的"优势之地"。

五　城市治理范式：升格为现代化新版本

步入超大城市行列，成都常住人口和市场主体的快速增长，加剧了城市治理的复合性和庞杂性，外部环境的不确定性带来的风险挑战或将超越传统认知和既有经验，社会系统的多元性和异质性加大了城市治理的难度。

一是超大城市人口多，有可能对周边城市造成更大的虹吸效应，导致周边城市出现资源的闲置与低效利用，以及房地产市场"冰火两重天"等现象。

二是周边小城镇和农村缺乏必要的人口支撑，资源利用缺乏有效竞争机制，造成资源受到少数资本恶意占用和垄断，不利于和谐稳定和共同富裕。

三是超大城市的资源虽然可能被高效利用，但公共资源、共用设施等仍然无法满足所有市民的需求，甚至可能产生需求缺口。这样，政府势必不断补贴和扩建，最终会导致人口净流入越多，政府投入越多，其缺口可能越大，进而引致政府再继续投入的恶性循环。

四是超大城市为满足越来越多的人口居住需求，将会扩大城市空间规模，而市民的居住和生产生活以平原为核心，这样就可能挤占适宜农业利用的土地，从而影响公园城市的田园生态。

五是超大城市的危机处置难度将增加，交通堵塞、物资运转缓慢等问题

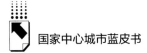

有可能诱发"城市病"。一旦发生重大突发事件、重大自然灾害,其疏散、转移和处置将变得举步维艰。

面对这一系列挑战,跃升超大城市的成都要深入贯彻四川省委提出的"一干多支"发展战略,既要"新极化"更要"强辐射",注重疏解城市非核心功能,把产业链供应链的某些环节和分链延伸至"多支",在创新实践的基础上率先突破,升级城市治理的新模式,重点深入研究智能化、科学化和精细化发展模式,为超大城市的社会治理找到适合的道路。

成都要建设好践行新发展理念的公园城市示范区,构建公园形态与城市空间融合格局。① 强化城市功能导向,以满足公共服务需求为目标统筹基本功能,以服务城市发展战略为导向提升核心功能,以突出区域比较优势为重点培育特色功能,以创新城市规划理念为指导科学编制城市国土空间规划,优化生产、生活和生态空间比例。注重提升中心城区、城市新区、郊区新城(卫星城)核心竞争力,促进实现城市均衡发展与优质发展相统一、公共服务供给结构与人口分布相匹配、产业升级需求与产业空间承载能力相适应,推动城市内涵发展、区域差异发展及城乡一体发展。促进各区域基本功能就近满足、核心功能相互支撑、特色功能凸显,加快形成多中心、网络化、组团式的功能结构,真正实现生产空间利用高效、生活空间宜居舒适、生态空间山明水秀。

成都要在创建全国文明典范城市上下功夫。② 全国文明典范城市是城市综合实力、形象魅力、发展活力、治理能力的鲜明体现。这与党中央赋予成都建设践行新发展理念公园城市示范区的使命内涵高度契合,与新发展阶段市民对美好生活的向往高度契合。因此,成都市要以争创全国文明典范城市为抓手,在提升市民基本素质素养上下功夫,把"创城"与"育人"有机结合;以优化城市治理水平为重点,大力整治市容市貌,加大生态环境建设力度,有效维护城市安全稳定;着力推进智慧城市建设,着力整合大数据系

---

① 钟文:《山水人城 塑优美形态》,《成都日报》2022 年 3 月 18 日。
② 仝威帆:《争创全国文明典范城市成都全力以赴》,《先锋》2021 年第 10 期。

统，不断提升城市管理的科学化、精准化和智能化水平。除了要进一步补齐超大城市基础设施的短板，还要在党委领导城市工作的体制机制上加以创新，充分发挥市区（县）两级党委和城镇（乡）社区发展治理委员会的主导与整合作用，统筹党政部门的职能、资源、政策、项目、服务等方面，强调城市治理应当下到基层一线，通过体制机制创新防控和化解超大城市可能出现的"城市病"风险。

成都应在出台重点领域改革配套文件和指导性实施规定的同时，进一步健全制度体系，编制完善社区发展治理总体规划，加快制定社区发展治理条例，制定城乡社区发展治理重要文件，形成城市治理制度设计升级版。

成都应在一定程度上实现基层权责对称，完善城市治理协同机制，加大市县两级在资金、政策、人才等方面向基层倾斜的力度；同时，建立重点工作推进机制，做到一月一推进、两月一调度、一季一督导、半年一拉练，探索建立"社区发现、街道呼叫、集中派单、协同整治"的社会治理协同机制，提高人民群众的获得感、幸福感、安全感，形成超大城市社区治理改革的新型经典范本。

参考文献

成都市统计局成都市第七次全国人口普查领导小组办公室：《成都市第七次全国人口普查公报》，《成都日报》2021年5月27日。

宋妍妍、赵荣昌、曹溆源：《唱好"双城记"联手打造内陆改革开放高地》，《成都日报》2020年10月18日。

盛毅：《六力并举加快建设国家中心城市》，《先锋》2016年第10期。

朱春临：《上海国际消费城市建设及打响"上海购物"品牌难点研究》，《科学发展》2019年第4期。

清华大学国情研究院、成都高质量发展研究院联合课题组：《示范超大城市转型发展 探索新发展理念践行新路》，《先锋》2022年第3期。

刘文全：《"规模以上企业"是什么企业》，《四川统一战线》2013年第9期。

蔡宇：《三驾马车发力 千亿级区压舱》，《成都日报》2023年2月4日。

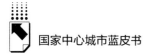

《成都市委工作会议召开要求以省会城市担当拼经济搞建设抓发展全力以赴落实全年工作任务》，《产城》2022年第7期。

缪梦羽等：《建设公园城市示范区创造幸福美好生活》，《成都日报》2021年7月24日。

《中共成都市委十三届九次全会举行》，《成都日报》2021年7月24日。

钟文：《山水人城 塑优美形态》，《成都日报》2022年3月18日。

全威帆：《争创全国文明典范城市成都全力以赴》，《先锋》2021年第10期。

B.8

扩大内需战略下武汉市经济发展研究

秦尊文 黄玥*

摘 要: 近年来,国家坚定实施扩大内需战略,着力培育完整内需体系,构建以国内大循环为主体、国内国际双循环相互促进的新发展格局。武汉作为地处内陆的国家中心城市,2022年重振消费稳投资保内需,区域协调发展促内需,产业结构优化促内需,完善市场体系促内需,高水平开放促内需,多措并举,卓有成效。武汉应克难制胜,要在充分发挥中枢优势、从人才培养转向人才发展、培育最优消费环境、推动长江中游城市群协同发展、优化进出口结构等方面下大力、出实招,真正在建设全国构建新发展格局先行区中当先锋、打头阵。

关键词: 扩大内需 武汉 经济增长

自2020年中央提出"加快形成以国内大循环为主体、国内国际双循环相互促进的新发展格局"后,基于"双循环"的新发展格局被不断强调。推动国内大循环需要形成强大的国内市场,坚定实施扩大内需战略是新发展格局下的必然选择。从《中华人民共和国国民经济和社会发展第十四个五年规划和2035年远景目标纲要》到《扩大内需战略规划纲要(2022—2035年)》及《"十四五"扩大内需战略实施方案》,国家从培育完整内需体

---

* 秦尊文,中国区域经济学会副会长,湖北省社会科学院研究员,研究方向为区域经济、城市经济;黄玥,湖北省社会科学院长江流域经济研究所硕士研究生,研究方向为区域经济、城市经济。

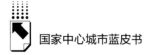

系、加强需求侧管理、创新驱动、高水平对外开放等方面提出了期望和要求。我国经济目前仍面临"三重压力",2022年12月中央经济工作会议指出,"要更好统筹供给侧结构性改革和扩大内需","把恢复和扩大消费摆在优先位置"。湖北省委提出,努力建设全国构建新发展格局先行区;武汉市委提出,要在建设全国构建新发展格局先行区中当先锋、打头阵。在此背景下,武汉作为国家中心城市,应当积极响应号召,立足新发展阶段,贯彻新发展理念,融入新发展格局,勇于挑战困难,善于抓住机遇。武汉位于华中腹地,是长江经济带核心城市,上承成渝经济圈,下接长三角城市群,辐射范围广阔。其建成区面积和常住人口均位于我国省会城市前列,在扩大内需上有充分的优势和潜力。面对扩大内需战略,要立足供给侧结构性改革和扩大消费理念,发展内需规模,优化内需结构,提高内需发展效率,以融入新发展格局、畅通内外双循环。

一 武汉的内需现状及其措施

2022年是重要而曲折的一年,面对经济增长放缓的态势,武汉市仍然提出了稳健的增长目标,在政府和全体人民的努力下,武汉市地区生产总值增长4%,成功获批建设具有全国影响力的科技创新中心,获评全国健康城市建设样板市,在经济、科研创新及城市建设等方面取得了显著进步。武汉市积极响应"十四五"规划,在扩大内需方面,提出要全力以赴提振消费、提升外贸、做强枢纽,分别从消费、投资、外贸等各方面出台政策和办法,内需水平得到恢复和提升,为进一步实施扩大内需战略打下了坚实基础。

(一)武汉"扩内需"工作卓有成效

2022年武汉市总体经济运行稳中向好,地区生产总值达到18866.43亿元,在经历了疫情冲击,时隔两年后,排名重新回归全国第8,GDP增速为全国GDP十强城市之首。武汉市的内需水平也随之提升。消费市场稳步复苏,实现社会消费品零售总额6936.2亿元;有效投资持续扩大,前三季度投资增长 15.5%，在全国 15 个副省级城市中位列第 1；对外贸易有序增长，全市进出口总额达到 3532.2 亿元，增长 5.3%；民生事业实现进步，城乡居民人均可支配收入分别增长 5.7% 和 7.7%。

多措并举激活消费市场。武汉以建设国际消费中心城市为目标，消费端政策支持力度强劲，积极培育新消费场景和新业态。武汉市拥有良好的消费环境，核心商业面积在"准一线城市"中位居第 2，通过新建商业综合体与改造老旧商圈，大力发展"首店经济"，使武汉市的消费体验处在潮流一线。2022 年，武汉新开业购物中心和商业街区共计 16 个，在中部地区处于领先地位。在消费提振上，武汉市发放多轮消费券，从年中的三轮"惠购湖北"消费券到年末的"惠动湖北""乐购武汉"消费券，涉及零售、餐饮、住宿、体育等多方面，不仅惠及武汉市民，也吸引了全国各地的游客，带动了旅游业的发展。以国庆"黄金周"为例，消费券发放带动客流，在楚河汉街举办的"荆楚购"系列活动，累计吸引游客 50.25 万人次，拉动消费 7300 万元；武汉光谷步行街商圈游人如织，在前 3 天总客流达到 146 万。除了线下消费，武汉市推动线上线下消费融合发展，促进传统行业与互联网相结合，打造"互联网+"模式，培育直播电商、垂直电商、跨境电商等消费新模式。塑造城市 IP，突出城市消费品质，打响"夜江城""花漾江城"等品牌。

有效投资稳步增长。武汉市第一、二、三产业投资增长显著，同比分别增长 35.5%、24.1% 和 12.9%。在投资主体上，发挥市场机制优势，在宏观经济下行压力加大的情况下，通过"稳民营"来"稳投资"，近两年新登记民营企业远多于注销民营企业数量，2022 年民间投资增长 1%，在全市投资中占 45%。政府投资计划安排项目 145 个，预算 149.1 亿元，基础设施投资增长 10.8%，比上年加快 6.9 个百分点。加大招商引资力度，签约 1 亿元以上产业项目 825 个，同比增长 55.66%，固定资产投资增长 10.8%。引进新兴科技产业项目落地武汉，如光迅科技高端光电子器件产业基地、中创新航武汉动力电池及储能电池三四期项目和比亚迪动力电池产业项目等。在吸引国内企业进驻的同时，开展海外招商活动，出台《武汉市深化对欧招商实

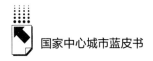

施方案》，举办武汉欧资企业合作恳谈会，并进行海外招商"早春行动"计划安排，前往欧洲国家拓展招商渠道。进一步优化外资结构，高技术制造业利用外资同比增长 98.58%。

（二）重振消费稳投资促内需

消费和投资对扩大内需分别起着基础作用和关键作用，武汉市从这两方面入手，制定了一系列方法措施。

面对受到疫情冲击的消费市场，出台《武汉市加快消费恢复提振若干措施》（以下简称《消费提振若干措施》），分批次投放 3.5 亿元电子消费券，对企业促销活动、旅游民宿及品牌连锁便利店给予补贴，鼓励大宗商品消费，加大个人的住房贷款投放力度，稳定住房市场。建设、改造商业综合体，全球面积最大的纯商业综合体"武商梦时代"顺利开业，由原鲁巷广场改造的"中商世界里"在十二月正式亮相。这些新兴的商业综合体提升了区域的经济活力与城市商业格局，吸引更多的消费者驻足武汉。持续打造"首店经济"，提升城市商业档次，引领消费潮流，2022 年引进品牌首店351 家，同比增幅达 15.1%。助力出行消费，对汽车消费制定鼓励政策，发布《武汉市促进新能源汽车消费工作方案》，加大新能源汽车消费支持力度，同步建设新能源充电桩及换电站，为出行消费扫清续航障碍。策划假期特色文旅主题活动，培育"长江夜游""东湖夜游"等项目，在旅游高峰期发放文旅惠民消费券，推出超过 100 项主题文旅活动。加强建设体育消费集聚区，加强"12 分钟体育健身圈"建设。在新型消费领域，对电子商务示范基地及企业予以一次性资金支持，引导实体商业企业发展社群营销、直播带货、"云逛街"等新业态。在 2022 年"新型信息消费示范项目"申报中，武汉市共有 9 个项目成功入围新型消费产品与服务类项目。武汉市的消费提振措施涉及多个消费领域，构成了一张坚实的网络，承托消费市场蓬勃发展。

在投资端，武汉市多轮驱动。利用国家级产业基地优势，发挥各种会展平台功能吸引投资。举办第 22 届华侨华人创业发展洽谈会，共签约项目

193 个，总金额约 1610.8 亿元，均比往年有较大幅度增长；举办 2022 中国汽车供应链大会暨首届中国新能源智能网联汽车生态大会，签约项目达 56 个，共计签约金额 1120.23 亿元；举办第四届世界大健康博览会，仅在开幕式上就有 24 个优选项目现场签约，金额达到 443.75 亿元；举办"中国光谷"国际光电子信息产业博览会，吸引华为、长飞、锐科、索雷博、飞博激光、安扬激光、爱科斯福通等 40 多家企业入驻；举办武汉（汉口北）商品交易会、全球数字贸易大会，吸引一批特色新型消费品供应链落户武汉国际贸易城，有效促进优势产业集群发展。武汉各区找准区域产业定位，按市场需求与自身优势展开招商。以江汉区为例，2022 年上半年该区的 120 家规上文化企业营收同比增长 17.6%，聚集以剧本、音乐、网络等文化内容为生产主题的创作企业，打造文化产业高地。武汉市在引进优质项目的同时，也在加强城市基础设施建设。在 2022 年前三季度有超过 150 个基础设施项目开工，如京港澳高速公路鄂豫界至军山段改扩建工程、龙阳湖南路工程、南湖片区水环境综合改造工程、协和医院国家区域重大疫情防控救治基地、国家华中区域应急救援中心项目、阳逻新城体育中心以及武汉东湖学院校园扩建工程等。项目涵盖交通、医疗、教育、文化体育、城乡融合等多个方面，为城市的民生保障提供了有力支撑。

（三）区域协调发展促内需

区域协调发展有利于带动区域整体经济增长，提升边际效益，增强地区内需水平。《"十四五"扩大内需战略实施方案》强调"要培育城市群和都市圈。依托辐射带动能力较强的中心城市，提高通勤圈协同发展水平，鼓励都市圈社保和落户积分互认、教育和医疗资源共享，培育发展一批同城化程度高的现代化都市圈"。武汉市作为国家中心城市，需要将自身影响辐射至周边各市，推动城市群协同发展，形成多点支撑、多级发力的格局。2022 年《武汉都市圈发展规划》获国家发改委批复同意，成为第 7 个获批的国家级都市圈发展规划。武汉都市圈建设致力于消除区域障碍，开展政务服务事项"跨城通办"、住房消费"互认互贷"、医疗服务"跨城共享"、就业

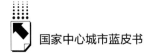
岗位"跨城同招"、生态保护"跨城共抓"、旅游景点"跨城通赏",推动都市圈内9个城市资源互联互通及劳动力自由流动。在解决制度阻碍的同时注重物理链接,推进武汉都市圈交通设施投资,启动武重高速(武汉至汉川段)施工,建设武汉"1小时经济圈",在促进都市圈融合发展的同时提升了武汉市的经济承载力及辐射力。

除了解决区域间城市协调问题,武汉市还积极推进城乡一体化及农村现代化。在加强农村消费方面制定《加快推进"快递进村"工程促进农村寄递物流体系建设实施方案》,完善乡村与城市间商品流转的通道,聚焦农产品进城"最初一公里"和消费品下乡"最后一公里"。提出以人口聚集的乡镇为重点,支持升级改造一批商贸中心、集贸市场;引导农村传统流通企业从零售批发转向综合性服务,整合购物、家政、职介、租赁等服务,提高乡村生活服务质量和便捷度。

(四)产业结构优化促内需

扩大内需要从供给侧发力,提升国内产品供给质量,让农业、工业和服务业产出的产品及服务满足国内需求,让产业结构升级成果惠及更多群众。在传统产业领域,武汉市支持绿色农业发展,在《武汉长江经济带降碳减污扩绿增长十大行动实施方案》中提出,要健全生态产品经营开发机制,发展循环农业,打造都市田园综合体。鼓励农业与现代科技相结合,发展智慧农业,举办"乡村振兴大讲堂"活动,帮助优质农产品拓宽销路,走向电商销售。在经开区打造高科技农业示范引领区,协同高等学校及科研机构,推进产学研融合发展,打造科研成果转化平台。在制造业升级方面推出《东湖高新区关于推动制造业高质量发展的若干政策》,对工业企业的设备投资、改造投资及研发给予补贴。鼓励重点产业链企业协作配套,对符合条件的智能制造系统解决方案供应商和服务能力强的行业协会给予资金奖励。武汉市有良好的产业基础,集成电路、新型显示器件、新一代信息网络和生物医药4个产业集群入选国家首批战略性新兴产业集群,2022年,光电子信息集群入选国家先进制造业集群,制造业发展前景光明。

聚焦现代产业集群进行投资建设，其中包括现代金融、绿色环保、文化旅游、数字创意及五个未来产业等新兴产业。在新兴产业建设上，发布《武汉市加快促进软件和信息技术服务业创新发展实施方案（2022—2025年）》，提出到2025年，武汉软件业务收入突破4000亿元。在数字产业化方面，推动工业互联网标识解析顶级节点发展，武汉顶级节点全年累计介入企业节点约7000家，为这些中部企业进行"智脑"赋能。武汉市坚持将创新驱动作为主导战略，推进科技创新成果转化，在2022年顺利设成10家科技成果转化中心，开放198个中试平台。

（五）完善市场体系促内需

健全的现代化市场体系能够激发内需增长活力，健康的市场环境需要政府的正确引导。面临经济环境压力和市场主体困难，武汉市政府发布《武汉市加大纾困帮扶力度促进市场主体恢复发展若干措施》，对小微企业和个体工商户进行"六税两费"减免政策，对生产经营困难企业的职工住房公积金贷款政策予以调整。出台《关于政府采购支持中小企业发展有关事项的通知》，对中小企业施行12项支持措施，扶持中小企业发展。在促进青年创业方面，设立"青创贷"，针对青年自主创业和扩大生产经营规模过程中流动资金不足的问题提供贴息贷款服务。

全面改善营商环境，优化政务流程。2022年武汉市落实"210"标准，即做到将企业开办环节减至2个，开办时限缩至1个工作日内，开办成本实现"0收费"。建立良好交易环境，鼓励大型商品交易市场优化升级，对获得认可的供应链示范企业、特色商业街和"一刻钟便民生活圈"试点给予不同金额的一次性奖励。加快发展冷链物流，新（改、扩）建农产品仓储保鲜冷链物流设施30个以上。解决企业外部问题，以优良的交易环境吸引企业设立、进驻。

加强消费者权益保护，打造安心消费环境。针对2022年疫情反复情况，武汉市支持企业加大防控投入，对餐饮、零售、住宿及电子商务企业的防疫消杀予以补贴，建立"白名单"制度以保障物流畅通。针对网络餐饮食品安全问题，召开再部署工作会议，开展网络餐饮食品安全问题专项整治工作，保护网络消费者的食品安全权益。在《消费提振若干措施》中提出要加强消费信用体系建设，建立消费纠纷快捷解决机制，提高消费者满意度。

（六）高水平开放促内需

加大对外开放力度，提升外贸水平。习近平总书记在 2022 年 12 月 15 日的中央经济工作会议重要讲话中指出，"要发挥出口对经济的支撑作用，加快建设贸易强国。"武汉市致力建设"一带一路"节点城市，发挥交通枢纽优势，中欧班列（武汉）跨境运输线路共计 41 条，辐射欧亚大陆 40 个国家。2022 年开通武汉至老挝双向班列、"韩国-武汉-欧洲"双向铁海联运、武汉至德国杜伊斯堡和罗马尼亚康斯坦察铁海联运班列、武汉经东方港至俄罗斯铁海联运等新线路。全年共开行 538 列，是全国少有回程多于发出的班列，全年发出 267 列，回程 271 列，均比上年增长 30% 以上。在 2022 年 8 月，为中欧班列设计定制的"汉欧国际物流园"正式动工，期望实现与中欧班列（武汉）的无缝对接，将园区内货物运往世界各地，成为国际贸易的中转站。作为回程货在往返程中占比最高的运输通道，中欧班列（武汉）为丰富国内市场、满足人民群众消费需求做出了积极贡献。

大力引进外资，不断加强与海外市场的合作。以对德经贸为例，在武汉，有西门子、费森尤斯、麦德龙、博世、汉高、SAP（思爱普）等 18 家来自德国的世界 500 强企业进行投资立业，截至 2022 年 9 月，德国在武汉投资企业达 106 家。推进国际交流，策划国际经贸活动，开展 2022 年全球数字贸易大会，30 多个国家的外交使节、商协会负责人，3 万多家采购商参展企业汇集武汉开展贸易合作。注重培育开放经济氛围，印发《武汉市关于高质量对接〈区域全面经济伙伴关系协定〉（RCEP）实施方案》，举办外向型经济发展培训班，挖掘武汉市外贸增长潜力，培养外贸人才，帮助武汉市相关产业企业更快更好适应开放的区域市场，抓住政策红利。

二 武汉"扩内需"的压力与待解决问题

尽管经济信心得到提振，但目前经济复苏仍然面临能源紧张、产业供应链不畅等问题。武汉作为国家中心城市，引领中部地区经济发展的责任重大。在2022年全年，面对疫情、异常天气等多重超预期因素的冲击，武汉市迎难而上，采取多种措施扩大城市内需，经济基本面恢复速度领先，经济运行中提质。但相较于其战略地位，武汉市的内需水平仍有进步空间，扩大内需依然存在问题与阻碍。

（一）经济总量未达预期

在2022年初，武汉市发布了全市经济社会发展主要预期目标，提出地区生产总值增长7.5%，但由于受到国内外经济形势的影响，未能完成这一增速目标。在经济总量上，武汉市地区生产总值达到18866.43亿元，未能在2022年末迈入"2万亿俱乐部"。在目前的十强城市中，"2万亿俱乐部"成员有上海、北京、深圳、重庆、广州、苏州、成都。武汉应当提升经济水平，填补中部地区发展的空缺，补好长江经济带的中间一链。

（二）供给侧改革仍需努力

武汉市的支柱性产业主要布局在高新技术领域，如光电子信息、航空航天、高端装备、新能源汽车等，这些高新产业需要大量的研发投入和创新人才，产业优势凸显与收益需要较长时间，其发展规模和可吸纳的劳动力相比传统产业尚未起到强有效的支撑作用。加之日前国际贸易中"保护主义"盛行，国际间原材料供应和技术人才流动受限，高新产业发展需要更多投入和支持。另外，这些高端制造业中的市场主体多为国有控股企业。虽然武汉市的民营企业在近两年整体表现进步，但其收益率不高，单个企业规模小，以90%的企业数量仅创造40%的地区生产总值和50%的税收，民营企业活力需要进一步激发。

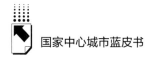

在现代化产业体系中，服务业有着重要作用，支柱服务业与制造服务业是畅通经济循环的润滑剂，能够辅助、推动制造业的发展，生活性服务业则有利于提高城市生活水平，满足人民美好生活的需要。服务业发展能够提供充足的就业岗位，吸收更多劳动人口。武汉在"965"现代产业体系的规划中，提出要构建以现代服务业为主体的现代产业体系。但武汉目前的现代服务业还存在规模不大、产业能级不高、辐射带动不强、内部结构不优等问题。服务业水平不足不仅会影响居民消费质量，造成供需不匹配，还会影响武汉产业的后续发展和城市经济韧性。

（三）城市品质有待提升

打造良好的城市环境有利于吸引青年人才留在武汉，提升居民和游客的消费体验，为扩大内需提供助力。武汉在城市生态环境建设上享有得天独厚的优势，长江、汉江穿城而过，城市内湖众多，2022 年荣获"国际湿地城市"称号，成功举办《湿地公约》第十四届缔约方大会。如何妥善利用这些自然风光资源是武汉城市生态环境建设的努力方向。武汉市有 7 个中心城区和 6 个新城区，虽然自然资源较为丰富，但分布并不均衡，所能辐射的范围有限。在中心城区江汉区内，历史建筑众多，城区改造进程缓慢持久，由此造成的道路堵塞、人行道设施不全及施工扬尘等现象影响老城区生活品质；各新城区远离中心区，城市绿地建设尚未完善，部分地区较为偏僻，基础设施不足，无法充分利用城市内湖的自然景观资源。

在文明城市建设上，武汉市已经连续三届蝉联全国文明城市称号，文明水平和市民文明素质已经得到了整体性的提升。但武汉作为一座热门旅游目的地城市，每年吸引大量海内外游客，游客接待量达到全国前列，是中部地区的一张特色鲜明的名片，与其他旅游城市相比，武汉的基础设施、公共服务以及城市市容等方面还有不足，在交通文明上建设力度不够，对于车辆、行人闯红灯等不文明现象监管不够严格。这些细节问题影响武汉的整体城市形象和外界评价，对城市品质提升造成阻碍。

（四）区域发展协调不足

武汉都市圈由以武汉为中心的 9 座城市组成，是构成长江中游城市群的三大主体之一。2022 年，武汉都市圈 GDP 约为 32363 亿元，总量约占湖北省的 3/5。作为武汉都市圈的核心城市，武汉功不可没。但观察武汉都市圈各地区的 GDP 及人均 GDP 情况，可以看出武汉在这个区域内仍表现出一家独大的趋势。排在第 2 位的孝感 GDP 总额为 2760 亿元，仅约为武汉市 GDP 的 1/10。在武汉都市圈内，武汉的经济地位有绝对优势，而这种优势也可能会造成强大的虹吸效应，使人才和资源全部流入中心地区，从而影响另外 8 个周边城市的发展。尽管武汉拥有卓越的高教资源，学校与科研机构众多，但受整体都市圈经济实力的制约，科创研发的财力支持不如东部城市群充足，发展压力较大。

从长江中游城市群的范围来看，武汉和长沙、南昌之间的产业协同和资源流动不如长三角城市群、珠三角城市群的核心城市之间紧密。武汉都市圈、环长株潭城市群和环鄱阳湖城市群这 3 个城市群的核心城市两两距离在 300 公里以上，中间缺少次等级城市的连接，除了 3 个省会城市在各省一枝独秀外，缺少拥有足够实力的副中心城市承托中间的经济链条，无法形成辐射网络。

周边地区发展不快、区域发展不协调，在一定程度上说明中心城市的辐射带动功能尚未充分发挥。如不形成富饶的周边腹地，武汉国际消费中心城市的地位就缺乏可持续的支撑。

（五）对外经济基础相对薄弱

武汉市受地理位置制约，对外经贸起步较晚，侨胞数量不多，相较东部沿海城市稍显劣势。2022 年武汉市外贸进出口总额为 3532.2 亿元，而同为长江经济带上省会城市的南京进出口总额则达到 6292.13 亿元，武汉的进出口总量与之相比差距较为明显，甚至低于同为中部省份省会城市的合肥。

在外贸结构方面，从出口上来看，武汉高新技术产品和服务占比较低，

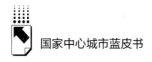
机电产品、劳动密集型产品依然是主要出口商品，附加值不高，可替代性较强；进口产品则以集成电路和工业原料为主，依赖程度高，不利于本地区高新产业和制造业的持续发展，尤其在目前国际形势复杂的外部环境下，容易成为新兴产业的"卡脖子"问题。

三 内需增长潜力与对策建议

武汉已克服一路的艰难险阻，走上经济发展的新台阶。在这个全球经济恢复期的重要关口，机遇和挑战并存。国际上"黑天鹅、灰犀牛"事件随时可能发生，我们只能加快构建以国内大循环为主体、国内国际双循环相互促进的新发展格局，以自身发展的确定性应对各种不确定性。总需求不足是我国目前经济运行面临的突出矛盾，武汉在战略性新兴产业布局中享有重要地位，又担负引领中部地区发展的任务，应当发挥自身优势，补足短板，继续推动消费和投资恢复增长、促进区域平衡发展、深化供给侧改革、完善市场体系、走向更高水平开放，以此释放内需潜力，扩大城市内需。

（一）充分发挥中枢优势

武汉处于我国主要经济区的几何中心位置，是南北交通动脉的中心枢纽，也是长江黄金水道的中心。数条铁路线、公路线以及水运航道在这里交汇，为武汉的双向开放提供了宝贵的机遇。武汉不仅仅是国内原材料、产品及服务运输的关键节点，也是"一带一路"上，国内产品服务走向国外的开放窗口。应当继续发挥中枢优势，恢复、拓展水、陆、空交通线路，革新交通设施，建立一体化、现代化的综合交通体系。

加强与周围省市间的交通基础设施建设，缩减交通时间，提升交通体验，在货物运输上，保障运输安全、提升运输速度和运输载量。持续推进武汉都市圈1小时通勤、长江中游城市群2小时通达、全国主要城市3小时覆盖的综合交通网建设。当前国际交流更加频繁、密切，武汉将开放作为支撑交通未来发展的最大变量，在全球视野内构建内陆开放型综合运输大通道。加强天河机场航站楼及航道等基础设施建设，增加国内外航行班次，拓展国际航线，加密至韩国、泰国、越南等国家的定期客运航线，力争开通多条洲际航线，将武汉建设成为中部地区乃至全国的国际运输中转站。在水运航线方面，在稳定运营武汉至韩国、日本、俄罗斯集装箱直航航线的基础上，新增千箱级船舶，力争武汉港集装箱吞吐量达到 300 万标箱。在铁路运输方面，继续开拓中欧班列（武汉）国际新线，建设配套物流园区。

（二）从人才培养转向人才发展

2022 年《全国高等学校名单》显示，武汉拥有高等院校 83 所，数量在全国城市中排名第 2，是一座名副其实的"大学城"。武汉培养了众多青年学子，应当具有显著的人才优势，然而在《国际科技创新中心指数 2022》中，武汉的排名却远在上海、杭州之后。许多在武汉接受教育的学生往往会离开武汉前往一线城市继续发展，根据"智联招聘"等线上招聘软件的数据，2021 年武汉有至少四成应届学生意向在毕业后离开武汉。将城市的高教资源落到实处，不仅需要百万青年学子来到武汉，更需要将他们留在武汉，完成后续发展。

应当进一步推动实施"学子留汉"工程，在毕业季加大创业就业补贴、专场招聘会等活动力度，切实了解毕业生的就业需求，以真实数据观察、解决学子就业问题，打通企业和求职者间的沟通渠道，缓解信息不完全和劳动力需求错配的问题。在职业发展上，鼓励在汉企业承担社会责任，建立合理有效的新员工培育机制，以工作经验和知识的积累弥补"僧多粥少"造成的工资差距。优化实施"武汉英才"计划，引进海外优秀人才。

加快产业结构优化，以高新技术产业、文化产业和现代服务业等发展持久、前景光明的行业吸引人才就业。推动光电子信息、汽车及零部件、生物医药及医疗器械、集成电路等产业集群进一步发展。在现代服务业方面，推

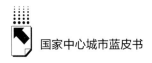

进商贸、物流、金融三大支柱产业转型升级，软件信息、设计服务、科技服务、商务服务四大制造服务业发展壮大，生活性服务业提质扩容。

（三）培育最优消费环境

打造让消费者放心的消费环境，大力推进诚信市场建设，定期组织安排诚信交易宣传活动，营造诚信兴商的优质服务氛围。建立严密的监督机制，创新监管方式，继续推进"双随机+信用分类"的监管融合，利用信用信息公示系统对各企业、商家进行分类抽查，做到精准监管。塑造让消费者开心的消费环境，加强城市文明建设，提升城市生态绿化水平，完善购物中心附近的停车场、公共交通等配套设施，提升消费者进行线下消费的意愿。完善城市物流体系，维护物流中转站及物流仓库等设施，提升道路通畅度，改善消费者线上消费体验。

推动城市消费多样化，线上线下消费相结合。关注宠物经济、银发经济、"她经济"等新兴的消费态度和消费模式，挖掘不同群体的消费需求，提供消费空间。打造满足不同层次消费需求的绿色化、网络化、智能化消费场景，将消费与人们的休闲娱乐、兴趣爱好、学习工作等日常场景进行组合，满足消费者对美好生活的向往和需求。提升消费品质，打造消费品牌，持续引进品牌首店，提高品牌聚集度、时尚引领度，为培养消费新热点持续发力。同时对武汉的传统品牌、老字号企业如四季美、蔡林记、苏恒泰、柏泉茶园等进行宣传和推广，鼓励传统美食、传统技艺找到新形式、新主题，融入新时代。

（四）推动长江中游城市群协同发展

在武汉都市圈内部，积极与其他城市加强产业协同，构建衔接流畅的产业链条，带动"1+8城市圈"经济的整体增长。在农业上，按期组织协作对接活动，帮助农产品打开销路，在农业生产过程中，联合其他城市进行区域统筹安排，根据各地农业特点，提前规划产业布局，达到优势互补。在制造业上，聚焦光电子信息、新能源汽车、生物医药等优势产业，将一般制造业向圈内其他城市进行有序转移，促进"主链在武汉、配套在都市圈，融资在武汉、投资在都市圈"的一体化产业发展格局形成，合作建设产业园区，吸引劳动力在城际流动。持续打造交通物流枢纽，实现周边城市与武汉的快速通行和高效物流。加快建设城市轨道交通、城际高速和城际高铁等交通设施，缩短城市圈内通行时间。完善异地同城化政策，解决9市居民跨城发展问题，提高都市圈市民的幸福指数和区域公共服务质量。

在武汉都市圈外部，落实《长江中游城市群省会城市合作行动计划（2023—2025年）》，加强与长沙、合肥、南昌这三个中部省会城市的联系。推动区域内农产品交易流通，将湖北的蔡甸莲藕、梁子湖河蟹等特色农产品带向中游城市群全域；加强现代服务业合作，构筑一体化旅游市场，推行公共交通通卡、旅游通卡等优惠机制；进一步促进区域城市基本公共服务便利共享，探索"同城待遇"；争取扩建与其他三大都市圈的交通基础设施，将武汉至南昌、武汉至贵阳、武汉至安庆至池州等铁路项目纳入新一轮铁路网发展规划。

（五）优化进出口结构

追求更优进出口结构，促进外贸降本增效，实现高质量发展。提高新兴产业核心竞争力，在进口端引进国际先进技术、人才和产业管理方法，降低高新技术产品成品的进口份额。提升制造业能源利用效率，减少对进口工业原料的依赖。在出口方面，提升科技创新产品和高端服务业的出口份额。鼓励"独角兽"企业、"专精特新"企业开拓国际市场，做大做强，让中国技术享誉海外。

完善口岸营商环境，为优化外贸结构提供基础条件。落实提升跨境贸易便利化水平的系列措施。为高新技术产品流通扫清障碍，探索开展科研物资跨境自由流动，制订跨境科研物资正面清单；保护企业知识产权，开展重点企业知识产权海外护航行动；提供优质外贸服务环境，提升外贸综合服务体系效能，引导服务驱动与产业驱动融合，为外贸企业提供全链条服务，扩大优势产品出口。

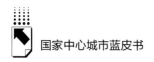
参考文献

秦尊文：《武汉在湖北省域经济发展中的"主中心"作用》，载涂文学主编《武汉学研究（2021年第2期）》，武汉出版社，2021。

秦尊文：《一体化是长江中游城市群发展的主旋律——基于〈实施方案〉与〈规划〉衔接的视角》，《企业经济》2022年第7期。

秦尊文：《在双循环战略背景下，国家中心城市应打通循环，打造全球知名消费地标》，《河南商报》2022年9月19日。

秦尊文：《下好武汉都市圈发展"大棋局"——〈武鄂黄黄规划建设纲要大纲〉解读》，《武汉宣传》2023年第1期。

周虹、刘文昊、郁瑾：《长江中游城市群城镇化水平区域差异综合评价》，《区域经济评论》2017年第2期。

武汉市统计局、国家统计局武汉调查队：《2022年武汉市国民经济和社会发展统计公报》，《长江日报》2023年3月30日。

B.9
郑州实施扩大内需战略的问题
与对策研究[*]

王中亚[**]

摘 要： 实施扩大内需战略、培育完整内需体系，是加快构建新发展格局的必然选择，是促进我国长远发展和长治久安的战略决策。郑州市在建设国家中心城市进程中，坚定不移扩大内需，全力恢复和扩大消费，积极拓展有效投资空间。郑州市实施扩大内需战略，在人口总量和结构、制造业发展、交通区位、人文资源等方面具备有利条件，在创新能力、经济首位度、现代服务业发展、居民消费倾向等方面存在瓶颈制约。为进一步实施好扩大内需战略，要把扩大内需和深化供给侧结构性改革有机结合起来，深入实施创新驱动发展战略，建立完善扩大消费长效机制，精准发力扩大有效投资，加快构建现代产业体系，努力打造一流营商环境。

关键词： 扩大内需 消费 投资

2022年12月召开的中央经济工作会议，将着力扩大国内需求放在2023年经济工作的首位。同时，《扩大内需战略规划纲要（2022—2035年）》和《"十四五"扩大内需战略实施方案》两份政策性纲领文件接连出台，从战略规划和实施路线双重角度予以布局，标志着扩大内需战略正式进入政策落实与实施阶段。

* 本文为河南省社会科学院2023年创新工程项目"持续在供给端发力，使内需在稳经济中起到固底板作用"（项目编号：23A11）的阶段性成果。

** 王中亚，博士，河南省社会科学院副研究员，主要研究方向为产业经济和区域经济。

当前，郑州市聚力在河南全省高质量发展中挑大梁、在国家中心城市建设中起高峰的战略目标，正在鼓足干劲拼经济，致力于打造开放高地、培育国际消费中心城市、建设国际会展名城，加大招商引资力度，提升外经外贸竞争优势，着力扩大内需，增强消费对经济发展的支撑作用，推动全市经济高质量发展。

一　郑州实施扩大内需战略的重大意义

（一）实施扩大内需战略是推动高质量发展的治本之策

高质量发展是全面建设社会主义现代化国家的首要任务。中国特色社会主义进入新时代，我国经济从高速增长阶段转向高质量发展阶段，社会主要矛盾转化为人民日益增长的美好生活需要和不平衡不充分发展之间的矛盾。人民对美好生活的向往总体上已经从"有没有"转向"好不好"，呈现多样化、多层次、多方面的特征。把实施扩大内需战略同深化供给侧结构性改革有机结合起来，形成需求牵引供给、供给创造需求的更高水平动态平衡，实现国民经济良性循环。通过高质量供给创造有效需求，适应和满足人民对美好生活的需要，提高经济发展的质量和效益。

（二）实施扩大内需战略是构建新发展格局的有效路径

世界经济发展实践表明，大国经济具有以内需为主的显著特征。由消费需求和投资需求组成的国内需求对我国经济增长的贡献率长期维持在 90% 以上。就郑州市而言，2020～2022 年，净出口分别为 951.2 亿元、1213.5 亿元、1122.9 亿元，占地区生产总值的比重分别为 8.03%、9.56%、8.68%，由此推算，郑州市内需对经济增长的贡献率同全国水平一样，也在 90% 以上。在百年未有之大变局的大背景下，外部环境发生深刻变化，郑州要从客观实际出发，持续开拓内需广阔空间，培育生产、消费、分配、流通和投资相结合的完整内需体系，立足国内大循环，努力实现国内国际双循环相互促进。

（三）实施扩大内需战略是增进民生福祉的必然要求

内需一头连着经济发展，一头连着社会民生，生产的目的是生活，供给的目的在需求。扩大内需必然要求扩大就业、增加收入，也必然会提高居民消费水平、改善居民消费结构，这不仅有利于促进经济增长，而且有利于保障和改善民生，增进民生福祉。近年来，郑州市城乡居民消费结构发生显著变化，人民生活水平不断提升。2016~2021年，郑州市城镇居民食品烟酒支出占比下降了3.75个百分点，医疗保健支出占比提高了1.86个百分点，教育文化娱乐支出占比提高了1.94个百分点；农村居民医疗保健支出占比提高了4.85个百分点，教育文化娱乐支出占比提高了2.23个百分点。

（四）实施扩大内需战略是稳定经济运行的客观需要

2020年以来，面对严峻复杂的国际国内环境，郑州市保持了经济社会大局稳定，成绩殊为不易。尤其是2022年，极不平凡、极为艰难、极其难忘。2022年，郑州社会消费品零售总额为5223.1亿元，累计下降3.3%，增速分别低于全国、全省3.1个、3.4个百分点，在河南18个省辖市中居第17位；郑州市固定资产投资同比下降8.5%，增速分别低于全国、全省13.6个、15.2个百分点，在河南18个省辖市中居末位；郑州市工业投资保持高速增长，全市工业投资累计增长32.5%，在18个省辖市中居第5位。实施好宏观经济政策，恢复和扩大消费，扩大和拓展内需，有利于促进经济运行保持在合理区间。

二 郑州实施扩大内需战略的实践探索

（一）全力恢复和扩大消费

郑州市在重点消费领域发放消费券，集中组织开展丰富多彩的促消费活动，提振居民消费信心，加快消费市场复苏。2023年1~2月，全市社会消

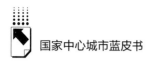

费品零售总额达 926.6 亿元，同比增长 6.6%，增速较 2022 年同期提高 9.9 个百分点，高于全国 3.1 个百分点。

1. 鼓励大宗商品消费

住房消费方面。2022 年，郑州市强力推进保交楼和安置房建设。全国首创"统借统还、政府回购、项目并购、破产重组"及地产纾困基金"4+1"模式，落实支持资金 300 多亿元，全市保交楼项目实质性复工 95% 以上；列入河南省问题楼盘台账的"办证难""配套设施不完善"两类项目全部化解；新建成安置房 2565 万平方米，回迁安置群众 15.3 万人。2023 年以来，郑州房管系统举办"2023 元宵节郑州市汽车·房地产主题展销会"等一系列活动，激发商品房市场销售内生动力。

汽车消费方面。郑州采取一系列措施，加快释放汽车市场消费潜力，加大新能源汽车推广应用力度，加快充电及车联网基础设施建设，不断优化汽车消费环境；鼓励特定领域及高排放老旧机动车提前报废更新，加快汽车换代更新，促进和扩大汽车消费升级。2023 年 1 月 1 日至 3 月 10 日，郑州组织开展"兔年迎春"汽车换新季活动，投入 15000 万元，在全市范围内发放汽车消费券，直接带动汽车消费，杠杆效应明显。

2. 激发文旅消费

郑州市持续开展"河南人游河南"活动，扩大景区免门票活动范围，按照自愿原则，对全市 A 级旅游景区、重点旅游企业在 2022 年 2 月中旬到 5 月下旬间免门票和优惠门票的，按照相关政策进行补贴。鼓励景区、运动场所延长夜间经营时间，发放文旅、体育消费券。2023 年以来，郑州市多方联动、政企联合，推出 1000 多项惠民措施和文旅活动，激发了消费潜力，推动文旅市场强劲复苏。2023 年 1~2 月，郑州市共接待游客 2339 万人次，同比增长 10.37%，实现旅游业收入 283.38 亿元，同比增长 4.98%。2023 年五一假期，郑州全市共接待游客 916 万人次，同比增长 144.27%，实现旅游业收入 52.6 亿元，同比增长 216.87%。

3. 促进新型消费

近年来，爱马仕、盒马鲜生等不少优质品牌落户郑州，掀起了新一轮消费热潮。首店经济持续活跃，折射出郑州消费市场稳步向上的发展势头。2022 年，郑州市出台《创建国际消费中心城市实施方案》，明确提出要打造国际品牌首选地，鼓励国际知名商业企业设立全球性、全国性和区域性品牌首店、旗舰店、体验店。2022 年 3 月 20 日，爱马仕河南首店开业，当天销售额达 1.2 亿元，郑州巨大的消费潜力由此可窥一斑。2021 年 6 月 18 日，盒马鲜生河南首店开业，以鲜活水产和新鲜蔬果为主打，推出了不卖隔夜菜的"盒马日日鲜"等系列商品，依靠"零售+餐饮"、线上线下一体化、30 分钟到家等商业新模式引发零售业的变革。作为新零售标杆，盒马鲜生的入驻为郑州商业注入了不一样的活力。从宜家家居河南首店、喜茶河南首店、河南首家市区免税店——中服免税店到开业首日就刷新全球单日单店销售纪录的 7-ELEVEN 河南首店，旺盛的消费力助力郑州成为国际、国内品牌的"掘金之地"。不少年轻消费者也期待利用培植"首店经济"的契机为"国际郑"加分。

（二）积极拓展有效投资空间

郑州市坚持"项目为王"的理念，坚定不移抓项目、促发展、赢未来，用好政策、建立机制，全力以赴完成更多实务工作，充分发挥有效投资对稳经济扩内需的关键作用。

1. 强力推进项目建设

项目建设是经济发展的重中之重，是持续健康发展的重要载体，也是稳增长、拼经济、调结构、惠民生的重要抓手。郑州市以项目为引领，聚焦项目建设，在项目推进、环境优化、服务提升等方面迈上新台阶，按下项目建设"快进键"，为经济发展注入新动能。2022 年 12 月 1 日，郑州市举办重大项目集中开工仪式，项目总投资达到 1038.8 亿元，涉及先进制造业、战略性新兴产业、基础设施、民生保障等众多领域，持续推进重点行业投资，为扩大内需奠定坚实的投资基础。

2. 改善服务增强保障

郑州市为项目建设提供宽松的发展环境，灵活运用容缺办理、告知承诺

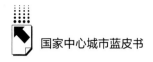

等方式，积极落实分阶段并联办理，融合"多评合一""联合审验""区域评估"等审批服务模式，深入开展"万人进万企"活动，健全定期走访服务企业机制。千辛万苦解难题、千方百计搞服务，力求做到惠企政策送到位、企业问题收集到位、问题跟踪解决到位"三到位"，打造推动区域经济高质量发展的强大引擎，为项目顺利推进保驾护航。郑州市通过改善政务服务，加大保障力度，经济发展底盘不断稳固，企业发展信心十足，经济增长活力四射，为实施扩大内需战略提供重要保障支撑。

3. 创新招商引资方式

郑州市坚持引进企业与引进资本相结合，抓好多元招商，创新招商引资工作方式。建立了利用外资、重大外资项目工作专班，针对重点区域开展常态化招商。2023 年第一周，郑州市招商团队对照汽车、电子、物流、智能制造和期货五大特色优势产业招商图谱，有的放矢开展招商工作。郑东新区推行招商引资"二分之一工作法"，全力拼经济、跑出加速度，通过采取产业链招商、基金招商、场景招商、专业园区招商等 9 大招商举措，开展境内境外全域招商，高标准建设国家创新高地、人才高地和开放高地，努力建成国际化金融、消费中心，打造现代国际新城。

4. 持续优化营商环境

优化营商环境是城市经济高质量发展的关键之举，事关当地经济软实力、综合竞争力以及区域影响力。近年来，郑州市以"一网通办、一次办成"改革为抓手，持续深化"放管服效"改革，围绕"一件事"厘清权力清单和责任清单，推动流程再造、数据打通，强力推动商事登记等政务服务改革，持续优化营商环境，为全市经济发展奠定了坚实基础。2022 年 6 月，郑州市成功入选河南省优化营商环境创新示范市——政务环境示范市，一流营商环境成为经济高质量发展的新要素、对外开放的新标识、区域竞争的新优势。2023 年 3 月，郑州市印发《郑州市优化营商环境创新示范市建设实施方案》，提出要经过三年努力，使各领域营商环境指标达到省内一流水平，大部分指标达到国内先进水平，全面实现"营商环境迈进全国第一方阵"的宏伟目标。

三 郑州实施扩大内需战略的形势研判

（一）郑州实施扩大内需战略的有利条件

1. 人口总量和结构变化

随着人口规模和经济的增长，郑州市教育、养老、医疗等服务需求具有较大的增长潜力。根据《郑州市第七次全国人口普查公报》，2020年郑州市全市常住人口为12600574人，与2010年第六次全国人口普查的8626505人相比，增长了46.07%。其中，0~14岁人口为2400787人、占19.05%，60岁及以上人口为1617392人、占12.84%，占比分别比第六次全国人口普查提高了3.05个、2.17个百分点。随着"一小一老"人口比重的上升，郑州市对养老、育儿、家政、教育和医疗服务的需求越来越大。

2. 制造业优势明显

2023年2月，中国信息通信研究院发布的《城市制造业高质量发展评价研究报告（2022）》表明，郑州以第20名的成绩成功入选全国制造业高质量发展50强城市。郑州加快制造业高质量发展步伐，一大批产品成功迈出国门，走向世界。汽车及装备制造业方面，中铁装备成为我国起步最早、拥有专利技术和标准最多、产品门类最全、市场占有率最高、出口国家最多的盾构行业领军企业；宇通客车成为全球最大的客车生产企业；郑煤机液压支架总产量世界排名第1。电子信息产业方面，2022年，郑州市手机产量1.54亿部，是全球最大的苹果手机生产基地。新材料产业方面，形成了高端耐材和超硬材料两大优势。生物及医药产业方面，小容量注射剂领域领跑全国，年产能占据全国市场的1/4。现代食品制造业方面，郑州速冻食品全国市场占有率超过60%，方便面约占全国市场的1/5。

3. 交通区位条件好

郑州市区位优势得天独厚，交通网络四通八达，铁路、公路、航空构成了通达便捷的立体交通体系。郑州拥有亚洲最大的列车编组站、中国境内最

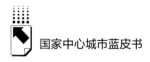

大的铁路集装箱货运中心,是国内普通铁路和高速铁路的"双十字"中心。实施扩大内需战略,郑州市利用得天独厚的区位优势,大力发展枢纽经济、门户经济和流通经济,打造具有全国影响力的数据港,以数字经济提升产业链供应链现代化水平,打造郑州市在新发展格局中的通道优势和枢纽优势。衔接国内国际的运输网络和物流体系初步形成,空中、陆上、网上、海上"四条丝路"畅通全球,人流、物流、资金流、信息流、技术流高度集聚,辐射全国、链接世界、服务全球的国际综合枢纽城市初具雏形。

4. 人文资源优势突出

郑州市"山河祖国"宣传登陆央视国际频道。嵩山地区作为华夏文明起源的核心地区,在中华文明起源和形成中占据举足轻重的地位,黄河为中华文明的起源、民族精神的塑造提供了最丰厚的营养,有"河洛古国"之称的双槐树遗址是迄今为止在黄河流域中华文明形成初期发现的规格最高、具有都邑性质的中心聚落。"行走郑州·读懂最早中国"叫响全国。郑州谋划推进博物馆群和中华文明主题乐园建设,全力打造中华文明全景式集中展示地。

(二)郑州实施扩大内需战略的瓶颈制约

1. 创新能力偏弱

与其他国家中心城市相比,郑州的科技创新能力偏弱,新技术研发和转化能力不足,在一定程度上削弱了其作为中心城市的辐射带动能力。郑州高端研发平台总数与武汉、广州等存在较大差距,2022年,郑州拥有国家工程技术研究中心6个、国家重点实验室9个、国家级企业技术中心22个。同期,武汉共有国家重点实验室30个、国家级工程技术研究中心19个。郑州研发投入强度与上海、北京等城市存在较大差距,2022年,郑州全社会研发投入强度为2.45%,而同期北京研发投入强度在6%以上,上海研发投入强度为4.2%。据赛迪研究院发布的《2022中国科技创新竞争力研究》,郑州位居全国第15,位于深圳、广州、杭州、武汉、成都和南京等城市之后,与苏州、合肥、西安、宁波、佛山和东莞等城市相比,也有一定的差距。

2.首位度不够高

首位度是指一个城市在国内外的知名度和影响力程度，是衡量城市发展综合实力的重要指标之一。以省会城市 GDP 占全省 GDP 的比重测度该城市的经济首位度。2022 年，郑州市的经济首位度为 21.09%，与全国其他省会城市有一定的差距（见表1）。近年来，郑州战略地位日益提升，国家中心城市建设步伐不断加快，但经济首位度与其国家中心城市的地位不相称，对省域发展影响力、引领带动力都不够，这在一定程度上成为郑州更好实施扩大内需战略的掣肘因素。

表1　2022 年部分省会城市经济首位度

单位：亿元，%

序号	城市	城市 GDP	所在省份	省份 GDP	经济首位度
1	长春	6745	吉林	13070	51.61
2	成都	20818	四川	56750	36.68
3	武汉	18866	湖北	53735	35.11
4	西安	11487	陕西	32773	35.05
5	哈尔滨	5490	黑龙江	15901	34.53
6	兰州	3344	甘肃	11202	29.85
7	长沙	13966	湖南	48670	28.70
8	合肥	12013	安徽	45045	26.67
9	沈阳	7696	辽宁	28975	26.56
10	杭州	18753	浙江	77715	24.13
11	福州	12308	福建	53110	23.17
12	南昌	7204	江西	32075	22.46
13	广州	28839	广东	129119	22.34
14	太原	5571	山西	25643	21.73
15	郑州	12935	河南	61345	21.09
16	石家庄	7101	河北	42370	16.76
17	南京	16908	江苏	122876	13.76
18	济南	12028	山东	87435	13.75

数据来源：各省市统计公报。

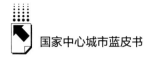

3. 现代服务业发展水平滞后

郑州现代服务业发展取得了阶段性成效。但是，与链接全球的高能级"双循环"服务中心和辐射中西部的国际化时尚消费中心战略目标相比，还存在一些问题和不足，医疗、教育、文化等行业的供给尚不能满足广大人民群众的实际需要，服务业整体规模偏小，辐射带动能力偏弱，周边县市产业支撑作用有待巩固。2021 年 11 月 13 日，江苏现代服务业研究院、江苏现代服务业协同创新中心联合发布的《中国城市服务业高质量发展报告》显示，郑州在中国服务业高质量发展指数 30 强城市中位列第 17，与排在前列的北京、上海、深圳、杭州、广州等城市相比，郑州服务业高质量发展水平亟待提升。以现代金融业为例，由证券时报与新财富联合编制发布的《2021 中国内地省市金融竞争力排行榜》表明，郑州金融竞争力居第 25 位，排在北京、上海、广州、南京、长沙、武汉、合肥、佛山、东莞、常州等城市之后。再以现代设计产业为例，郑州设计领域存在技术与文化脱节、原创性作品少、特色不明显、缺乏比较优势等问题，特别是工业设计软件是短板中的短板。

4. 居民平均消费倾向下降

2022 年，郑州市城镇居民人均可支配收入达到 46287 元，农村居民人均可支配收入为 28237 元，城镇居民人均消费支出为 28936 元，农村居民人均消费支出为 20484 元，城镇和农村居民人均消费倾向分别为 62.51% 和 72.54%，与 2016 年的 69.88% 和 73.78% 相比，均有不同程度的下降（见表 2）。郑州市城乡居民的平均消费倾向出现下降，不利于扩大内需战略实施，对稳增长也会产生一定的消极影响。

表 2　2016~2022 年郑州市城乡居民人均可支配收入与人均消费支出

单位：元，%

年份	城镇居民			农村居民		
	人均可支配收入	人均消费支出	平均消费倾向	人均可支配收入	人均消费支出	平均消费倾向
2016	33214	23210	69.88	18426	13595	73.78
2017	36050	24973	69.27	19974	14849	74.34

年份	城镇居民			农村居民		
	人均可支配收入	人均消费支出	平均消费倾向	人均可支配收入	人均消费支出	平均消费倾向
2018	39042	26256	67.25	21652	15105	69.76
2019	42087	27183	64.59	23536	16864	71.65
2020	42887	25450	59.34	24783	17516	70.68
2021	45246	28710	63.45	26790	19868	74.16
2022	46287	28936	62.51	28237	20484	72.54

数据来源:《郑州统计年鉴》和统计公报。

四 郑州进一步实施好扩大内需战略的对策建议

(一)深入实施创新驱动发展战略

要更好统筹扩大内需和供给侧结构性改革,完善创新体系,推进科技自立自强,不断培育壮大发展新动能,有效应对外部打压遏制。把创新摆在发展的逻辑起点、现代化建设的核心位置,坚定走好创新驱动发展"华山一条路"。全力打造创新主体多元共生、创新要素多维聚变、创新服务多链融合的一流创新生态,持续培育人才招引优势,以创新驱动、高质量供给引领和创造新需求,使扩大内需成为构建新发展格局的重要支撑。稳步推进中原科技城与省科学院深度融合,打造以嵩山、黄河等7家省级实验室和哈工大郑州研究院、北理工郑州智能科技研究院等高能级研发机构为代表的高水平科技创新平台,培育高水平创新主体,实现科技高水平自立自强。持续推进百万大学生留郑计划,加强应用型、技能型人才培养,壮大高水平工程师和高技能人才队伍。

(二)建立完善扩大消费长效机制

建立完善扩大居民消费的长效机制,更好发挥消费的基础性作用。实施就业优先战略,促进高质量充分就业。稳定和扩大就业,加强对困难企业的

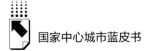

稳岗纾困帮扶，积极拓展新的就业空间，更好发挥技能培训在稳岗位、促就业方面的作用，夯实居民收入增长的基础。深化收入分配领域改革，不断提升居民收入水平，确保居民收入增长与经济增长同步，促进共同富裕。恢复和扩大消费，要巩固好传统消费，鼓励大宗消费；发展新兴消费，加快线上线下消费有机融合；着力提升城市消费，加快推进国际消费中心城市建设；积极扩大乡村消费，加快健全县域商业体系，激活农村消费市场。规范流通环节管理，降低流通成本，打通流通环节堵点、阻点，畅通生产和消费。着力培育有核心竞争力的流通业知名品牌，完善和规范流通环节的成本核算、价格形成机制。

（三）精准发力扩大有效投资

投资是扩大内需的一个重要路径，要和产业升级、经济转型紧密结合起来，更加精准地促进经济高质量发展。加快项目审批，充分运用"放管服效"改革成果，提高审批效能。发挥全市重大项目建设调度会的作用，对重大项目开辟审批"绿色通道"。推进实施企业投资项目承诺制等改革，持续提升投资服务便利化水平。推动一批重大项目尽快开工。重点围绕水利、交通、能源、市政基础设施，抓紧梳理分类推进一批重大项目。动态掌握做好全市重大项目推进工作，建立全市亿元以上拟开工重大项目台账，着力推进亿元以上项目开工建设。加强地方政府专项债券项目政策研究、谋划、储备工作，开展经常性地方政府专项债券业务培训会，提高政策运用能力，提高项目谋划质量。加大项目资金多元化筹措力度。积极争取中央预算内投资，加大地方专项债券项目谋划、储备工作力度，引导民间资本投资预期，合理运用政府和社会资本合作（PPP）模式，加大基础设施领域不动产投资信托基金（REITs）项目的申报力度，为项目建设筹措更多资金。

（四）加快构建现代产业体系

要加快建设自主可控、安全可靠、竞争力强的现代产业体系。持续做强主导产业、做大新兴产业、做优传统产业、做实特色产业，全力以赴拼经济、抓产业，为扩大内需战略实施奠定高质量产业供给基础。加快建设先进制造业高地。培育壮大新兴产业，瞄准打造万亿级电子信息产业集群，推进"芯屏网端器用"全链条联动发展；前瞻布局未来产业，加快燃料电池汽车应用示范城市群建设，推进国家新一代人工智能创新发展试验区建设，加快国家区块链发展先导区建设，谋划创建国家元宇宙产业发展先导区。大力发展现代服务业。推进国家区域性金融中心建设；加快"设计河南"先行区建设，推进"设计郑州"建设和"设计之都"申报；提升本地建筑企业核心竞争力；全力打造中部地区首个城市算力网；筹办世界传感器大会、北斗应用大会、第三届全球数字产业博览会。

（五）努力打造一流营商环境

要改善营商环境，千方百计扩大民间投资，使得供给和需求两端能够相互协调、相互促进。聚焦全面实现营商环境迈进全国第一方阵的目标，努力打造法治化、国际化、市场化营商环境。进一步简政放权深化改革，持续推行一件事政务服务改革、商事登记制度改革和工程建设项目审批制度改革。加强政务服务基础建设，深化政务服务事项标准化，强化政务服务数字化，提升基层政务服务水平，高标准高质量推进政务服务体系建设。提高政务服务便利度，深入推进"互联网+政府采购"实施，持续提升办税缴费服务能力，推进水电气暖接入便利化改革。推动惠企政策全面落实，梳理编制惠企政策清单指南，深入推进惠企政策"免申即享"，提高惠企政策透明度。维护社会公平竞争，切实维护公平竞争的市场秩序，提高招标投标透明度，全面促进政府采购公平竞争。进一步优化对外贸易创新发展环境，实施通关便利化政策和措施，打造中国（河南）国际贸易"单一窗口"。

参考文献

宁吉喆：《做好 2023 年经济工作要着力扩大内需》，《旗帜》2023 年第 1 期。

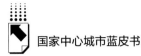

张玉哲：《厦门市需求变动趋势与扩大内需途径分析》，《上海商业》2023 年第 1 期。

刘鹤：《把实施扩大内需战略同深化供给侧结构性改革有机结合起来》，《人民日报》2022 年 11 月 4 日。

王红茹：《专访中国国际经济交流中心副理事长王一鸣：扩大内需战略成为经济回升主引擎》，《中国经济周刊》2023 年第 Z1 期。

邱慧：《着力扩大内需 把提振消费摆在优先位置》，《中国报道》2023 年第 1 期。

王青、陈丽芬：《扩大内需的难点、堵点与体制机制障碍研究》，《商业经济研究》2023 年第 1 期。

王微：《以消费为主导扩大内需》，《上海企业》2023 年第 2 期。

贺京同、张斌：《有效供给、消费升级与扩大内需》，《南开学报》（哲学社会科学版）2023 年第 1 期。

赵辰昕：《坚定实施扩大内需战略促进形成强大国内市场》，《人民日报》2022 年 12 月 15 日。

何雄：《郑州市政府工作报告》，《郑州日报》2023 年 2 月 1 日。

B.10

坚持扩大内需战略，夯实重庆经济
内生增长动能

丁 瑶 张 超 张 佳 施小兰*

摘 要： 近年来，重庆投资、消费"双轮驱动"增长格局和内需动力结构不断优化升级。2022 年，面对极端天气、电力紧缺等超预期因素冲击，重庆深入实施"抓项目稳投资"专项行动和"巴渝新消费"八大行动，着力扩投资、促消费，增强内生增长动力，全市经济实现了量的合理增长和质的稳步提升。下一阶段，为更好应对外需减弱、脱钩断链等影响，进一步释放内需潜力，推动全市经济有序恢复，建议聚焦国家战略和发展短板，积极拓展有效投资新空间；加快国际消费中心城市建设，全面促进消费扩容提质；顺应需求变化和产业革命，前瞻性布局新产业新产品；打造双循环战略性枢纽节点，充分释放内需增长潜能；深化投资消费制度集成创新，营造良好内需发展环境。

关键词： 扩内需 有效投资 消费供给

当前，世界百年未有之大变局正加速演进，全球经济增长动能总体不

---

* 丁瑶，重庆市综合经济研究院总经济师、研究员，研究方向为宏观经济、区域经济；张超，重庆市综合经济研究院经济形势研究室主任、助理研究员，研究方向为宏观经济、开放经济；张佳，重庆市综合经济研究院投融资研究室主任、副研究员，研究方向为宏观经济、财政金融、投融资体制；施小兰，重庆市综合经济研究院经济形势研究室副主任、助理研究员，研究方向为宏观经济。

足，我国经济发展"三重压力"持续存在，必须加快构建以国内大循环为主体、国内国际双循环相互促进的新发展格局，加快培育完整内需体系，畅通国民经济循环，持续释放内需潜力。党的十八大以来，重庆坚持落实扩大内需战略，有效发挥投资、消费稳定经济基本盘的支撑作用，围绕建设成渝地区双城经济圈、西部陆海新通道、国际消费中心城市等，增强经济内生增长动能和发展韧性，推动新时代新征程全面建设社会主义现代化新重庆开好局、起好步。

一　重庆内需动力结构演变特征及趋势分析

（一）内需动力结构演变

近年来，重庆资本形成总额、最终消费支出对 GDP 增长的贡献率合计稳定在99%以上，投资、消费"双轮驱动"格局逐步形成。其中，资本形成贡献率逐步上升、稳居三大需求首位，最终消费支出贡献率总体稳定。从走势看，投资、消费均呈现"规模增、速度减"的走势，内部结构不断调整优化。

1. 投资运行走势及结构变化

党的十八大以来，重庆经济进入新旧动能转换期，投资增速换挡明显，但仍是经济增长主动力。2012~2022 年，重庆固定资产投资增速由 22.9% 降至 0.7%（见图 1），年均增长 10.9%，较全国高 1.3 个百分点。资本形成贡献率稳步提升，2022 年全市资本形成贡献率达到 63.3%，投资在扩内需、稳增长方面发挥了关键性作用。

重点领域投资走势分化，基建、工业投资拉动作用较强。近年来，重庆基础设施、工业、社会事业领域投资保持较快增长，是投资稳定运行的主要支撑，房地产开发投资高位放缓、占比先升后降。

基建投资保持较快增长，交通、城建投资引擎作用突出。2012~2022 年重庆基建投资年均增速为 15.8%，高于整体投资年均增速 4.9 个百分点，占

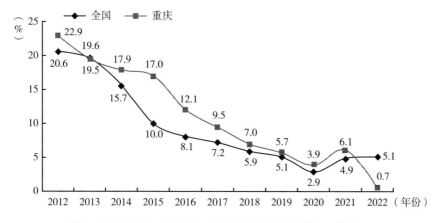

图 1　2012～2022 年全国与重庆固定资产投资增速变化情况

全市投资的比重约为 30%。其中，交通领域投资累计超过 9000 亿元、占基建投资的 1/4 以上，现代综合立体交通网络加快构建；城建投资实现大幅增长，"两江四岸"城市提升以及老旧小区改造深入推进，城市供水、排污、绿化、环卫等设施水平明显提升。

工业投资稳步放量，技改投资支撑作用显著。2012～2022 年重庆工业投资年均增速为 12.5%，高于整体投资年均增速 1.6 个百分点，投资额占整体投资的比重稳定在 25% 左右。其中，全市工业企业大力实施技术改造，技改投资占工业投资的比重由 2012 年的 16.2% 提升至 2022 年的 35.3%，2018 年、2019 年技改高峰时期技改投资占比达到 40%；高技术制造业投资年均增长超过 30%，以集成电路、新型显示、智能网联汽车等产业为重点的补链强链投资持续推进，建成京东方六代线、华润微电子、比亚迪动力电池、赛力斯两江智慧工厂等一批重大引领性项目。

房地产开发投资高位放缓，占比先升后降。2012～2022 年，重庆房地产开发投资增速由 24.5% 逐步放缓至 0.1%，年均增速为 5.8%，低于整体投资年均增速 5.1 个百分点。从房地产开发投资占整体投资的比重看，2012～2017 年，在房企拿地建设加快以及市场销售回暖带动下，重庆房地产开发投资保持较快增长，占比由 26.7% 快速提升至 40.1%。但近年来受经济下

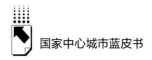

行、行业调整等影响，占比逐步下降至35%左右。

民间投资较为活跃，占据整体投资的半壁江山。2012~2022年重庆民间投资年均增速为12.8%，较整体投资年均增速高1.9个百分点，占整体投资的比重由2012年的45.1%逐步提升到2022年的50%左右。其中，2012~2018年民间投资增速持续高于整体投资，但近年来受房地产开发投资下滑等影响，民间投资增速持续回落，低于整体投资。

社会领域投资不断扩大，教育、医疗投资保持高速增长。2012~2022年重庆社会领域投资年均增速为19.3%，高于整体投资年均增速8.4个百分点，社会建设和民生保障投入逐步增强。其中，教育、医疗领域投资分别年均增长17.1%和21.6%，持续保持较高增速，民间资本参与相关领域投资的积极性逐步提高。

区域投资结构更趋合理，"一区两群"协调发展有序推进。党的十八大以来，重庆着力推进"一区两群"，各区域彰显特色、协同发展，三大片区投资均保持较快增长，区域良性互动发展格局逐步形成。主城都市区投资较快增长，中心城区、主城新区投资重心各有侧重。主城都市区在整体投资中的占比超过70%，是带动全市投资增长的主要载体。由于中心城区和主城新区所处发展阶段不同，主导产业不同，招商引资的重心和方向不尽相同。中心城区主要承载国际交往、科技创新、先进制造、现代服务等高端功能，在产城融合、旧城改造等政策指导下，城市建设提升等方面的投资增长较快，房地产投资占整体投资的比重超过50%；主城新区作为全市新型工业化主战场，其工业投资是拉动固定资产投资增长的主要力量，2012~2022年年均增长12.7%，投资额占全市工业投资的一半以上。渝东北三峡库区城镇群、渝东南武陵山区城镇群新型城镇化和乡村振兴加快推进，基础设施投资占据主导地位。2012~2022年渝东北片区、渝东南片区投资分别年均增长12.0%和6.8%，占全市整体投资的比重稳步提升。"两群"地区加快推动以县城为重要载体的新型城镇化建设，坚持基础设施投资与产业发展并重。其中，"万开云"板块围绕开放口岸、物流枢纽、产业园区、城乡建设等领域，基础设施投入力度不断加大；渝东南片区基建投资占区域整体投资的比重超过 40%，聚焦"乌江画廊、武陵风光、生态康养"三大主题，城乡风貌打造和文旅基础设施"补短板"持续推进。

2. 消费运行走势及结构变化

党的十八大以来，重庆消费运行呈现"量增、速减、结构优"的特点。2012~2022 年全市社会消费品零售总额年均增速为 10.6%，高于全国平均增速 2.0 个百分点，并呈现大宗消费、服务消费及线上消费占比持续提升的特征。消费贡献率先升后降，2012~2020 年最终消费贡献率由 47.0% 逐步上升至 49.6%，2022 年最终消费贡献率降至 42.2%，为近 10 余年最低水平。

社会消费品零售总额规模扩大，消费结构升级趋势明显。党的十八大以来，重庆社会消费品零售总额从 2012 年的 5141.1 亿元，到 2018 年突破 1 万亿元大关，至 2022 年达到 13926.1 亿元。同时，随着居民生活水平不断提高及消费理念逐步转变，全市消费升级趋势明显。升级类商品消费快速增长，汽车消费贡献突出。汽车消费成为消费市场增长主引擎，2022 年重庆汽车类零售额达 1259.1 亿元，是 2012 年的 1.9 倍，年均增长 12.3%，占限额以上单位零售额的 30.0%，其中新能源汽车占汽车类零售额的比重达到 18.6%。此外，汽车消费带动下的石油及其制品类商品零售额年均增长 13.7%，占比由 2012 年的 8.9% 提升至 2022 年的 13.6%。部分可选类商品保持较快增长，限额以上单位文化办公、通信器材、体育娱乐用品类商品零售额分别年均增长 15.2%、21.7% 和 10.6%。与房地产消费相关的限额以上单位家用电器和音像器材类商品零售额达到 284.6 亿元，是 2012 年的 1.3 倍。服务型消费较为旺盛，文旅消费、网上消费呈现爆发式增长。消费升级步伐加快，服务型消费占总消费的比重明显提升。其中，随着"大都市""大三峡""大武陵"三大旅游品牌的加快打造，旅游消费潜力加速释放，2022 年重庆实现旅游总收入 5739 亿元，较 2012 年增长 3.5 倍；文化娱乐消费总体保持增长态势，重庆电影票房收入由 2012 年的 5.5 亿元快速提升至 2019 年的 15.9 亿元，2022 年仅为 7.6 亿元，但仍居全国各城市第 6 位；在文化旅游、娱乐休闲等需求增多带动下，餐饮类服务消费较快增长，2022 年重庆餐饮收入达到 1915.5 亿元，是 2012 年的 2.9 倍。线上消费持续活跃。在数字技术驱动下，线上线下消费加速融合，传统商贸企业加快"上网触电"，全市通过互联网实现零售额1亿元以上的企业增至64家，带动网络消费快速增长。同时，随着国际消费中心城市、跨境电子商务综合试验区等建设和服务贸易创新发展试点深入推进，重庆服务贸易快速发展。近5年全市服务贸易额累计达到3000亿元，其中跨境电商交易额由2012年的5.2亿元大幅提升至2022年的412.0亿元。

城乡区域消费特色化差异化发展，多点支撑格局加快构建。党的十八大以来，重庆着力推动各区域充分发挥特色优势，激发消费活力，"一区"消费供给更趋优化，"两群"乡村、文旅消费潜力逐步释放。主城都市区成为引领重庆消费潮流的先锋和消费转型升级的主战场。目前已形成来福士广场、砂之船奥特莱斯、江北国际机场三个国际消费地标，初步构建起以中央商务区为龙头、以城市核心商圈为主体、以社区便民商圈为补充的三级商圈发展格局，中高端消费、服务体验消费集聚能力持续增强，社会消费品零售总额占全市消费总量的比重持续稳定在70%以上，是支撑重庆消费市场发展的中坚力量。渝东北三峡库区城镇群、渝东南武陵山区城镇群以生态绿色为特征的特色消费加快增长。近年来，渝东北片区围绕长江三峡生态资源提速打造特色商街、古镇和景区，渝东南片区依托武陵山区生态旅游、民俗风情推进"大仙女山""乌江画廊""生态黄水""古镇边城"等特色消费集聚区建设，文化观光游、乡村休闲游发展态势良好，带动文旅消费快速增长。同时，随着直播电商、即时零售等新业态不断涌现，奉节脐橙、巫山脆李、城口腊肉、秀山土鸡、武隆豆干等特色农产品品牌影响力持续扩大，进一步带动"两群"地区乡村消费扩容提质。2012~2022年，渝东北片区、渝东南片区社会消费品零售总额分别年均增长13.4%和12.4%，均高于全市社会消费品零售总额的年均增速（10.6%）。

（二）内需增长潜力分析

"十四五"时期，内需仍是拉动重庆经济增长的主要动力，但在新发展阶段，亟须推动新旧动能转换。重庆市综合经济研究院运用重庆宏观经济预测模型，对重庆未来经济增长动力转换、经济结构调整以及国内外发展环境变化进行研究，并研判分析未来重庆劳动投入量、资本投入量、全要素生产率的变化趋势，预测得出"十四五"期间重庆经济潜在增长率为7.7%左右。① 在此基础上，重庆内需增长潜力分析预测如下。

1. 投资增长潜力分析

随着我国工业化、城市化进程的不断深入推进，经济已从高速增长阶段进入高质量发展阶段，过去那种依靠大量的基础设施建设和房地产开发拉动投资增长的需求因素已经悄然发生变化。就重庆而言，虽然未来在新型城镇化以及产业转型升级的带动下，投资增长仍有空间、有潜力，但动力会有减弱。一是新型城镇化补短板的投资需求将加快释放。重庆城市更新、区域互联互通、社会民生、能源保障等领域建设还存在较多不足，新型城镇化加快推进也将激发部分基础设施领域补短板的建设需求和投资新机遇。二是产业升级和科技创新投资将快速增长。数字化、智能化、低碳化成为产业发展新趋势，围绕产业创新、技术改造等方面的投资将持续放量。同时，聚焦提升重点产业链自主可控能力，基础研究和应用研究方面的投入力度将不断加大。三是国家战略下投资新空间不断扩大。顺应西部（重庆）科学城、西部金融中心、国际性综合交通枢纽、国际消费中心城市等国家战略定位要求，一批高铁、高速公路、通道物流、大科学装置等重大基础设施项目将加速布局，将为投资带来新的强劲增长动力。四是人力资本投入将持续增加。随着"人口红利"逐步转向"人力资本红利"，教育、职业培训等领域投入将加大，提升城市人才吸引集聚能力的相关投资也将不断扩大。五是投资资金来源将进一步拓展。专项债、政策性开发性金融工具等政策持续发力，基建投资资金保障力度加大。同时，全国统一大市场加快构建，要素市场化改革、投资项目审批制度改革等深入推进，将为民营企业营造更为公平的投资环境，投资资金来源将不断拓展。在上述投资潜力定性分析的基础上，结合

---

① 参考2020年度重庆市综合经济研究院《"十四五"重庆经济社会发展思路及目标体系研究》相关成果。

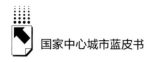

定量测算，预计"十四五"期间重庆固定资产投资年均增长 6% 左右。

2. 消费增长潜力分析

随着汽车、住房等大规模集中消费时代逐步进入尾声，消费动力将加速迭代转换，国际消费中心城市建设、消费新业态持续发展以及居民就业、收入不断改善等将有效激发重庆消费增长动力和潜力。一是国际消费中心城市建设将加速推动消费提档升级。随着寸滩国际新城等国际消费平台打造，解放碑、观音桥等商圈升级，以及保税商品展示展销、免税购物等国际化消费场景营造，消费环境将进一步改善，国内外消费的集聚力将进一步提升。二是消费新业态发展释放消费增长潜能。重庆正处于消费加速升级阶段，首店经济、直播经济等时尚潮流消费加快发展，将带动相关消费潜力释放。在"双碳"目标驱动下，绿色家电、新能源汽车将成为重要增长点，服务消费和实物消费将持续更新迭代和提质升级。同时，在数字赋能下，重庆电商主体不断壮大，将带动线上消费规模进一步扩大。三是消费新场景加快打造助力提高消费吸引力。聚焦推动网红效应加速"变现"，一批夜间消费集聚区、特色消费集聚区等消费新场景加快打造，将有效提高重庆消费吸引力。四是居民就业、收入改善带动消费能力和信心增强。文旅、餐饮等行业逐渐恢复，就业机会增多，加之国家围绕稳就业、增收入等方面的政策支持，将促进居民就业及收入改善，消费能力和预期将得到较大提振。五是通道、试点等建设提速推动消费扩容提质。西部陆海新通道运营水平不断提高，服务业扩大开放综合试点等建设加快推进，国际人流、物流、商流加速集聚，将有利于推动重庆消费持续扩容提质。在上述消费潜力定性分析的基础上，结合定量测算，预计"十四五"期间重庆固定资产投资年均增长 8% 左右。

二 重庆扩大内需的主要举措、成效及短板

（一）着力扩大有效投资

重庆深入贯彻党中央、国务院关于稳住经济大盘和扩大有效投资的决策

部署，高效统筹经济社会发展，深入推动"抓项目稳投资"专项行动，实现了全社会固定资产投资质的有效提升和量的合理增长。

1. 聚力重大项目建设

梳理形成市级重大项目开工、在建、前期"三张清单"，按旬、月、季落实项目主要节点，加快推动形成投资实物量。2022 年，市级重大项目完成投资超过 4000 亿元，重庆"十四五"规划纲要明确的 532 个重大项目（专项）已累计实施 272 项，国家"十四五"规划纲要中涉渝 8 个重大项目（包）进展顺利。一是加强重大项目调度。成立重大项目工作领导小组，设立市领导任组长的重点工作专班，建立"四位一体"调度机制①。2022 年，相关部门召开项目调度会议 480 余次，调度项目及卡点难点问题 800 余个（项），保障了重点项目的顺利推进。二是实行重大项目开工、在建、前期"三张清单"管理模式。对前期工作较为成熟的项目，倒排开工计划，力争早落地、早开工、早放量，成渝中线、藻渡水库等 200 个重大项目启动建设。锚定在建项目建设关键节点，及时梳理并协调解决施工环境、时长等制约因素，江北国际机场 T3B 航站楼及第四跑道、轨道交通 15 号线等 601 个项目提速建设。把握前期项目可行性研究、初步设计等关键环节，确保早介入、早衔接、早审查，重庆新机场、黔江至吉首高铁等 295 个前期储备项目加快推进。

2. 狠抓重点领域投资

聚焦扩大有效投资重点领域，出台扩大有效投资的 22 条政策措施，推动基础设施、工业、民生投资保持快速增长。一是持续加强基础设施建设。抢抓国家适度超前开展基础设施建设、扩大专项债券使用范围、新增政策性金融贷款等政策机遇，全面加强基础设施建设，高铁通车里程达 1121 公里，高速公路实现县县通，江跳线等 61 公里城市轨道投入运营。二是持续推动工业投资提质增效。出台支持企业技术改造投资和扩大再投资的政策措施，新实施智能化改造项目 1407 个。全方位强化用地、用能、用工、资金等要

---

① 市长任组长、常务副市长召集、分管副市长督促、部门和区县抓落实。

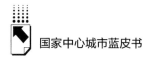

素保障，促进项目加快落地、加快建设、加快投产，全年市级重点产业项目投资同比增长 66.5%。三是深入实施城市更新行动。推动"两江四岸"治理提升和老旧小区改造，实施长嘉汇、科学城、广阳岛等城市功能名片及嘉陵滨江生态长廊项目 87 个，新开工改造城镇老旧小区 3109 万平方米。四是持续加大民生投资力度。滚动实施重点民生实事，社会事业投资同比增长21.1%，长江国家文化公园重庆段、重庆工商大学茶园校区等民生项目建设取得较大突破。

3. 强化投资资金保障

深入推进投融资体制改革，持续加强投融资模式创新，建设资金保障能力不断增强。一是着力提高要素统筹能力。加强政府投资"六个统筹"管理，获得第六次国务院大督查通报表扬并全国推广。完善项目库、资金池、资源要素池、资产池"一库三池"的投融资统筹机制，连续 5 年编制市级政府投资三年滚动规划和年度投资计划，2018 年以来累计安排市级政府投资计划 10338 亿元。二是积极争取国家资金。建立专项债券项目推进机制、运作机制、督查机制和长效机制，2018 年以来累计争取国家下达专项债券额度 4981 亿元。聚焦国家支持的重点领域和方向，超前谋划、精准对接，2018 年以来累计争取中央预算内投资 680 亿元。三是持续深化投融资创新。推动重庆东站 TOD 综合交通枢纽、渝湘复线高速等一批 PPP 项目落地实施。积极开展公募 REITs 试点，加快在高速公路、保障性租赁住房、旅游基础设施等领域推广，渝遂高速 REITs 在 2022 年 7 月 8 日上市发行，是西部地区首单公募 REITs。

4. 创新投资审批制度

持续深化投资审批制度改革，着力提高投资项目审批数字化水平，"制度+技术"改革相关做法被国务院职转办作为典型经验全国通报。一是持续推进投资审批制度改革。出台《关于进一步推进投资项目审批制度改革的若干措施》（渝发改规范〔2022〕4 号）等文件，项目管理、审批和服务进一步规范优化。"技审分离、平面审批"改革加快实施，相关部门按互不为前置原则出具审查意见，投资项目审批提速，项目前期技术准备时间平均压减 2 个月以上。二是强化数字赋能投资项目审批。出台《投资项目基础数据分类与编码规范》《投资项目信息资源目录编制指南》2 个地方标准，投资项目基础库建设被国家发展改革委作为典型经验全国推广。深化投资项目在线服务监管平台应用，跨部门跨领域审批改革协同持续强化，相关业务系统对接水平不断提高，2022 年共享交换数据超 30 万条。

（二）不断提升消费质效

党的十八大以来，重庆贯彻落实党中央、国务院关于扩大内需、促进消费的决策部署，以国际消费中心城市培育建设为引领，深入实施"巴渝新消费"八大行动，综合施策释放消费潜力，以"国际范、巴渝味"为特色的消费扩容提质成效明显。2022 年，全市实现社会消费品零售总额 13926.1 亿元，消费对经济增长的"稳定器""压舱石"作用进一步巩固。

1. 打造巴渝特色消费平台

突出巴渝特色，深入推进国际消费巴渝新地标、新场景建设，高能级高品质消费载体不断涌现。一是优化升级国际消费商圈。中央商务区提档升级和寸滩国际新城"两大极核"加速崛起，解放碑—朝天门、观音桥世界知名商圈升级提速，已建成城市核心商圈 49 个，其中，百亿级商圈达到 12 个。二是提档升级国际消费特色名街名镇。成功打造磁器口、鹅岭贰厂、十八梯等特色街区，以及大九街、鎏嘉码头等夜间经济示范区，龙兴古镇、中山古镇等加快改造升级，建成市级特色商业街 23 条、市级美食街区 53 条。龙门浩老街、江北嘴、巴国城等地成功获评国家级夜间文化和旅游消费集聚区，武隆荆竹村入选联合国世界旅游组织"最佳旅游乡村"名单[①]。三是全力打造消费新场景。九龙美术半岛、广阳智创生态城、融创文旅城等新场景打造提速，跨境电商综合试验区、综合保税区等一批国际消费平台初具规

---

① 中国浙江余村、安徽西递村（首批）、广西大寨村和重庆荆竹村（第二批）入选联合国世界旅游组织"最佳旅游乡村"。

模，2022年全市跨境电商交易额同比增长27.9%。

2. 丰富多元品质消费供给

以"四首经济"为重点，加快消费业态迭代升级，促进品质消费供给不断增多。一是大力发展"四首经济"。推动首店、首牌、首秀、首发"四首经济"加快集聚，"名品国潮"消费供给持续优化，累计引进国际知名品牌700余个，覆盖解放碑、观音桥、万象城、大坪时代天街等核心商圈。二是加快培育"重庆造"品牌。聚焦重庆味道、重庆工艺、重庆制造等重点领域，累计培育中华老字号19个、重庆老字号291个，成功打造美食地标11个、国家美食地标城市9个。精雕培育"川菜渝味"品牌，推动梁平"中国西部预制菜之都"、合川"重庆火锅食材产业园"、云阳"中国鲜面之都"获命名，145道地方特色菜入选"重庆地标菜"，11家餐饮企业入选全国100强，重庆德庄、重庆刘一手等6家火锅企业进入全国20强，数量位居全国第1。三是提速打造消费新业态。直播电商、数字消费等消费热点加速打造，建成各类电商集聚区54个，集聚电商企业3900余家，2022年全市完成网络零售额1688.1亿元，同比增长3.7%，增速高于全国2.1个百分点。夜间经济、江岸经济、免税经济等蓬勃发展，重庆连续3年荣登全国夜经济10强城市榜首。

3. 健全城乡商贸流通体系

以建设现代商贸流通体系为重点，着力畅通流通网络"大动脉"，打通城乡流通"微循环"。一是不断优化商贸物流枢纽体系。持续推动五大重点商贸物流枢纽①功能提升，促进家居建材、汽摩配件、五金机电、医药流通、农产品等重点领域专业市场群组团式发展，融合专业市场、电商快递、农产品流通、冷链仓配等多业态的区域商贸物流配送网络体系基本成型，全市县级物流配送中心累计达到71个。二是全力打造县域商业体系。以中央商务区为龙头、以区县城市核心商圈为主体、以社区便民商圈（乡镇商圈）

---

① 重庆果园港国家物流枢纽、重庆国际物流枢纽园区、江北国际机场航空物流基地、巴南南彭公路物流基地、白市驿双福市场群。

为补充的三级商圈发展格局基本形成，对串联城乡消费市场起到积极作用。社区团购蓬勃发展，着力打通保供"最后一百米"。三是加快完善农村电商物流网络体系。全市已建成农村电商公共服务中心26个、物流配送中心35个、镇乡及村服务站点4500余个，2022年农村网络零售额达到331.2亿元，同比增长4.3%，农村流通服务能力明显增强。

4. 营造安全放心消费环境

通过接续有力的促消费政策和形式多样的促消费活动，营造浓厚消费氛围。一是完善国际消费促进制度体系。出台《重庆市培育建设国际消费中心城市若干政策》《建设富有巴蜀特色的国际消费目的地实施方案》等系列政策，推动国际消费中心城市建设方向更加清晰。出台《促进消费恢复发展若干政策措施》《重庆市进一步释放消费潜力促进消费持续恢复若干措施》等促消费政策，2022年在零售、餐饮住宿、文旅、体育等重点领域发放消费券超1亿元，极大地提振了消费市场活力。二是开展多样化促消费活动。围绕培育"巴渝新消费"，以"爱尚重庆·渝悦消费"为主题，高频次策划举办国际消费节、不夜重庆生活节、重庆火锅文化节、成渝双城消费节等特色消费主题活动，对激发消费市场活力起到积极作用。三是持续改善消费环境。不断深化服务业扩大开放综合试点和营商环境创新试点城市建设，着力改善"渝快服务"消费环境，在食品安全、餐饮住宿、旅游休闲、网络消费等重点领域制定实施相关法规和标准，扎实开展电商平台"亮照、亮证、亮规则"行动，促进消费环境更加安全放心。

5. 提高城乡居民消费能力

以促进高质量充分就业和完善收入分配机制为重点，推动提升居民消费能力。一是全力促进市场主体保就业。近年来，重庆多渠道促进市场主体稳岗扩岗保就业，以"降、缓、返、补、扶"系列政策包强化市场主体纾困解难，组织开展春风行动、高校毕业生就业服务攻坚行动、困难人员就业帮扶行动等专项行动，积极开展各类职业技能培训带动重点群体就业，2022年新设立市场主体53.2万户、城镇新增就业71万人。二是推动居民收入稳定增长。不断完善收入分配机制，最低工资、城乡低保、残疾人"两项补

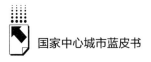

贴"、孤困儿童保障和优抚对象抚恤补助标准实现稳步调增，最低工资标准与经济增长、社会平均工资增长联动机制加快建立健全，促进低收入群众稳定增收。2022年全体居民人均可支配收入为35666元，近5年年均增长8.1%，城乡收入差距缩小至2.3:1。

（三）存在的短板和问题

在努力扩大投资、提振消费的同时，重庆供给结构调整与经济社会发展需求变化的适应性和匹配度还不高，促进要素资源畅通流动的市场流通机制仍存在堵点短板，以投资带消费、以消费促投资的联动效应还需进一步增强。

1.扩大有效投资与高质量发展要求仍有差距

以有效投资赋能高质量发展的"靶向性""精准度"还不够，政府投资对全社会投资的引导带动还不足。一是政府投融资能力待增强。政府投资效益总体不高，不仅缺少聚焦国家战略和重庆发展需求的系统性、前瞻性重大项目，部分领域仍存在低效投资、重复投资的问题，针对项目决策科学性、合理性的前期评估论证机制还有待完善。政府投融资仍主要依赖财政资金，间接融资多、直接融资少，对社会资本的引导和撬动不够，市场化投融资能力还待提升。二是社会投资积极性仍显不足。民间投资预期依然偏弱，盈利空间不足、风投等股权融资渠道缺乏对企业投资扩产的意愿和能力形成制约。重庆虽拥有成渝地区双城经济圈、西部陆海新通道、中新示范项目、自贸试验区等国家重大战略，但资源优势尚未明显转化为对新兴产业项目、创新资源、人力资源的强大吸引集聚力。部分领域投资仍存在"国进民退"的情况，市场准入、公平竞争、政务服务等方面仍需进一步深化改革。

2.消费市场供需结构性矛盾有待进一步破解

顺应消费者需求变化的消费新业态新模式供给还不足，就业收入与促进消费的良性循环还需进一步畅通。一是消费市场供需适配性还待增强。多元化、个性化、专业化的商品服务供给体系尚未形成，国际化消费场景创造、品质化消费业态引进、多元化服务消费供给与国际消费中心城市建设要求仍有较大差距，网红城市流量的价值变现还不强，国际潮牌、文化创意、体育休闲、时尚娱乐、新零售等领域发展仍显滞后，"旅游+"、"+旅游"以及数字化消费场景、融合业态打造还不足，针对中等收入群体、"Z世代"年轻群体、"银发"群体的特色化消费供给仍需进一步丰富。二是居民消费能力有所下降。部分群体、行业结构性失业问题仍较突出，全体居民人均可支配收入仍低于全国平均水平，近年来居民收入增长放缓、预防性储蓄动机强烈，一定程度上降低了即期消费，居民消费能力对消费增长的支撑作用还不够强劲。

3. 现代市场和流通体系建设仍面临短板瓶颈

现代商贸流通体系建设仍存在堵点短板，市场一体化体制机制障碍还待进一步破解。一是商贸流通设施建设尚有不足。成渝地区城际铁路、高速公路等交通网络互联互通不够，重庆主城都市区快速路网仍待加密，与"两群"地区交通联系仍显滞后。应急物流、冷链物流节点建设较为不足，"最后一公里"配送体系尚不完善，物流设施有待体系化、标准化、智能化、规范化。二是市场体制机制尚不完善。成渝地区要素市场联动和制度规则协同难题尚待突破，市场监管规则、标准和程序尚不统一，地方优惠政策竞争依然存在，商品和要素自由流动仍面临一些隐性壁垒和地方保护。三是流通企业竞争力不强。商贸流通企业规模整体偏小、数字化转型能力不足，品牌化、专业化的市场主体集聚不够，缺少具有全球竞争力的现代商贸流通企业。跨境物流、供应链物流等市场主体不强，流通新技术新业态新模式创新不足，难以对商贸流通畅通循环发展形成有效支撑。

4. 促消费与扩投资的联动效应尚未有效发挥

消费与投资的动态适配不足，以投资带消费、以消费促投资的双向联动还待增强。一是以投资带消费还显不足。投资结构中，消费升级类、改善民生类投资占比偏低，网络通信、多功能停车场、物流仓储以及特色消费载体、养老服务设施等消费相关基础设施布局建设缓慢，物联网、大数据、

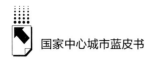

VR、射频等新技术在商业领域的投资应用还较少。二是以消费促投资还待增强。以消费升级为导向的产业转型升级不足，导致投资对促进消费增长、提升消费供给质量的带动和牵引作用发挥有限，特别是在特色消费品开发、定制化柔性制造、智能产品和数字内容创造等方面，重庆产业转型升级较为缓慢，产业升级与消费升级同步性还需提升。

三　对策建议

在全球经济复苏乏力、国内经济"三重压力"仍较突出的背景下，坚持扩大内需战略，着力扩大有效投资规模，推动消费扩容提质，加快释放内需潜力，有利于增强重庆经济内生增长动力，更好地应对外部环境变化带来的不确定性风险挑战，推动全市经济形势整体恢复好转。

（一）聚焦国家战略和发展短板，积极拓展有效投资新空间

深入实施"抓项目稳投资"专项行动，加快启动一批补短板、锻长板的基础设施、科技和产业重大项目，激发民间投资活力。一是加强投资项目运行调度。强化投资"工作项目化、项目清单化、清单责任化"推进机制，完善区县招商引资赛马规则，实施好重点项目日调度、周督促、月考核制度，确保项目建设顺利推进。完善重大项目专班推进机制，在全市开展投资"春季冲锋、夏季攻势、秋季攻坚、冬季突击"行动，力争加快形成实务工作量。二是大力推动重点领域投资。围绕成渝地区双城经济圈、西部陆海新通道等建设，谋划启动一批高铁、城际铁路、高速公路、物流枢纽等重大基础设施项目，全力推动在建基建项目投资放量，支持新能源、工业互联网、云计算等新型基础设施项目布局。围绕产业发展短板，加快引进一批成熟产业项目，扩大新能源汽车、生物医药、新材料等新兴产业投资，落实制造业设备更新等技改政策，加大中小企业技改升级支持力度。持续稳妥推进保交楼工作，督促"久供未建""久建未完"项目加快建设，支持区县开展购置税减免和送装修、送物业等优惠活动，提振房

地产市场信心。聚焦西部科学城建设，面向世界科技前沿及国家重大科技创新需求，以联合社会资本设立科创基金、产业基金等模式，扩大公共创新平台、基础科学研究等方面的投资。三是有效激发民间投资活力。推出一批面向民间资本的重大招商引资示范项目，吸引民营企业参与重大产业项目、基础设施补短板项目、社会民生项目和科技创新项目建设，扩大REITs、PPP、特许经营权等应用范围，引导民营企业参与公共服务、节能降碳、城市更新等领域投资。

（二）加快国际消费中心城市建设，全面促进消费扩容提质

聚焦国际消费中心城市建设，扩大消费多元品质供给，营造良好的消费氛围，推动消费持续恢复。一是营造良好消费环境。打造国际化特色消费平台，统筹推进中央商务区、寸滩国际新城建设及解放碑、观音桥等商圈升级，推动特色街区、夜经济集聚区提质发展，加快打造一批消费新地标，增强消费吸引力、承载力。积极推出汽车、家电等促销及"以旧换新"政策，支持区县继续发放消费券，进一步撬动消费增长潜能。统筹开展"爱尚重庆"消费促进活动，支持区县策划举办丰富多彩的文化、旅游、节庆、赛事等特色消费活动，激发消费市场活力。二是增强优质消费供给能力。深入实施"巴渝新消费"八大行动，培育壮大首店首发、时尚、文旅等消费新热点，加快夜间经济、共享经济、即时零售等消费新场景、新模式、新业态培育，加大老字号、网红品牌宣传推广力度。积极稳定吃穿住行等基本消费，扩大智能网联新能源汽车、绿色智能家电、智能家居等大宗商品消费，推动健康、文体、养老、托育、家政等服务消费提质发展，打造一刻钟便民生活圈，加快释放消费潜力。三是发挥数字赋能消费作用。围绕消费线上线下融合发展趋势，大力支持直播电商、跨境电商等发展，围绕农特产品、特色食品、手工艺品等打造一批直播基地、电商产业园、网货产业带，拓展渝货销售市场空间。同时，加强数字赋能，打造一批智慧商圈、智慧菜市场等商贸平台，提升智慧商业应用能级，探索开展农副食品"全链追溯"大数据监管，持续推动商贸行业数字化转型。

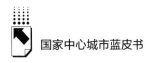

（三）顺应需求变化和产业革命，前瞻性布局新产业新产品

以消费升级为导向，推动建立现代化产业体系，增强消费市场高品质供给能力，满足个性化、多样化消费需求。一是推动制造业高质量发展。着力增强摩托车、汽车等传统制造业创新发展、绿色发展能力，推动新能源汽车、生物医药等新兴产业集群发展，做强调味品、智能穿戴产品、时尚服装等消费品产业集群，拓展预制菜等产业新赛道，加快新产品开发、新品牌打造和推广，更好地满足消费市场升级需要。二是加快服务业品质化发展。推动生产性服务业向专业化和价值链高端延伸、生活性服务业向高品质和多样化升级，壮大商贸、文化、旅游、健康、体育等生活性服务业产业集群，打造以金融、物流、软件信息、科技研发服务为主导的生产性服务业产业集群，加大亲子游、露营、沉浸式体验、元宇宙等新业态新产品供给力度，提高服务供给对消费需求升级的适配性。三是促进特色效益农业精细化发展。加快农业全产业链建设，精细化打造柑橘、茶叶、中药材、生猪等农业优势特色产业，培育壮大"巴味渝珍""三峡柑橘"等区域公用品牌，增强产品辨识度和消费感召力。推动农业与工业、服务业联动发展，大力度发展农产品加工业，提升农业商品化水平；持续壮大农产品电商、乡村休闲旅游等新业态，繁荣农村消费市场。

（四）打造双循环战略性枢纽节点，充分释放内需增长潜能

发挥重庆内陆开放优势，联通联动国内国际消费市场，提升物流、商流、人流等集聚辐射能力。一是增强开放通道物流的消费引领作用。依托内陆国际物流枢纽和开放口岸，发挥西部陆海新通道、中欧班列等通道优势，扩大欧盟、东南亚地区及通道沿线国家平行汽车、冷链食品、母婴用品、化妆品等高端消费品进口，建设多层次进口商品分销体系，增强国际化消费供给能力。发挥重庆自贸试验区创新优势，积极探索"保税+实体零售"新模式，扩大免税购物、保税商品展销等规模，进一步释放内需市场潜力。二是推动成渝地区双城经济圈商贸市场一体化发展。推动成渝构建内外联动、区

域联通、自由流动的基础设施体系、产品供应链体系和共同配送体系，形成竞争有序的统一商贸大市场。联动川渝调味品、休闲食品、手工艺品等特色消费品产业发展，提升"川菜渝味"区域公用品牌市场影响力。强化川渝旅游线路、文旅活动等协作，共建富有巴蜀特色的国际消费目的地。三是健全"一区两群"商贸流通业体系。加快主城新区、渝东北片区、渝东南片区高铁、城际铁路、高速公路等融城通道建设，在区域性交通枢纽、区域性中心城市布局一批商贸物流中心，完善冷链物流基础设施、设备配套，为跨区域商贸流通提供支撑。完善城乡物流配送网络，支持市内大型商超在主城新区及两群地区布局零售终端，加密农村物流配送网点，构建城市商品下乡、农村商品进城快捷通道。

（五）深化投资消费制度集成创新，营造良好内需发展环境

深入推进扩内需体制改革，持续创新投融资、就业增收机制，促进投资与消费融合发展，推动形成扩内需合力。一是深化投融资体制改革。全面实施市场准入负面清单管理，深化行政审批"证照分离"改革，推动项目审批减时间、简环节、降成本走深走实，营造良好的投资环境。深化投融资改革，充分利用 REITs、专项债、TOD 等新型金融工具，引导和撬动民间资本投资。二是完善居民就业增收机制。积极探索完善收入增长和财富分配合理调节机制，多渠道提高居民财产性收入，加大高校毕业生、脱贫人口、农民工等重点群体就业创业帮扶力度，推动稳定就业、增加收入与促进消费的良性循环。完善养老服务、学前教育、公益医疗等社会保障政策，及时发放失业人员失业保险、失业救济金，加强商贸流通市场全链条大数据监管，保护消费者合法权益，消除居民消费后顾之忧。三是建立投资与消费融合发展机制。推动实施一批既扩投资、又促消费的复合型投资项目，扩大文旅、商业综合体、物流仓储等消费类项目投资，发挥投资对优化供给、促进消费增长的带动作用，形成扩内需倍增效应。围绕市场需求导向，前瞻性引ær布局一批粮油食品、智能消费电子、医美等消费品产业项目，增强消费对投资增长的促进作用，推动投资、消费可持续性良性发展。

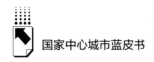

参考文献

《扩大内需战略规划纲要（2022—2035 年）》。

王文博、班娟娟：《多部门发声，新一轮扩内需施工图浮现》，《经济参考报》2021年 3 月 10 日。

《关于重庆市 2022 年国民经济和社会发展计划执行情况及 2023 年计划草案的报告》。

易小光等：《"十四五"重庆发展方略研究》，中国经济出版社，2021。

张立群：《全面实施好扩大内需战略》，《红旗文稿》2023 年第 1 期。

赵辰昕：《坚定实施扩大内需战略促进形成强大国内市场》，《中国产经》2022 年第23 期。

B.11
西安扩大内需与建设特大型
城市的做法及建议[*]

王铁山　赵家辉[**]

摘　要: 面对复杂严峻的环境，西安在扩大内需、建设特大型城市方面表现良好，经济大盘持续稳定，结构不断优化，内生动力增强，消费市场逐步回暖。这得益于西安不断完善城市功能，数字推动"三新"经济，深化改革扩大开放，构建城乡融合产业，从而引领消费升级，释放消费潜力，推动消费持续增长。未来，西安在扩大内需、建设特大型城市方面，还要继续建设完善现代产业体系，提升综合消费能级；聚力深化改革开放，提供持续消费动力；提升居民生活质量，激发消费市场活力；建强做优开放平台，提升消费服务能力；彰显人文之都魅力，建设国际消费中心。

关键词: 国家中心城市　特大型城市　内需　消费　新发展格局

　　近年来，面对复杂严峻的国内外形势，我国经济顶住压力，想方设法扩

---

* 陕西省哲学社会科学研究专项"数字经济推动陕西制造业高质量发展路径的统计测度研究"（项目编号：2023HZ0930），西安市社会科学基金项目"西安综合性国家科学中心和科技创新中心建设研究"（项目编号：23GL21），西安市科协决策咨询课题"秦创原创新驱动平台赋能西安先进制造业自主创新能力提升的路径与对策研究"（项目编号：23JCZX001R1）的阶段性成果。

** 王铁山，博士，西安工程大学管理学院副教授、硕士生导师，中国区域经济学会理事，中国软科学研究会理事，陕西省经济学会常务理事，研究方向为区域经济与产业经济；赵家辉，西安工程大学管理学院硕士研究生，研究方向为社会发展与公共政策。

大内需、促进消费，实现了持续发展。为了扩内需、促消费，从中央到各省市，各级政府及相关部门相继出台多项政策文件。2020年10月，国家发展和改革委员会等部门共同发布了《近期扩内需促消费的工作方案》。2022年10月，党的二十大报告指出，要全面贯彻新发展理念，充分发挥我国市场规模大的优势，根据国际环境的变化，不断扩大内需，奋力谱写中国式现代化建设的新篇章。2022年12月，中共中央、国务院印发《扩大内需战略规划纲要（2022—2035年）》，强调了实施扩大内需战略的远景目标和重点任务，从全面促进消费、加快消费提质升级，优化投资结构、拓展投资空间，推动城乡区域协调发展、提高供给质量、推动共同富裕等方面提出了要求。在国家发展和改革委员会印发《"十四五"扩大内需战略实施方案》的背景下以及在中央政策指导下，2022年西安在建设特大型城市过程中，不断从创新驱动、有效投资、对外开放、扩大内需等多方面入手，推动多元消费持续恢复和升级。

一 西安扩大内需与建设特大型城市的现状及问题

2022年，西安市委、市政府以习近平总书记视察陕西重要讲话精神为指南，将新发展理念全面准确贯彻落实，努力奋发，有所作为。从《2023年西安市政府工作报告》中可以看出，西安紧紧围绕市十四大确定的建设目标和重点任务，国家中心城市建设取得新成绩，主要表现在以下几个方面。

（一）经济大盘持续稳定

2022年，西安地区GDP达到11486.51亿元，与2021年相比增长4.4%，规模以上工业增加值增长13.9%，远超政府报告中8%的目标，均居副省级城市之首。

（二）经济结构不断优化

2022 年，西安市三大产业比重调整为 2.8∶35.5∶61.7，与 2021 年相比制造业比重提高 1.8 个百分点。六大支柱产业增加值合计 7652.81 亿元，增长 27.9%。国家级高新技术企业突破 1 万家，培育科技型中小型企业 1.23 万家，新增注册企业 12 家，总数达到 100 家。此外三星半导体、比亚迪汽车两家企业达到千亿级别，西安隆基乐叶光伏、吉利汽车、众迪锂电池三家企业达到百亿级别。

（三）经济内生动力增强

2022 年，西安市 917 个市级重点项目有效推进，78 个优质产业项目建成投产。国家高新技术企业数量预计突破 9700 家，同比增速超过 36%。投资呈现增长率高、内生动力强等良好趋势，民间投资、国有及国有控股企业、基础建设、工业投资等稳定持续增长。研发投入强度达到 5.18%，在副省级城市中排名第 2。

（四）消费市场逐步回暖

2022 年，随着居民收入稳步增长，居民消费能力也相应提高。西安市消费市场加速回暖，消费力明显复苏。西安居民人均可支配收入 40214 元，较 2021 年增长 3.9%，收入水平高于全国（36883 元）3331 元。地方政府收入增长 9.7%，扣除价格因素实际增长 1.7%，增速居副省级城市首位。

西安经济社会发展还存在一些问题。经济社会发展基础恢复还不够坚实，现代化产业体系还不够完整，需要推动生产要素质量提升、各种要素资源优化配置，数字经济发展速率低，对外开放还未达到一线城市水平，社区服务、城市基础建设、城市应急处理等方面仍需改进。综合反映出西安与前列国家中心城市的区域辐射带动能力还有差距。

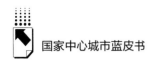

二 西安扩大内需与建设特大型城市的主要做法

2022 年，西安积极应对复杂多变的国际局势和多种超预期因素影响，及时制定对应政策，最大程度促进企业生产经营和物流平台运营，保障居民最基础的生活需求，在政策上为减轻企业的税费负担，同时增加现金流 540 多亿元，新设基金带动社会投资 3700 多亿元，推动全市经济加快复苏。西安通过以下五个方面为建设特大型城市增强根基，为不断扩大内需提供物质基础。

（一）不断完善城市功能，推动消费持续增长

1. 优化城市发展格局，预留消费增长空间

2022 年 2 月和 6 月，《西安都市圈发展规划》和《关中平原城市群建设"十四五"实施方案》先后获国家批复实施。西安借此机遇促进陕西、甘肃、山西三省联合，建立常态化协商机制，增强关中平原城市群发展动能。在此过程中，西安通过整合西安都市圈在经济、文化、科技等方面的优势资源，构建现代化交通运输网络，有序推进国家中心城市建设，引领区域经济社会高质量发展，同时带动黄河中游地区和西北地区融入"双循环"新发展格局。

2. 完善城市服务功能，强化消费增长基础

西安不断完善市域路网体系，市域路况持续改善，优化提升中心城区交通三年行动圆满收官。外环高速全线建成通车，轨道、公交、慢行三网协同增效，大大增加了市民出行的便利程度和效率，西安因此获评为全国绿色出行考核达标城市。

3. 推进城市产业发展，带动相关消费增长

在市政交通设施不断完善的同时，西安还实施全市新能源汽车充电基础设施建设三年行动，基本建成了适度先进、智能高效、配套车桩的充电基础设施体系。在全市范围内实现充电基础设施布局合理、新能源电动汽车充电

便捷高效的良好效果。同时，西安成为中国新能源汽车产量第一城，新能源汽车产量达到 101.55 万辆。可持续发展的"充电基础设施+产业体系"提升了城市综合消费能级，带动了西安新能源汽车消费。2022 年，西安新能源汽车销量位列全国城市第 15，可以预料，在未来几年新能源汽车领域消费还会持续增长。

（二）数字推动"三新"经济，创新引领消费升级

西安是全国著名的科学研究、技术创新和高等教育中心城市，我国第 3 个以历史文化为特色的"国际化大都市"。2022 年，西安立足优势，发扬特色，大力推动"三新"经济发展，新产业、新业态、新商业模式不断涌现。西安还采取便利措施推动企业数字化转型，一方面促进了劳动力、生产、经营、市场的恢复，另一方面促进了企业数字化转型和数字化产业发展。

1. 大力发展科学研究服务业

西安重组、新建 7 个国家重点实验室、104 个全国孵化载体、67 个"三器"示范，建成并投入运营沣东三维联动孵化通用基地、西安电子谷、科技大厦加速器等特色平台，国家超算西安中心一期顺利运营，未来人工智能计算中心算力爬升至全国第 2，多家科研机构入选"科技创新中国"首批创新基地。基于这些科研装置、平台和基地的投入及使用，各种新型科学研究服务层出不穷。例如，西安大力推动人才引育双轮驱动，聚焦"高精尖缺"，建设人才综合服务港、青年人才工作站等，在政策上对高端人才进行补贴，设立人才发展基金，精准招引海内外优秀人才，引进和培养高层次人才 8287 人，大项目好项目的落实关键在于吸收对口的优秀人才落户西安，有力支持各类科学研究获得进展。

2. 大力发展生产性服务业

西安以各类经济技术开发区为载体，继续优化区域经济布局，不同区域的优势互补促进各区域协调发展，强化金融业、知识产权服务业、软件和信息技术服务业等生产性服务业对制造业发展的支撑作用，积极促进各类市场主体参与供给，加快两业协作与协同发展，科技服务能力大幅提升。据统

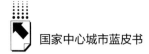
计，2022 年，西安科技集群全球排名跃升至第 22 位，在全球科研城市 100 强中居第 29 位，在科技创新发展指数排名中居全国第 10 位，还获得首批国家知识产权强市建设示范城市荣誉称号。

3. 做精文化旅游服务业

西安发挥文旅资源优势，深挖产业发展潜力，引导文旅产业向品质化、高端化发展，加强融合创意设计、影视传媒、演艺娱乐、动漫游戏等高附加值产业发展，特别是深度推进融合西安特色景区数字经济与实体经济，推进旅游管理服务智能化，完善文化旅游配套服务结构提升服务水平，培育具有国际影响力的新业态和新模式。例如，西安推出唐代文化主题的"长安十二时辰+大唐不夜城"，同时加强与各类媒体的合作，总计接待中外媒体万余家，相继登上抖音、微博等的全国热榜第 1，全网总曝光量超百亿人次。夜游经济增加了游客数量，带动了餐饮、酒店、休闲、娱乐等产业发展，创造千余个就业岗位。该项目消费增速全国第 1，助力西安成为夜经济全国 10 强城市，夜经济景区影响力全国排名第 1。西安现已成为全国首家全唐沉浸式体验聚集地、夜游经济的全国引领者，将传统商业综合体与文商旅深度融合。再如，西安根据古城特色开设了双层城市观光车，路线覆盖了游客来西安的必打卡景点，一层有向乘客推荐选购的工作人员，二层配备了金牌讲解员，提供各种贴心的一站式服务，使得外地旅客更好地了解西安文化。

（三）深化改革扩大开放，加速释放消费潜力

西安以深入开展"营商环境突破年"活动为抓手，以重点改革创新引领营商环境建设水平系统提升，推进改善覆盖市场主体、项目建设、市民群众的服务保障链，有效增强市场主体活力。西安因在"对外开放提升"和"投资建设完善"两个维度上表现优异，入选中央广播电视总台发布的"2022 城市营商环境创新城市"，一大批改革经验在全国复制推广。改革开放促进了西安国内外贸易发展，加速释放消费潜力，进而带动和扩大国内外消费。

1. 深化行政效能改革

西安完善市政务服务中心功能，升级上线综合政务服务平台，政务服务结构不断完善。市级政务服务的效率和质量都有所提高，按照"应进必进"原则，凡涉及行政相对人需要提交办事材料的政务服务事项，进驻市级大厅受理。15分钟内即可办理90%以上的公民个人事项，实现直达快享、免申即享。

2. 提升对外开放水平

西安成功举办全球创投峰会、全球硬科技创新大会、丝博会等多个重大国际会展活动，荣获"2022年度中国最具影响力会展城市"。西安再次当选世界城地组织联合主席城市，哈萨克斯坦总领事馆落地西安，西安的国际知名度和影响力逐渐扩大。"一带一路"综合试验区建设深入推进，启动全国首个陆路启运港退税试点，中欧班列（西安）集结中心提质增效，中欧班列一站式综合服务平台投入运营，长安号全年开行4639列、增长20.8%，核心指标稳居全国第1。2022年，西安市全力稳住外贸基本盘，着力提升对外贸易规模和质量，受到国务院办公厅督查激励通报。此外，西安还建立完善招商引资项目全流程跟踪服务体系，从10个方面加大政策支持力度，加强链式招商，不断补链强链延链。面向海内外，吸引产业发展急需紧缺人才，联合开展科技创新和技术攻关，对参与协同创新的高层次人才给予奖励，持续加大硕博人才吸引力度。

3. 完善投资建设服务

西安推行"一码管地""标准地+承诺制""工业用地弹性出让"模式改革，打造工程建设项目全生命周期服务体系，项目全流程审批时间从388个工作日大幅压减至平均48个工作日。打造"秦创原"创新驱动平台总窗口，构建两链融合"促进器"和科技成果产业化"加速器"。

（四）构建城乡融合产业，振兴县域乡村消费

2022年，西安加快构建城乡融合产业体系，推进城乡融合发展，在绘就好"丰"景的同时，增加村集体经济收入和农村居民人均可支配收

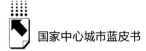

入，提高村民的生活品质，为振兴县域乡村消费、扩大内需打好基础、奠定"底墒"。

1. 加快特色产业转型升级

西安切实落实市长"菜篮子"负责制，全市菜地保有面积落到实处，建设蔬菜和生猪应急保供生产基地，保障"菜篮子"产品数量及质量安全。临潼区入选全国主要农作物生产全程机械化示范区，周至猕猴桃蝉联中国区域公用品牌猕猴桃类价值排行榜第1，并成功通过国家名特优新农产品全过程质量控制试点项目评审。西安挖掘村庄特色文化，包装特色景点，完善村庄的基础设施，建设主题民宿、游乐设施、美食街区、文化长廊等能够承载流量的平台和载体，争创国家级农业现代化示范区。

2. 加强龙头企业创新带动

西安积极创建农业产业化联合体，构建龙头企业与农民专业合作社利益共同体。新增市级以上农民专业合作社示范社63家、农业产业化龙头企业36家、国家级"一村一品"示范村镇20个，2家单位入选国家级生态农场。

3. 打造乡村旅游精品工程

西安大力推进乡村旅游品质提升，打造具有鲜明特征、乡土气息浓厚的特色农养、特色食品、特色手工业等综合体。西安市将鄠邑区"关中忙罢艺术节"打造为乡村文化旅游新热点，国家乡村振兴局在央视推崇"文艺赋能乡村振兴"的经验。通过借鉴经验，鄠邑区逐渐形成主导产业突出、规模效益显著的优势特色产业集群，胡家庄村被评为全国美丽休闲乡村。

三 西安扩大内需与建设特大型城市的未来对策建议

在未来发展道路上，西安将以习近平总书记来陕重要讲话指示精神为主基调，全面落实扩大内需、建设特大型城市的重大决策部署，高效统筹经济发展与民生福祉、特大型城市建设与扩大内需，进一步向国际消费中心城市迈进。

（一）建设完善现代产业体系，提升综合消费能级

1. 创新驱动支柱产业做大做强

以"秦创原"创新驱动平台为引领，以链长制为工作抓手，围绕西安的六大支柱产业，加强运行监测和分析评估，推进融合创新链和产业链，根据环境特点改造上下游企业，打造以企业为主体、以市场为导向、产学研深度融合的创新产业体系，为西安产业创新和经济社会发展提供持续动力源泉。

2. 培育新兴产业和新动能

以产业结构升级为重点，不断改善产业生态，强化创新企业主体，将创新驱动作为产业高质量发展的主引擎，加深优势产业领域创新资源集聚程度，积极推进新旧动能转换。首先，对具有显著带动效应和较大增长潜力的产业加强支持，加快建设应用创新服务平台，推动新兴产业企业创新成果转化，研发应用于城市公共事务的新型服务机器人，培育智能家电、智能家居等新一代消费产品，包括家居、可穿戴设备和智能汽车等。其次，提前制定虚拟现实、生命健康、区块链等未来新兴科技产业政策，培育新增长点、新动能。通过产业倍增计划，快速扩大全市经济发展规模，显著提高质量和效益，由此带动城市综合消费能级不断提升。最后，着力将西安打造为新型"设计之都"，加快发展工业设计、能源化工设计、交通设施设计、文化创意设计、建筑工程设计等产业。围绕新兴产业，发挥工业设计、软件服务等优势，积极发展商业服务型物流和冷链物流，积极建设制造业服务型物流枢纽。

3. 加快建设"西部科技之都"

首先，充分发挥"秦创源"创新驱动平台的效应，促进创新资源集聚，加快西安综合科学中心和科技创新中心建设，推动参与全国重点实验室重组、推进创建国家科技创新中心，力争更多重要的国家科技基础设施落户西安。其次，推进建设高标准国家知识产权示范城市，推动高校院校、科研机构的科研成果转化，拓展科技成果转移转化路径，加快企业高标准知识产权

利用转化速度。持续优化创新生态，营造最佳成才用才环境，打造创新人才高地，加快高端人才服务基地、青年人才驿站等平台建设，实施计划培养高技术人才，为创新主体提供相应专业化人才。再次，发挥科教资源优势，拓展"云体验"服务消费。发挥区域医学中心优势，完善网上预约诊疗服务，利用网络平台，开展就医复诊、健康咨询、健康管理、家庭医生等在线医疗服务。最后，发挥区域教育中心优势，加强教育云、教育专网等基础设施建设，帮助支持重点平台企业和学校拓展"云教育"新平台，建设在线学习、在线职业教育、技能培训平台。

（二）聚力深化改革开放，提供持续消费动力

1. 深化重点领域改革

增强推进市场化要素配置改革，加快优质高效领域的土地、资本、技术等生产要素的积累。紧抓"秦创原"创新驱动平台重大机遇，大力推进改革高新开发区体制机制，不断完善优化创新创业生态群。

2. 持续优化营商环境

以深入开展营商环境突破为契机，持续在经济发展方面下功夫、求突破，努力把有关资源、"秦创原"创新驱动平台、高水平对外开放平台、西安都市圈协同建设、开发区高效运行机制等资源和平台转化为营商环境，持续提升一体化政务服务能力，打造政务服务升级版。清理规范涉企收费，积极构建更加有利于各类市场主体成长发展的营商环境生态体系，帮助市场主体纾困解难，营造更加公平的市场环境，鼓励市场主体加快发展，营造鼓励企业家自主创业的浓厚社会氛围。

3. 实施惠企政策

实施直达快享专项行动惠企的政策，根据政策实施新模式税费组合，更重要的是政策内容要以帮助中小企业纾困解难、优化中小企业服务为核心，为中小企业健康蓬勃发展提供有力支撑保障。建立完善守信联合激励制度，加强对小微企业的金融政策支持，加大政府对中小企业的采购力度，降低中小企业参与门槛。

（三）提升居民生活质量，激发消费市场活力

1. 提升城市居民生活质量

首先，不断完善升级社区生活服务。扩大"一刻钟便民生活圈"范围，对在社区商业中进行智能发展的企业给予适当补贴。推进发展社区的生活性服务业，建设智能化社区、智能化小区，培育发展活力度彰显、生活味突出、产业链完整的示范性社区，努力匹配居民对消费的多样化需求。其次，做优做强都市型现代农业，推动特色农产品消费。支持郊县实施新一轮粮食产能提升行动，因地制宜发展特色精品农业，提高"菜篮子"规模和质量。成立消费帮扶联合体，建设消费帮扶集中展销平台，结合农村农业节庆活动，举办农产品产销对接会，支持新媒体平台开展公益助农直播活动，拓宽郊县农产品线上销售渠道。最后，增强养老托育服务，完善基本养老服务体系，探索推动社区适老化改造。创建全国婴幼儿照护服务示范城市，建设儿童友好城市。积极引导市场主体在社区发展包含体验式、情景式、互动式等多方面的复合型消费业态，提高居民对社区的满意度。

2. 倡导绿色低碳消费

开展绿色消费行动，采取补贴、积分奖励等方式鼓励优先采购绿色低碳产品，加大政府采购对绿色低碳产品的支持力度。首先，在全市主城区增加新能源公交车、出租车，支持全市公交车、出租车更新为新能源车。推进淘汰高排放车辆，对汽车以旧换新予以支持，宣传鼓励购买新能源和清洁能源汽车，发放汽车专用消费券，对在西安挂牌的新能源汽车予以一定补助。其次，推进绿色智能家电、家居以旧换新和下乡，促进低耗能智能家电消费，对购买低耗能家电的，按照购买不同档位新机价格给予补贴。推广绿色产品、节能减耗领先产品，引导金融机构提供针对性服务，更好地满足扩大内需和经济增长的需要。

3. 有序开展促销和户外夜间经营活动

政府和企业联合举办主题活动促进消费，增强消费市场活力。首先，在落实安全管理、不影响人员通行、不占用消防通道的前提下，大型商贸场所

可利用规划范围内广场规范有序开展户外促销活动。支持有条件的商业综合体利用夜间聚集区域开展户外促销活动，激发夜间经济活力。打造文化街区、夜间旅游景区、视听剧苑、购物潮地等夜间经济体，推出精品夜游路线、特色夜间体验活动。其次，鼓励夜间个体经营户经营与深入挖掘本地餐饮文化，形成新型夜间经济体，丰富餐饮消费。充分利用夏季夜晚，举办餐饮消费欢乐季等活动，鼓励具有中华老字号招牌的知名餐饮企业带头参加，培育一批具有本地特色的餐饮美食街、美食聚集区，鼓励美食直播、智慧餐厅、云厨房等新业态发展。最后，鼓励城乡周末消费。围绕秦岭山水特色，推出周末休闲度假、文博体验、文创特色、音乐演艺、美食休闲、乡村民宿等活动，打造成为周末旅游目的地，构建周末消费新生态。

（四）建强做优开放平台，提升消费服务能力

1. 建强做优开放平台

首先，用好"一带一路"倡议提出十周年机遇，高质量建设西安"一带一路"综合试验区，深入实施西安港扩能优化行动，加快中欧班列（西安）集结中心建设，保持长安号核心指标全国领先，使西安踏进世界一流内陆港。其次，加快建设西安国际航空枢纽、国家级临空经济示范区，抢抓机遇拓展国际客货运航线，织密"空中丝绸之路"网络。最后，推动符合监管条件的综保区以及保税物流中心、跨境电商产业园开展跨境电商线下自提业务，促进中高端消费，加快布局建设体验中心和展示中心，将线下的商务机会与互联网联系起来。

2. 对标国际高标准经贸规则

首先，宣传普及《区域全面经济伙伴关系协定》（RCEP），全面研究《全面与进步跨太平洋伙伴关系协定》（CPTPP），在熟悉协定规则的基础上提升贸易投资自由化、便利化水平，并深入开展自贸试验区制度创新。其次，用好陕西自贸试验区 RCEP 企业服务中心，主动调研了解本地企业"走出去"遇到的国际经贸规则障碍和问题，想方设法给予帮助，培育发展国际商事法律服务产业链生态链。最后，发挥世界城地组织联合主席

城市作用，加快西安领事馆区建设，做好哈萨克斯坦总领事馆设立工作，主动研究扩大与哈萨克斯坦的贸易和投资规模，推进更高水平对外开放。

3.加快推动外贸新业态新模式

首先，大力发展高技术含量、高附加值的加工贸易产业，推动服务贸易创新发展。其次，推动数字经济相关产业在西安国际港务区、西安临空产业园发展，推动数字技术在贸易便利化领域应用，加强其与贸易相关业态融合发展。最后，培育和引进跨境电商进口服务和平台企业，对符合条件的总部或功能区域中心在政策上给予支持。鼓励企业扩大跨境电商产品进口范围，丰富进口商品并给予跨境电商企业政策支持，对在全市率先实现进口商品品类突破的跨境电商企业给予政策支持。由国内贸易向出口跨境贸易转型升级，充分发挥出口跨境电商产业集群效应，将零售商品国际消费供给市场作为重要内容进行开拓。

（五）彰显人文之都魅力，建设国际消费中心

1.打造特色文旅精品项目

首先，大力宣传秦腔、影视、演艺等特色文化，推出更多精品力作。打造西安文化新型综合体，支持开展特色展演、公演、"村晚"等群众性文化活动。加强各类历史遗址保护、考古调查研究，加强文物价值研究阐释和活化利用，探索建立遗址保护与城市融合发展新模式，把西安建设成高品质的"博物馆之城"。其次，推广数字技术在文物保护展示工程中的应用，鼓励艺术馆、商场、景区、公园、文化园区等应用新媒体虚拟现实/增强现实等技术来宣传，推出西安历史文化地标在线数字展览，完善线上服务，提升旅客和文化的交互体验。最后，在西安郊县规划建设特色文创和休闲小镇，改造升级一批特色商业街区，鼓励建设包含文创演艺、唐文化主题、网红项目、创意手工、当地特色餐饮等内容的核心商圈，实现农商文体旅融合发展。

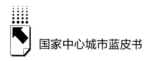

2. 加快建设国际消费中心城市

首先，发挥西安特色优势，培育新场景网红打卡点。大力培育"西安年"等具有文化特色的活动，让西安特色文化和旅游消费市场的"焰火"不断增大，推动西安特色文化旅游产业发展。推进支持发展创新型优质演艺项目，扩大各类文创产品的受众范围和品牌影响，持续提升大唐不夜城、钟鼓楼、北院门等具有西安文化特色的品质内涵和旅游体验，支撑不同场景发展沉浸式数字文化旅游新业态。聚焦老字号、文化手工艺品、生活服务、特色小吃和休闲娱乐等积极发展特色店，培育和提升西安历史文化，展现具有工匠精神、承载城市记忆的特色小店。鼓励和引导特色小店创新经营模式和业态，展现不同文化特色，激发小店发展活力。培育环境好、价格适中、交通便利的新场景网红消费打卡点，通过线下、线上新媒体等多方面宣传，依托老城区的文化建筑特色开展创新经济圈，打造提升消费新场景的美誉度和影响力。其次，持续推进都会级商圈和城市级商圈建设。在政策上对具有示范性、带动性的品牌首店和引进国际一线品牌的市场主体给予大力支持，鼓励购物中心、商业运营企业、街区运营管理机构招引发展行业内具有影响力和代表性的品牌首店和创新商业模式的全新旗舰店、概念店、体验店、融合店，丰富休闲娱乐、体育运动、文创时尚、新零售等首店业态供给，提供国际化、品质化消费体验。同时，打造时尚品牌孵化平台，加强本土化与国际化、传统特色与时尚潮流的融合发展，引进培育一批知名独立设计师和品牌工作室，培育时尚买手。打造时尚产业发展平台，推动时尚产业功能区和时尚特色街区建设。最后，支持传统商贸业数字化转型。鼓励发展新媒体电商、即时零售等新消费模式，推动实体虚拟融合消费引导超市、商场、餐饮、菜市等应用"社交电商""平台销售+直播带货+短视频"开展数字化转型，推进线上线下一体化发展，拓展外卖、网店、微店、小程序等业务，加速电商赋能发展，在政策上加快5G网络基础建设，逐步实现重点区域5G网络覆盖，升级打造智慧商圈、智慧街区，对符合条件的电商应用示范企业给予支持。

3.拓展对外文化交流

建成"一带一路"文化交流中心,将"千年古都·常来长安"的特色称号叫响做强,推动沿黄城市、关中平原城市群的文旅合作,融合各类特色文化,举办音乐、戏剧、舞蹈等文化活动,打造世界赛事名城,在推动中外文化交流互鉴中体现西安担当。发展线上竞技、线上健身等业态,推进拓展"云体育"新空间,培育数字体育平台。进一步加强国际文体活动与直播电商之间的合作共赢,利用网络直播、短视频等新模式,构筑"线下孵化+供应链+线上平台"网络流量孵化群,开展直购直播等主题活动。通过新媒体网络电商平台拓宽西安特色产品和相关服务销售渠道,促进电商平台企业与西安特色产品和服务对接。

参考文献

刘玉梅:《国家中心城市的使命担当》,《河南日报》2023 年 5 月 31 日。

孙鹏:《坚定实施扩大内需战略》,《陕西日报》2023 年 3 月 7 日。

熊丽:《巩固消费回暖好势头》,《经济日报》2023 年 5 月 6 日。

张雪:《促进服务消费大有可为》,《经济日报》2023 年 5 月 10 日。

李晓红:《打造城市文化名片 旅游休闲街区走出品质化发展之路》,《中国经济时报》2023 年 6 月 2 日。

李志刚:《旅游宣推"爆款"是怎么来的?》,《中国旅游报》2023 年 6 月 6 日。

祝伟:《夜间经济宜突出特色》,《经济日报》2023 年 6 月 8 日。

李子晨:《建设国际消费中心城市涌动新商机》,《国际商报》2023 年 5 月 29 日。

案 例 篇
Case Study Section

B.12
以扩大内需、提升品质为抓手
高水平建设国际消费中心城市

叶堂林　刘　佳*

摘　要: 扩大内需既是新时期中国经济发展的必然要求,也是构建新发展
格局的重要手段。作为超大型城市,北京市在消费规模、消费结
构、产业以及人口支撑等方面存在优势,蕴含巨大的内需潜力。
近年来,北京市以建设国际消费中心城市为契机,深入实施扩大
内需战略,积累了丰富经验。本文对北京市建设国际消费中心城
市的典型做法进行案例分析,总结"北京经验",为其他城市高
水平建设国际消费中心城市提供借鉴与启示。研究发现主要经验
有:坚持政策引导,加大资金支持力度;打造"北京消费季"
标志性主题活动,创新消费场景;开展商圈改造提升工作,提升

* 叶堂林,博士,首都经济贸易大学特大城市经济社会发展研究院(首都高端智库)执行副院
长,特大城市经济社会发展研究省部协同创新中心执行副主任,教授,博士生导师,研究方
向为区域经济,京津冀协同发展;刘佳,首都经济贸易大学城市经济与公共管理学院博士研
究生,研究方向为区域经济。

商圈品质化、便利化、数字化水平；大力发展夜间经济，打造
"夜京城"生活圈；发展"首店经济"，吸引品牌首店落地北京；
提升"双枢纽"特色消费功能，打造国际消费桥头堡；加强
"一刻钟便民生活圈"建设，推动生活服务业转型升级。

关键词： 北京 扩大内需 国际消费中心城市

一 研究背景与建设基础

（一）研究背景与意义

审视国内，扩大内需既是新时期中国经济发展的必然要求，也是构建新
发展格局的重要手段。2021 年 3 月《中华人民共和国国民经济和社会发展
第十四个五年规划和 2035 年远景目标纲要》发布，明确提出"要深入实施
扩大内需战略，不断增强消费对经济发展的基础性作用以及投资对优化供给
结构的关键性作用，加快建设消费和投资两方面需求都旺盛的国内市场"。
2022 年 10 月，党的二十大报告进一步强调要着力扩大内需，将实施扩大内
需战略同深化供给侧结构性改革有机结合起来，不断增强国内大循环的内生
动力与可靠性。2022 年 12 月召开的中央经济会议，更是将"着力扩大内
需"作为 2023 年的头号任务，摆在了经济工作五大任务之首。由此可以看
出，党和国家高度重视扩大国内市场需求在促进经济持续增长中的重要作
用，将扩大居民消费和有效投资摆在了优先位置。

聚焦北京，北京市以建设国际消费中心城市为契机，深入实施扩大内需
战略，不断增强消费对首都经济发展的主引擎作用。2021 年 9 月北京市人民
政府印发了《北京市培育建设国际消费中心城市实施方案（2021—2025
年）》，对培育建设国际消费中心城市进行了全面的部署，指出力争到 2025
年，北京市国际知名度显著提升，"买全球，卖全球"的国际消费市场地位

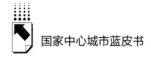
愈发凸显；消费繁荣度显著提升，全球消费的辐射力、创新力、带动力以及引导力不断增强；商业活跃度显著提升，基本形成线上与线下、生产与流通、商品与服务深度融合的市场体系；到达便利度显著提升，基本建成国际和国内高效畅通的立体化交通网络；消费舒适度显著提升，消费配套服务更加优质；政策引领度显著提升，促进消费升级的体制机制不断完善，制度改革创新不断深化。近年来，北京市为加快国际消费中心城市建设出台一系列方案、措施，国际消费中心城市建设取得了积极成效。因此，本文对北京市建设国际消费中心城市的典型做法进行案例分析，总结"北京经验"，为其他城市高水平建设国际消费中心城市提供借鉴与启示。

（二）北京市建设国际消费中心城市具有良好的基础

1.丰富的人文自然资源是国际消费中心城市建设的有力抓手

北京市历史文化悠久，有着3000多年的建城史以及850多年的建都史，是中国四大"古都"之一，拥有众多的历史名胜古迹和人文景观。在文物古迹方面，拥有故宫博物院、颐和园、天安门、雍和宫、天坛等全国重点文物保护单位；在文化遗产方面，拥有京剧、京韵大鼓、景泰蓝、牙雕工艺、漆雕工艺等非物质文化遗产名录；在老字号方面，拥有全聚德、东来顺饭庄、鸿宾楼、都一处、同仁堂、稻香村等品牌；在风景名胜方面，拥有石花洞国家地质公园、八大处公园、八达岭等国家级景区。

2.雄厚的综合经济实力是国际消费中心城市建设的坚实基础

北京市经济实力较强，为国际消费中心城市建设打下坚实基础。从地区生产总值来看，2022年北京市实现地区生产总值4.16万亿元，在国内城市中排第2位，仅次于上海；2022年北京市人均地区生产总值达到19.0万元，在全国城市中位列第4；从社会消费品零售总额来看，2022年北京市实现社会消费品零售总额13794.2亿元，与2019年（12270.1亿元）相比增长了12.42%，并连续多年在全国位列前3。2022年北京市实现进出口总值3.64万亿元，在全国位列第3。

3. 现代化的交通运输体系是国际消费中心城市建设的必要条件

北京市作为国际性综合交通枢纽城市，已基本形成高效、便捷的交通枢纽体系。在铁路交通方面，北京铁路枢纽是联结八个方向的全国最大铁路枢纽，铁路干线呈辐射状通向全国，包括京广线、京沪线、京九线以及京通线等。在航空交通方面，已基本形成包括北京首都国际机场和北京大兴国际机场在内的航空双枢纽格局。其中北京首都国际机场占地面积141万平方米，拥有2条4F级跑道、1条4E级跑道，共开通国内外航线252条，并在2018年旅客吞吐量突破1亿人次，成为中国第一个年旅客吞吐量过亿人次的机场；北京大兴国际机场于2019年正式通航，2021年共完成旅客吞吐量2505.1万人次，同比增长55.7%，在全国机场吞吐量排名中位列第11。

4. 完善的现代服务业体系是国际消费中心城市建设的重要依托

北京市已构建起以金融业，信息传输、软件和信息技术服务业，科学研究和技术服务业等为主的现代服务业体系，并在全国率先形成了"双80%"的服务经济发展格局。具体来看，2022年北京市服务业实现增加值3.5万亿元，占GDP的比重达到83.86%，服务业税收收入占全市税收收入的比重也保持在80%以上。此外，金融业，信息传输、软件和信息技术服务业，科学研究和技术服务业作为推动北京市经济增长的优势行业，2022年3个行业的增加值同比分别增长了6.4%、9.8%以及1.8%。近年来，北京市金融街、商务中心区等高端产业功能区现代服务要素加速集聚，"三城一区"服务功能日益完善，丽泽金融商务区、副中心运河商务区以及新首钢高端产业综合服务区等特色服务集聚区加快建设，"两区"建设纵深推进，服务业发展迅速，北京市成为全球服务业发展的领先城市。

二 北京市建设国际消费中心城市的主要成效与经验

（一）北京市消费市场加速回暖，持续向好

1. 北京市居民消费整体保持恢复态势

2022年，北京市居民人均消费支出达到42683元，其中城镇居民、农

村居民人均消费支出分别达到45617元、23745元。从各类消费支出来看，2022年北京各类消费支出由高到低分别为居住（17170元）、食品烟酒（9223元）、交通通信（4129元）、医疗保健（3982元）、教育文化娱乐（3008元）、生活用品及服务（2193元）、衣着（1861元）以及其他用品及服务（1117元）。值得指出的是，服务型消费成为北京市消费增长的新引擎，其中教育文化娱乐、医疗保健以及交通通信等服务型消费支出在总支出中的占比超过25%（见图1）。

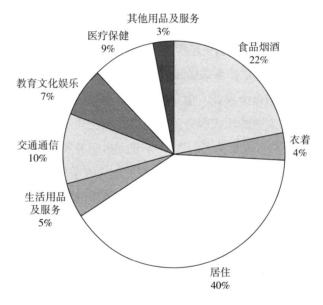

图1 2022年北京市居民人均消费支出情况

数据来源：北京市统计局。

2.北京市居民消费潜力较大

居民消费支出受收入影响较大，通过分析居民可支配收入及其构成，有助于分析居民消费能力和潜力。2022年，北京市居民人均可支配收入实现77415元，比上一年度增长了3.2%。其中按常住地分，北京城镇居民人均可支配收入实现84023元，同比增长了3.1%；北京农村居民人均可支配收入实现34754元，同比增长了4.4%。从收入的各项构成来看，工资性收入仍是居民收入的主要来源，2022 年北京居民人均工资性收入实现 47758 元，占人均可支配收入的比重达到 61.7%，同比增长 4.6%；人均转移净收入为居民增收注入新动力，2022 年北京居民人均转移净收入实现 16336 元，占人均可支配收入的比重超过两成，同比增长 2.6%；人均财产净收入成为居民收入的重要组成部分，2022 年北京居民人均财产净收入实现 12418 元，占人均可支配收入的比重为 16.0%；人均经营净收入增速有所回落，2022 年北京居民人均经营净实现 903 元，占人均可支配收入的比重不足 2%，同比下降了 3.9%（见表 1）。总体来看，北京市居民人均可支配收入增长较快，存在较强的潜在消费能力。

表 1　　2022 年北京市居民人均可支配收入情况

单位：元，%

	2022 年	增速
人均可支配收入	77415	3.2
其中：人均工资性收入	47758	4.6
人均转移净收入	16336	2.6
人均财产净收入	12418	-0.3
人均经营净收入	903	-3.9

数据来源：北京市统计局。

3. 消费品市场有所恢复，商品零售和餐饮收入均有所好转

2022 年北京市实现社会消费品零售总额 13794.2 亿元，其中实现餐饮收入 961.6 亿元，商品零售收入 12832.6 亿元。具体来看，一是部分基本生活类与升级类消费保持增长。其中，在北京市限额以上批发和零售企业中，粮油食品类、饮料类商品零售额同比分别增长了 6% 和 2.4%，金银珠宝类、文化办公用品类商品零售额同比分别增长了 10.6% 和 2.4%。二是新能源汽车发展势头良好，汽车消费企稳回升。2022 年北京市新能源汽车类商品零售额达到了 269.5 亿元，同比增长了 17.1%，并连续 4 个月实现了两位数增长。三是网上消费增长较快，实体零售业态经营向好。2022 年北京市限额

以上批发和零售业以及住宿和餐饮业实现网上零售额 5485.6 亿元，同比增长了 0.4%，占社会消费品零售总额的比重由 2019 年的 23.3% 大幅提升至 39.8%；北京市限额以上便利店、超市以及仓储会员店通过公共网络实现零售额 188.2 亿元。

4. 居民消费价格温和上涨，消费者信心指数呈波动下降态势

2022 年，北京市居民消费价格比去年上涨 1.8%。其中，消费品价格上涨 2.8%，服务价格上涨 0.7%。分类别来看，交通通信类价格上涨幅度最大，上涨了 5.0%；生活用品及服务类价格上涨 1.6%；医疗保健类价格上涨 0.7%；教育文化娱乐类、居住类、衣着类价格涨幅较小，均上涨了 0.6%。

北京市消费者信心指数呈波动下降态势，但仍处于较乐观区间。2022 年北京市消费者信心指数从第一季度的 118.7 下降到第二季度的 108.9，第三季度消费者信心指数回升到 111.5，后又降至第四季度的 106.3。从分项指标情况来看，2022 年北京市消费者预期指数高于消费者满意指数，表明消费者对未来经济发展态势的预期较好，对未来就业和收入情况更有信心（见表 2）。

表 2　2022 年北京市消费者信心指数

	第一季度	第二季度	第三季度	第四季度
消费者信心指数	118.7	108.9	111.5	106.3
消费者满意指数	117.5	107.9	109.7	104.5
消费者预期指数	119.4	109.5	112.7	107.6

数据来源：北京市统计局。

5. 北京市商务保障能力不断提升

一是现代商贸流通体系全面深化。北京市通过发布实施农产品流通体系、物流发展等系列规划，建立健全商贸流通的骨干网络。截至 2022 年，北京市累计疏解提升区域性专业市场 548 个、物流中心 143 个，并统筹 6 个物流基地规划落地与转型。二是便民商业网点布局不断优化，便民商业体系呈现高品质发展。截至 2022 年，北京市已建成 31 个便民生活圈，每百万人拥有的连锁便利店数量达到了 329 个。

（二）北京市建设国际消费中心城市的主要举措与经验

1. 坚持政策引导，加大资金支持力度

一是加大财政补贴力度支持新能源汽车销售，着力稳定大宗消费。北京市出台《北京市关于鼓励汽车更新换代消费的方案》，旨在鼓励汽车消费，提振汽车消费市场信心。具体来看，政策规定符合条件的个人消费者在 2022 年 6 月 1 日至 2022 年 12 月 31 日期间报废或转出新能源小客车，并在北京市汽车销售企业新购新能源小客车，可获得 8000 元补贴；报废或转出使用不足 6 年、6 年（含）以上的其他类型乘用车，并在北京市汽车销售企业新购新能源小客车的个人消费者可分别获得 8000 元、10000 元的补贴。此外，北京市出台的《北京市积极应对疫情影响助企纾困的若干措施》明确了延续新能源汽车免征车辆购置税的优惠政策，有效地刺激了新能源汽车消费，为北京市新能源车市注入了"强心剂"。总体而言，在新能源汽车优惠政策的带动下，2022 年北京市新能源汽车类商品零售额增速达 17.1%。

二是通过对文化和旅游新消费项目给予资金奖励，积极培育文旅消费新产品、新业态以及新商品，不断释放文旅消费潜力。2022 年北京市文化和旅游局出台《北京市扩大文化和旅游新消费奖励办法》，根据新消费项目的创新性、示范性以及促消费效果等标准，按照营业收入或销售收入进行奖励，奖励金额最高可达 100 万元。在该政策支持下，北京推出了一批具有首都文化内涵的旅游消费新产品，支持了"旅游+农业""旅游+工业""旅游+体育"等产业融合新业态的发展。

三是政府充分发挥资金的引导和支持作用，着力扩大网络消费，培育新型消费。2022 年北京市商务局发布《关于鼓励开展 2022 年网络促消费活动培育壮大网络消费市场的通知》，对电商类企业的资金支持条件和标准进行了规定。具体来看，对于社会消费品零售总额增速与网上零售额增速均不低

于北京市社会消费品零售总额增速的互联网批发零售企业，以该企业网上零售额全年累计增量对北京市网上零售额的贡献率为衡量指标，对全年网络零售贡献率达到 0.5% 的企业给予资金支持，单家企业最高支持金额可达 2000 万元；对于全年营业收入累计增速不低于北京市服务消费增速的互联网生活服务平台企业，以该企业提供商品销售、家政、维修等便民服务获取的营业收入增量为衡量指标，对全年营业收入增量达到 1 亿元的企业给予资金支持，单家企业最高支持金额可达 500 万元。该政策鼓励互联网批发零售、互联网生活服务平台企业积极开展促消费活动，挖掘网络消费潜力，提升了北京市网络销售规模和影响力。

四是发放绿色节能消费券，加快释放绿色节能消费潜力，积极推动绿色消费蓬勃发展。2022 年北京市出台《关于实施促进绿色节能消费政策的通知》，该政策面向北京消费者，适用于笔记本电脑、手机、电冰箱、洗衣机、热水器等 20 类节能商品，消费者可通过京东、苏宁、小米、真快乐等线上平台每月领取一份消费券包，总金额可达 900 元。此外，线上平台企业配合北京市政府消费券发放，不断出台相关配套优惠让利措施，激发北京市消费者参与热情。北京市进一步出台《关于延长促进绿色节能消费政策的补充通知》，在原有政策的基础上，将政策执行时间延长至 2022 年 12 月 31 日，并增发 6 批次绿色节能消费券。总体来看，消费券发放为消费者带来了实惠，激发了居民的消费欲望，点燃了北京市居民绿色消费热情。

2. 打造"北京消费季"标志性主题活动，创新消费场景

2022 年北京市充分发挥服务资源优势，密集推出一系列活动，创新消费场景，加速释放服务消费潜力，助力北京国际消费中心城市建设。北京市举办"2022 北京消费季"活动，打造首秀北京、时尚北京、潮购北京、智惠北京、文享北京、炫彩北京、寻味北京与品质北京 8 个活动板块，推出 24 项北京市标志性活动，持续带动各区积极举办多项促消费活动。其中，首秀北京集聚国内外品牌新品，在国贸商城、三里屯太古里等北京市时尚品牌聚集商圈，打造新品发布的主题秀场。潮购北京相继推出国潮京品节、北

京购车节、双品网购节、北京年货节等折扣促销活动。智惠北京重点打造智能消费新高地，开展北京数字经济体验周活动，并在"北京信息消费节"期间组织开展 5G 体验活动、5G 流量及终端消费补贴。文享北京聚焦营造浓厚的文化氛围，在北京市重点商圈、文创园区、公园等点位，开展创意快闪、流动演出等形式多样的音乐表演活动。此外，北京市还成功举办"第十届北京惠民文化消费季"，累计举办活动约 27.84 万场次，累计消费约 5.25 亿人次，在促进文化消费方面起到了积极作用。炫彩北京推出北京体育消费节活动，支持李宁、安踏、耐克等体育用品销售企业开展销售活动。此外，北京市紧抓北京冬奥会机遇，举办北京冰雪消费节活动，推出各类优惠促销活动。

3. 开展商圈改造提升工作，提升商圈品质化、便利化、数字化水平

北京市加快推动商圈改造提升，提升商圈品质化、便利化、数字化水平，为恢复和扩大消费提供了有力支撑。北京市先后出台了《关于进一步促进商圈发展的若干措施》《北京市商圈改造提升行动计划（2022—2025年）》等政策，从管理模式、商圈消费环境、智慧化水平等方面提出了商圈改造提升的具体举措。具体来看，一是在创新北京市商圈管理体制与运营机制方面，鼓励属地政府、街道与产权方因地制宜地创新商业街区治理模式，建立多方参与的共商、共建与共治机制，明确各方责任，调动各方自治的积极性与能动性，有效解决商街改造过程中的重点难点问题。除此之外，北京市政府还在重点商圈开展"条块结合"的联合执法，由商圈所在的街道办事处或乡镇政府牵头组织公安、市场监管、应急管理等有关部门，对商圈开展综合执法监管，对违反政策法规的行为进行整治和查处，打造放心消费的示范商圈。二是在优化商圈消费环境方面，首先，落实商业街区的店铺招牌设置规定，对于连锁经营的商铺可以采用一致的品牌设计，营造规范、有序和整洁的视觉环境，增强商业消费的氛围；对于北京市认定的老字号企业，在设置商铺招牌的基础上，还可以设置蕴含传统文化特色的匾额与楹联，展现商圈的历史文化底蕴，提升商圈消费吸引力。其次，开展王府井、三里屯等部分传统商圈的改造提升工作。传统商圈改造主要从文化赋能、品

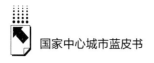

牌打造和消费场景搭建三个方面发力，旨在深入挖掘商圈的文化属性，吸引更多的国际品牌首店入驻，释放商圈消费活力。三是在强化数字赋能方面，推进智慧商圈建设，加快数字技术的应用，搭建智慧商圈大数据平台，打造具有数字化景观展示、沉浸式体验、智能支付、导航导视的智慧消费生态体系，以数字经济点亮商圈新消费，北京市多个商圈被确认为"全国示范智慧商圈"。

4. 大力发展夜间经济，打造"夜京城"生活圈

助力北京国际消费中心城市建设，夜间经济发展至关重要。北京市积极发展夜间经济，着力打造多元融合、安全便捷的"夜京城"，提升夜间经济繁荣度，更好地满足居民多层次的夜间需求。一是北京市对标国际，着力打造"夜京城"城市名片。在前门—大栅栏、三里屯、CBD、奥林匹克公园、五棵松等地打造"夜京城"特色消费地标，分别围绕古都风貌、活力时尚、高端引领、体育运动以及跨界融合等主题，大力发展具有创新引领和品牌吸引力的夜间经济消费业态，吸引国内外消费者。二是打造具有显著夜间消费活力的"夜京城"融合消费打卡地，在新隆福、篁街、北京华贸天地、朝阳大悦城、中关村食宝街、北京荟聚中心、首创龙湖丽泽天地等地打造"夜京城"融合消费打卡地，形成"文旅商体"多种业态融合发展的北京夜间经济消费氛围，提高夜间经济消费品质。三是打造"夜京城"品质消费生活圈，在五道营胡同、常营、上地、花乡奥莱村、鲁谷、长阳、梨园、清城等区域培育"夜京城"品质消费生活圈，加强相关基础设施以及配套服务，提高夜间消费便利度。

5. 发展"首店经济"，吸引品牌首店落地北京

"首店经济"作为引领北京市新消费趋势的风向标，逐渐成为拉动消费的有力抓手。北京市大力支持首店首发，相继出台了《鼓励发展商业品牌首店示范项目申报指南》《关于鼓励发展商业品牌首店的若干措施》《促进首店首发经济高质量发展若干措施》等政策，从资金支持、品牌首店首发服务体系建立、首发节活动开展等方面吸引首店入驻。具体来看，一是资金扶持品牌首店落地发展，其中符合条件的亚洲首店、中国（内地）首店最

高可分别获得500万元、200万元的支持，北京首店、旗舰店以及创新概念店最高可获得100万元的支持。二是建立高效品牌首店首发服务体系，打造首店发展的相关配套设施，并建立品牌亚洲首店、北京首店、旗舰店以及创新概念店服务绿色通道，缩短办理时限，加快品牌入驻与开业进程。三是通过举办"北京首发节"，培育首发首秀的新场景，在三里屯太古里、北京SKP、国贸商城、王府井商业街、万达广场等商圈举办多场主题活动，其中新品首发活动涵盖服装、美妆、首饰、文创、智能产品等多种消费品类。根据北京市商务局统计数据，北京市首店经济稳居国内第一阵营，2022年前三季度共有616家品牌首店落地北京。

6. 提升"双枢纽"特色消费功能，打造国际消费桥头堡

北京市充分发挥首都国际机场和大兴国际机场的资源优势，推出一系列创新政策，高质量打造"双枢纽"国际消费桥头堡，助力国际消费中心城市建设。一是丰富了机场消费场景，如首都国际机场打造"北京印巷"主题商业街，大兴国际机场设立"机场图书馆"。丰富的消费场景提升了机场消费品质，优化了消费者服务体验。二是促进了国际文化旅游消费的全域发展，沿客流通道布局了北京市文化旅游的特色产品及服务，推出了多条精品旅游线路，并增加了首都、大兴国际机场至环球影城度假区、三里屯商圈、国贸CBD商圈以及前门商圈等地的国际消费专线巴士。三是增设了口岸免税店，扩大机场免税店的规模，为消费者提供更好的消费体验，引导国际消费回流。四是强化了机场服务消费供给，对接旅客购物、文旅、休闲以及商务等需求，完善商业、旅游、流通以及会展等多业态融合互动的消费生态圈。

7. 加强"一刻钟便民生活圈"建设，推动生活服务业转型升级

北京市加强"一刻钟便民生活圈"建设，积极推动生活服务业转型升级，助力北京国际消费中心城市建设。一是优化便民服务网点布局，提升居民消费便利程度。北京市将便民生活圈建设纳入商圈布局专项规划，通过规划引领优化区域内业态布局与空间利用。二是发展多种业态，完善生活服务体系。北京市聚焦居民需求，巩固和提升基本保障类业态，如便利店、生鲜

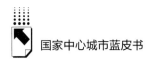
超市、药店、家政服务点等，满足居民日常生活的基本与必须性需求。此外，北京市着力丰富和发展品质提升类业态，如社区养老服务机构、培训教育机构、特色餐饮店、运动健身房等，满足居民多样化的美好生活需要。三是提升品质，提高生活服务供给水平。北京市积极开展餐饮、零售、家政、养老等生活服务业的数字化升级，围绕获客引流、收银管理、会员管理以及优化供应链等方面拓展数字化应用能力。

三 未来北京市推进国际消费中心城市建设的重点任务

（一）稳定就业，提升居民消费能力

一是支持企业稳岗扩岗。深入落实企业岗位补贴、社会保险补贴、创业担保贷款及贴息、一次性创业补贴等一系列政策；围绕北京市重大项目以及"专精特新"企业、平台企业等企业的发展，支持企业在现有岗位的基础上充分挖掘岗位资源，扩大招工用工规模。二是支持多渠道灵活就业，引导劳动者以个体经营、电子商务、网约车以及快递送餐等多种形式灵活就业，并对符合条件的劳动者发放灵活就业社会保险补贴；统筹落实促进新就业形态健康发展的相关政策措施，开展新就业形态就业人员的职业伤害保障试点工作，充分发挥新就业形态的"蓄水池"作用。三是用好社区生活服务类岗位，围绕北京市"一刻钟便民生活圈"建设，利用社会化管理、再生资源回收、果蔬零售、家政以及便民理发等社区服务型岗位，促进北京市劳动者就地就近就业。

（二）加速释放服务消费潜力，促进消费与文化、体育、医疗等业态深度融合发展

一是充分挖掘文化资源优势，打造文旅消费产品。持续提升"大戏看北京""漫步北京""网红打卡地""北京微度假"等品牌质量；加强"北京礼物"品牌管理与品质提升，鼓励开发具有北京文化元素的"北京礼

物"，增强"北京礼物"的科技含量，加强对生活服务类"北京礼物"的开发；放大北京环球度假区的溢出效应，带动台湖演艺小镇、张家湾设计小镇以及大运河文化旅游景区形成副中心文旅消费组团。二是促进户外潮流消费发展。围绕骑行消费、营地消费等新兴消费方式，挖掘培育标志性项目产品；利用北京市室内冰雪场馆、海陀雪场、南山雪场等场地，积极组织冰雪赛事活动。三是开发中医药康养特色旅游资源，设计多条中医药健康旅游精品路线，推动北京市中医药康养服务与文化旅游产业的深度融合。

（三）加大品牌培育引进力度，打造时尚消费新高地

一是完善消费品牌矩阵，健全北京市本土品牌全链条孵化培育体系。用好"京益选"等网络平台，支持线上线下商品消费融合发展，使更多优秀的"北京制造"品牌触网。加大对新消费品牌企业、孵化基地以及专业机构的支持力度，优化新消费品牌孵化的生态链。二是加快引导时尚类零售企业在京高质量发展。探索用好北京市现有的科创园与文化产业园，进一步促进时尚领域研发、设计以及总部管理等功能的集聚发展。提升中国国际时装周的国际影响力，举行北京市国际设计周等系列活动。

（四）优化消费空间布局，激发消费新活力

一是高质量实施北京市商业消费空间布局专项规划。加快形成包括社区便民生活圈、地区活力消费圈、城市消费中心以及国际消费体验区在内的四级商业消费空间结构。加紧推进新一轮商圈改造提升工作以及"一圈一策"方案，提升王府井、国贸CBD等商圈的国际化水平。进一步推动北京市轨道交通站点与周边商业设施的融合衔接，扩展重点商圈公共交通可达范围。二是加快推进"双枢纽"国际消费桥头堡建设。在首都国际机场和大兴国际机场的离境退税口岸增设自助设备，增强退税服务的便利性。完成大兴国际机场临空区会展中心与消费枢纽片区城市设计方案征集。三是进一步推进北京市"一刻钟便民生活圈"建设。依据动态地图精确布局便民商业服务

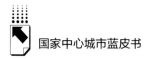
设施，不断织密便民商业服务网络。四是培育壮大网络消费市场，促进直播
电商、即时零售等消费新模式的健康发展。

参考文献

《北京市国民经济和社会发展第十四个五年规划和二〇三五年远景目标纲要》。

《北京培育国际消费中心城市实施方案（2021—2025年）》。

龚六堂：《以扩大内需助力形成新发展格局》，《人民论坛》2021年第35期。

赵辰昕：《坚定实施扩大内需战略　促进形成强大国内市场》，《宏观经济管理》
2023年第1期。

杨松：《北京建设国际消费中心城市的成效、问题与对策》，《中国经贸导刊（中）》
2021年第6期。

李名梁、康文哲：《国际消费中心城市的内涵、指标及建设路径》，《天津商业大学
学报》2023年第2期。

B.13

上海建设国际消费中心城市的空间结构：
框架、问题与对策*

甄 杰**

摘　要： 作为中国第一批五个国际消费中心城市之一，上海在市区层面出台相关政策支持消费，在扩大内需、促进消费方面具有引领性作用。但同时，建设过程还存在不均衡性，从城市空间发展角度看，需加强整体空间构建。为此，本文从地理、经济、社会、制度四个层面深入解构上海国际消费中心城市的空间结构，形成系统的培育与发展框架，并剖析各具体空间所面临的关键问题，进一步探索优化空间的重点发展方向，从而提出相应的对策建议。

关键词： 国际消费中心城市　空间结构　上海

2018年，爱德华·格莱泽（Edward Glaeser）将城市作为商品、服务和文化的消费中心，提出国际消费中心城市的概念，并将其用于分析城市经济增长。2021年，国务院批准上海等5座城市率先培育建设国际消费中心城市，明确了聚集优质消费资源、建设新型消费商圈、推动消费

---

* 基金项目：上海市2023年度"科技创新行动计划"软科学研究项目"中国式现代化进程中上海科技园区创新生态系统构建与治理研究"（项目编号：23692104800）。

** 甄杰，管理学博士，华东政法大学企业发展研究所所长、商学院工商管理系主任，青海省人民政府-北京师范大学高原科学与可持续发展研究院特聘专家，商务部国家级开发区人才培训基地特聘专家，研究方向为战略管理、园区管理。

融合创新、打造消费时尚风向标、加强消费环境建设、完善消费促进机制等重点任务。为此，上海市设定了打造全球新品首发地、全球消费目的地的总体目标，并将全力打造"上海服务""上海制造""上海购物""上海文化"四大品牌。然而，对于常住人口为2489.43万、行政区划面积达6340.5平方公里的超大城市来说，上海建设国际消费中心城市不仅涉及大尺度的区域空间演化，也涉及各产业业态的空间结构、分布格局及形态特征，应当基于空间视角对建设的重点问题进行深入剖析和总体把握。

一 上海建设国际消费中心城市的空间结构框架

从国际消费中心城市的建设成效评价方面来看，商务部提出了由国际知名度、城市繁荣度、商业活跃度、到达便利度、消费舒适度、政策引领度六大一级指标形成的评判标准，并进一步调整为国际知名度、消费繁荣度、商业活跃度、到达便利度、政策引领度五个维度；福布斯中国以消费活跃度、商业成熟度、交通便捷度、政策支持度、国际认可度为核心洞察点，分析国内主要城市的消费活力；相关研究机构则从城市国际化综合竞争力、国际消费环境营造力、优质消费资源供给力、国际知名消费品聚集力、国际旅游发展力等维度构建指标体系。其他相关研究对具体维度进行的强调或调整，基本以这些体系为基础。

从商务部调整后的指标体系来看（见图1），国际消费中心城市的建设水平的确与航班、铁路、公路、景区、商业街区等地理空间分布格局有直接关系，空间分布格局会对国际知名度、商业活跃度、到达便利度产生影响。同时，约1/3的二级指标都归属于经济空间的构建，相关内容既包括个人、产业、区域等不同层次的情况，也涉及客观、主观等不同视角。需要注意的是，城市空间结构的演进是伴随经济空间与社会空间的功能地位进行的，并且，地铁、网约车、星级酒店、免税店和离境退税商店数量等城市内社会服务设施，以及入境游客、会展活动数量等城市拓展情况，最终会影响城市的全球竞争力。在城市高质量发展中，治理能力和治理体系现代化推进的总体目标要求重视城市管理水平、环境品质的提高，并在这一过程中产生新的制度动力。具体地，政策创新以及体制机制的优化与实施所形成的制度空间可以促进城市在经济空间、社会空间等方面的持续发展。

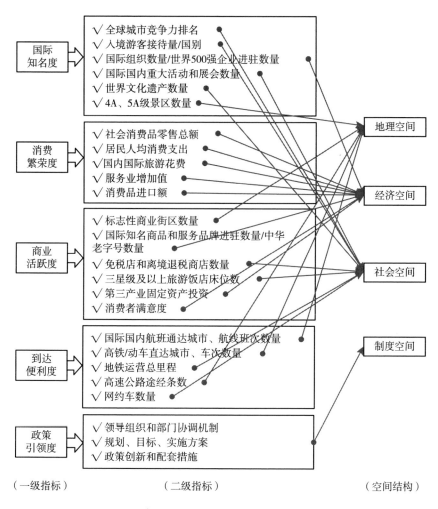

图 1 上海建设国际消费中心城市空间结构框架

数据来源：作者根据商务部指标体系绘制。

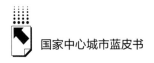

二 上海建设国际消费中心城市空间发展的主要问题

依据上述所构建的上海建设国际消费中心城市的空间结构，上海由于缺乏系统性认识，各维度所受重视程度并不具有均衡性，单个维度也面临着发展中的典型性问题。

1. 向海经济发展以延伸地理空间的潜力有待发掘

上海港位于中国大陆海岸线中部，是长江东西运输通道与海上南北运输通道的交汇点。作为中国沿海的主要枢纽港，上海港约承担了全国外贸吞吐量的20%。从上海港港区的空间演化情况来看，其由吴淞江、苏州河到黄浦江，再迁至入海口以至外海区域，并由拥有内河港的小节点角色发展到拥有深水港的国际航运中心。

在建设国际消费中心城市的过程中，上海要注重区域发力，应基于长三角一体化发展的国家战略，联动长三角其他城市，通过加强新品首发、创新策源、多元生态等形成全域合力。不过，从地理空间来看，长三角一体化仍主要以浦西青浦的示范区为载体，相对忽视了浦东沿海的一体化发展，而以上海港链接南部杭州湾和北部通州湾的湾区发展则在推进国际消费中心城市方面具有更大潜力。

2. 资源优化配置以拓展经济空间的格局尚未形成

上海已经形成进博会、工博会、动漫展、跨国采购大会、消费电子博览会等知名展会，对于在新发展格局下促进主导产业发展具有重要作用。为了实现高质量发展目标，上海在生产性服务业方面规划形成"1+5+5"的空间格局，即"中心提升能级、五区激发潜力、新城创增长极"，使得城市在总体上实现均衡发展。但实际上，在国际国内重大活动和展会数量等方面，相关资源的空间布局则明显失衡（见图2）。除了重点打造的浦西国家会展中心、浦东新国际博览中心，上海会展服务业基本仍集中在中心城区，规划中并没有考虑五大新城会展业的匹配拓展空间，会展服务企业也主要集中在中心城区。显然，围绕上海市主导产业以及"五大新城"特色产业，会展业促进城市经济发展、有效整合配置资源、聚焦合作交流、助力五大新城综合性节点城市定位实现等作用并没有充分发挥。

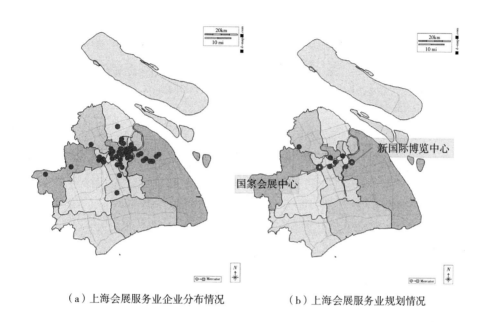

（a）上海会展服务业企业分布情况　　　　（b）上海会展服务业规划情况

图2　上海市会展服务业空间分布情况

数据来源：上海产业地图（2022）。

另外，上海市为了提升"上海制造"品牌，自2020年起共建设了53个特色园区，将其作为培育产业新动能、体现城市竞争力的核心战略载体和创新平台，以此形成产业生态体系，并对建设国际消费中心城市具有促进作用。从空间布局来看，浦东新区、郊区均有25个，占比均达47.17%，而中心城区仅有3个，占比也只有5.66%（见表1）。可见，从特色产业园区空间分布看，与前述会展经济的发展情况恰好相反。

表1　上海53家特色园区空间分布情况（截至2023年5月31日）

区域		具体区域	特色园区个数	产业内容
浦东新区（25）		张江	7	人工智能、集成电路、生物医药、元宇宙、新兴融合、重点领域补链强链
		金桥	2	智能制造
		外高桥	1	智能制造
		书院	1	时尚消费品
		临港新片区	14	航空航天、集成电路、生物医药、智能制造、新材料、人工智能、重点领域补链强链、智能终端、绿色低碳、元宇宙、数字经济
郊区（25）	五大新城（17）	嘉定	3	集成电路、智能制造
		松江	3	集成电路、生物医药、数字经济
		金山	4	生物医药、航空航天、集成电路、重点领域补链强链
		奉贤	4	生物医药、新材料、时尚消费品、先进材料
		青浦	3	航空航天、生物医药、智能终端
	其他（8）	宝山	4	生物医药、智能制造、新材料、绿色低碳
		闵行	2	人工智能、智能制造
		崇明	1	重点领域补链强链
		虹桥商务区	1	新兴融合
中心城区（3）		徐汇	1	人工智能
		静安	1	新兴融合
		黄浦	1	时尚消费品

数据来源：根据上海市经济和信息化委员会公布数据整理。

3. 城市一体化发展以协同社会空间的力量亟待加强

依据上海城市公共活动中心体系的四层级划分标准，第一层级为城市主中心，其职能为全球城市功能的核心承载区，是建设国际消费中心城市最重要的区域；第二层级为主城副中心，包括五大新城中心、九大城市副中心，是面向所在区域的公共活动中心，承担面向国际的特定职能。城市副中心以商业和产业为支柱，实现上海产城融合发展，达到城市职住平衡，完成中心城区扩容及功能辐射。但是上海城市副中心的发展并不均衡（见表2），并没有产生协同效应，不利于推进五大新城的均衡发展，不利于推进国际消费中心城市建设。

表 2　2023 年上海九大城市副中心相关发展情况

序号	城市副中心	基础强度	政策支持	交通
1	五角场	★★★★★	★★★	★★★★
2	真如	★★★	★★★★	★★★★★
3	花木	★★★★★	★★★★	★★★★★
4	金桥	★★★★	★★★★★	★★★
5	张江	★★★★★	★★★★★	★★★★
6	吴淞	★★★	★★★★	★★
7	虹桥	★★★★★	★★★★★	★★★★
8	莘庄	★★★★	★★★★★	★★★★
9	川沙	★★★★	★★★	★★★

注：★越多表明情况越好。

数据来源：根据所在行政区规划、公开信息等整理。

在中国五大国际消费中心城市中，上海的商业活跃度居于首位。2012～2022 年，上海购物中心（≥3 万㎡）存量由 552.74 万㎡增至 2665.6 万㎡，年均增量超 200 万㎡。依据《上海市商业空间布局专项规划（2021—2035年）》，上海将形成"4+X+2"的商业空间体系，即 4 级商业中心体系、X 个特色商业功能区和 2 个配套支撑体系。总体来看，当前及近期市级商圈的购物中心更加集中。2023 年，上海将加快培育新型消费、集聚全球消费资源、创新消费场景，落实新一轮城市商业空间布局规划。2023 年，全市拟开业项目（商业面积≥3 万㎡）商业建筑面积达 178.2 万㎡，分布在 10 个区（见表 3）。其中，中心城区有静安、徐汇、普陀、虹口、长宁 5 个区涉及这些项目，达86.2 万㎡，占比为 48.4%；浦东新区 40.6 万㎡，占比为 22.8%；郊区闵行、宝山为 16.6 万㎡，占比为 9.3%；五大新城中仅青浦、嘉定 2 个区有拟开业项目，分别为 31.7 万㎡、3.1 万㎡，占比分别为 17.8%、1.7%。但实际上，考虑到主城区的空间范围包括浦东新区、闵行区、宝山区、嘉定区以及虹桥的部分地区，考察各商业项目的具体地块位置后可知，2023 年拟开业商业项目有 82.6%的建筑面积位于上海主城区。从社会空间匹配发展的角度看，这一结果与非主城区行政区划面积占比高达 76.3%的情况极不匹配。

表3 2023年上海拟开业商业项目空间分布情况

序号	行政区	项目数量（个）	商业建筑面积（万 m²）	所在区位	项目数量（个）	商业建筑面积（万 m²）	占比（%）	位于主城区数（个）
1	静安	1	6.0	中心城区	10	86.2	48.4	10
2	徐汇	2	19.3					
3	普陀	4	46.5					
4	虹口	1	3.0					
5	长宁	2	11.4					
6	浦东新区	5	40.6	部分主城区	5	40.6（27.6）	22.8（15.5）	4
7	闵行	2	12.1	郊区	3	16.6	9.3	3
8	宝山	1	4.5					
9	青浦	4	31.7	五大新城	5	34.8（16.7）	19.5（9.4）	3
10	嘉定	1	3.1					

数据来源：根据赢商大数据、项目官方渠道、公开信息整理；括号内为位于主城区地块的对应情况。

4. 政策保障支持以优化制度空间的强度亟须提高

进入"十四五"发展时期以来，上海市为推进国际消费中心城市建设，先后出台了若干工作规划、要点、方案、措施等，明确了相关内容及其重点方向，提出了发展的空间层次，但仍需进一步细化、深化和优化（见表4）。这些政策在战略导向上具有包容性，但在总体空间格局方面，亟待推进与落实延伸性内容。例如，嘉定区以汽车新四化产业等为主导产业，拥有上海汽车博物馆、上海汽车会展中心、上海 F1 国际赛车场、同济大学汽车学院等诸多优质资源，但并没有相关政策措施促进资源整合，形成知名品牌的汽车主题层级消费。同时，相关政策关注到了长三角区域的协同联动，但忽视了上海市域内尤其是主城区和五大新城之间的联动。从产业间配套融合的角度来看，政策中仅提到打造"五个新城"商业地标即综合性新城商业中心是不够的，须基于产业空间结构优化为整体发展提供驱动力。

表4　2021年以来上海建设国际消费中心城市的相关政策情况

序号	政策名称	相关内容	重点方向	空间层次	有待优化
1	《上海市提信心扩需求稳增长促发展行动方案》	恢复和提振消费行动	强调商圈商街地标，激活文旅市场，重振文旅市场	落实临港新片区、五个新城人才住房支持政策等	以产业为导向细化空间结构
2	《2023年上海建设国际消费中心城市工作要点》	打造"东西"两片国际消费集聚区	首发经济/品牌经济/夜间经济/直播经济	购物/文旅/美食/赛事/展览五大板块联动	下沉空间构建消费新生态
3	《上海市商业空间布局专项规划（2021—2035年)》	构建全市"4+X+2"商业空间体系	商业中心/特色商业功能区	四级商业中心体系	地区级商业中心/社区商业的引流发展
4	《上海市建设国际消费中心城市实施方案》	构建融合全球消费资源聚集地	美食/体育/文旅休闲/养老等	建设浦东国际消费中心	围绕某产业进行深度游，市域内联动
5	《上海市城市更新条例》	统筹生产、生活和生态布局	拓展文旅空间，构建多元融合的"十五分钟社区生活圈"	持续改善城市空间形态和功能	推动实现新城建设的示范引领和辐射带动作用
6	《"十四五"时期提升上海国际贸易中心能级规划》	消费引领作用日益凸显	推动消费持续提质扩容	建设多层级商业地标	深化商产文旅联动具体措施
7	《关于加快建设上海国际消费中心城市 持续促进消费扩容提质的若干措施》	办好"五五购物节"/打造全球新品首发地	扩大高端消费	建立长三角联动办节机制	强化新城联动

数据来源：根据相关政策整理。

此外，上海市于2020年5月1日起施行了全国首个会展业地方性法规《上海市会展业条例》，并注重法规政策对会展业发展的保障作用。但是，

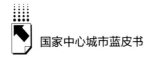
在会展业"云服务"、区域协同联动发展、产业方向选择等方面，仍然缺失相应的法规政策，没能给予会展业发展应有的引导与支持，无法规范大数据使用、稳定合作等内容，监管力度较弱。

三　上海建设国际消费中心城市空间优化的重点方向

基于各空间维度发展中的关键问题，需要以培养建设国际消费中心城市的目标和任务为导向，进一步明确上海优化其空间的重点发展方向。

1. 深化区域协同发展以统筹分层式地理空间布局

以长三角区域一体化国家战略为导向，在持续提升青浦区长三角区域一体化示范区发展能级的基础上，重视浦东沿海发展战略，真正推进跨入东海的向海经济发展，支持国际医疗旅游等有利于消费促进的相关举措。以五大新城建设形成中心城、主城、新城的上海空间新格局，增强空间层级的生态均衡发展能力，提升国际消费中心城市的承载力与支撑力。

2. 紧抓主导产业载体以优化经济空间布局

基于上海加快建设具有世界影响力的社会主义现代化国际大都市的战略目标，以集成电路、生物医药、人工智能三大产业作为核心的"9+X"战略性新兴产业和先导产业发展体系为主线，以数字经济促进服务消费，并使得服务消费数字化从需求端向供给端拓展。特别是，紧抓产业园区这一重要产业载体，以重点品牌园区与小规模特色园区优化城市发展空间，推进消费网络的升级。

3. 加强双线技术融合以支撑社会空间布局

以线上线下互动促进智慧街区、智慧商圈建设，使得消费可以提高应变韧性、拓展发展空间、增强行业引力。通过重视物联网、虚拟现实、数据安全等相关技术的发展与应用，将新技术融入消费的新业态、新模式、新场景，从而促进城市各区域层次在消费领域具有社会空间布局特色，从而改变当前若干城市副中心在基础设施等社会空间方面的不均衡态势，带来持续的客流与消费。

4. 完善相关法规政策以推进制度空间布局

聚焦"国际"、紧扣"消费"、突出"中心"，通过完善相关法律法规建设更加公平透明的消费环境，最大限度地保护国内外消费者的权益，促进国际消费业务的开展。基于"双碳""双循环"等国家战略要求，持续深化、细化制度，推进消费行业高质量发展，使得制度设计与制度优化成为消费行业稳健发展的重要保障。此外，以制度优化分工协作网络，增强配套服务关系，建设消费行业的创新生态体系。

四 上海建设国际消费中心城市空间优化的对策建议

为了更好地沿着重点方向发展，应当基于战略和全局的视角，明确上海在建设国际消费中心城市中优化空间的具体做法。

1. 持续做好顶层设计与发展规划

围绕国际消费中心城市建设，市区镇三级政府部门持续统筹战略发展规划。在市级层面做好顶层设计，一方面，制定并分阶段实施沿海发展战略，推进向海经济发展，通过促进国际贸易夯实国际消费基础；另一方面，引导中心城区向郊区新城拓展，给予拓展区明确的空间发展要求，并将资源更加有效地进行圈层配置。

2. 展现以园区为载体的消费集群效应

围绕上海市五大新城、长三角其他地区主导产业的高质量发展，凝聚国际消费活动的主题、形式与范围，持续优化产业结构。建设以园区为载体的功能片区，链接形成合作联动的产业集群，打造上海"国际消费中心城市"知名街区、商圈背后的特色园区。通过推进园区建设，打造园区生态发展模式，并通过搭建信息共享平台促进园区之间的虚拟集聚，为支撑消费提供产业基础。

3. 增进利益相关各方一体化联动

聚焦上海城市副中心建设，增强城市各重点区域的协同发展。相对落后的城市副中心，应当充分把握城市战略机遇，尤其是周边地区有利的发展环

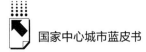

境。例如，川沙副中心借助张江科学城南扩的空间规划，将自身产业基础与张江优势产业进行互动合作，并且利用毗邻浦东交通枢纽、迪士尼国际度假区等优势资源，有效地在国际消费领域进行明确定位，加强利益相关方的一体化联动。

4. 构建高效灵活的消费新业态

支持和利用数字化技术，加强数字化管理、数字化应用、数字化改革，设计重点消费场景。例如，以管理者为核心的管理场景、以服务商为核心的运营场景、以消费者为核心的营销场景、以商旅人士为核心的城市商旅服务场景。建立数据共享平台，精准匹配消费信息，细分线上线下差异化功能，深化双线互动融合。尽快形成征信评价体系，融入多方主体资源，促进形成数字消费新业态。

5. 加强消费运营管理

以评促管，制定消费行业综合评价指标体系，优化相关企业、街道、商圈的运营管理机制。建立以项目经理为主的网格化项目管理机制。重构消费运营思路，将核心商圈与协同合作平台、特色园区、智慧消费等相融合，并通过模式复制、品牌输出等方式积极引导消费"国际化"，创新并优化消费运营环境。强化消费领域各类主体的深度和常态化联络合作，全方位提升国际消费中心地位。

6. 重视复合型人才应用与成长空间

依托上海国际消费中心城市在模式、功能、形态等方面发展的总体趋势要求，聚焦国际消费前沿，深化学科交叉融合，借助人才落户等支持性政策，加强培育并引进以数字经济、品牌塑造、时尚营销等为主的复合型消费领域人才。聘任高层次专业人才为战略合作伙伴，建设消费领域智库，提供专业咨询顾问意见。优化消费线下互动空间与线上虚拟空间，激发消费领域人才创新动力。

7. 完善激励制度，出台精准有效的法规政策

政府部门应从行业管理层面加强对消费市场的引导与规范。进一步完善法规政策，加快消费与数字经济、智能经济、绿色经济、创意经济、流量经济、共享经济"六大形态"的深度融合发展。支持各类服务型企业发展，打造消费生态链。精准激励消费与文旅、交通等其他产业的融合，从而增强城市的消费功能，促进城市从生产形态向消费形态转变。

参考文献

EdwardGlaeser，Joseph Gyourko，"The Economic Implications of Housing Supply，"*The Journal of Economic Perspectitve*，32（2018）.

《商务部召开培育国际消费中心城市工作推进会》，商务部新闻办公室，2021 年 7 月 19 日。

《关于培育建设国际消费中心城市的指导意见》。

《上海市建设国际消费中心城市实施方案》。

《上海统计年鉴 2022》。

《培育国际消费中心城市总体方案》。

《2022 福布斯中国·消费活力城市榜正式发布》，《福布斯中国》2022 年 7 月 23 日。

李果：《〈国际消费中心城市建设年度报告（2022）〉发布》，《21 世纪经济报道》2022 年 12 月 27 日。

刘司可、路洪卫、彭玮：《培育国际消费中心城市的路径、模式及启示——基于 24 个世界一线城市的比较分析》，《经济体制改革》2021 年第 5 期。

张晓平、刘卫东：《开发区与我国城市空间结构演进及其动力机制》，《地理科学》2003 年第 2 期。

B.14
更新老商圈　开启新模式
扩大新服务：天津建设国际消费
中心城市的实践探索[*]

侯小菲[**]

摘　要： 培育国际消费中心城市，是实施扩大内需战略、全面促进消费、
　　　　　增强经济发展内生动力的重要举措，也是推动经济高质量发展、
　　　　　服务构建新发展格局、更好满足人民美好生活需要的应有之义。
　　　　　天津作为首批培育建设国际消费中心试点城市之一，立足自身优
　　　　　势、把握消费趋势，通过更新老商圈提升传统消费、数字赋能培
　　　　　育新型消费、文娱商旅融合升级扩大服务消费，促进天津消费市
　　　　　场繁荣活跃，消费规模持续扩大，消费升级步伐加快，消费层级
　　　　　明显跃升，消费热点不断涌现，国际消费中心城市建设稳步
　　　　　推进。

关键词： 国际消费中心城市　商圈　数字经济　融合发展

　　2023 年政府工作报告明确提出要"着力扩大国内需求"，"把恢复和
扩大消费摆在优先位置"。培育和建设国际消费中心城市已然成为扩内需、
促消费的重要抓手。《中华人民共和国国民经济和社会发展第十四个五年

---

[*] 本文系天津社会科学院重点课题"'双碳'目标下的环境协同治理理论与实践"（项目编号：
22YZD-08）的阶段性成果。
[**] 侯小菲，博士，天津社会科学院生态文明研究所副研究员，研究方向为可持续发展经济学、
区域经济学、数字经济与绿色产业发展。

规划和 2035 年远景目标纲要》也明确提出，要"培育建设国际消费中心城市，打造一批区域消费中心"。经国务院批准，北京、上海、广州、天津、重庆五大城市成为首批培育建设国际消费中心试点城市，2021 年开启了建设国际消费中心城市元年，两年来成绩斐然，对各地消费市场复苏、对内对外开放水平提升、产业结构优化升级发挥着重要的示范和引领作用。

为贯彻落实党中央、国务院关于培育国际消费中心城市的决策部署，完成好国家赋予天津率先开展国际消费中心城市培育建设的重大使命，天津根据国家关于培育建设国际消费中心城市的指导意见和总体方案，研究制定了《天津市培育建设国际消费中心城市实施方案（2021—2025 年）》（以下简称《方案》）。《方案》提出，培育建设国际消费中心城市，"国际"是方向，要提升天津的国际知名度和全球影响力，打造国际消费资源聚集地；"消费"是核心，要提升消费的繁荣度和商业活跃度，丰富消费场景，推动消费市场复苏，加快消费结构升级，更好地满足人民日益增长的美好生活需要；"中心"是关键，要不断增强城市的吸引力凝聚力，发挥辐射带动作用建设成为全国消费者向往地。2022 年天津国际消费中心城市建设扎实推进，成功举办第二届海河国际消费季、首届品质生活节、第三届天津夜生活节等促消费活动。商旅文体消费场景不断丰富，首家体育主题商业综合体青旅运动新天地、首个屋顶夜市万科城市秀场开业运营。[①] 同时，天津坚持把培育建设国际消费中心城市与实现"一基地三区"的城市定位、构建"津城""滨城"双城格局、推进制造业立市有机统一统筹推进；政府在引导市场、打造环境方面持续发挥作用并坚持企业主体的主力军地位；充分挖掘独特的文化底蕴和商业积淀，在传承接续中发扬光大；以追赶先进为目标开拓国际化视野，高起点高定位，稳步推进，久久为功。

---

① 《2022 年天津市国民经济和社会发展统计公报》。

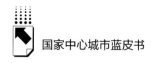
一 天津建设国际消费中心城市的基础和优势

（一）经济实力和人口规模是国际消费中心城市建设的强劲根基

从经济实力看，2022年天津地区生产总值16311.34亿元，在全国各城市中排名第11，其中第三产业增加值9999.26亿元，占比为61.3%。全市人均地区生产总值119235元，全国排名第6。

从人口规模看，2022年天津市常住人口总量为1363万人，是具有千万级人口规模的超大城市，其中城镇常住人口达到1160万人，城镇化率高达85.11%，人口吸引力和集聚度不断提升，人口资源丰富。

（二）区位优势和开放政策是国际消费中心城市建设的有力保障

天津自古商贾云集，地处环渤海经济圈的核心位置，紧邻首都北京，向东与日本和朝鲜半岛隔海相望，直接面向东北亚地区和迅速崛起的西太平洋亚太经济圈，是东部沿海发展的核心地带，也是亚欧大陆桥的重要节点，作为国际性港口城市，具有得天独厚的区位优势。在京津冀协同发展这一重大国家战略引领下，天津"一基地三区"建设持续推进，其完整性与先进性兼具的产业体系，系统性与现代化兼具的物流供应链条，布局合理、重点集中、多功能协调发展的金融、证券市场，以及完备的基础设施和强大的腹地资源都为国际消费中心城市建设提供了强大支撑。

天津作为最早开放的沿海城市之一，建设多年的自由贸易试验区、开发区、综合保税区构成了高水平的对外开放平台。截至2022年末，自由贸易试验区内实有各类市场主体8.2万户，累计实际使用外资金额144.25亿美元，累计实施544项制度创新措施，其中有38项试点经验和实践案例在全国进行了复制推广。2021年4月，商务部印发了《天津市服务业扩大开放综合试点总体方案》，分别从产业、区域、体制机制、政策和要素保障4个维度，提出了13个方面116项的具体开放创新举措，加快建设服务业扩大开放新格局。高水平的对外开放体系和一系列政策保障成为天津培育建设国际消费中心城市的有利条件。

（三）悠久历史和城市特色是国际消费中心城市建设的深厚底蕴

天津有着悠久的历史文化底蕴和颇具特色的城市风貌。天津，得名于明成祖朱棣，意为"天子渡津之地"，旧时又称天津卫。常言有云，"中国近代百年看天津"。天津卫是近代中国繁华之所在，在近代史上占据了极为重要的地位，许多风云人物在此处发迹或归隐，很多重大事件在这里发生，影响着历史进程。"九河下梢天津卫，三道浮桥两道关。"天津自古靠漕运兴市，粮艘商舶，鱼贯而进，迨无虚日，十分繁盛。海河上游的支流蓟运河、潮白河、北运河、永定河、大清河、子牙河、漳卫南运河7条河流，最后汇集在三岔河口，贯穿市区后，至大沽口处注入渤海，城市内水资源丰富、生态环境优美。

二　提升传统消费：打造消费地标、强化辐射功能、改善消费环境，强化城市消费"主阵地"

（一）传统商圈的更新是国际消费中心城市建设的重要引擎

人民对美好生活有了更高需求，消费已然不再只是单纯地购买商品，还包含场景体验、消费感受、氛围营造等更多维度和更深程度的附加价值，这样的消费趋势为传统商圈的更新提供了强劲的发展动力，催生出巨大的消费市场。在此情况下，为了更好地满足人民对美好生活的新期待，顺应休闲化、特色化、精品化、场景化、主题化发展趋势，亟须把传统商圈升级改造为文旅商融合发展的标杆商圈。

天津以海河为轴，围绕"一带九轴九商圈"的国际商业中心，串联主要商业节点，塑造地标性高端消费载体，全方位打造"点—线—面"商业载体圈层，进一步强化消费凝聚功能。2022年全年天津新开15个大型商业

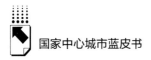

项目，其中8家大型购物中心、7家社区型购物中心，累计新增商业面积80万平方米，新增商户1000余家。① 重点商圈加速建设，金街提升改造，同时推进老城厢—古文化街、五大道、意式风情区、佛罗伦萨小镇、文化中心等商圈建设，"一商圈一方案"，聚集特色主题元素。推动区域商圈商街建设，构建"一区一中心"的发展格局，其中，地处武清享誉京津冀的佛罗伦萨小镇商圈入选全国示范智慧商圈。

（二）口岸辐射功能的提升是国际消费中心城市建设的强大推力

天津港是北方最大的综合性港口、世界等级最高的人工深水港，港口功能齐全，码头等级达30万吨级，航道水深−22米，拥有各类泊位213个，每月航班超过550班，同200多个国家和地区的800多个港口保持贸易往来。2022年末全市集装箱航线总数增加到140条，集装箱吞吐量突破2100万标箱，达到2102.13万标箱，比上年增长3.7%，港口货物吞吐量达5.49亿吨，同比增长3.7%，海铁联运完成120万标箱。②

天津港积极构建面向全球、便捷高效的集装箱运输网络，不断扩大商品和服务进口，有效促进消费迭代升级。在港口区域大力发展冷链物流、跨境电商、邮轮文旅等业务并支持港航企业携手开通进口生活消费品精品航线，大力发展生活消费品保税仓储、分拨配送、冷鲜销售、电商服务等业务，完善生活资料供应生态链，推动港口由传统的生产资料港向生产生活资料港转型，服务消费转型升级和区域经济发展，满足人民群众对高品质生活的需要。③

口岸服务功能不断增强，基本实现国际贸易主要环节无纸化，通关效率大幅提升，口岸辐射范围进一步拓展。近十年持续开展京津促进跨境贸易便利化、港口降费提效优化环境、优化港口营商环境等专项行动，"关港集疏

---

① 《2022年天津市国民经济和社会发展统计公报》。
② 《2022年天津市国民经济和社会发展统计公报》。
③ 《天津：大力发展港口经济　增强影响力辐射力》，《天津日报》。

港智慧平台"功能不断完善，"提前申报"、"船边直提"、"抵港直装"、通关和物流流程"双优化"等一系列便利化举措提质增效，"智慧管控体系"在东疆试点破局。2021 年，天津口岸出口整体通关时间 0.74 小时，在全国各主要沿海省市排名第 1；进口整体通关时间 34.93 小时，位列全国第 3。2022 年天津口岸进出口总值创历史新高，并连续 23 个月实现同比 2 位数的高速增长。

此外，天津进口汽车口岸服务辐射功能进一步强化，提出打造汽车大流通中心城市，对乳品、红酒等重点商品实施进口促进计划，打造服务本市辐射"三北"的进口消费品供给平台，推进区域消费市场共建、消费资源共享，打造京津冀 1 小时鲜活农产品冷链物流圈，积极探索京津冀跨省通办、相互认证、异地就医便利化，推动构建区域消费市场共同体。

（三）消费环境的改善是国际消费中心城市建设的牢固基底

高水平的消费环境为持续拉动消费、挖掘内需潜力、提振消费信心提供了良好条件。天津在充分促进消费环境向好发展、实现潜在消费需求向现实增长动力有效转化方面凸显巨大决心。一是努力创建具有国际水准的消费环境。健全消费维权机制、投诉快速反应及处理反馈机制，努力营造诚实守信、服务至上、放心满意的消费环境，积极开展商业、景区、客运等窗口行业服务质量国际化达标活动，提升航空客运交通组织能力，持续打造"轨道上的京津冀"，构建城乡快速交通网络，增加蜂巢便利店、自动贩卖机等 24 小时商品和服务供给，切实提升消费满意度、城市文明度、通达便利度和消费舒适度。二是积极构建国际消费自由便利的制度环境。进一步提升邮轮旅客通关、入境消费支付和多语种服务能力，在市场促销及新品发布、户外广告、沿街店铺"外摆位"等方面推行审慎包容的监管制度。同时，完善和发展免退税购物，加快设立市内免税店，在重点商圈商街、旅游景区布局更多退税店，建立保税商品展销中心等。

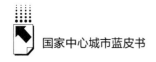
三　培育新型消费：数字经济发力、乘数效应凸显、夜经济攀升，引领城市消费"新势力"

（一）数字消费的提升为国际消费中心城市建设注入新的活力

相较于传统消费而言，新型消费的"新"主要体现在顺应消费升级的趋势，以消费者为中心，运用大数据、人工智能等数字技术，创造多样化、个性化、体验式的新产品新服务，以网络购物、移动支付、线上线下融合等新业态新模式，创造出近年来消费领域最为抢眼的亮点。《"新钱商"时代：在线生活服务消费洞察》报告显示，受访用户中98.35%的网民了解且使用在线生活服务平台，并在平台上享受多元化服务。越来越多的生活服务消费被搬到了线上，在互联网平台"种草"一家理发店、宠物店、培训班，兴之所至时抢下一单优惠券再去线下消费，已经成为一种新日常。

数字经济活力释放让生活更美好。数字技术与城市深度融合的智慧城市建设中，传统菜市场借助互联网、物联网、大数据等技术实现智慧化发展。2021~2022年天津先后培育了26个智慧菜市场，实现实体商户与线上平台互联、线上线下互动、消费者足不出户就能"逛"市场，菜市场辐射范围扩大，市场销售额增加，由此带动传统菜市场运营管理模式转型升级。天津不断利用智能技术创新服务手段，通过"互联网+养老"模式，在智能居家养老服务方面的尝试和探索让老年人切实体会到了科技带来的获得感、幸福感、安全感。2021年天津"银发"智能服务平台正式上线，入选国家首批运用智能技术服务老年人示范案例，统筹联动社会服务资源聚焦老年群体的高频事项和服务场景，采用智慧养老的"1+3+4"服务模式，为老年人提供主动关怀、智能预警、应急救助等全天候陪伴式安全守护和实实在在的安全监护兜底保障。

（二）消费补贴的应用为国际消费中心城市建设引入新的源泉

发放消费券是较为直接、见效较快的促消费方式，能够达到优化消费新布局、激发消费新潜能的目的。2022年第二届海河国际消费季期间，按照"政府引导、金融助力、企业让利、百姓得实惠"的原则，天津市商务局联合16个区人民政府以及包括工商银行、农业银行、中国银行等在内的20家银行机构，开展近年来全市性规模最大的一次"津乐购"消费券发放活动，此次活动持续时间长、参与范围广、优惠力度大，并改变了以往单个区与单个银行联合的方式，形成了市区联动、政银联手、区域协同的模式。活动以"乐购津城惠民·共享品质生活"为主题，持续两个月，累计发放消费券3400万元，在津生活、工作的人群及来津的外地游客均可参与，同时，来自百货、超市、家居、家电、餐饮等行业超3000家的商贸企业（含门店）同步开展让利促销活动，最终拉动消费超过3亿元，撬动比达1∶10，乘数效应凸显，进一步提振了消费信心，激发了消费潜力。

（三）夜间经济的推广为国际消费中心城市建设加入新的载体

天津成功打造"夜津城"品牌，重点培育夜生活文化，供给端和需求侧同时发力，以夜市建设为基础逐渐形成集食、游、购、娱、体、展、演于一体的全要素多元化夜间消费市场，不断激发夜间消费潜力，实现布局合理、功能完善、业态多元、管理规范的夜间经济发展格局。2020~2022年连续三年举办夜生活节，联动全市重点商家，开展了一系列场景多元、业态丰富、商旅文体融合发展的消费促进活动，打响"夜游海河""夜购津货""夜品津味""夜赏津曲""夜读津城"等多张夜间经济靓丽名片，提升海河夜间经济带国际影响力的同时为全域夜间经济发展做出了良好示范。

以金街入选"全国示范步行街"，五大道、杨柳青古镇被纳入第一批国家级夜间文化和旅游消费集聚区等为契机，推进业态提质升级，亮化美化夜景灯光，打造地标性夜间经济商圈，打造意式风情街、时代奥城、老门口儿夜市、文化中心广场等市级夜间经济示范街区，推动全市夜间购物、餐饮、

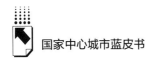
娱乐、文化、休闲、体验、生活服务等多种综合消费形态创新发展。

持续推进跨界融合，将夜间经济与旅游经济、后街经济、小店经济、网红经济相结合，开展商旅文融合、场景多元、业态丰富的体验式、娱乐式、互动式、沉浸式消费促进活动。建成了300余家特色深夜食堂，超过600家24小时便利店，以及500余个酒吧、LiveHouse、电影院、KTV、休闲沐浴等场所。博物馆、美术馆、艺术馆等场所纷纷延长开放时间，开设夜间艺术讲座、沙龙、分享会等，丰富了夜间活动内涵，使天津的夜间经济更有品质、更有情调、更有烟火气。

四 扩大服务消费：整合天津特色文娱商旅融合 优质资源，打造城市消费"新高地"

（一）海河亲水形成主题引领

天津持续打造以海河为纽带的国际级商业中心，水陆互动不断增强，深耕生态、休闲、会展等主题旅游，以文惠民、以文兴旅、以旅促文，打造出一条独具魅力的海河亲水旅游发展带，构建亲海旅游格局，将海河全流域建设成为国内一流的亲水生态休闲旅游目的地。2022年以来海河游船围绕餐饮、新式夜航清吧等众多主题推出多元化的旅游消费场景，相声、音乐会、汉服秀、非遗展、科普研学游、夏令营等各具特色的演出及活动不断满足游客多样化的文旅消费需求。2022年8月成功举办首届天津市海河音乐节，依托海河观光带充分挖掘天津文化底蕴，以游船为载体、以音乐为形式、以海河为舞台，奏响一曲光影盛宴。"用音乐点亮海河"这一艺术品牌提升了城市旅游的文化内涵，激发了海河的灵气，营造了良好的城市艺术氛围。

（二）洋楼旅游铺陈文化底蕴

从利顺德饭店，到遍布老字号的"金街"，再到承载"百年金融"历史的解放北路……地处天津市中心地带的和平区，拥有独特的禀赋资源，位于核心的五大道街区是迄今为止中国保留得最为完整的洋楼建筑群之一，拥有不同国家建筑风格的花园式房屋 2000 多所，建筑面积达到 100 多万平方米，成为享誉世界的"万国建筑博览苑"。其中，近代历史名人故居多达 200 余幢，他们见证了中国百年社会历史变迁，如今也成为重要的历史文化遗产。此外，还有众多面向年轻人的新兴文旅场景，如共享民宿成了流行，"英租界别墅""工业设计风格"等主题摆脱了传统民宿简单刻板的形象，换以更加时尚和多元化的形象，既为消费者提供了"不一样"的体验，还发挥了推动城市空间更新、增进地方文化交流的作用。天津依托"小洋楼"聚集这一独特的资源优势，打造了体现津味儿津韵的商旅文娱消费新场景和地标性商圈，激发市场活力，展现天津城市魅力，把党的二十大精神转化为群众幸福体验的生动实践。

（三）津味美食塑造城市名片

美食是一座城市的名片，越来越多年轻消费者愿意为了一家餐厅、一种美味打卡一座城，吃"火"一座城。津味美食底蕴深厚，以南市食品街为代表的天津"必吃榜""津味"十足，为食客品味天津、打卡天津文旅地标开启新窗口。天津围绕各国特色美食、餐饮文化、餐酒搭配、风尚茶饮、品质咖啡等，在意式风情区、五大道等重点区域，培育出一批具有国际水准的环球餐饮美食街以及具有全球吸引力的美食聚集区、特色市集等，创造新型消费供给场景；推出具有全球吸引力的"环球美食节""津门特色小吃节"等标志性活动，推进环球美食文化、茶饮文化、主厨文化融合交流。各地食客每一次为吃而来的打卡消费，都为天津打造"美食之都"带来了新发展机遇，点燃了消费新市场。

（四）亲海消费彰显城市魅力

滨海新区以打造国际知名海洋文化旅游目的地为目标，突出亲海消费主题，通过整合东疆湾沙滩景区、国家海洋博物馆、泰达航母主题公园等海洋特色景区，构建"一廊一带一区多组团"的滨海旅游格局，打造集滨海旅游度假、海洋科普、海洋文化传承、探奇体验等功能于一体的国际知名海洋文化旅游目的地，推出标志性亲海旅游线路，建设智慧文旅平台。一是实施航母主题公园提升工程，打造海洋军事主题特色品牌，全面推动景区提质升级，打造航母小镇，擦亮海洋军事主题特色品牌。二是实施国家海洋博物馆提升工程，推出集文化性、观赏性、参与性、趣味性于一体的"海博欢乐冰雪季"项目，打造冰雪旗舰主题活动。三是完善东疆保税港区邮轮母港综合配套服务设施，提升邮轮旅游、休闲度假、购物居住服务品质，丰富邮轮旅游线路和岸上旅游产品，打造北方国际邮轮旅游中心。四是实施海洋主题文化旅游度假区工程，建设集文化旅游、商业购物、休闲娱乐、体育康养于一体的海洋休闲运动主题公园。五是串联七彩盐田、泰达航母主题公园、妈祖文化园、国家海洋博物馆、东疆湾沙滩、大沽口炮台遗址博物馆等海洋旅游资源，打造一系列特色海上观光旅游线路。

（五）佛罗伦萨擦亮国际窗口

近年来，武清区商贸服务业快速发展，立足佛罗伦萨小镇、创意米兰时尚生活广场、V1汽车世界"三个核心点位"连通10余个商业载体，承载了高端商贸、文化旅游、居家服务等复合功能，打造出一批具有"国际范儿"的优质项目，有效承接商圈人流溢出，全面吸收流量助力商圈发展。立足于这些知名商业载体，佛罗伦萨小镇商圈在京津冀范围已经拥有了一定的知名度和影响力。2022年以来，佛罗伦萨小镇充分发挥名品聚集效应，引进8家国内外知名品牌店，开展购物消费、假日消费等一系列消费促进活动；V1汽车世界汽车特色产业功能持续完善，澳康达名车广场、汽车文化家庭娱乐中心、V1酒店等项目加速建设；创意米兰综合消费体验提质升级，打响了创意米兰艺术中心、一站式婚礼堂城堡宴会厅等品牌。天津围绕佛罗伦萨小镇商圈，持续打造国际消费聚集的地标商圈、区域主题鲜明的特色商圈、业态多元发展的融合商圈和科技创新引领的智慧商圈。天津通过加大国际一线品牌招商力度，发展首店经济，打造商圈免税区、跨境电商产业聚集区，推动智媒体国际创新产业示范区建设，提高商圈国际影响力。同时，注重沉浸式、体验式、互动式、个性化消费模式培育，丰富商圈消费场景。

（六）会展经济激活消费密码

会展业是城市产业综合竞争力的体现，天津具有较强的产业基础，又是北方重要的开放城市。2021 年国家会展中心（天津）一期展馆正式启用，这是全国第三个国家级会展中心，也是目前中国北方展览面积最大的会展综合体，有效填补了天津会展业发展硬件上的短板。国家会展中心（天津）的建成投用标志着天津会展业进入新的发展阶段，自投入运营以来共举办展览、会议等 17 场，实现了会展产业规模的新突破，同时，展会专业配套服务不断提升。2021 年天津共举办世界智能大会、夏季达沃斯论坛、国际汽车展览会、第 105 届全国糖酒会等 63 场展会，展览面积达 172.66 万平方米，2022 年共举办展会 16 场，展览面积达到 40.85 万平方米。天津做大做强会展消费，带动吃住行游购娱等要素消费，依托国家会展中心（天津），引育品牌化、国际化展会，通过展会平台聚焦品质消费，推动以展促销，进一步释放消费潜力。在办展环境上，切实展现亲商、暖商的环境，让企业愿意到天津办展、参展，让会展业得到更好的发展，逐步形成完善的会展生态，成为国际消费中心城市建设的又一密码。

参考文献

《2022 年天津市国民经济和社会发展统计公报》。

《2022 年天津市培育建设国际消费中心城市推动夜间经济创新发展重点工作》。

国家统计局天津调查总队课题组、安平年：《深化供给侧结构性改革与扩大需求有机结合　加快培育建设国际消费中心城市——关于天津着力构建国际消费中心城市的对策研究》，《天津经济》2022 年第 11 期。

马晓冬：《利用天津优势资源　建设国际消费中心城市》，《天津日报》2021 年 7 月 27 日。

《天津市培育建设国际消费中心城市实施方案》。

B.15
重庆实施扩大内需战略的成效、举措与对策建议

廖玉姣　彭劲松　卢飞*

摘　要： 扩大内需作为重庆稳住全市经济大盘的重要举措之一，在促消费、稳投资、优化发展环境等措施的有力推动下，取得了明显成效，但也存在消费潜能一定程度上被抑制、有效投资需进一步增强、商贸流通体系有待完善等问题。今后一段时期，重庆进一步推进扩大内需战略需在全面推进消费高质量增长、充分发挥投资关键性作用、加快完善现代商贸流通体系、促进城乡区域协调发展方面发力。

关键词： 扩大内需　市场结构　投资消费　环境优化

　　扩大内需战略，是党中央着眼于当前和未来长远发展大势做出的一项战略决策，有利于更好地统筹国内国际两个大循环，助力新发展格局的构建。重庆处在"一带一路"和长江经济带的联结点上，是成渝地区双城经济圈的重要组成部分，是新时代西部大开发战略的龙头引擎，人口规模巨大、产业发展强劲、经济腹地广阔。2022年，全市克服极端高温等多重不利因素的影响，实现地区生产总值2.91万亿元，同比增长2.6%。着力推进扩大内

* 廖玉姣，重庆社会科学院城市与区域经济研究所副研究员，研究方向为城市与区域发展；彭劲松，重庆社会科学院城市与区域经济研究所所长、研究员，重庆社会科学院"在高质量发展中促进共同富裕"青年创新团队负责人，研究方向为城市与区域经济；卢飞，重庆社会科学院城市与区域经济研究所研究员，研究方向为金融、数字经济。

需战略，有利于重庆充分释放内需市场潜力，更好地助推经济平稳可持续发展。

一　重庆推进扩大内需战略的成效与举措

近年来，重庆积极推进落实国家扩大内需战略，多措并举扩大内需市场，以强大内生动力促进全市经济增长，积累了一定经验，取得了一定成效。

（一）重庆扩大内需取得的成效

1. 消费拉动作用稳固提升

消费对经济增长贡献突出。2021 年，重庆社会消费品零售比较亮眼，总额达到 1.3967 万亿元，比上年增长 18.5%，增速高出全国 6 个百分点、排名全国第 3；2022 年，重庆社会消费品零售总额达 1.39 万亿元，比上年下降 0.3%；2022 年全市最终消费支出 1.39 万亿元，占 GDP 的比重为 46.9%，对经济增长的贡献率高达 64%，在稳住全市经济大盘中发挥了关键作用。

全市消费结构持续优化。住、行等传统消费保持增长，2021 年全市全体居民人均住房面积 46.1 平方米，比 2018 年增加 2.6 平方米；2022 年，全市销售汽车累计 39.5 万辆，其中销售新能源汽车 11.52 万辆，增长 79.9%，高出全国 11.1 个百分点。服务消费迅速发展，新兴消费、夜间经济成绩突出，2021 年重庆居民人均消费支出中生活消费及服务、交通通信、教育文化娱乐、医疗保健、其他用品和服务等服务类消费共计 10245 元，增长 15.52%。新业态新模式蓬勃发展，2021 年全市实物商品网上零售额达 963.30 亿元，2015~2021 年年均增长 29.9%，高出全国 7.7 个百分点。

消费载体支撑作用明显。城市商业综合体快速发展，2021 年达 62 个，吸纳商户 1.26 万个，承载全年 7.25 亿次总客流量，实现销售总额 365.35

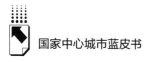

亿元,成为重庆消费新场景、新供给、新热点、新升级的重要载体;核心商圈数量、容量齐增长,已建成49个城市核心商圈,其中百亿级商圈12个,2021年主要商圈实现零售额274.1亿元;商品交易市场稳步发展,2021年全市有亿元级商品交易市场135个,实现交易额431.03亿元,年成交额10亿元以上的交易市场达50个。

2. 投资关键作用有效发挥

有效投资保持合理增长。2021年全市实现固定资产投资520.78亿元,增长6.1%,2011~2021年年均增长11.9%,高出全国2个百分点,资本形成总额占GDP的比重为53.9%,对经济增长的贡献率达到53%,特别是2020年固定资产投资对经济增长的贡献率高达76%,全市固定资产投资的合理增长对扩大内需、推动全市经济平稳增长发挥了重要作用。

基础设施建设日趋完善。2022年全市基础设施投资增长9.0%,高出固定资产投资增速8.3个百分点;2021年全市基础设施投资增长7.4%,高出固定资产投资增速1.3个百分点。交通建设方面,2017~2021年累计投入建设资金2615亿元,实现大足至内江等多条高速公路建成通车、渝西高铁等重大项目顺利推进、11条轨道交通开通运营。水利设施建设大干快上,2022年完成水利投资261亿元,比上年增长39.2%;"两江四岸"面貌快速提升、旧城改造加快推进,城市供水、绿化等市政设施水平大幅提升;5G等新基建加大马力,累计建成5G基站超7万个。

产业投资结构持续优化。2022年全市工业投资增长10.4%,高技术制造业投资占制造业投资的比重超过30%,推动工业发展质量效益加快提升;技改投资力度持续加大,占工业投资的比重升至34.6%;推动全市33条重点产业链条补链强链,制造业影响力不断提升;高技术产业投资保持较快增长,占工业投资的比重达26.2%,较2012年提高14个百分点。

3. 进出口支撑作用稳中向好

开放型经济质量稳步提升。2022年重庆外贸进出口总值8158.4亿元,创历史新高，比上年增长2%，在西部地区排名第2，占西部地区外贸进出口总值的21.1%，其中电子信息产业进出口占比达60.7%；外商投资企业进出口占比为46.9%。笔记本电脑出口量全国第1，2021年跨境电商进口同比增长16.5%，与东盟、欧盟、美国等建立了良好贸易伙伴关系，与三地进出口总值分别增长15.2%、19.5%和11.4%。

对外开放高地建设成效显著。西部陆海新通道建设取得跨越式进展，通道运输网络覆盖全球393个港口、119个国家和地区，运输货值增长35%，中欧班列（成渝）、渝满俄班列分别开行超5000列和2000列，其中中欧班列（成渝）开行量占全国开行总量的近1/3、开行量和开值量均居全国之首。国际航线已达109条，国际货邮吞吐量加速增长，重庆港口型、陆港型、空港型、生产服务型国家物流枢纽城市加速形成。吸引市场主体快速集聚，5年来新增市场主体107.2万户。

开放平台能级进一步提升。自贸试验区改革不断深化、中新互联互通项目深入实施，推动创新成果和合作项目纷纷落地。两江新区、高新区、经开区等开放园区能级加速提升，推动贸易额快速增长，其中两江新区2021年贸易额突破70亿美元。万州综合保税区等保税区封关运行，形成内外联动的发展新格局。

4.市场体制机制不断健全

建立了营商环境创新试点制度体系，营商环境进一步优化；"放管服"改革不断深化，政务服务效率提高，大幅缩减了企业办事的时间成本和制度成本；商贸流通体制机制进一步完善，流通业堵点痛点问题逐步疏解。市场环境持续优化，推动市场主体数量明显增加，2021年批发和零售业经营主体达21.6万个，是2021年的3.1倍，10年间年均增长15%，2022年全市市场主体总量达到341.6万户、较上年增长6.6%。出台了一系列政策刺激内需增长，以"政策+活动"的方式促进了消费市场加速回暖。助力企业纾困，激发市场主体活力，2022年为市场主体减税降费700亿元、减负共计超1500亿元，助力实体企业节约融资成本83亿元。

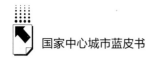
（二）重庆扩大内需的重要举措

1. 以国际消费中心城市建设为引领，强力推进消费提质扩容

近年来，重庆始终坚持扩大内需战略，千方百计提振消费稳经济增长，以国际消费中心城市建设为引领，围绕建设购物、美食等"五大名城"，深入实施特色服务消费提升、消费服务质量提升等"十大工程"，推进"巴渝新消费"八大行动，"五个注重"同向发力，以强大的内生动力推动消费提质扩容，促进消费市场持续稳中向好。

推进"巴渝新消费"行动：全领域开拓消费市场，引导城市消费进乡村，激发广大农村地区消费潜力，顺应消费升级趋势，围绕细分市场、畅通流通、绿色健康、优惠共享等方面做文章，全面提升城乡消费供给，促进消费需求持续增长，同时在提升居民消费能力、消费者权益保护等方面给予强大支撑，增强居民消费的行动力。改造提升市级步行街，推进传统商圈升级、激发新商圈市场活力，创建打造特色街区、名街名镇，全面推进消费平台升级。创建夜间经济示范区，建设夜间消费集聚区，以挖掘重庆特色为重点，育业态、建品牌、强载体，推动夜间经济提质发展。推动餐饮美食消费、汽车消费、家电家具更新换代等传统消费持续升级。推进线上线下消费融合发展，推广健康绿色消费，推动服务消费、康养消费、体验式消费、定制消费等新型消费创新发展。通过培育十亿级以上大市场、培育壮大商贸流通主体、加强流通网络基础设施建设、构建高效的城乡配送体系等举措，不断完善提升现代商贸流通体系。

"五个注重"同向发力：注重以满足人们美好生活需求的目标为引领，推进国际消费核心区的打造、体现巴渝消费的特色区错位发展、代表山城记忆的老街区提质发展；注重以"爱尚重庆·渝悦消费"为主题的活动造势，以品牌打造、市区联动、聚焦消费重点领域等激发消费市场活力；注重突出重庆特色的夜间经济发展，重庆连续三年居"中国十大夜经济影响城市"榜首；注重数字经济发展，以新场景、新模式、新平台推进新型消费加速发展；注重统筹推进，各相关市级部门形成工作合力，出台若干国际消费中心城市建设、促进消费增长等方面的政策文件，推进成渝双城联动，促进消费市场加快发展。

2. 深化推进"抓项目稳投资"专项行动，积极扩大有效投资

持续推进"抓项目稳投资"专项行动，及时跟踪项目签约、投产、在建、竣工全过程，频繁出台扩大有效投资的政策措施，加强市级重大项目工作管理，建立重要项目协调推进工作机制，创新项目投资融资模式，形成政策性金融性金融工具、地方债券、项目中长期贷款、设备更新贷款贴息等方面的建设资金保障体系。争取国家对重大项目转化、项目贷款贴息、项目贷款投放等方面的政策支持。保障基础设施投资，推动交通强市建设提速，提质水网基础设施建设，推进城市供水设施向乡村延伸；强化新基建，推进5G网络等新型基础设施城乡覆盖，加快构建信息通信枢纽城市。积极抓好工业投资，加大招商引资力度，在工业技术改造、核心设备购置等方面加大投入。积极扩大民间投资，促使民间投资活跃度持续提高，有力推动投资对经济增长关键作用的发挥。

3. 持续深化改革开放，营造良好发展环境

持续优化营商环境，深化推进"放管服"改革，定实施方案、建制度体系推进营商环境创新试点工作，持续推进"证照分离"改革、线上运行企业融资信用服务平台，为市场主体提供便利化服务。推进财政金融改革，推行政府性融资担保、低利率企业贷款，引导金融系统让利市场主体。出台并印发金融支持、扩大有效需求、鼓励创新发展、稳外贸外资、降流通成本等方面的政策措施，持续激发市场主体活力。加大帮扶力度、健全融资担保体系，助力中小微企业发展。推动西部陆海新通道、中欧班列、长江黄金水道、航空物流通道等开放通道增线扩能、提质扩容，加速推进内陆国际物流枢纽建设。以中新互联互通项目、中国（重庆）自由贸易试验区、两江新区等的高标准建设和创新推进，不断提升全市开放平台的能级。通过持续深化改革开放，以软硬环境的不断提升和完善，营造良好的内需市场发展氛围。

二 重庆扩大内需存在的困难与问题

（一）消费潜能一定程度上被抑制

1. 居民收入水平制约消费能力提升

2022 年重庆居民人均可支配收入为 35666 元，是 2017 年（24153 元）的 1.48 倍；居民人均消费性支出 25371 元，是 2017 年（17898 元）的 1.42 倍。纵向来看，重庆经济的飞速发展、居民收入的较大幅度增长，支撑了消费能力的快速提升。但与其他直辖市及周边国家中心城市横向比较来看，重庆居民收入仍然偏低，在一定程度上抑制了消费需求、制约了消费能力的进一步提升。2022 年重庆居民人均可支配收入仅相当于北京的 46%、上海的 45%、天津的 73%、成都的 74%（见图 1），甚至低于全国居民人均可支配收入平均线（36883 元）；相应的，2022 年重庆居民人均消费性支出仅相当于北京的 59%、上海的 55%，略高于全国居民人均消费性支出平均线（24538 元）。居民可支配收入是影响消费的最基本因素，在边际消费率一定的前提下，居民低收入将拉低消费购买力。

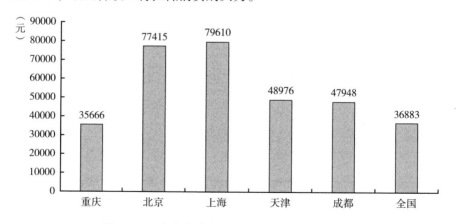

图 1 2022 年各大城市居民人均可支配收入对比

数据来源：各城市国民经济和社会发展统计公报。

2. 居民消费需求及优质供给不足

随着经济发展和居民收入水平的提高，居民消费需求已从吃饭、穿衣等基础需求向高品质生活、高品质消费转变。然而近几年与居民生活消费密切相关的餐饮、旅游、酒店、交通、文化娱乐等服务业几乎处于停摆状态，市场主体的投资意愿和消费意愿都呈现断崖式下降。同时居民消费领域优质供给不足，高质量产品和服务的需求难以得到满足，本地智能家电、个人护理、电子消费品等个性化功能化高端产品相对匮乏，部分消费领域难以满足居民不断增长的消费层次需求。2022年重庆居民人均消费支出结构"四升四降"，结构性特征明显。从构成居民消费的八大类商品来看，居住、交通通信、食品烟酒、其他用品和服务类消费占比分别上升0.9个、0.1个、0.9个、0.4个百分点，衣着、生活用品及服务、教育文化和娱乐、医疗保健消费占比分别下降0.3个、0.5个、0.8个、0.7个百分点。2022年全市居民恩格尔系数为33.9%，比上年上升0.7个百分点。消费意愿的萎缩以及供给结构与消费需求层次匹配不到位影响了消费新增长点的培育，限制了消费潜力的充分释放。

（二）有效投资需进一步增强

1. 投资增长有所放缓

2019~2022年全市固定资产投资增速仅为5.7%、3.9%、6.1%、0.7%（见表1），远远低于近10年的平均增速（约11%），投资增长速度放缓。投资是扩大内需、稳定全市经济增长的关键因素，按支出法计算，2020年和2021年全市资本形成总额占GDP的比重分别为54.0%和53.9%，对经济增长的贡献率分别达到76.0%、53.0%，低速增长的固定资产投资明显制约了消费的提升。

2. 投资结构有待调整

2022年全市投资结构持续优化。其中，工业投资稳健增长，全市工业完成投资额比上年增长10.4%，高出整体投资增速9.7个百分点。基础设施投资"压舱石"作用显著，全市基础设施投资继续保持较快增长，完成投

表1　2019~2022年重庆固定资产投资及GDP增速

单位：亿元，%

指标	2019年	2020年	2021年	2022年
GDP	23605	25002	27894	29129
GDP增速	6.3	3.9	8.3	2.6
固定资产投资增速	5.7	3.9	6.1	0.7

数据来源：各城市国民经济和社会发展统计公报

资额比上年增长9.0%，高出整体投资8.3个百分点。社会领域投资较快增长，全市社会领域完成投资比上年增长27.6%，高出整体投资26.9个百分点。但纵向比较，近10年社会领域投资、民间投资占全市投资的比重变化不大，且民间投资增速从2012年的25.9%持续下滑到2021年的9.3%，增速乏力，投资空间改善有限（见表2）。

表2　2012~2021年重庆民间投资增速及占固定资产投资的比重变化

单位：%

年份	民间投资增速	占固定资产投资的比重
2012	25.9	45.1
2013	27.7	46.1
2014	27.1	49.6
2015	17.9	49.9
2016	11.0	51.0
2017	13.5	54.6
2018	12.8	54.9
2019	3.3	53.6
2020	1.1	52.2
2021	9.3	53.8

数据来源：各城市2013~2022年统计年鉴。

（三）商贸流通体系有待完善

1. 数字化转型亟待加强

重庆商贸物流体系数字化转型较为滞后，物联网、大数据、云计算等技术赋能应用水平较低，仍以传统商贸、仓储、运输等服务为主，缺乏元宇宙、区块链、智慧物流、智能制造、大数据集成应用等商业场景、产业形态和经营形态，也缺乏全市开放式公共商贸物理信息平台体系和统一的快速反应商贸物理管理信息平台。只有加快数字化转型步伐，利用新的技术创造新的、独特的客户体验，打造新的智能化、数字化产品或服务，重塑企业的商业模式或运营模式，才能充分实现人与人的交流互动、人的需求与商业服务的精准匹配、人与现代智能软硬件的即时联结，激活高质量供给、扩大消费市场。

2. 聚集引领功能欠完善

重庆商贸物流体系聚集引领功能不足，餐饮、住宿、文化、旅游、体育、养老、健康等行业仍然呈现产业链条短、产业布局散、链上企业弱、品牌效应差等特点，产业化、集群化、高端化发展步伐较慢。例如：文化产业仍未有企业进入全国文化企业三十强，文化装备、文化设计、文化制造、文化中介等核心领域没有全国知名品牌支撑；住宿和餐饮业未有企业进入"百亿餐饮企业排行榜"，作为闻名海内外的火锅发源地却仅有德庄火锅一家品牌进入全国十大火锅品牌，知名度远远低于海底捞、呷哺呷哺等外地火锅品牌；冷链物流业中 A 级物流企业数量与相邻城市相比差距较大，仅为四川的 24%、湖北的 8%。

三　重庆进一步扩大内需的展望与建议

（一）全面推进消费高质量增长

一是持续挖掘传统消费潜力。进一步改善提升城乡消费环境，搭建一批功能设施完善的消费平台，以重庆建设国际消费中心城市为牵引，逐步推动全市 38 个区县各级消费中心建设，完善形成网络化、层次化消费中心布局。积极吸引国内知名品牌企业的旗舰店、首店来渝布局发展，积极举办各类主题消费活动。结合城乡民居消费提档升级的新需求、新动向，大力推进新能源汽车的城乡充电基础设施网络布局，持续实施绿色智能家电下乡等各类补贴政策。

二是加快拓展文旅融合消费。结合全市现代都市文化、长江三峡文化和少数民族风情文化资源，深度推进多形式的文旅融合，充分潜放康养休闲等热点消费，提升假日经济、夜间经济的活力，积极发展群众体育消费，促进更有品质、更加安全便捷的消费。主城都市区要突出网红旅游、夜间经济与红岩文化、巴渝文化、抗战文化等的有机融合，打造成为国际重要的文旅融合旅游目的地、国际青年旅游向往地；渝东北地区要以最美三峡文旅品牌为着力点，推动四季三峡特色主题游，积极拓展内河邮轮经济；渝东南地区要充分发挥武陵风情风物的独特魅力，积极建设成为具有国际知名度的文旅融合示范区。

三是积极扩展新型消费空间。积极推进 5G 网络向城乡的拓展，提升网络通信能力，大力推进解放碑、观音桥等全市重点商圈智慧化服务设施改造，进一步丰富提升重点商圈的"住业游乐购"应用场景。加快推进对城乡社区零售商业的数字化技术改造。构建数字服务产业园，积极支持线上电子竞技、线上康体健身、线上直播带货等新业态发展。有序推进消费类平台经济规范发展。

（二）充分发挥投资关键性作用

一是持续加大对现代制造业的有效投资。围绕重庆市正在推进的智能网联汽车、新能源汽车、新材料、装备制造、电子信息等产业集群的持续壮大，加大核心零部件、元器件和关键工艺生产的投资改造提升力度，积极推进智慧工厂、"零碳"工厂和智能化车间的建设，不断提升制造业装备的现代化、智能化水平，鼓励全市各类"专精特新"和小巨人企业围绕提升企业创新竞争力进行技术装备投资改造，持续夯实重庆建设我国现代制造业中心的基础。

二是推进基础设施建设补短板。加快既有城市轨道交通线路在建线路的建成投运，积极谋划新一轮轨道交通建设，完善重庆东部城市槽谷和西部城市槽谷的轨道密度，推进都市圈城际列车、市郊铁路线向荣昌、潼南以及四川毗邻地区延伸，打造"轨道上的重庆大都市圈"；推进超高压输变电网地方节点、重点电源基地、新型储能设施的投资建设，提升全域能源安全保障供应能力，持续推进渝西、成渝中线高铁建设；推进渝西、渝东南等地区的农田水利基础设施建设，构建现代化的水利网，提升城乡人畜饮水保障能力。大力推进5G及千兆光网、大科学装置、智能充电桩等新型基础设施建设。

三是积极构建多元化投资渠道。积极推进与兵装、国家电网、大唐、中国卫星网络、中粮、中铁建等中央级企业开展深化合作，共同推动国家战略力量、国家战略资源入渝投资，积极服务国家战略大局。对标最高水平、最佳服务实践案例，进一步优化营商环境，吸引全国知名的民营企业围绕全市33条重点产业链的建链补链与延链工作，开展投资合作。

（三）加快完善现代商贸流通体系

一是完善新型商贸设施建设。加快推动5G网络、物联网、智慧物流、冷链物流等覆盖核心商圈、产业园区、交通枢纽、居民聚集区，加快全市公共体育馆、公共文化馆、公共科技馆、公共图书馆、公共博物馆、公共绿地等配套设施布局建设，增强消费设施保障能力、优化消费软硬件环境，打造全国数字商贸服务环境标杆城市。加快推进农村商贸流通数字化转型升级，推动城市物流资源进一步向农村流动，在区县中心城市打造新的数字商贸物流增长极，形成城乡双向一体化、支撑多极化的新型商贸物流格局。

二是加快数智商贸平台建设。加快全市商贸物流信息共享标准和共享机制建设，打通市商委、经信委、发改委、金融办、大数据局等部门的数据壁垒。整合接入各区县、各相关部门已有的商贸物流平台，建设全市统一的数智商贸物流大平台，支撑全市商贸物流大市场、大枢纽建设。充分发挥商贸物流数据要素价值，安全有序推进商贸流通消费数据的收集、统计、清洗、分析、加工、管理、应用等，精准刻画消费者画像、挖掘市场消费潜力、引导市场消费新需求、创新市场消费新场景、打通商贸服务供应链上下游环节、拓展数字商贸市场空间。

三是培育壮大市场主体。完善社会保障提振消费者信心。在满足居民住房、养老、医疗、健康、教育等社会保障刚性需求方面进一步发力，有效引导居民降低储蓄意愿，将居民超额储蓄向消费领域转化。突出对商贸物流龙头企业以及商贸物流产业集群的财税金融支持，引导消费品生产向品牌化、智能化、个性化、绿色化、国际化转型升级，开发蕴含巴渝历史和山城元素、具有重庆辨识度的新消费场景、新消费商品、新消费业态、新消费模式。

（四）促进城乡区域协调发展

一是进一步提升区县、重点小城镇的综合承载能力。推动一批渝东南、渝东北和主城都市区外围具有较好潜力的区县优化城市品质、美化城市环境，提升城市公共服务环境质量，推进与毗邻地区的交通互联、产业共建，积极吸引农业转移人口就地市民化。根据城市最新定位调整和常住人口发展变动趋势，抓好"两群"地区县城扩容提质，将部分区位优势突出、发展基础较好的城镇作为城镇组团或城市副中心纳入县域城市国土空间规划范围，做好战略性留白。

二是推进交通引领城镇集聚发展。结合全市高铁、高速等重大交通基础设施建设向城镇推进的契机，在一些城镇级站点（如成达万高铁在重庆开州境内的岳溪镇设站）推进交通引领"产—城—景—交"一体化的小城镇发展新模式，进一步拓展城镇生产、生活和生态空间。要围绕这些重大交通设施布局的节点场站推进场镇空间拓展与功能提升，实现与旧场镇的功能置换，推进站镇一体化打造。积极推进5G、人工智能、物联网等新型网络技术，以及各类绿色低碳技术、绿色建筑材料在全市重点小城镇改造与建设中的运用普及，实现旧城改造和各类城镇的有机更新，大力构建具有未来数字技术属性和绿色低碳内涵的城镇新形态。

三是推进毗邻城乡地区市场深度融合发展。推进重庆与四川毗邻地区的统一开放大市场建设，推动两地信息、标准、规则、信用和知识产权保护等体系跨区域共建共治，拆除与全国统一市场制度规则不相符的"条条框框"，进一步建立健全"市场准入异地同标"服务机制。促进优质农产品加工、电子信息和汽摩制造等产业链供应链就近配套、相互融合，建立川渝重点产业链供需信息对接平台。推动川渝毗邻地区企业相互投资、人才双向流动，探索对积极参与新型城镇化和乡村振兴融合建设的致富带头人获得所在乡镇集体经济组织身份资格的改革。

参考文献

《2022 年重庆市国民经济和社会发展统计公报》。

《2023 年重庆经济展望》，中国经济出版社，2022 年 12 月。

刘嗣方主编《2023 重庆蓝皮书-重庆经济社会发展报告》，社会科学文献出版社，2022。

《习近平谈治国理政》第四卷，外文出版社，2022 年 6 月。

《扩大内需战略规划纲要（2022-2035 年）》。

《"十四五"扩大内需战略实施方案》。

B.16

高质量发展、高品质生活、高效能治理：
成都建设公园城市示范区的实践探索

龚勤林　冷玉婷*

摘　要： 成都从区域中心城市上升到国家中心城市，其在构建区域发展新格局中的重要作用不断彰显。成都公园城市建设取得了一定的成绩，具备进一步深化示范的基础和优势。为扩大内需、实现城市能级跃升，成都积极践行新发展理念，以"高质量发展、高品质生活、高效能治理"为目标和原则，围绕新经济、新业态、新场景塑造"公园+"优美布局，探索超大特大型城市转型新路径，创新山水人城和谐相融的现代化城市新模式，为公园城市进一步推广积累了重要的实践经验。

关键词： 公园城市　扩大内需　高品质生活　高效能治理

随着我国进入新发展阶段，社会主要矛盾转变，为了应对国内外形势的新变化、把握发展主动权、不断满足人民对美好生活的需要，我国提出要把握好扩大内需这个战略基点，加快构建以国内大循环为主体、国内国际双循环相互促进的新发展格局，持续推动经济社会高质量发展。

城市是扩大内需的重要载体，提升城市发展品质更是扩大内需的主要动力，而以人为本的公园城市建设抓住了扩大内需的关键。第一，公园城市要

---

* 龚勤林，四川大学经济学院教授、副院长、博士生导师，研究方向为区域经济、城市经济；冷玉婷，四川大学经济学院博士研究生，研究方向为区域经济。

求转变发展方式，调整人口结构、产业结构，提供完善的生产生活保障，极大地刺激消费升级。第二，宜居宜业的公园城市会吸引更多的人口流入，带来大规模的消费需求和投资需求；城市生活品质的改善提升、绿色产品和服务的供给可将潜在消费需求转化为现实的消费需求，实现生存型、食品型消费到发展型、享受型消费转变，满足多样化、定制化消费需求，提高城市的消费质量。第三，政府以环境污染防治、城市公共卫生、重大风险防范等为突破口，推动传统资源、生态资源以及数据资源的自由流动，保障健康的市场机制，激活城市各类主体活力，刺激消费需求的增长，实现良性循环。

成都作为"公园城市"的首提地和先行者，2018 年以来积极进行公园城市路径探索，2019 年 11 月，《成都市美丽宜居公园城市规划（2018—2035 年）》印发，首次对公园城市建设的目标、方案、举措、实施路径进行了系统规划与说明，描绘了一幅美丽宜居公园城市的路线图；2020 年 1 月，中央财经委员会第六次会议明确指出支持成都建设践行新发展理念的公园城市示范区；2022 年 3 月，《成都建设践行新发展理念的公园城市示范区总体方案》（下称《总体方案》）为成都公园城市建设锚定了方向，赋予成都"绿水青山就是金山银山、人民宜居宜业、城市治理现代化"3 个示范区发展定位，要求成都加快建设创新、开放、绿色、宜居、共享、智慧、善治、安全城市，并开展四大生态环境保护行动、五大宜居生活创建活动、八大宜业环境优化活动和四大治理能力提升行动。自此，成都开启了建设现代化高质量发展、高品质生活、高效能治理相结合的公园城市新篇章。

2022 年，成都聚焦时代使命和独特定位，统筹经济社会发展工作，在需求收缩、供给冲击、预期转弱三重压力下，紧抓稳定与发展，成为第 1 个常住人口突破 2100 万、第 3 个经济总量突破 2 万亿元的省会城市①，连续 14 年获居"中国最具幸福感城市"榜首，位列"2022 年新型显示十大城市"第 5，"2022 年柔性显示五大城市"榜首。② 围绕《总体

---

① 截至 2023 年 3 月 15 日，地区生产总值超过 2 万亿元的城市有上海、北京、深圳、广州、重庆、苏州和成都。

② 数据来源：《成都统计年鉴 2022》，赛迪顾问《2022 新型显示十大城市及竞争力研究》。

方案》赋予成都的使命和定位，2022 年成都公园城市示范区建设取得良好的开篇，城市发展质量、生活品质、治理效率均有显著提升，城市极核引领辐射力增强，现代化产业圈层链条强势发力，城市创新指数上涨，国际门户枢纽功能提升，城市空间形态持续优化，民生福祉不断增进，城市更加智慧、韧性和安全。成都一系列实践积累了城市形态功能转变的重要经验，使"雪山下的公园城市"名片深入人心，城市宜居性得到了更广泛的认可。

一　成都现代化公园城市示范区建设的理论支撑

集聚带来的规模经济让城市不仅拥有丰富的人力、资金、技术和信息，也具备更加高效的生产生活方式。城市的诞生是为了让生活变得更加美好，但是快速城镇化和粗放式发展带来的能源紧张、空气污染、交通拥堵、极端通勤等"大城市病"阻碍着城市的可持续发展。

芒福德强调城市中"人"的核心地位与作用，认为城市始终要立足于人的需求，城市发展亟须一种新的形态。[1] 霍华德1898 年提出"田园城市"的城乡规划概念，首次在城市建设中强调人的核心地位。我国自改革开放以来，吸收借鉴国外城市发展经验，结合我国发展实际积极探索城市绿色发展的模式与方向，先后推出"绿色城市""卫生城市""园林城市""宜居城市""生态园林城市""海绵城市""森林城市"等建设方案，完成了"环境—景观—生态—人居"的城市绿色发展价值迭代。

2018 年习近平总书记在成都天府新区考察时提出公园城市的概念，强调在城市规划与发展中着重考虑生态价值，努力打造新的增长极，将成都建设成为内陆经济开放的新高地。不同于西方"工业城市"的扩张导向，公园城市有着丰富的生态文明与新发展理念内涵，是在习近平新时代中国特色

---

[1]　芒福德：《城市发展史——起源、演变和前景》，中国建筑工业出版社，2005。

社会主义理论体系下，彰显新发展理念内涵的理想城市模式，是"人城境业"和谐统一、空间分配正义、生态价值有效转化的新发展路径。公园城市是生态域和社会场的高度耦合体，是城市发展的高级形态，是将生态价值、社会价值与人文价值凝结在一起的理想模式，是新时代实现城市与生态统一、促进三生空间多功能融合的"中国方案"。

成都逐步探索以生态环境为导向的（EOD）城市开发模式，将城市形态、产业业态、居民生活、社会治理融为一体，营造绿色低碳应用场景，城市发展从以增量为主转变为增量存量协同的高质量发展，力争将城市从生产型转变为消费型，将空间规划建设转变为城市高效治理，提升城市生活品质，强调人的幸福生活。

高质量发展、高品质生活以及高效能治理是成都公园城市建设的核心，三者相互关联，形成有机整体（见图1）。积极践行创新、协调、绿色、开放、共享的新发展理念，做好顶层设计，明确公园城市发展的总体目标和阶段性目标、明晰公园城市发展的具体方向和方法，推动城市由速度规模型扩张向集约低碳型发展转变。着眼于城市区域、城乡发展不平衡不充分的问题，在提升质量的同时兼顾数量的有效增长，为高品质的生活扎牢物质基础。通过高效能的城市治理，破除体制机制障碍，保障和改善民生，使城市转型升级的成果由居民共享，为高质量的生产发展提供有力的支撑，为高品质的生活消费提供全面的保障。

高质量发展是公园城市建设的"动力源"。经济基础决定上层建筑，高质量发展要求城市转换发展思路，利用绿色资源，提高城市综合水平，不断丰富各类产品与服务的供给，为现代化的公园城市提供扎实的基础。高品质生活是公园城市建设的"风向标"。高品质生活体现了"以人为本"的城市发展理念，是城市发展的出发点与落脚点，人民生活水平提高带来高质量的消费和投资，进而推动城市品质的进一步提升。高效能治理是公园城市建设的"压舱石"。提升城市治理能效，维护城市生产生活秩序，保障生态资源安全，实现城市发展活力和规则的和谐统一，形成公园城市生活质量和治理效率的相互促进。

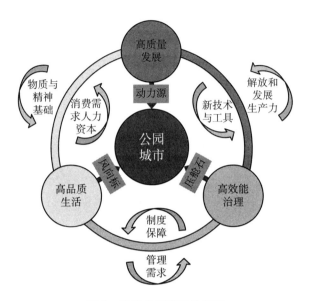

图1 建设公园城市的原则

数据来源：作者自绘。

二 成都公园城市建设实践做法

（一）构建绿色低碳的生产消费体系，推动高质量发展

成都顺应城市发展规律，贯彻新发展理念，坚持创新驱动、协调发展、绿色引领、开放联动、共建共享，推动经济社会更高质量、更有效率、更可持续发展，不断解放与发展生产力，为公园城市示范区建设提供充足的生产和消费空间。

一是坚定地推进产业建圈强链，提高科技创新策源能力。遵循"人—城—产"发展逻辑，加快构建优势突出的现代化产业体系，推动12个产业链生态圈精确化、精细化发展，以产业链为主线，整合供应链、要素链、创新链和价值链。通过塑造高效的资源配置和优质的公园城市环境吸纳产业所需的高端人才，推动城市"公园+新经济""公园+新业态""公园+新场景"的发展。

　　成都市产业布局如图 2 所示。成都以先进制造业和现代服务业为主攻方向，不断加大自主研发力度，突破卡脖子技术；培育电子信息、新能源汽车、制备制造、生物医药、新型材料等优势领域的创新型产业集群；在各大产业中融入全产业链服务等功能，优化服务型产业结构；灵活运用云计算、大数据、物联网、人工智能等新技术，推动新经济发展。

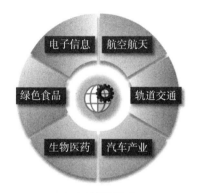

（a）先进制造业

（b）现代服务业

（c）新经济结构

图 2　成都市产业布局

数据来源：作者参考《成都市"十四五"新经济发展规划》整理所得。

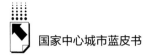

二是强化生态资源的合理开发与利用，促进生态产品形成和价值转化。将生态产业化与产业生态化相结合，提高生态产品的供给规模与品质，依据不同生态产品的属性探索建立多元的生态价值转化机制。制定碳排放标准与清单、生态价值评估核算机制、生态产权交易体系，打造绿色低碳技术创新策源地和优势产业承载平台。

三是构建全域公园体系，塑造"园中之城"。在新城推动"公园+"模式，有序建设商业街区、休闲设施、产业园区、居民住宅；在旧城推动"+公园"模式，以城市更新、生态修复为切入点，加快传统产业更新转型，促进区域功能的叠加与综合。根据每个片区的资源禀赋和功能定位，以生态走廊、绿色交通将林盘景点、产业园区、各类企业、研究机构、体育文娱馆等节点连通，打造功能与业态融合发展的现代化街区，形成共享的、全覆盖的、绿色低碳的生产消费网络。

四是在城乡区域协调方面，依托"东进、南拓、西控、北改、中优"功能分区拓展城市经济和人口承载力，突出成都辐射带动作用，加快成德眉资同城化发展，实现区域空间同构、功能互通、产业联结、基建统一、服务共享、生态一体等目标。推动城市功能与乡村绿色空间要素融合，广泛开展"农业+"产业合作及技术交流，通过旅游、康养、生态产品和 IP 等方式塑造新业态、新场景，做强公园城市的"乡村表达"。

五是在扩大对外开放、提升门户枢纽辐射力方面，推动天府新区和东部新区持续发力，借助成都—欧洲班列推动外向型产业发展，深化国际产能合作；加强西部陆海新通道自贸区合作机制建设，推广"通道+物流+产业"模式；借助自由贸易区、综合保税区、国家馆、双空港等平台提升对外开放水平，继续在口岸交流、开放平台建设、产业经贸合作等方面做好示范。

（二）创造美好宜居生活条件，提升城乡居民民生福祉

高品质生活是改善民生、提高生活水平的延伸与拓展，是满足人民物质、精神、制度、家庭与个人等方面需求的生活，是居住舒适、工作舒心、

精神富足、服务人性、交通便捷、教育完备、医疗健全的生活。

坚持以人民为中心是成都公园城市建设的基本立场。为满足居民对美好生活的需要，成都公园城市建设坚持以创造美好宜居条件、提高居民福祉为出发点与落脚点，不断调控城市规模、优化空间布局、优化基础设施建设、传承"天府"文化遗产。

围绕人的居住、工作、休息、通勤等，实现公园式的舒适休闲生活方式转变。一是满足居民对优质住房的需求，严格贯彻"房住不炒"原则，加强住房保障，优化居住配套设施建设，强化区域功能型公共服务供给。进一步建设"公园+"15分钟社区生活圈，提高城市绿化率和居民绿化感知度，打造"绿色满园"的现代社区，营造公园绿化空间并与社区功能交叠、衔接，提升居住舒适度和获得感。二是从居民工作需求出发，打造"产业+城市"现代化社区，加强高端人才引进、人才培育和人力资源转化；突出健康的工作环境、人性的设施配套以及高效的交流空间建设，提供舒适高效的就业创新环境。三是聚焦出行通勤等需求，合理规划"地铁+公交+慢行"的绿色低碳交通体系，创造绿色出行条件；适度分离"上班"、"上学"和"娱乐"道路，实现街道"U"形空间一体化转变；强化公共空间与街道的连通性与通透感，全面提升出行体验。四是基于高层次的精神文化需求，合理开发绿色生态资源和历史人文资源，建设休闲健身绿道，开通生态园区游览，鼓励安全绿色夜市发展，推广现代农林体验，打造巴蜀文旅长廊，全面丰富居民的休憩生活，提升城乡居民幸福感。

（三）健全现代化的治理体系，增强公园城市治理能效

高效能治理需要政府主导、市场和社会多方力量参与。成都不断健全完善公园城市管理制度，成立公园城市建设管理局，制定专业化的评估检测体系，建立城市大脑，提高城市智慧，为健康、安全、高效、宜居的城市提供有效的保障。

第一，进行标准化、系统性、全局性规划设计。成都成立首个专业化公园城市建设管理机构，对公园城市发展总体战略、年度计划、生态场景

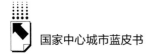
营造、产业融合发展、园林绿化、生态资源保护等进行全面管理；组建公园城市建设发展研究院，围绕公园城市建设模式理论、实践成效、指数框架体系等展开课题调研，形成系列研究成果，为公园城市建设提供理论支撑。

第二，创新城市治理体制，完善实施机制。成都出台了各项具体法规和条例，对公园城市的建设原则、总体目标、实施方案以及建设路径进行进一步的规范和评估，积极营造良好的政策环境；创建可持续的投融资机制，夯实企业主体地位，优化财政预算与管理制度；不断提高公共服务水平，提供就业、教育、保障、福利、健康等方面的精准服务，推行"物业+社工"的社区服务；增强城市韧性，创建风险清单管理制度，继续开展城市更新与社区绿化行动，创新城市应急物资保障机制，加强应对重大突发卫生实践的救援能力。

第三，以城市正义空间为场域，坚持以人为本的治理理念，对不同区域、对象和空间实施差异化治理原则，保障城市弱势群体以及相对落后片区的生存与发展权益，维护公民对城市公共空间和各类资源的使用权与监督权，增强社会风险与责任共担机制建设。

第四，协调政府、市场及社会在城市治理中的共生与竞争关系，形成政府主导、市场配置、社会参与的多元治理共同体。发挥政府的引导协调作用，以市场手段加强城市生态资源的配置和价值转化，促进绿色生产、绿色消费业态发展，倒逼绿色治理创新，鼓励社会各方面力量参与公园城市治理，加强社会治理的自调节和良性互动。建立街区治理联动制度，健全自主治理驱动机制，鼓励并支持多种社会自治组织参与，改善基层社会组织架构，优化街区网格化管理，形成民主参与、多元互动、自主治理、有据可依的城市治理机制。

第五，充分利用大数据、云计算等现代化信息技术为智慧城市提供多样化的治理方式和高效率的治理手段，建设"城市数据大脑"，开发完善"天府市民云""天府蓉易办"App功能，提高城市运行管理、决策、应急处置、政府服务等方面的处理能力。整合大数据、绿色供应链、区块链、物联网等技术，联通行政办公、信息处理、服务反馈等系统，建立云数据中心以及各类城市资源信息共享机制，促成信息的资源共享与互联共通。

三　公园城市示范区实践成果①

（一）城市发展质量不断提高

1. 创新驱动力提升

成都创新平台建设取得进展，新建国家高端航空装备技术创新中心、西部首个国家实验室，承接 8 个国家"卡脖子"科研项目；天府科创园、孵化园、成眉高新技术产业带深入推进。创新主体不断壮大，实施重大科技创新项目 107 个，新增国家高新技术企业 3000 余家，总量突破 1.1 万家。科技成果有序转化，科研所和国企在成都的科研转化成果达到 2500 项，环川大知识城、环西南交大智慧城以及环西财商务区等片区建设取得重大进展，全市技术合同成交额超 1400 亿元。创新生态不断优化，创业创新平台扩张，国家级和省级科创企业孵化器、众创空间等增加 18 家；建立 119.9 亿元规模的风险补偿资金池，强化科技人才引育，人才总量达 622.3 万人。

2. 城市结构愈加合理

成都整体呈现明显的强中心、弱外围特征，2022 年首位度达到 5.72，②四川乃至整个西部的人力、资金、技术、知识、信息都大规模聚集于此。进入新时代，成都致力于构建"多中心、网络化、组团式"的空间结构，形成"东进、南拓、西控、北改、中优"五大功能片区差异化发展格局。为突破单中心圈层发展惯性束缚、提高通勤效率、平衡职住、均衡公共服务和人口分布，成都依托龙泉山、龙门山、岷江和沱江的生态资源和空间承载优

---

① 本部分2022年数据来源于2022年《成都市统计月报》，2018～2021年数据来源于历年《成都市国民经济和社会发展统计公报》。

② 2022年成都市地区生产总值为 20817.5 亿元，绵阳市地区生产总值为 3626.94 亿元，数据分别来源于成都市、绵阳市统计局。

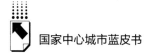
势，将先进制造业布局在龙泉山东部区域，持续优化"一山连两翼"布局。

2022 年成都市进一步提出做优做强中心城区、城市新区、郊区新城，优化城市空间功能布局，推动城市由"外延"向"内涵"发展转变，共遴选出 100 个重点项目，投资 7915 亿元，推动 9 个试点区县、20 个重点片区以及 5 个重点提升片区的建设，双流区、龙泉驿区、新都区、温江区、青白江区一同入选 2022 年全国综合实力百强区。①

3. 成都都市圈辐射带动力增强

2022 年成都平原区经济总量达 34670.8 亿元，比 2021 年增长 3.3%。成德眉资同城化综合实验区开始建设，都市圈轨道交通网络取得卓越成效，成眉 S5 线、成资 S3 线等铁路项目开建，高速公路形成"3 绕 20 射"骨架，共开通 14 条跨市区公交路线；产业圈生态圈进一步融合，组建起以电子信息、智能制造为代表的先进制造业等 17 个产业生态圈联盟，1490 家企业达成跨市区产业合作；公园城市便民生活圈建设取得进展，都市圈内政府服务同城通办、学校结对、异地就医结算进展迅速。

4. 产业提质升级，布局持续优化

（1）重大项目有序推进

2022 年成都完成 4346.4 亿元的重点项目投资，获得地方政府专项贷款 573.5 亿元、中央和省预算 32.9 亿的投资资金，项目投资速度与规模保持合理增长，结构持续优化，要素保障不断强化。实施重大项目的分类协调、提级调度以及生命周期管理，如以空客再交付中心、天府国际动漫城、京东方车载显示基地为代表的 270 个现代服务业项目开工建设，天府农业博览园、拓米职能制造一期工程等 142 个项目竣工，成德市域铁路 S11 线等共 13 个项目被纳入国家重大项目保障用地清单。

（2）建圈强链取得快速发展

成都共编制 26 条产业链产业图，"链长制"全面落实，"5+N"产业生态格局逐渐形成，产业链供应链创新链不断融合，成都实体经济持续壮大，

---

① 数据来源：《2022 年中国中小城市高质量发展指数研究成果》。

重大产业基金达到 805 亿元、带动社会资本超 2000 亿元。成都世界五百强企业达 315 家，成为首批国家级产业链供应链生态体系建设试点城市。2022 年共落地 95 个先进制造业项目，成都市电子信息产业增长率达到 12.0%，装备制造业增长 2.2%，医药健康产业增长 2.7%，新材料产业下降 17.8%，绿色食品产业增长 1.6%，智能电视、锂电池、新能源汽车、智能医疗、生物医药等战略性新兴产业集群不断成长；梯度型企业集群逐渐形成，规模以上工业企业增加值增长 5.6%，兼顾创新动力和潜力的国家级专精特新"小巨人"企业达 202 家，跻身世界五百强的本土企业增加至 3 家。

（3）数字经济快速成长

2022 年数字经济核心产业增加值达 2779.51 亿元，占全市 GDP 的比重为 13.4%，较去年提升 0.3 个百分点。产业数字化方面，积极推动 5 万家企业加入使用"上云用数赋智"，华为智能制造创新中心（成都）上升为国家数字型转型试点项目；数字产业化方面，数字经济核心产能达到 823 亿元，人工智能产业规模达到 616 亿元，占成都市地区生产总值的 13.4%；现代信息技术方面，新建 1.5 万个 5G 基站，成都智能计算中心正式上线。

（4）服务行业有序恢复生产

2022 年成都市生产性服务业增加值为 7121.3 亿元，同比增长了 4.6%；科研技术服务业增加值为 1196.3 亿元，信息服务业增加值为 1274.6 亿元；生产性金融业增加值为 1789.3 亿元，政策性金融工具带动了 3623 亿元的投资；仓储物流服务业增加值达到 869.3 亿元。2022 年成都成功举办第 56 届世界乒乓球团体锦标赛（决赛）、世界显示产业大会等，有序推进第 31 届世界大学生夏季运动会筹备；西部金融服务性功能增强，全球金融中心指数排名上升至第 34 位，金融业实现融资 3907.9 亿元，存款贷款余额双双突破5.3 万亿元。

5. 国际门户枢纽能级扩大

开放通道上，成都依托"两场一体"协同运营模式，实现旅客吞吐量 3109.2 万人次，居全国第 1。2022 年外商直接投资达到 25.9 亿元，进出口额达 8346.4 亿元，比 2021 年增长 1.6%，其中出口增长 3.7%。在对外贸易

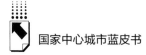
结构方面，基于生产性服务业和生活性服务业突出优势，获批国家服务业扩大开放创新试点；进口贸易创新示范区和全球跨境电商服务资源中心加快建设，2022年跨境电商交易规模达到913.5亿元，同比增长33.3%。在跨境贸易的通道构建和供应链支撑方面，建设空港国家物流枢纽、冷链物流基地；航空承载量稳定提升，推行货机、包机、腹部仓库、客舱改货舱等多种航空物流方式，实现国际航空货运吞吐量23.1万吨，增长46.3%；"一带一路"建设中，积极发挥枢纽作用，共开行5064列中欧班列，运输时效大大提升。

（二）生活空间持续优化，社会保障不断完善

1. 新消费不断升级

2022年全市社会消费品零售总额为9096.5亿元，城镇地区贡献95.86%的消费支出，从类型上来看，餐饮方面收入1444.6亿元，商品零售收入7651.9亿元。为了创新消费模式，成都市共发放4轮"烟火成都"消费券，拉动城市消费共计56.6亿元；以"新生活、新消费、新成都"为主题开办各类展览促销活动，带动智能家电和新能源汽车零售额分别增长185.1%、67%，线上零售增长14.1%。为满足公园城市居民多样化的消费需求，积极培育新的消费热点，全年共引进687家首店，大型"金融+消费"项目SKP购物中心正式运营。此外，2022年新增8个示范消费场景，涵盖潮流购物、旅游度假、休闲娱乐、体育运动等多个方面，包括"交子大道"购物场景、"玉林东路特色商业街区"雅集场景、"龙泉山城市公园丹景台"生态游憩场景、"金马河运动休闲"消费场景、"大熊猫繁育基地"度假场景、"白鹭音乐旅游景区"文艺品鉴场景、"Regular社区邻里"生活场景、"时光街区未来时光"沉浸消费场景。

2. 城市治理效率提升

成都进一步强化人口市民化改革，进行"一元化"户籍制度探索，继续推进国家城乡融合发展试验区建设。以"智慧蓉城"为核心的"天府市

民云"平台政府服务超过 6 亿人次，提供 840 项两级线上服务；"天府蓉易办政策找企业"平台投入使用，智慧城市与"微网实格"治理相互融合，共组建 2200 万个市域物联感知中心和感知设备。居民收入水平得到提升，城乡居民人均可支配收入增长 4.98%，且城乡收入差距缩小至 1.77：1（见图 3）。就业创业方面，开展 3581 场线上与线下结合的招聘活动，解决高校毕业生、困难群体的就业问题。文化服务方面，正式开放成都自然博物馆、天府人文艺术图书馆以及中华农耕文明馆等场馆，开展 10 万余场文化交流学习活动，丰富精神文化供给。"公园+体育"的环城生态公园全线贯通，为居民提供足球、跑步、保健等多类型场地和设施，49 个大运会场馆对外开放，促进居民身体健康。25 个未来公园社区和主题社区开始建设，16 个城市有机更新试点项目全面开工，城市外形更加优美。"法治成都"行动继续为公园城市提供安全保障，推进法治政府和法治社会一体化建设。2022 年共排查 86.2 万件消防隐患，调解 6 万余件各类矛盾，实现城市违法犯罪警情持续下降，生产安全事故和死亡人数分别下降 20.2%、25.3%。

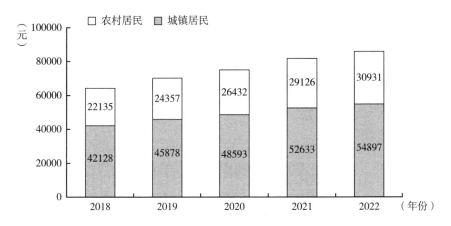

图 3　2018~2022 年成都市城乡居民人均可支配收入

数据来源：作者根据成都市历年统计公报整理所得。

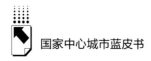

3. 公园城市绿色形态加快呈现

（1）城市"绿心"功能增强

作为成都公园城市建设的核心空间和生态价值转化的最大载体，龙泉山城市森林公园严格按照"景观化、景区化、可进入、可参与"的规划思路，在生态景观中充分融入生态研学、科普教育、体育健身、自然观光等消费场景；以生态农林、森林康养和旅游休闲为主导产业，不断融入环保、文创、美食等特色产业元素，形成"3+N"的绿色低碳产业圈；挖掘生态产品价值，塑造特色生产消费新业态，建立生态系统核算框架，推动成都市公园城市"一山连两翼"格局的形成。

2022年龙泉山国土绿化试点示范项目建设完成，5年植树造绿面积达23万亩；修复6万亩熊猫栖息地，营造完成"百个城市公园"生态场景；为城市新增1845公顷绿地、27万平方米立体绿化空间；"碳汇天府"行动累计推动6万余吨碳排放量市场化；环城生态公园划分8个特色园和45个林盘；建成6158公里城市网络绿道和129公里天府蓝网，规划发布50条生态公园游览路线。

（2）城市污染防治成效显著

2022年月平均空气质量二级以上天数为26天，较2021年提升23.81%，$PM_{2.5}$平均浓度下降2.5%，环境空气质量综合指数平均达3.85。共建设13座污水处理厂，地表水优良率达100%，生活垃圾无害化处理率达到100%，受污染耕地安全利用率超过94%。

四 案例总结与启示

（一）实践总结

成都建设公园城市过程中最核心的思想是始终坚持以人为本，坚持"人民城人民建、人民城市为人民"，将人民美好生活需要作为公园城市建设的逻辑起点与最终归宿。以新发展理念激发城市更强大的活力、培育新型竞争优势，着重提升城市要素集聚能力、低碳发展能力、门户枢纽功能、辐射扩散能力。强调人、城、境、业的高度统一，紧扣公园城市可持续的内涵与绿色外延的有机整体，实现城市空间形态美化、城市发展动力强化、城市发展形态高级化、城市治理方式多元化。

1. 高质量发展，激发公园城市绿色动能

积极发展高质量新经济，为公园城市建设注入新的动能，根据城市发展需求，顺应技术演进方向，遵循产业发展规律，提升应用场景能级；加快新型基础设施建设、不断强化要素供给体系、优化营商环境，逐步完善产业生态圈创新产业链；构建数字化、创新、供应链等智能生产场景，打造新经济产品和生态品牌，形成高质量发展的动力引擎。

重视城市生态资源，积极推动生态价值转化。实行多元投入机制，以"绿水青山就是金山银山"的理念对城市绿色资源进行保护和合理开发；推进都江堰精华灌溉区、川西林盘保护修复工程，构建起"园中建城、城中有园、开窗见绿、出门见园"的公园城市形态；进行双流和天府两大航空走廊、都江堰精华灌溉区、生态走廊、城市绿岛、旅游景区的大地景观再造。

积极培育新业态与新场景，优化提升绿色产业体系。推动生产体系、生活方式和生态环境的绿化融合，顺应个性化、体验化、定制化的消费趋势，集聚人流、资金流、信息流，结合"三城三都"建设，营造新的消费业态、新的生产生活场景，创造引导新的绿色消费，积极建设国际消费中心城市。

2. 高品质生活，指引公园城市前进方向

关注居民多元需求，营造丰富的生活场景。以幸福美好生活十大工程为牵引，积极进行城市有机更新和品质提升行动，加强公园街区生活圈建设。挖掘城市人文价值，提升城市底蕴，进一步开发古蜀文化、三国文化、道教文化、大熊猫文化等文化资源，利用岷江和沱江水系串联都江堰、双河遗址等遗址形成的古蜀文化。打造高品质生活品牌与标准，集观光、体育、商贸、文创于一体，创造多维消费场景；形成"烟火成都"宜居生活方式，建成"公园+""绿道+""生态+"的绿色IP集成空间。提倡低碳生活方式，推广绿色消费观念，不断提升生态碳汇能力，为绿色发展积累消费要素

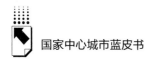

和人力资本。

3. 高效能治理，保障公园城市发展利益

首先，实施高标准的统筹规划与顶层设计，聘请相关领域专家学者参与研究专题，探索公园城市建设路径，形成具有中国特色的公园城市发展体系，用公园城市理念引导城市规划、建设、治理等各个方面工作；建立起公园城市指标体系和统计监测机制，优化保障公园城市新机制。

其次，打造全域公园，优化公园社区治理。成都以城市绿道为脉、山川河流为名胜、农田水利为景观、城镇林盘为景区，并且将自然公园、森林公园、郊野、游园以及微绿地等多类型公园打造成为有机的全域公园体系；积极推进"街区+微网格"的社区建设管理理念，完善共建共治共享的城市治理模式。

最后，构建智慧治理场景，充分利用现代化数据信息技术建设"智慧蓉城"，提供"一网通"的政务服务、"一网统管"的城市运行机制、"一体联动"的风险防控机制，利用大数据进行精确的公共服务和基础设施供给与分布调整。

（二）经验启示

作为践行新时代习近平总书记城市发展理论的典型案例，成都建设公园城市的实践有着特殊的时代意义，充分彰显了创新、协调、绿色、开放、共享的新发展理念。成都在建设公园城市示范区的过程中的许多做法依然值得借鉴，特别是在贯彻新发展理念、坚持人民为中心、坚持可持续和系统性发展等方面，具有一般推广意义。

1. 贯彻新发展理念

建设公园城市过程中，始终践行新发展理念，塑造现代化的城市绿色竞争优势。成都始终坚持以创新驱动城市发展，大力发展新经济，推动现代化创新链、产业链、供应链的一体化，积极促进科技成果转化；坚持促进城乡、区域、发展与生态等关系的协调统一，以同城化都市圈等规划提高城市辐射带动能力；坚持"绿水青山就是金山银山"的理念，依托山水湖泊的自然资源构建"一山两翼"空间布局，发展生态产品和生态旅游，构建生态价值向经济价值转化的新路径，推动城市生态优势转化为发展优势；积极扩大对外开放，优化国际航空、中欧班列等交通条件，加强国际物流信息往来、技术人才交流，不断强化城市门户枢纽功能；坚持城市共建共治共享，不断提高政府服务水平，提高城市居民收入和基本生活保障水平，提升居民幸福感和安全感。

2. 坚持以人民为中心的原则

公园城市最终是为了实现人民对美好生活的向往，"高品质""宜居""宜业"是创造优良人居环境的目标，更是公园城市的核心内涵。成都建设公园城市尊重和保障居民的基本权益、维护居民的长期发展利益，围绕提高居民的生活幸福感、获得感和安全感开展多项城市建设与更新行动，并鼓励企业、社会组织和市民积极参与城市建设与治理，充分体现了以人民为中心的发展思想。

3. 坚持可持续性原则

公园城市建设要实现高质量发展，必然要基于公平性、持续性、共同性进行生态资源的开发利用，在尊重自然、保护自然的基础上认识与改造自然，最后实现城市与自然的有机融合。成都建设公园城市始终将眼前利益与长远利益、局部利益和整体利益、经济发展与生态保护结合，及时调整人口、经济、空间、产业、能源等的结构，推动城市发展模式优化升级。

4. 坚持系统性原则

公园城市不单是城市变得更加美丽宜居，更包括美好的乡村建设，成都统筹城乡和区域，结合西部陆海新通道、成渝地区双城经济圈、乡村振兴、等国家战略，明确成都公园城市发展目标与步骤，做大做强中心城区，优化产业空间布局，增强辐射带动能力，强化大中小城市分工协作，形成区域城乡融合发展新格局。

综上，成都公园城市建设中依然存在一些问题和挑战，如发展质量有待提升、城市空间格局有待提升、不同片区城市治理水平和服务质量存在差异，但在新发展理念的引领下，坚持以问题为导向进行建设与治理，通过高

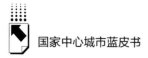

标准的顶层设计和实事求是的具体实践，不断推动成都市公园城市示范区往高品质方向迈进，引领全国更多城市转型升级，实现城市全面现代化和可持续发展。

参考文献

高国力、李智：《践行新发展理念的"公园城市"的内涵及建设路径研究——以成都市为例》，《城市与环境研究》2021年第2期。

李晓江、吴承照、王红扬：《公园城市，城市建设的新模式》，《城市规划》2019年第3期。

廖茂林、占妍泓、周灵：《习近平生态文明思想对公园城市建设的指导价值》，《中国人口·资源与环境》2021年第12期。

米娜、李奕、辛爱峰：《天府新区：公园城市示范区展开壮美画卷》，《党建》2022年第9期。

彭楠淋、王柯力、张云路：《新时代公园城市理念特征与实现路径探索》，《城市发展研究》2022年第5期。

叶胥、武优劢、毛中根：《习近平关于城市发展的重要论述及实践探析——以成都建设公园城市为例》，《邓小平研究》2019年第6期。

曾九利、唐鹏、彭耕：《成都规划建设公园城市的探索与实践》，《城市规划》2020年第8期。

B.17
国家中心城市武汉扩大内需实践亮点及其启示

吴传清　赵　豪　戴祎楠　吴政希*

摘　要： 武汉市作为国家中心城市承担着扩大消费内需、推动经济发展、加快融入国内国际双循环新发展格局的重要使命。本文首先采用文献分析法，系统性梳理总结武汉市扩大消费内需的相关制度安排；其次，围绕住房与汽车两大消费支点，总结武汉市扩大消费内需实践亮点，主要体现在优化消费环境、集聚消费资源、更新消费业态、打造消费地标、构筑消费场景等方面。最后，本文基于武汉市新兴产业消费亮点，重点选取氢能产业作为消费突破口，提出打好"产业链、创新链、资金链、人才链、土地保障"五张牌的实践路径，加快创造消费新需求。

关键词： 武汉市　消费内需　住房消费　汽车消费　氢能产业

一　武汉市扩大内需的重要制度安排

2020年以来，武汉市政府针对"扩大内需"实行了一系列制度安排，

* 吴传清，武汉大学经济与管理学院、中国发展战略与规划研究院教授，博士生导师，研究方向为区域经济、产业经济；赵豪，武汉大学经济与管理学院区域经济学专业博士研究生，研究方向为区域经济；戴祎楠，武汉大学经济与管理学院区域经济学专业博士研究生，研究方向为区域经济；吴政希，武汉大学经济与管理学院区域经济学专业博士研究生，研究方向为区域经济。

主要包括消费振兴、投资振兴、工业复苏等方面。其中，消费振兴作为扩大内需的重点内容，得到武汉市政府的高度重视。武汉市促进"消费振兴"相关规范性文件如表1所示。

表1 武汉市促进"消费振兴"相关规范性文件

文件名称	颁布机构	发布时间
《武汉市国民经济和社会发展第十四个五年规划和2035年远景目标纲要》	武汉市人大常委会	2021年4月
《关于印发武汉市建设国家文化和旅游消费示范城市工作方案的通知》	武汉市人民政府办公厅	2021年5月
《关于印发武汉市建设国际消费中心城市实施方案的通知》	武汉市人民政府	2021年7月
《关于印发武汉市激发消费潜力促进消费升级若干措施的通知》	武汉市人民政府办公厅	2021年9月
《关于印发武汉市加快消费恢复提振若干措施的通知》	武汉市人民政府办公厅	2022年6月
《武汉市消费促进活动专项资金实施细则》	武汉市商务局	2022年7月
《关于培育建设国际消费中心城市的实施意见》	武汉市人民政府	2023年3月

数据来源：根据武汉市政府网相关资料整理。

据统计，2022年武汉市共发放4.7亿元消费券，举办超千场促消费活动，新开业万象城、武商梦时代等超大型购物中心，推进汉口北等直播电商集聚区快速发展，带动电子商务交易额突破1.5万亿元，社会消费品零售总额增长2.1%。[①] 针对"消费振兴"，武汉市出台的一系列政策可以概括为以下几个方面。

1. 促进传统消费提档升级

2021年4月发布的《武汉市国民经济和社会发展第十四个五年规划和2035年远景目标纲要》提出推进汽车等消费品从购买管理向使用管理转变，健全强制报废制度和耐用消费品回收处理体系，促进住房消费健康发

---

① 《武汉市2023年政府工作报告》，《长江日报》2023年2月6日。

展，支持老字号企业转变经营方式，优化提升市级商业中心功能，加快步行街智慧街区建设，发展社区商业，完善城乡融合消费网络。2022 年 6 月发布的《关于印发武汉市加快消费恢复提振若干措施的通知》提出要鼓励大宗商品消费，包括支持汽车消费，尤其是支持新能源汽车的更新应用，推动汽车消费扩容提质等；促进住房、家居消费，包括优化全市购房政策，支持家居家电促销等；扩大重点行业消费，包括推动零售和餐饮住宿消费等。

2. 培育壮大新型消费

2021 年 4 月发布的《武汉市国民经济和社会发展第十四个五年规划和 2035 年远景目标纲要》提出"打造新业态新模式策源地，培育消费新热点，打造消费新场景"。2022 年 6 月发布的《关于印发武汉市加快消费恢复提振若干措施的通知》提出要促进重要领域消费，包括创新消费业态和模式，持续点亮夜间消费等。

3. 振兴文旅体育康养消费

《关于印发武汉市建设国家文化和旅游消费示范城市工作方案的通知》主要从"完善政策体系、增强供给能力、推进产业融合、优化消费环境"等方面构建武汉市文化和旅游消费的发展方向。《武汉市加快消费恢复提振若干措施》提出要拓展文旅消费，持续开展"打卡大武汉""武汉人游武汉""文旅集中消费季"等旅游惠民活动；提升体育消费，组织好"惠动湖北"消费券发放活动，打造体育消费集聚区、多元融合体育综合体；支持康养服务消费，对医疗机构采购给予补贴，扩大康养服务消费供给等。《关于印发武汉市建设国际消费中心城市实施方案的通知》提出要"挖掘文旅消费潜力，做大做强体育消费，培育壮大康养消费"等。

4. 开展促进消费活动

2023 年首轮总金额 5 亿元的"惠购湖北"消费券于 3 月 16 日投放，共投放 3 个批次，分为商场券、超市券、餐饮券 3 种类型，券面额度从 20 元至 100 元不等。为加快促进湖北省消费潜力释放，更好发挥消费对经济的牵引带动作用，湖北省已经连续 3 年发放"惠购湖北"消费券。湖北省商务厅数据显

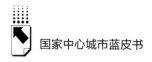

示，2022年6~10月，湖北省共投入10.59亿元的财政资金用于发放消费券，最终核销10.39亿元，直接拉动销售额42.37亿元，拉动比达1∶4.08，参与核销商户超过30万家。①

《关于印发武汉市激发消费潜力促进消费升级若干措施的通知》明确提出要积极组织投放消费券，精心组织消费促进活动。《武汉市消费促进活动专项资金实施细则》对不同经济主体进行消费促进活动的专项资金支持办法进行了详细说明，这些经济主体主要包括承办市级以上重大促消费活动，限额以上批发、零售企业，限额以上餐饮、住宿企业，电子商务企业，老字号企业，市级商贸行业（商）协会组织等。《关于激发市场主体活力推动经济高质量发展政策措施的通知》针对提升消费市场热度提出投放消费券、给予财政补贴、实行奖励政策、开展购车补贴活动、推动便利店连锁化发展等一揽子措施。

5. 完善消费支持体系

《武汉市国民经济和社会发展第十四个五年规划和2035年远景目标纲要》提出要完善促进消费保障机制，包括营造安全消费环境、健全消费政策保障等。《关于印发武汉市加快消费恢复提振若干措施的通知》提出要完善消费支撑保障体系，包括支持消费品牌培育、强化展销联动、助力市场主体纾困解难、保障就业提高居民收入、完善市场体系。营造良好消费环境，主要是加快打造安全放心诚信消费环境等。

针对"投资振兴"，武汉市政府在《武汉市国民经济和社会发展第十四个五年规划和2035年远景目标纲要》中就明确提出要"精准扩大有效投资"，主要包括以下方面：（1）保持投资较快增长，主要包括扩大投资规模、提高投资强度、提高投资精准度等；（2）推进重点领域投资，包括加大重大科技基础设施建设、技术改造升级和战略性新兴产业项目投资力度，全力补齐发展短板，精心打造亮点区块等；（3）有效扩大社会投资，包括

---

① 《总金额5亿元"惠购湖北"消费券将于3月16日投放》，《中国日报网》2023年3月15日。

完善政府投资管理、加大城市基础设施等领域开放力度、发挥政府投资撬动作用等。《关于激发市场主体活力推动经济高质量发展的政策措施》围绕"着力扩大有效投资"提出以下具体措施：（1）针对不同区域、产业实行差异化政策；（2）对重大工业项目实行贴息；（3）落实民间资本准入平等待遇，吸引民间资本等。

针对"工业振兴"，武汉市政府在《武汉市工业高质量发展"十四五"规划》中提出到 2025 年，要"打造光电子信息（含软件及信息服务）、汽车及零部件、生物医药及医疗器械 3 大世界级产业集群，提升装备制造、现代消费品、先进基础材料 3 大优势产业，加快培育人工智能、航空航天、空天信息、氢能、网络安全 5 大新兴产业，前瞻布局电磁能、量子科技、超级计算、脑科学和类脑科学、深地深海深空等若干未来产业，构建'335N'先进制造业体系"。

针对武汉市数字经济发展，武汉市经信局起草了《武汉市数字经济促进条例（草案征求意见稿）》，于 2023 年 3 月向社会公开征求意见。该条例共九章，包括总则、数字基础设施、数字技术创新、数字产业化、产业数字化、数据资源开发利用、城市治理数字化、数字经济发展保障、附则，主要有四个方面重点：（1）明确数字经济促进的管理体制机制；（2）夯实数字基础设施和数据资源"两大基础"；（3）突出数字技术创新能力，明确数字产业化、产业数字化和治理数字化的发展重点；（4）加强数字经济发展保障。

二　优化消费环境、促进消费提质升级的实践亮点

（一）武汉市建设国际消费中心城市

2019 年 10 月，商务部等 14 部门发布的《关于培育建设国际消费中心城市的指导意见》提出，"利用 5 年左右时间，指导基础条件好、消费潜力大、国际化水平较高、地方意愿强的城市开展培育建设，基本形成若干具有

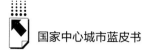

全球影响力、吸引力的综合性国际消费中心城市，带动形成一批专业化、特色化、区域性国际消费中心城市"。2020 年 5 月，《商务部关于支持中国（湖北）自由贸易试验区加快发展若干措施的通知》要求湖北省商务厅"发挥自贸试验区制度创新优势，指导武汉开展国际消费中心城市培育建设"。2020 年 12 月 29 日，武汉获评首批国家文化和旅游消费示范城市，为武汉建设国际消费中心城市提供了着力点。

2021 年 2 月 20 日，武汉市第十四届人民代表大会第六次会议提出《关于积极融入新发展格局，加快建设国际消费中心城市案》，武汉市政府积极回应，于同年 3 月公开了议案办理工作方案。2021 年 5 月、7 月，《武汉市建设国家文化和旅游消费示范城市工作方案》和《武汉市建设国际消费中心城市实施方案》相继发布。2021 年 12 月 27 日，武汉市第十二次党代会报告重申"建设国际消费中心城市"。2023 年 2 月，武汉市委书记郭元强在调研促消费工作时强调，"深入实施扩大内需战略，切实把恢复和扩大消费摆在优先位置，促进消费提质升级，加快建设国际消费中心城市"①。2023 年 3 月 17 日，武汉市人民政府发布《关于培育建设国际消费中心城市的实施意见》（武政〔2023〕5 号），提出了新形势下的新任务。

近 3 年来，武汉市从消费资源、消费业态、消费地标、消费场景、消费环境、消费通道等方面入手建设国际消费中心城市。2022 年，武汉市实现社会消费品零售总额 6936.20 亿元，比上年增长 2.1%。②

一是集聚国际消费新资源。丰富进口商品供给，汇聚高端消费品牌，发展本土优势品牌，增强国际会展功能，扩大城市国际交往。

二是培育国际消费新业态。培育发展零售新业态，加快发展"互联网+服务"，大力发展跨境电商，壮大新型消费市场主体。

三是打造国际消费新地标。建设"两江四岸"核心地标，建设新型消

---

① 武汉广播电视台微信公众号 2023 年 2 月 21 日推文《郭元强调研促消费工作：加快恢复和扩大消费，促进消费提质升级，建设国际消费中心城市》。

② 武汉市统计局、国家统计局武汉调查队：《2022 年武汉市国民经济和社会发展统计公报》，《长江日报》2023 年 3 月 30 日。

费商圈，建设国际范旅游景区。目前，武汉已形成 6 大核心商圈、23 个区域商圈、112 个社区商圈。①

四是拓展国际消费新场景。挖掘文旅消费潜力，做大做强体育消费，引导培育康养消费，充分发展餐饮消费，加快推动信息消费，提升便民消费品质。截至 2021 年底，武汉市共有 A 级旅游景区 51 家，其中 AAAAA 级旅游景区 3 家、AAAA 级旅游景区 21 家、AAA 级旅游景区 27 家。② 2022 年 8 月，工业和信息化部公布 2022 年新型信息消费示范项目名单，武汉市有 10 个项目入选。

五是营造国际消费新环境。优化消费服务环境，加快区域消费一体化发展，完善促进消费市场机制。

六是畅通国际消费新通道。建设国际综合交通枢纽，完善国内直达交通网络，优化城市公共交通布局，构建现代物流供应体系。武汉轨道交通截至 2022 年 12 月 31 日共运营 14 条线路、315 座车站，运营里程达 504.3 公里；2022 年全年客运量达 89352.6 万人次，客运周转量达 707906.5 万人次公里。③

（二）住房消费

根据统计，2021 年武汉市房地产开发投资增长 17.2%。其中，住宅投资增长 23.4%，办公楼投资增长 3.3%，商业营业用房投资下降 3.6%。房屋施工面积 16251.62 万平方米，比上年增长 4.4%。其中，本年新开工面积 2599.74 万平方米，下降 29.1%。全年房屋竣工面积 771.17 万平方米，下降 0.9%。④

2020~2023 年武汉市为促进住房消费出台了一系列规范性文件（见表2），

---

① 《全国人大代表胡立山在全国两会上建言：支持武汉培育建设国际消费中心城市》，《长江日报》2023 年 3 月 7 日。
② 《2021 年度武汉市 A 级旅游景区数量》，武汉市文化和旅游局官网。
③ 《2022 年城市轨道交通运营数据速报》，中国政府网。
④ 武汉市统计局和国家统计局武汉调查队：《2021 年武汉市国民经济和社会发展统计公报》。

从这些政策文件来看，武汉市住房消费政策总体上呈现"先紧后松"的趋势，按照类型主要可以划分为以下几个方面。

表2 武汉市促进"住房消费"相关规范性文件

文件名称	颁布机构	发布时间
《关于印发武汉市加快推进新型智慧城市建设实施方案的通知》	武汉市人民政府办公厅	2020年12月
《关于进一步加强房地产开发项目手册备案工作的通知》	武汉市房管局	2021年1月
《关于进一步加强新建商品房销售全过程监管的通知》	武汉市房管局	2021年4月
《关于加强购房资格管理工作的通知》	武汉市房管局	2021年9月
《关于进一步做好住房租赁市场管理工作的通知》	武汉市房管局等八部门	2021年10月
《关于加快发展保障性租赁住房的意见》	武汉市人民政府办公厅	2021年10月
《关于规范新建商品房合同网签备案工作的通知》	武汉市房管局	2022年2月
《武汉市住房发展"十四五"规划》	武汉市房管局	2022年3月
《关于印发武汉市加快消费恢复提振若干措施的通知》	武汉市人民政府办公厅	2022年6月
《关于激发市场主体活力推动经济高质量发展政策措施的通知》	武汉市人民政府	2023年2月
《武汉市住房租赁服务基本规范》和《武汉市房地产经纪规范服务（门店）评价规则》	武汉房地产经纪行业协会	2023年3月

数据来源：根据武汉市政府网站资料整理。

1. 加快发展租赁住房市场

武汉市人民政府办公厅《关于加快发展保障性租赁住房的意见》针对"发展保障性租赁住房"提出一系列政策措施。一是土地支持政策，对不同区域的土地建设提出差别化利用政策；二是财政支持政策，按照不同类别的保障性租赁住房给予不同标准的财政补贴和支持办法；三是金融支持政策，加大对保障性租赁住房建设的信贷支持力度，鼓励商业保险资金参照市场化原则参与保障性租赁住房建设等；四是税费支持政策，对保障性租赁住房实行一系列税收优惠。

武汉市房管局等八部门《关于进一步做好住房租赁市场管理工作的通

知》针对住房租赁市场发展提出以下细则：加强从业主体登记管理、规范存量房屋改造改建、加强房源发布管理、加强网签备案管理、加强租赁资金监管、畅通纠纷调处渠道、强化部门联合监管等。

2023年3月武汉房地产经纪行业协会发布《武汉市房地产经纪规范服务（门店）评价规则》和《武汉市住房租赁服务基本规范》，这两项标准对经纪人的服务评价有了更详细的评分规则，也明确了长租房退租押金的方式和时间等。这是武汉市首次出台房地产行业团体标准，将督促住房租赁和房地产经纪行业市场经营主体提供更加规范化的服务。[①]

2. 加强房地产市场监管

武汉市房管局《关于进一步加强房地产开发项目手册备案工作的通知》《关于进一步加强新建商品房销售全过程监管的通知》加强了对房地产开发和商品房销售的监管。其中《关于进一步加强新建商品房销售全过程监管的通知》着眼于销售全过程监管，推动了"事前、事中、事后"监管全覆盖。

3. 优化全市购房政策

武汉市房管局《关于加强购房资格管理工作的通知》从申请购房资格认定程序、规范购房登记和购房资格认定结果的使用、加强购房资格认定结果使用情况的检查等方面加强了购房资格管理。武汉市人民政府办公厅《关于印发武汉市加快消费恢复提振若干措施的通知》提出"优化全市购房政策"，具体包括坚持"房住不炒"的定位、满足刚性和改善性住房需求、因区制宜精准施策、健全差别化购房办法、加速区域新房去库存化。参考区域人口和产业规划，加大对各类人才购房的支持力度。加大金融信贷支持力度，切实落实差别化住房信贷政策，加大个人住房贷款投放力度，缩减贷款审批发放周期。加大公积金贷款支持力度，切实调整住房公积金贷款首付比例和额度。健全人才安居政策，加大对大学毕业生等新市民住房保障的支持

---

① 《长租房、房产中介有了更详细规范，武汉首次出台房地产行业相关团体标准》，《长江日报》2023年3月17日。

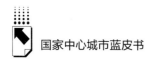
力度。鼓励行业协会、企业组织开展云端住房租赁活动，推动住房租赁消费恢复性增长。

武汉市人民政府印发《关于激发市场主体活力推动经济高质量发展政策措施的通知》，提出要"促进房地产市场平稳健康发展"，包括以下具体措施：支持居民家庭合理住房需求，根据房价和新房库存情况动态调整住房限购范围，其中在非限购区域拥有的住房不参与居民家庭购房资格认定，非本市户籍居民家庭如在限购区域购买首套住房的可以实行购房资格"承诺办、容缺办"；降低企业资金压力，改善新建商品房预售条件，房地产开发企业可以增加申请预售许可次数，预售许可最低规模不小于栋，新出让住宅项目一般不附带宗地范围以外的建设义务；在宗地范围以内，因实施城市规划确需由竞得企业代建的市政及公共服务设施等，除政策明确规定须无偿移交的以外，其他的建成后一般按照成本价进行有偿回购。

（三）汽车消费

武汉市是汽车产销大市，汽车销售额占全市社会消费品零售总额的1/4。武汉市共有9家乘用车整车企业和2家客车整车企业，均能生产新能源汽车。其中，岚图汽车、小鹏汽车、吉利路特斯均为纯新能源汽车生产企业，东风本田、上汽通用、东风乘用车、神龙汽车、东风云峰都具备燃油车、混合动力车、纯电动车等多种乘用车型柔性混合生产能力，[①] 武汉客车生产商用客车和新能源商用车[②]，武汉开沃则生产纯电动客车、氢能客车；猛士科技即将实现量产[③]。武汉经开区现拥有9家整车企业、13座整车工厂、500余家知名零部件企业。[④] 武汉汽车零部件企业主要集中在武汉开发区（汉南

---

① 长江日报大武汉客户端 2022 年 4 月 28 日《造车新势力崛起！武汉 8 家乘用车企业能造新能源汽车》。

② 数据来自武汉客车制造股份有限公司官网。

③ 武汉经开区融媒体中心 2022 年 5 月《车谷 9 家车企都造"新能源"，未来两三年产能将破百万辆》。

④ 《中国车谷奋力打造产业创新大走廊》，《湖北日报》2023 年 2 月 8 日。

区）、江夏区、东西湖区和东湖高新区，涵盖车身、发动机、电气设备、底盘等多个领域，其中世界 500 强企业有 16 家①。2022 年，湖北省财政厅、商务厅、经信厅等联合印发《关于支持开展促进汽车消费活动的通知》，在 2022 年 6~12 月（活动到期前延长至 2023 年 3 月 31 日）鼓励各地结合当地汽车产业发展情况开展促进汽车消费活动。武汉经开区、江夏区联合本地整车厂开展让利促销活动。2022 年 6 月 13 日，东风公司与武汉经开区联合发布鼓励汽车消费"车十条"。江夏区科学技术和经济信息化局的《武汉市江夏区 2022 年汽车消费财政补贴资金实施细则》于 2022 年 6 月 14 日发布，8 月 31 日进行调整实现"扩面提标"。根据经开区、江夏区让利促销活动方案，2023 年 3 月 31 日前，市民购买在武汉经开区生产的东风旗下东风本田、东风日产、东风风神、岚图、东风标致、东风雪铁龙、东风富康等汽车品牌以及在江夏区生产的上汽通用旗下别克、雪佛兰等汽车品牌燃油及新能源车型，可享受 3000 元至 90000 元不等的补贴。活动开展后，2022 年下半年，武汉市乘用车销量达 210429 辆，明显多于上半年（171288 辆）。2022 年，武汉乘用车销售增长 6.27%，增长率明显高于全国（1.8%）、全省（0.5%）水平；商用车销售 32626 辆，有所下降②。

新能源汽车是国家免税政策力推的一项增长点，武汉市作为中部地区新能源汽车主要产销地之一，截至 2022 年底共有新能源乘用车品牌 65 个，车型 131 款，渠道门店超 100 家。为进一步促进新能源汽车消费，2022 年 6 月末，武汉市推出新能源汽车购车大礼包，向消费者提供 1000 元的购车优惠（生产商提供）、1000 元的充电补贴（市、区财政平均分摊）和价值 1000 元的赠品（经销商提供），共 61 家经销商参与优惠活动。政策一经实施，2022 年 7 月，武汉市新能源乘用车市场销量达到 8644 辆，同比增长

---

① 数据来自武汉市经济和信息化局官网。
② 数据整理自武汉汽车流通行业协会微信公众号 2023 年 2 月 3 日推文《2022 年武汉汽车流通市场基本情况》。

158.4%，在国内城市中的排名从 6 月的第 11 位提升至第 9 位[①]。以岚图汽车为例，2022 年 7~12 月累计交付新车 12531 辆，较 2022 年上半年的 6878 辆有大幅增长。[②] 2022 年，武汉市新能源乘用车销量 99693 辆，同比增长 124.94%[③]，占全市乘用车销量的 26.12%；商用车销售 6745 辆，比上年同期增长 96.9%。

三 以创新驱动、高质量供给引领和创造新需求的实践亮点

（一）武汉市关于氢能产业发展的决策部署

武汉市积极抢抓氢能发展先机，重点培育氢能产业，推动能源绿色转型，围绕氢能产业发展颁布了一系列规范性文件（见表 3）。

表 3 武汉市关于"氢能产业"发展的规范性文件

文件名称	颁布机构	发布时间
《武汉市氢能产业突破发展行动方案》	武汉市人民政府办公厅	2020 年 9 月
《武汉市国民经济和社会发展第十四个五年规划和 2035 年远景目标纲要》	武汉市人大常委会	2021 年 4 月
《武汉市青山区国民经济和社会发展第十四个五年规划和二〇三五年远景目标纲要》	武汉市青山区人大常委会	2021 年 9 月
《武汉市氢能产业"十四五"发展规划》	武汉市人民政府	2022 年 1 月
《关于支持氢能产业发展的意见》	武汉市人民政府	2022 年 3 月
《武汉市加快建立健全绿色低碳循环发展经济体系实施方案》	武汉市人民政府	2022 年 3 月
《武汉经济技术开发区新能源产业发展"十四五"规划》	武汉市经开区管委会	2022 年 4 月

数据来源：根据相关资料整理。

[①] 数据整理自乘用车市场信息联席会官网发布的新能源汽车行业月报。

[②] 数据整理自岚图汽车微信公众号 2023 年 1 月 2 日推文《岚图汽车 12 月交付量公布》。

[③] 《武汉新能源车一年卖出 10 万辆》，《湖北日报》2023 年 3 月 16 日。

（二）武汉市培育发展氢能产业的重点任务

武汉市以产业培育和技术突破为主线，打造创新研发、装备制造、示范应用协同发展的中国氢能枢纽城市。积极开展氢能产业合作交流，依托宝武清洁能源有限公司和东风汽车集团有限公司，围绕制氢（氢源）、氢储运、用氢等环节，培育打造氢能能源链、技术链和产业链。

（1）构筑"一核一都两翼"的氢能产业空间布局。武汉经济技术开发区作为核心区，致力于打造燃料电池整车及零部件研发、制造与检测基地；青山区作为"氢气之都"，致力于打造氢气的"制储运"基地；东西湖区致力于打造物流示范基地；东湖新技术开发区致力于打造氢能基础研究及人才培养基地。

（2）实现氢能产业核心技术突破。在燃料电池系统、电堆、膜电极和燃料电池汽车整车系统集成控制等关键环节形成国内领先的关键核心技术，在质子交换膜、催化剂等基础材料方面形成技术突破，在氢气制、储、运、用等方面形成特色技术。

（3）加快形成氢能产业集群。到2025年，培育5~10家制氢（氢源）、氢储运重点企业，集聚一批国家、省、市级氢能与燃料电池研发、检测、认证机构，培育和引进100家以上整车生产、船舶制造、膜电极、电堆、关键材料和动力系统集成等氢能行业领军企业。

（4）扩大氢能应用范围。在交通应用领域，以氢能车辆应用为主，积极探索发展在船舶领域的氢能应用。重点支持在港区、集团园区内打造中重载燃料电池商用车应用示范点，依托东风汽车集团、宝武集团等打造"中重载"燃料电池商用车推广应用示范场景。扩大燃料电池公交车、通勤车、物流车的应用区域和规模，推动在市政、城建、环卫、园林等公共领域开展规模化示范应用，尝试在出租车及网约车领域进行应用试点，打造燃料电池汽车"固定线路、固定范围"应用场景。

（5）加快推进加氢站建设。参照燃料电池公交、物流车和中重载商用车运营区域和线路，有序科学规划布局加氢站，留足加氢站建设用地空间，积累城市建成区建设加氢站的实践经验，支持企业在现有加油站、加气站、

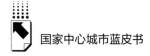

充电站内改扩建加氢设备。利用科学规划建设，在武汉市构建闭合成环、辐射成线和交汇成点的沿三环线、四环线加氢走廊。在全市新增及更新公交、通勤、物流、园林作业、环卫垃圾收集、高压清洗、渣土运输车辆等，率先示范推广采购燃料电池汽车。

（6）组建氢能产业合作平台。发挥氢能产业联盟作用，广泛吸纳氢能领域知名企业、科研院所、大专院校参与，积极开展研发设计、贸易投资、基础设施、技术标准、人才培训等领域的交流合作，构建创新链、产业链、资金链良好的氢能产业协同创新生态体系。

（三）武汉市培育发展氢能产业的实践路径

1. 健全产业链链长制，打好"产业链"牌

推动构建"双链长"模式。完善氢能产业链条，健全产业链"链长制"，打造"链长+链主"的双链模式。"链长"由政府主要领导人负责，包括"市级总链长+市级副链长+区级链长+区级副链长"；"链主"由龙头企业负责人或产业联盟盟长负责。打造"四长联动"的工作格局。凭借优势重点新兴产业，创建"链长牵总、盟长搭台、校长支撑、行长支持"的工作格局，激发社会各主体参与的积极性，构建完善的产业链工作体系，推动产业链健康、稳定、持续、协调发展。提高产业链现代化水平。动态编制重点产业链全景图，针对产业链关键环节，全力"补链、强链、延链、育链"，支持"政产学研金介用"多方面合作，培育壮大链主企业和具有"杀手锏"产品的配套企业，最终形成上下游配套生产体系，构建具有战略性和全局性的产业链。

2. 构筑技术创新平台，打好"创新链"牌

打造高能级技术研发平台。争取国家科技力量在武汉布局，引进中国科学院、中国工程院等"国字号"分支机构，建设产业技术研究中心。依托武汉大学、华中科技大学等高校及科研机构，组建新兴产业技术研究院，聚焦前沿科技，突破核心技术瓶颈。打造科技成果转移平台。支持政府建设特色化、区域性科技成果转化基地。推动大学科技园建设成为高校科技成果转化"首站"和区域创新创业"核心孵化园"。打造专业化国际技术转移渠

道，使得全球创新人才、创新资源、创新成果跨区域流动更加便利。构建产业交流会展平台。鼓励政府依托产业联盟，定期举办产业博览会、高端峰会、产业年会等论坛，并邀请国内外优秀企业、行业龙头企业，在发展方向、人才培养、技术创新等方面进行深度交流。

3. 创新招商引资模式，打好"资金链"牌

采用"对赌招商"的新方式。政府可采取"对赌招商"模式释放利好政策，与招商对象采用互为前提的边界条件，这与过去"砍胳膊砍腿、自残式"的粗放式优惠政策不同，政府层面在赋予特定优惠政策时，企业须完成相应的高水平投资和产量目标。促进产业链精准招商。政府在掌握现有产业链基础情况后，以培育壮大产业链为引领，完善强链、补链和延链环节，明确目标企业和机构，有选择、有目的地进行招商引资。采用"以投带引"的新模式。政府利用财政资金增资或国企战略重组整合创建国资平台，促进国资平台完成以"管资本"为主的改革，利用直接投资或组建参与各类投资基金，推动社会资本服务于地方招商引资，构成产业培育合力。

4. 强化创新人才支撑，打好"人才链"牌

构建全球顶尖人才"猎头机制"，采用"举荐制""全球邀约"等方式，打造多层次人才梯度。推动"学子留汉""英才聚汉""楚才回汉"等重大人才工程实施，切实推进"车谷英才计划"。壮大充实高技能人才队伍。推动"双高计划"实施，整合现有职业教育资源，培育壮大高水平高职学校和专业。鼓励与境外知名职业院校、企业等合作，引进高水平职业教育资源，培育大型职业教育集团。加大产教融合、校企联合力度，全面培养培育高级技师、技术工人等高技能人才。创新完善人才激励和评级机制。创新项目"揭榜挂帅"机制，给予创新领军人才更大的财物支配权、技术路线决定权，加强对战略性新兴产业发展有突出贡献人员的奖励。进一步完善符合新技术与新产业发展规律要求的科技人才评价体系。鼓励企业通过股权、期权、分红等激励方式，充分调动科研人员的创新积极性。

5. 提高供地用地效率，打好"土地保障"牌

深入推进土地要素市场化配置改革。坚持"土地要素跟着项目走"，统

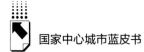
筹规划新增和存量建设用地，优先保障重大战略性新兴产业项目用地。完善土地要素供应方式，推动实施长期租赁、弹性年期出让、先租后让、租让结合、作价出资（入股）等方式，弹性确定工业用地供应方式和使用年限。深入推动"亩产论英雄"改革。利用对资源要素的配置，让"优等生"在资源上享受优惠待遇，让"后进生"加快智能化改造、新动能引进。完善资源要素优化配置，"差别对待"企业，构建以"单位产出效益"评价为基础、以差异化要素配置为导向的推进机制，形成产业和资源、环境、生态的协调发展。深入实施"标准化用地"改革。对新增的成片工业用地均按照产业用地标准化方式出让。产业项目入区时签订产业用地标准化协议，明确"标准地"指标体系。筹划制作产业用地标准化地图，实现土地区域评估、指标体系等要素信息的线上查询、线上追踪，实现数字化赋能用地信息查询。

参考文献

曹静、冉净斐：《推进国际消费中心城市建设的瓶颈与经验借鉴》，《区域经济评论》2022 年第 2 期。

陶希东：《国际消费中心城市的功能特征与核心要义》，《人民论坛》2022 年第 5 期。

王微：《疫后国际消费中心城市建设的着力点》，《武汉社会科学》2022 年第 3 期。

黄漫宇、刘晓龙、汪阳昕：《"双循环"战略下武汉市建设国际消费中心城市的对策研究》，《武汉社会科学》2022 年第 3 期。

李雪莎：《借鉴重庆经验，打造武汉国际消费中心城市》，《秦智》2022 年第 10 期。

王永贵等：《国际消费中心城市培育建设研究》，《城市观察》2022 年第 6 期。

易琛等：《碳中和及新基建背景下新能源汽车发展赋能探索——以武汉与十堰调研结果为例》，《现代工业经济和信息化》2023 年第 2 期。

丁绪涛、吉鹏、王德远：《武汉经开区智能汽车驾驶示范区经营模式探讨》，《信息通信》2019 年第 12 期。

武汉市统计局、国家统计局武汉调查队：《2022 年武汉市国民经济和社会发展统计公报》，《长江日报》2023 年 3 月 30 日。

B.18
郑州以制造业高质量发展支撑国家
中心城市建设的实践与探索[*]

刘晓慧[**]

摘 要： 随着全球经济复苏，制造业越来越成为区域经济发展的重中之重。
建设现代化国家中心城市离不开制造业高质量发展的支撑。近年来，
郑州制造业政策体系不断完善，新动能持续引领，试点示范扩容升
级，产业集群态势良好。同时，制造业增加值占GDP的比重下降过
快，制造业企业实力偏弱，科技创新能力不足，新兴产业体量小等
问题依然突出。今后，郑州需要统筹抓好传统产业改造升级和新兴
产业培育壮大，统筹抓好先进制造业集群与数字产业集群建设，加
快推动制造业智能化、高端化和绿色化发展，进一步优化制造业高质
量发展的产业生态，建设适应新型工业化需求的跨界融合型人才队伍。

关键词： 制造业 国家中心城市 郑州

一 郑州制造业高质量发展成效

随着制造业高质量发展政策体系的不断完善，郑州"制造强市"建设
步伐不断加快。郑州制造业增加值增速及其占GDP的比重明显高于全省平
均水平，制造业新动能新业态在助力郑州实现制造业比重稳定及结构升级中

---

* 本文为2022年河南省科技厅软科学项目"'两个确保'下河南省制造业优势再造的路径选择
及政策建议"（项目编号：222400410361）的研究成果。

** 刘晓慧，黄河科技学院河南中原创新发展研究院教授，研究方向为产业创新。

的作用日益凸显，多家企业入选中国制造业和河南制造业榜单、省级和国家级试点示范。同时，郑州制造业集群形成"61232"良好发展格局，制造业项目在"三个一批"活动中占比较高。

（一）制造业高质量发展政策体系逐步完善

继《郑州市制造业高质量发展三年行动计划（2020—2022 年）》（郑办〔2020〕2 号）、《郑州市制造业数字化转型三年行动计划（2020—2022 年）》（郑制高组办〔2020〕4 号）、《郑州市加快工业互联网发展实施方案（2021—2023）》（郑工网组〔2021〕1 号）、《郑州市"十四五"先进制造业高地建设规划》（郑制高办〔2021〕23 号）之后，2022 年郑州市政府及其办公厅陆续出台《郑州市"十四五"战略性新兴产业发展总体规划（2021—2025 年）》《关于支持"专精特新"中小企业高质量发展的实施意见》等多项制造业高质量发展相关政策（见表 1），郑州市工业和信息化局颁布实施《郑州市加快传统产业提质发展行动方案》《郑州市加快新兴产业重点培育行动方案》《郑州市加快未来产业谋篇布局行动方案》三大行动方案，加大先进制造业集群、战略性新兴产业和"专精特新"中小企业以及高端装备制造等重点领域的政策支持力度，全面塑造制造业高质量发展新优势。

表 1　2022 年郑州市出台的制造业高质量发展相关政策文件

序号	文件名称	文号	发文部门	发文时间
1	《关于建立先进制造业集群重点产业链"双长制"的通知》	郑政办〔2022〕19 号	郑州市人民政府办公厅	2022 年 3 月 15 日
2	《关于支持"专精特新"中小企业高质量发展的实施意见》	郑政办〔2022〕36 号	郑州市人民政府办公厅	2022 年 4 月 24 日
3	《郑州市"十四五"战略性新兴产业发展总体规划（2021—2025 年）》	郑政〔2022〕10 号	郑州市人民政府	2022 年 6 月 2 日
4	《关于加快高端装备产业发展的实施意见》	郑政办〔2022〕51 号	郑州市人民政府办公厅	2022 年 6 月 17 日
5	《关于加快新材料产业发展的实施意见》	郑政办〔2022〕56 号	郑州市人民政府办公厅	2022 年 6 月 17 日
6	《关于加快新能源及智能网联汽车产业发展的实施意见》	郑政办〔2022〕53 号	郑州市人民政府办公厅	2022 年 6 月 17 日

数据来源：根据郑州市人民政府官方网站信息整理。

（二）制造业新动能新优势加速积蓄

2014~2022 年，郑州市高技术制造业增加值增速基本是规上工业平均水平的 2 倍，主导产业增加值增速高于工业平均水平 1~2 个百分点（见图 1）。郑州战略性新兴产业增加值占规上工业增加值的比重从 20% 多上升至 50% 以上，高技术制造业增加值占规上工业增加值的比重从 13.2% 上升至接近 40%，主导产业增加值占规上工业增加值的比重保持在 70%~80%，高耗能产业增加值占规上工业增加值的比重下降十几个百分点（见图 2）。

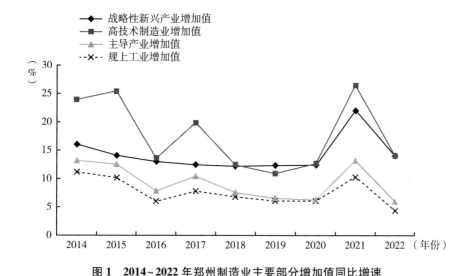

图 1　2014~2022 年郑州制造业主要部分增加值同比增速

数据来源：历年郑州市国民经济和社会发展统计公报。

按照《郑州市"十四五"战略性新兴产业发展总体规划（2021—2025 年）》，到"十四五"末，郑州市"153N"战略性新兴产业重点领域力争取得实质性突破。到 2025 年，全市战略性新兴产业增加值占规上工业增加值的比重达到 50% 左右，市级及以上"专精特新"中小企业达到 2600 家。2022 年，郑州战略性新兴产业比重已经突破 50%，提前三年实现了"十四五"战略性新兴产业发展总体规划目标；市级及以上"专精特新"中小企业达到 2568 家，接近"十四五"战略性新兴产业发展总体规划目标。

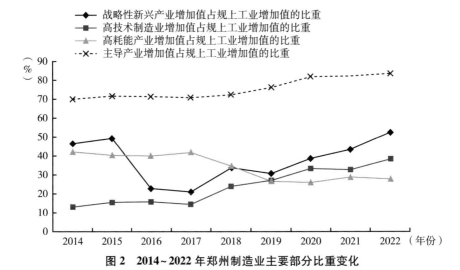

- ◆ 战略性新兴产业增加值占规上工业增加值的比重
- ■ 高技术制造业增加值占规上工业增加值的比重
- ▲ 高耗能产业增加值占规上工业增加值的比重
- ×主导产业增加值占规上工业增加值的比重

图 2　2014~2022 年郑州制造业主要部分比重变化

数据来源：郑州市统计局网站。

（三）制造业增速和比重明显高于全省平均水平

2022 年郑州市高技术制造业增加值增速、战略性新兴产业增加值增速快于全省 2~4 个百分点，制造业投资、高技术制造业投资同比增速超过全省 6~9 个百分点；高技术制造业、战略性新兴产业占工业增加值的比重高于全省 20 多个百分点，制造业占工业增加值比重超过全省将近 6 个百分点（见表 2）。由此可见，郑州制造业高质量发展在河南"制造业强省"建设中起到了重要的支撑作用。

表 2　2022 年郑州市与河南省制造业增速指标和比重指标对比

单位：%

指标类别	指标名称	郑州市	河南省
增速指标	制造业增加值同比增速	4.7	4.7
	高技术制造业增加值同比增速	14.0	12.3
	战略性新兴产业增加值同比增速	14.0	8.0
	制造业投资同比增速	38.3	29.7
	高技术制造业投资同比增速	—	32.2

续表

指标类别	指标名称	郑州市	河南省
比重指标	高技术制造业占工业增加值的比重	38.5	12.9
	战略性新兴产业占工业增加值的比重	52.5	25.9
	制造业占工业增加值比重	88.7	83.0

数据来源：郑州市统计局官网、河南省统计局官网。

（四）多家企业入围中国制造业和河南制造业榜单

在 2022 年中国制造业 500 强中，郑州有 4 家企业入围，分别是郑州宇通企业集团（第 281 位）、河南豫联能源集团（第 305 位）、郑州煤矿机械集团（第 356 位）、河南明泰铝业股份有限公司（第 392 位）。2022 年，郑州分别有 8 家、15 家企业入围河南民营企业制造业 100 强和河南制造业 100 强，涉及设备制造、食品制造、汽车制造和有色金属冶炼和压延加工业等多个优势行业。其中，郑州宇通企业集团、河南明泰铝业股份有限公司、河南新昌铜业集团有限公司、三全食品股份有限公司、郑州安图生物工程股份有限公司、河南恒星科技股份有限公司 6 家企业同时入围两大榜单（见表 3、表 4）。

表 3　入围 2022 河南民营企业制造业 100 强的 8 家郑州企业

单位：亿元

排名	企业名称	营业收入	所属行业
2	郑州宇通企业集团	406.39	汽车制造业
9	河南明泰铝业股份有限公司	246.13	有色金属冶炼和压延加工业
17	河南中孚实业股份有限公司	152.83	有色金属冶炼和压延加工业
18	河南新昌铜业集团有限公司	125.59	有色金属冶炼和压延加工业
28	三全食品股份有限公司	69.43	食品制造业
52	郑州安图生物工程股份有限公司	37.66	医药制造业
59	河南恒星科技股份有限公司	33.96	金属制品业
94	河南佛山铝业科技有限公司	18.83	有色金属冶炼和压延加工业

数据来源：根据河南省工商联发布的"2022 河南民营企业制造业 100 强"整理。

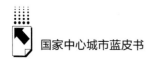
表 4   入围 2022 河南制造业 100 强的 15 家郑州企业

单位：亿元

排名	企业名称	营业收入	所属行业
10	郑州宇通企业集团	406.39	汽车制造业
11	河南豫联能源集团有限责任公司	366.34	有色金属冶炼和压延加工业
15	郑州煤矿机械集团股份有限公司	292.94	专用设备制造业
18	河南明泰铝业股份有限公司	246.13	有色金属冶炼和压延加工业
21	上海汽车集团股份有限公司乘用车郑州分公司	189.69	汽车制造业
30	河南新昌铜业集团有限公司	125.59	有色金属冶炼和压延加工业
47	三全食品股份有限公司	69.43	食品制造业
57	中铁工程装备集团有限公司	57.57	专用设备制造业
71	郑州安图生物工程股份有限公司	37.66	医药制造业
76	河南恒星科技股份有限公司	33.96	金属制品业
80	河南福华钢铁集团有限公司	31.41	黑色金属冶炼和压延加工业
82	郑州太古可口可乐饮料有限公司	29.14	饮料制造业
84	河南华洋电工科技集团有限公司	27.73	电气机械和器材制造业
86	金星啤酒集团股份有限公司	26.67	酒类制造业
96	汉威科技集团股份有限公司	23.16	专用设备制造业

数据来源：根据河南省工商联发布的"2022 河南制造业 100 强"整理。

（五）制造业企业入选省级和国家级试点示范

截至 2022 年底，郑州拥有 2 家全球"灯塔工厂"，包括海尔郑州热水器互联工厂（2022 年，第八批）和富士康郑州工厂（2021 年，第七批）；3 个国家新型工业化产业示范基地（均为四星级），分别是郑州市经济技术开发区（装备制造）、巩义市产业集聚区（铝加工）、中牟县产业集聚区（汽车产业）；3 个国家"两业"融合试点，分别是郑州市经济技术开发区、郑州宇通重工公司、好想你健康食品公司；创建国家级绿色工厂 28 家、省级绿色工厂 22 家、国家级绿色供应链管理示范企业 6 家、省级绿色供应链管理示范企业 3 家。河南省工业和信息化厅公布的河南省 2022 年制造业头雁企业、2022 年制造业重点培育头雁企业名单显示，郑州分别入选 17 家、30 家。

（六）制造业集群形成"61232"良好发展格局

郑州已经形成电子信息、汽车、装备制造、新材料、现代食品、铝及铝精深加工6个千亿级主导产业集群，拥有1个国家级创新型产业集群（郑州智能仪器仪表）、2个国家级战略性新兴产业集群（郑州信息技术服务产业集群、郑州下一代信息网络产业集群）、3个中国百强产业集群（郑州智能传感器产业集群、郑州汽车产业集群、郑州现代食品与加工集群），以及2个省级战略性新兴产业集群（郑州经济技术开发区新能源及智能网联汽车产业集群、郑州经济技术开发区高端装备产业集群）。

（七）制造业项目在"三个一批"活动中占比较高

郑州市发改委的数据显示，截至2022年底，在前六期"三个一批"活动中郑州市累计入选项目983个，总投资超过1万亿元，项目数量和投资额均位居全省第1。其中，先进制造业、战略性新兴产业等项目533个，占比高达54%；比亚迪汽车、上海汽车、吉利新能源商务车等成为制造业强链延链补链的重大项目。在第六期"三个一批"活动中，郑州市的先进制造业项目数量14个、投资额170.1亿元，占比分别为30.4%、20.2%；战略性新兴产业项目数量14个、投资额388.5亿元，占比分别为30.4%、46.2%。

二　郑州制造业高质量发展面临的瓶颈制约

近年来，郑州6个千亿级主导产业集群日益壮大，一大批龙头企业享誉国内外，一大批制造业重大项目相继引进，但工业增加值和工业营业收入总量较低且增长乏力，制造业增加值占GDP的比重下降过快，制造业企业实力有待进一步提升，研发投入指标在国家中心城市中倒数、创新能级处于较低层次等问题依旧存在。

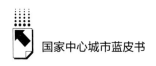

（一）工业增加值和工业营业收入总量较低且增长乏力

2019 年以来，郑州规模以上工业增加值增速上升至两位数后下降至 5% 以下，在中部 6 个省会城市、9 大国家中心城市、全国 27 个省会城市、全国 35 个大中城市中的排名比较靠后并且有所下降（见表 5）。2022 年，郑州工业增加值达 3531.2 亿元，在国家中心城市中倒数第 2，仅高于西安（2099.65 亿元）；规模以上工业营业收入达 13295 亿元，同比增长 3.2%，总量和增速在 9 大国家中心城市中均处于垫底水平（见图 3）。其中，规模以上工业营业收入仅为上海的 30%，是北京、重庆、广州和天津的 50% 左右；规模以上工业营业收入增速明显低于武汉（7.4%）、广州（6.0%）、成都（5.5%）、天津（4.3%）和重庆（4.0%）。近 3 年来，在 24 座万亿 GDP 城市中，郑州市的工业增加值增幅倒数第 1，拖累郑州 GDP 增幅也位列倒数第 1。

表 5　2019~2022 年郑州规模以上工业增加值增速及其排名

单位：%

年份	规模以上工业增加值同比增速	规模以上工业增加值增速在中部 6 个省会城市的排名	规模以上工业增加值增速在 9 大国家中心城市的排名	规模以上工业增加值增速在全国 27 个省会城市的排名	规模以上工业增加值增速在全国 35 个大中城市的排名
2019	6.1	4	4	9	14
2020	6.1	2	2	7	7
2021	10.4	5	6	9	15
2022	4.4	6	4	13	15

数据来源：根据郑州市工信局数据和郑州晚报相关报道整理。

（二）制造业增加值占 GDP 的比重下降过快

多年来，郑州经历了从县城到省会城市、从铁路枢纽到国家中心城市的蝶变。与此同时，郑州制造业也经历了从纺织服装、矿产加工等传统制造业向电子信息、汽车装备等高端智能制造，从 300 多亿元工业增加值向 3000 多

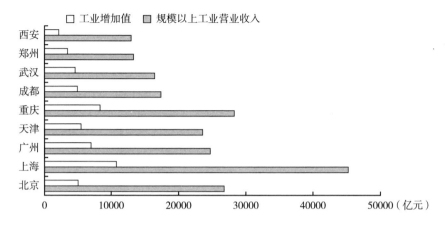

图3 2022年国家中心城市规上工业营收和工业增加值

数据来源：根据各城市统计局数据整理。

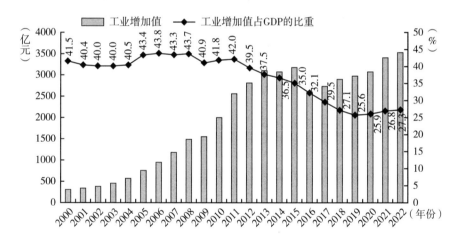

图4 2000~2022年郑州工业增加值及其占 GDP 的比重

数据来源：郑州市统计局网站。

亿元工业增加值的跃升。2000~2022 年郑州工业增加值及其占 GDP 的比重如图 4 所示，2000~2015 年，郑州工业增加值从 300 多亿元持续增加至 3000 多亿元，工业增加值占 GDP 的比重一度上升至 43%以上；2016~2019 年，工业增加值走下坡路，工业增加值占 GDP 的比重从 32.1%下降至 25.6%；2020~

2022 年，工业增加值逐年增加至 3500 多亿元，工业增加值占 GDP 的比重也止跌回升至 27.3%。2022 年，郑州工业增加值占 GDP 的比重为 27.3%，制造业增加值占 GDP 的比重为 24.3%，制造业增加值占工业增加值的比重接近 90%。由此可见，2015 年以来，郑州工业增加值占 GDP 的比重、制造业增加值占 GDP 的比重两项比重指标下降过快，目前均不超过 30%。这与郑州所处的发展阶段不相适应，对于郑州建设国家中心城市也是不利的。

（三）制造业企业实力有待进一步提升

在工信部认定的前七批国家单项冠军示范企业（产品）（全国 1200 家）中，郑州仅有 11 家（河南有 39 家），在九大国家中心城市中垫底，未能进入全国前 20（见图 5）。而宁波有 83 家，排在全国第 1 位。在 2022 年全国先进制造业百强市、全国制造业高质量发展 50 强（2022 年）中，郑州分别位列第 18、第 20，均落后于广州、成都、武汉、西安等国家中心城市。中国制造企业协会发布的 2022 年中国制造业综合实力 200 强排行榜显示，河南共有 7 家企业入选，分别是洛阳钼业（排第 34 位）、牧原食品（排第 67 位）、天瑞集团（排第 90 位）、郑州宇通集团（排第 101 位）、明泰铝业（排第 154 位）、济源钢铁（排第 155 位）、龙佰集团（排第 164 位）。其中，郑州仅有宇通集团和明泰铝业 2 家企业入选，而且排名落后于洛阳、南阳等地市企业。此外，郑州制造业头部企业郑煤机、中铁装备都是国企，民营制造企业不够强。河南省工商联公布的 2022 河南民营企业制造业 100 强榜单显示，郑州仅有 8 家企业入选，包括郑州宇通企业集团、河南明泰铝业、河南中孚实业、河南新昌铜业、三全食品、郑州安图生物工程、河南恒星科技、河南佛山铝业。相比于洛阳、新乡、南阳、安阳的 13 家、15 家、10 家、10 家，郑州入围数量偏少（见图 6）。

（四）研发投入指标在国家中心城市中倒数

河南省统计局公布的《2021 年全省研究与试验发展（R&D）经费投入统计公报》显示，2021 年郑州市研发经费为 310.4 亿元，占全省的

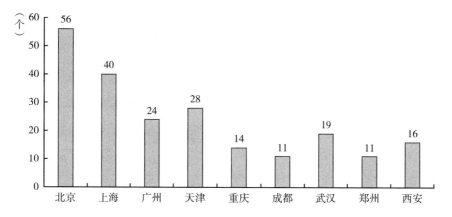

图 5 国家中心城市入选前七批制造业单项冠军示范的数量

数据来源：根据国家工信部公布的制造业单项冠军名单整理。

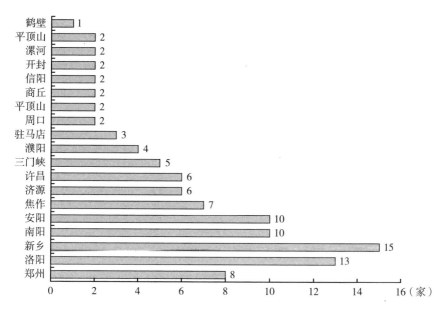

图 6 河南省各地市入围 2022 河南民营企业制造业 100 强的企业数量

数据来源：根据 2022 河南民营企业制造业 100 强名单整理。

30.47%，在全省 18 地市中遥遥领先；研发经费投入强度为 2.45%，超过了全国 2.44% 的平均水平，与新乡市并列全省第 2，仅次于洛阳市的 2.83%。

但从九大国家中心城市研发投入指标来看，郑州的研发经费增速和研发经费投入强度均排在九大国家中心城市的倒数第 2 位。2021 年郑州市研发经费增速为 12.2%，仅高于西安的 9.4%；研发经费投入强度为 2.45%，仅高于重庆的 2.16%（见表 6）。

表 6　2021 年九大国家中心城市研发投入指标对比

单位：亿元，%

中心城市	研发经费	研发经费增速	研发经费投入强度
北京	2629.3	13.0	6.53
上海	1819.8	12.6	4.21
广州	881.7	13.8	3.12
天津	574.3	18.4	3.66
重庆	603.8	14.6	2.16
成都	631.9	14.6	3.17
武汉	621.9	13.5	3.51
郑州	310.4	12.2	2.45
西安	553.7	9.4	5.18

数据来源：各城市统计局。

（五）创新能级处于较低层次

虽然在富士康的加持下郑州电子信息产业贡献了过半的工业产值，但中低端制造过多、高端制造环节缺失，高新技术企业数量偏少、新兴产业引领作用不强等结构性矛盾仍然比较突出。究其原因，这与郑州创新能力处于较低层级是分不开的。截至 2022 年底，郑州拥有高新技术企业 5200 家，比上一年增加 1070 家，取得了一定进步。但与其他国家中心城市相比，郑州高新技术企业总量排名倒数第 1，远远低于北京的 2.84 万家、上海的 2.21 万家、广州的 1.24 万家、武汉的 1.24 万家、成都的 1.14 万多家、天津的 1.1 万家、西安的 1.04 万家，与重庆也相差 1000 多家（见图 7）。如图 7 所示，从智联招聘发布的 2022 年人才吸引指数来看，郑州指数为 44.1 排在国家中心城市的第 7 位，仅高于天津的 38.4、重庆的 40.6，远低于北京的 100、上海的 90.4、广州的 81.5 和成都的 70.5。中国科学技术信息研究所发布的《国家创新型城市创新能力评价报告 2022》显示，郑州的国家创新型城市创新能力指数为 61.20，排在全国第 20 位，落后于广州 75.66（第 4 位）、武汉 74.92（第 5 位）、西安 72.40（第 6 位）、成都 67.01（第 11 位）。

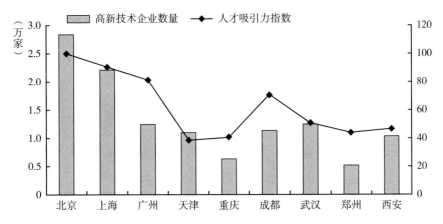

图 7　截至 2022 年底国家中心城市拥有的高新技术企业数量和 2022 年人才吸引力指数

数据来源：根据各城市统计局数据和智联招聘发布数据整理。

三　郑州以制造业高质量发展支撑国家中心城市建设的对策建议

现阶段，现代化产业体系是国家中心城市建设的重要环节。建设现代化产业体系的关键在于强大制造业。郑州要强化链式思维，做大做强电子信息一号产业、新能源汽车二号产业，全面实施新兴产业、未来产业培育行动，着力打造国家先进制造业高地，为国家中心城市建设提供更加有力的支撑。

（一）统筹抓好传统产业改造升级和新兴产业培育壮大

进一步加强传统制造业迭代升级、先进制造业重点培育。依据现有传统产业的区位优势及产业优势，制定合适的产业政策，实现生产经营与管理的一体化。鼓励企业专心深耕主业、做好产品，加快推进传统产业"三化"改造全覆盖，积极助推食品、服装家居等 2 大传统优势产业围绕新消费开辟新的细分产业赛道；以技术改造激发存量，推动装备制造、铝加工、耐火材料 3 大传统优势产业技术高端化、精细化，培育更多国家单项冠军示范企业（产品），让传统优势产业在竞争新赛道上取得新优势。积极探索支持战略性新兴产业、高技术制造业发展的财税政策、金融政策，利用"工业稳增长和转型升级成效明显市（州）"，争取国家智能制造试点示范、国家制造业高质量发展试验区、国家级绿色制造体系专项资金的更大支持。

（二）统筹抓好先进制造业集群与数字产业集群建设

围绕建设国家先进制造业高地战略定位，大力发展先进制造业集群与算力、人工智能等新一代信息技术集群，充分释放新兴产业的"葡萄串效应"。全力打造电子信息和新能源汽车两个万亿级产业集群，培育壮大智能传感器等一批千亿级产业集群。国家中心城市建设中必然有一场产业巨头与城市的双向奔赴。增强富士康、比亚迪等产业巨头的支撑和拉动作用。培育壮大以超聚变、富士康、汉威科技等为龙头的电子信息产业集群，以宇通（新能源客车）、比亚迪（新能源乘用车）、一汽解放（新能源商用车）等为龙头的新能源汽车产业集群。依托富士康新事业部的建设，在新能源汽车领域再现郑州富士康占据苹果手机整体产量 50% 的辉煌。吸引更多外资企业继续重仓郑州市场，吸引制造业产业链核心企业的高能级分支机构布局，尤其是类似于富士康新事业总部的事业总部、职能型总部或区域总部等。大力发展数字产业集群，围绕主导产业加快人工智能、区块链、云计算等新技术应用，以数字产业集群竞速制造业新赛道，加快推动制造业产业基础高级化、产业链现代化，走出一条具有郑州特色的先进制造业高地建设之路。

（三）加快推动制造业智能化、高端化和绿色化发展

一是算力数力并举。算力数力是数字时代经济社会发展的关键生产力。

以持续创新做强先进技术，加大工业互联网等新型基础设施建设推广力度，让科技创新优势充分体现到制造业产业链上。强化产业数字化、智能化升级，依托高技术、新科技，聚焦特色应用场景，以政通人和谋求制造业高端化、智能化，促进制造业竞争力整体提升。围绕构建"1566"现代产业体系、"1554"先进制造业生态体系、"153N"战略性新兴产业体系，加快深化中原数据基地、中国移动（河南郑州）航空港区数据中心、国家超级计算郑州中心等数字新基建对制造业的赋能效应，打造一批"灯塔工厂"、智能工厂和标杆企业。二是东西两翼齐飞。河南换道领跑的核心是郑州，郑州的核心是中原科技城。以中原科技城为核心，以哈工大郑州研究院为龙头，培育壮大创新型研究院集群。抓住郑州高新区获批国家海外人才离岸创新创业基地的机遇，为创建国家制造业高质量发展试验区提供高端人才支撑。三是以绿色低碳打底。注重发挥绿色工厂、绿色产品、绿色园区、绿色供应链企业在制造业中的示范引领作用，加快数字化低碳解决方案、数字化能碳管理模式的应用推广，推动5G、工业互联网标识、云计算、人工智能等数字技术全链条、全要素赋能绿色制造业发展，开展新一代信息技术与绿色制造业融合发展试点示范。

（四）进一步优化制造业高质量发展的产业生态

单项冠军，被誉为制造业皇冠上的"明珠"。"专精特新"企业是制造业韧性和活力的关键。制造业单项冠军、"专精特新"企业的数量和质量，是衡量区域制造业发展水平的重要指标。全面深化"放管服效"改革，勇创市场化、法治化、国际化的一流营商环境，为制造业单项冠军、"专精特新"企业和制造业头雁企业培育注入强大动能。基于产业链供应链部署创新链，根据产业链部署人才链、资金链等，加快完善创新链、产业链、资金链、人才链协同机制，发挥好产业链链长和产业联盟会长"双长制"作用，招引更多产业链上下游企业集群发展，持续推动产业链延链补链强链，构建大企业与中小企业协同创新、共享资源、融合发展的产业生态。

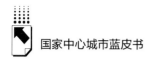

（五）建设适应新型工业化需求的跨界融合型人才队伍

高素质复合型人才不能满足产业发展需求，是郑州制造业高质量发展的"卡口"问题。郑州需要加快培养和引进懂制造的高端数字化人才，实现制造业劳动力由量到质的转变。切实加强政产学研联动和跨学科联合培养，培育实操能力强、理论基础深厚、符合新型工业化的复合型制造业人才。创新人才引进和考评机制，加快引进智能制造方面的高精尖人才，加强制造业战略人才储备，鼓励大中小制造企业之间实现人才资源共享，助力新技术、新产品、新管理模式的落地与推广。

参考文献

《踔厉奋发 笃行不怠——郑州市获评工信部 2022 年度"工业稳增长和转型升级成效明显市（州）"》。

《提升产业竞争力 让郑州有肌肉有实力》，《郑州日报》2023 年 2 月 5 日。

郑州市统计局：《工业发展总体稳定 承压前行彰显韧性——2022 年郑州市规模以上工业经济运行分析》。

薛朝改、冯凯博：《构筑数智产业生态 赋能郑州传统产业提质发展》，《郑州日报》2023 年 3 月 27 日。

何雄：《努力探索中国式现代化的郑州实践》，《学习时报》2023 年 4 月 26 日。

徐建勋：《扛起经济大省挑大梁的郑州担当》，《河南日报》2023 年 3 月 6 日。

刘春兰、王文霞、徐刚领：《"郑州制造"挺立潮头 换道领跑未来可期》，《郑州日报》2022 年 2 月 27 日。

B.19
以消费推动西安国家中心城市建设

于远光*

摘　要： 消费引领是当下西安构建新发展格局和建设国家中心城市的客观
要求和必要手段。本文在梳理现阶段西安消费发展现状的基础
上，总结西安消费发展特点，采用 SWOT-PEST 分析法分析西安
以消费推动国家中心城市建设的发展方式，建议从增加城乡居民
收入、加强消费引导、发展多元经济、引进优质品牌、健全消费
监管体系等方面发力，确保以消费引领发展，实现西安国家中心
城市建设战略部署和目标达成。

关键词： 消费　西安　国家中心城市

转变经济发展方式，构建"以国内大循环为主体，国内国际双循环相
互促进"的新发展格局，是西安确保经济战略地位、建设国家中心城市的
客观要求。消费是沟通双循环的重要环节，是助力新发展格局实现的"永
动机"。党的二十大报告强调要"增强消费对经济发展的基础性作用"。当
前，消费引领已成为西安进一步拓宽城市能级，建设国家中心城市的重要
手段。一方面，随着城市化进程加速，西安的城市规模和人口规模不断扩
大，城市经济实力也在逐步增强。在这个过程中，消费市场规模和质量也
需要不断提升，以满足人民群众对高品质、多样化消费的需求，吸引更多
消费者；另一方面，消费对于城市经济发展具有重要的推动作用，消费能

---

* 于远光，博士，西安市社会科学院助理研究员，研究方向为资源与环境经济、城市经济。

够刺激市场需求,推动企业生产和经济增长。通过消费引领,促进城市产业结构逐步向高端制造业、服务业和文化创意产业转型升级,从而推动城市转型升级,提高城市核心竞争力和综合实力。同时,消费市场是城市形象的重要组成部分,消费市场的繁荣和发展能够提高城市知名度和美誉度,进一步促进城市发展和繁荣。在新发展格局下,西安建设国家中心城市已具备将消费作为经济增长主要动力的条件,西安作为国家中心城市和关中平原城市群核心城市,更应该把消费放在优先发展的位置,多措并举推动经济发展方式向消费拉动方向转变,通过刺激消费需求有效扩大消费,带动产业转型升级,推动经济发展,提升城市能级,为建设国家中心城市助力。

一　西安消费发展现状分析

(一)西安消费发展现状

2022 年各国家中心城市经济增长速度逐步放缓。西安经济增速依然保持稳步上升,与上年相比 GDP 增长 4.4%,增速高于武汉(4.0%)、成都(2.8%)、重庆(2.6%)、郑州(1.0%)、广州(1.0%)、天津(1.0%)、北京(0.7%)、上海(-0.2%),在国家中心城市中居第 1 位;全市全年实现 GDP 11486.51 亿元,居国家中心城市第 9 位;人均 GDP 87264 元,居国家中心城市第 9 位(见表 1)。

综合来看,虽然受地理位置、经济发展水平、产业结构等因素的影响,西安 GDP、人均 GDP 相对于其他国家中心城市较低,但是 GDP 增速排名较高,说明西安在推动经济发展、扩大消费需求、发展消费市场方面有很大的发展空间和潜力,能够为西安居民提高消费能力和改善生活水平提供强大的经济支撑。

表 1　2022 年各国家中心城市 GDP、GDP 增速及人均 GDP 对比

城市	GDP（亿元）	排名	GDP 增速（%）	排名	人均 GDP（元）	排名
北京	41610.90	2	0.7	6	190000	1
天津	16311.34	7	1.0	5	119200	5
上海	44652.80	1	−0.2	7	180400	2
广州	28839.00	4	1.0	5	153317	3
重庆	29129.03	3	2.6	4	90650	8
成都	20817.50	5	2.8	3	98149	7
武汉	18866.43	6	4.0	2	139100	4
郑州	12934.70	8	1.0	5	100000	6
西安	11486.51	9	4.4	1	87264	9

数据来源：2022 年各城市国民经济和社会发展统计公报。

2019~2022 年西安市消费数据如表 2 所示。2022 年，西安 GDP 为 11486.51 亿元，比上年增长 4.4%，年末全市常住人口 1316.3 万人。金融机构本外币存款余额 314282900 万元，首次突破 3 万亿元大关，这表明西安逐步将更多的资金用于银行的存贷款业务，服务于西安的经济发展，从而刺激消费。

2022 年，城镇居民人均可支配收入为 48418 元，比上年增长 3.2%，农村居民人均可支配收入为 18285 元，较上年增长 5.2%，城乡居民收入比比上年缩小 0.05。2021 年，城镇居民家庭恩格尔系数为 27.0%，农村居民家庭恩格尔系数为 28.9%。这说明，西安城乡居民收入仍存在较大差距，但呈现差距逐步缩小的态势，同时西安城镇和农村居民的食品支出总额差异较小，支出结构呈多元化发展。

2022 年，西安接待游客 3.5 亿人次，较 2020 年和 2021 年有了很大的提高。这说明西安旅游业已经恢复，旅游市场发展极具潜力。

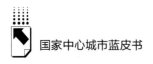
表2 2019~2022年西安市消费数据

年份	常住人口（万人）	金融机构本外币存款余额（万元）	城镇居民人均可支配收入（元）	农村居民人均可支配收入（元）	城镇居民家庭恩格尔系数（%）	农村居民家庭恩格尔系数（%）	社会消费品零售总额（亿元）	旅游总收入（亿元）	接待游客数（亿人次）
2019	1235	233408354	41850	14588	26.8	25.4	5140.93	3146.05	3.1
2020	1296	260458660	43713	15749	28.1	28.0	4989.33	1882.42	1.8
2021	1287.3	285100257	46931	17389	27.0	28.9	4963.42	2420.17	2.4
2022	1316.3	314282900	48418	18285			4642.11		3.5

数据来源：西安市统计局。

（二）西安消费发展特点

西安近年来逐渐崭露出强劲的消费增长势头。随着一系列政策措施的出台①和城市建设的深入推进，西安正逐步向国家中心城市迈进。总体来看，西安消费发展具有以下特点。

1. 经济持续增长，总体潜力较大

西安近年来经济快速增长，地区生产总值突破万亿元大关，社会消费品零售总额达到千亿级，居民人均消费支出占人均GDP的比重为29.67%，已基本具备以消费推动国家中心城市建设的基础。2022年全年实现社会消费品零售总额4642.11亿元，未来西安的消费行业将进一步吸引国内外消费者。同时，截至2022年末，西安全市常住人口数量超过1300万（含西咸共管区），拥有超过289.83万户的市场主体，消费市场极具潜力。

2. 消费结构多元，促进消费升级

目前西安的消费结构逐步呈现由传统消费向多元化消费转变，以食品、

---

① 2022年相继出台《积极应对疫情影响助企惠民补齐短板确保一季度国民经济恢复性增长促消费稳外贸实施细则》《西安市人民政府关于印发扎实稳住经济若干政策措施的通知》《陕西省进一步激发消费活力促进消费增长三年行动实施方案（2022—2024年）》。

衣着、住房、交通、通信、教育等为主的传统消费比重在不断下降，消费结构在不断优化升级。其中，旅游、休闲、文化娱乐、健康养生等消费项目成了新的消费热点，绿色消费逐渐步入居民生活。消费模式上，线上消费规模持续扩大，传统商超也在积极顺应线上发展大潮，加速线上线下融合发展。以SKP、赛格、大悦城、砂之船、熙地港等为代表的城市商业综合体数量不断增加，城市高端消费潜能得到激发。连锁经营在"一刻钟便民圈"建设中快速扩张，极大地促进了便利式消费的发展。

3.城乡消费不均衡，差距逐步缩小

从统计年鉴数据来看，2022年，西安城镇居民人均可支配收入为48418元，农村居民人均可支配收入为18285元，城乡收入差距较大。城乡居民收入差异是导致城乡居民消费水平存在差异的首要原因。此外，与农村相比，城市消费环境更加优越，农村地区商业中心、购物中心、娱乐场所等基础设施和产品服务相对贫乏和欠缺。另外，消费文化和消费习惯也存在差异，城市居民的消费需求是以追求享受为主的个性化、多元化消费，而农村居民更关注以生存为主的实用性和经济性消费，但随着西安的发展，这种差异正逐渐缩小。

4.人口老龄化加剧，消费需求转变

陕西省统计局调查数据显示，2018年西安市65岁以上人口为112.94万人，占总人口的比重达11.29%，与2010年相比，65岁以上人口增加41.31万人，比重提高2.83个百分点，年均增加5.16万人，年均增速为5.9%。2000年西安市人口年龄结构过渡至老年型，近年来老年人口增加，老年人对医疗、保健、旅游、文化娱乐等消费需求随之增加，因此推动养老服务、医疗服务等服务业发展，将带来新的消费需求和市场机会。

二 以消费推动西安建设国家中心城市 SWOT-PEST 分析

"SWOT-PEST"分析是一种常用的分析工具，它包含 SWOT 分析法和

PEST 分析法两个部分。SWOT 分析法主要用于有效识别分析内部优势、劣势和外部机会、威胁。具体来说，S 代表 Strengths（优势），W 代表 Weaknesses（劣势），O 代表 Opportunities（机会），T 代表 Threats（威胁）。通过对这四个方面进行分析，可以了解西安建设国家中心城市拥有的优势和劣势，以及识别外部环境中的机会和威胁，从而寻求城市建设内部潜力和外部环境的匹配，以制定合适的策略计划。PEST 分析法主要用于分析外部的政治、经济、社会、技术四个方面的影响因素。具体来说，P 代表 Politics（政治），E 代表 Economics（经济），S 代表 Sociology（社会），T 代表 Technology（技术）。通过对这四个方面进行分析，可以进一步了解西安以消费推动国家中心城市建设的外部环境变化趋势和影响因素，从而更好地制定发展策略。

（一）以消费推动西安国家中心城市建设环境机遇分析

1. 政策机遇（P-O）

一是新发展格局的构建。党的十九大报告指出，我国经济已经从高速增长阶段过渡到高质量发展阶段，当前我国经济正处在"转变发展方式、优化经济结构、转换增长动力的攻关期"。在加快构建"双循环"新发展格局的背景下，我国扩大内需政策不断推进，消费市场规模不断扩大，为以消费推动西安国家中心城市建设提供了巨大的机遇。西安可以通过发展消费经济，促进城市消费品市场的扩大，促进商业、文化、旅游等产业的发展，助力西安国家中心城市建设。

二是"西部大开发"战略和"一带一路"倡议的提出。2020 年中共中央、国务院印发《关于新时代推进西部大开发形成新格局的指导意见》，强调"一带一路"引领加大西部大开发力度，西安作为"丝绸之路"的起点、我国西北地区的核心城市，是连接我国中西部地区交流往来的战略枢纽，以消费推动西安国家中心城市建设与"西部大开发"战略和"一带一路"倡议的目标要求相契合，为西安建设国家中心城市提供重要的政策支持，西安也将进一步发挥核心作用，辐射带动大西北发展。

三是中国（陕西）自由贸易试验区的设立。2016 年陕西成为我国第三批自由贸易试验区之一，也是西北地区唯一一个自由贸易试验区。随着贸易自由化政策不断推进，对外开放逐步扩大，西安通过开展国际贸易合作，扩大对外开放的范围和深度，促进西安产业的升级和转型，助力西安国家中心城市建设。

2. 经济机遇（E-O）

西安已有国际化大都市、国家中心城市等发展战略的支持，人口规模稳定在千万级，市（区）生产总值连续三年突破万亿元大关，其经济金融中心、文化旅游中心、商贸交通中心的发展定位刺激了巨大的市场需求。在扩大内需的背景下，西安消费市场不断扩大，为西安建设国家中心城市提供了发展机会。人们生活水平的提高以及对高品质、高档次消费需求的不断增加，为西安加快产业转型升级、培育"三都四城"品牌、发展新业态、推动线上线下融合消费提供了广阔的发展空间。

3. 社会环境机遇（S-O）

西安作为我国西部地区相对发达的城市，近年来出台了一系列人才引进、落户优惠政策，吸引了更多的优质人才，从而增加了城市的人口规模和人口密度，扩大了内需，居民消费结构发生了变化，消费水平不断提高，对商品和服务的需求也不断增加，为城市商业发展提供了更广阔的市场空间。同时，也吸引了更多的资本注入，这在一定程度上为西安国家中心城市建设和发展注入新的动力。加快城市的发展和建设，会引导居民改变生活方式和消费习惯，可带动周边区域经济的显著增长和配套设施的完善，进一步促进国家中心城市建设。

4. 技术环境机遇（T-O）

西安着力打造硬科技之都，获批建设西安综合性国家科学中心和科技创新中心，成为继北京、上海以及粤港澳大湾区后，第四个获批建设"双中心"的城市。近年来西安在光电子信息、航空航天、汽车、智能制造等重点产业技术领域取得了优秀的成果，这些技术的应用和推广，将进一步推进西安的科技革命和产业变革，在交通、物流、能源、环保等技术领域助力西安建设国家中心城市。

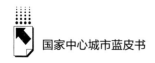

（二）以消费推动西安国家中心城市建设环境挑战分析

1. 政策挑战（P-T）

国家中心城市建设需要把握各个区域的发展规划、产业布局、相关政策，而各个区域的政策发布主体不同，导致协调难度较高、成本较大，会对城市建设进程产生负面影响。

2. 经济挑战（E-T）

西安建设国家中心城市，构建以国内大循环为主体，国内国际双循环相互促进的新发展格局面临两方面挑战。一是消费升级具有不确定性，消费升级的过程相对缓慢，需要较长时间的积累和沉淀。在这个过程中，市场需求和消费结构的变化也会对城市商业和经济的发展产生影响，对市场需求和消费结构的变化把握不准确会影响预期消费的发展，阻碍城市建设。二是当前国际经济环境严峻，全球贸易形势动荡不安，可能对西安对外开放水平和贸易往来造成负面影响。

3. 社会挑战（S-T）

目前人口老龄化加快，养老保障和医疗服务方面发展不平衡，与老年人口消费需求相匹配的配套设施和产业发展不完善等现象普遍存在，建设国家中心城市进程面临着如何满足老年人消费需求的挑战。随着城市消费水平的提高，人们的消费观念和生活方式也会不断改变，这可能会导致人们产生过度消费、浪费等不良消费习惯，如何适度刺激消费，推动国家中心城市建设也将是一个挑战。

4. 技术挑战（T-T）

西安建设国家中心城市的战略定位和核心作用决定了其自身所承载的功能众多，管理治理系统复杂度较高、协调难度大。由于西安目前在城市规划与管理、自然资源环境保护等方面的技术存在短板，西安国家中心城市建设存在潜在风险，面临更大的挑战和压力。

（三）以消费推动西安国家中心城市建设优势与劣势

1. 优势

（1）地理优势。西安位于我国西部，是连接东西、承接南北的重要节点，是西北地区的政治、经济、文化、交通中心，具有重要的战略地位和区位优势。此外，2021年西安咸阳国际机场的吞吐量达3017.33万人次，居全国前列，通航点联通全球30多个国家的70多个旅游和枢纽城市，国际航班数量逐步恢复。

（2）文化旅游优势。西安拥有悠久的历史和丰富的文化底蕴，秦始皇陵、兵马俑、大雁塔、小雁塔、华清池、古城墙等文化遗产是中国古代文化的重要代表，吸引了大量的国内外游客，推动了文化消费和旅游消费，带动了国家中心城市的建设。

（3）消费潜力优势。近年来，西安实施人才强市战略，推行"人才政策包"，持续吸引人才落户西安，15~59岁人口占比高于全国平均水平，年轻消费主体潜力大。据统计，目前西安人口数量超过1300万，拥有超过260万户的市场主体，极具消费市场潜力。当前消费市场运行平稳，消费升级持续推进，消费结构不断优化，新型消费领域不断涌现，为增加消费提供了新的方向和契机。

2. 劣势

（1）产业结构待升级。随着西安国家中心城市建设的不断推进，西安现有的产业结构呈现传统重工业和制造业占比较大，第三产业占比相对较小的特点，对环境和资源造成了一定压力，同时也限制了西安的可持续发展。

（2）城市规划管理水平待提升。国家中心城市同时承担着交通枢纽的作用，随着西安的发展，其承载的交通网络越来越复杂，出行游客越来越多。目前城市的基础设施建设尚未完全跟上城市的发展节奏，城市交通压力不断增大，城市规划管理不完善，需要加大对城市基础设施的投入和建设力度，提升管理水平，营造良好的城市形象。

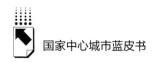

（3）存在地域限制。受地理位置的影响，与东南沿海地区相比，西安经济发展水平较低，对于高端消费市场的吸引力有限，距离国际化大都市还存在一定的距离；同时，西安的消费习惯和消费文化与经济发达地区相比不够成熟，需要加大对消费市场的培育和引导力度。

三　以消费推动西安国家中心城市建设对策建议

结合目前西安社会经济消费发展现状以及西安建设国家中心城市发展优劣势、内外部环境分析，明确以消费推动西安国家中心城市建设关键在于增加城乡居民收入、加强消费引导、促进经济形式多元化发展。同时，积极引进优质品牌和企业，从供给端与消费需求形成合力，提升消费品质。不断完善健全消费监管体系，营造良好的消费环境，有效克服建设国家中心城市的劣势，有序推进以消费推动西安国家中心城市建设。

（一）增加城乡居民收入，稳定大宗消费

提高中低收入居民的消费能力。与东南沿海地区发达城市相比，西安城乡居民收入水平普遍较低，政府可以提供创业补贴、税收优惠等政策，鼓励居民创业，加大对农村产业的扶持力度，鼓励农民发展农村经济，增加收入来源；加大社会保障投入，提高城乡居民社会保障水平，减轻居民负担，增加可支配收入。

通过完善消费政策，合理扩大消费信贷，建设消费信用体系，鼓励和引导居民增加消费支出，提升城市的消费水平和活力。对住房家居、汽车、成品油等大宗消费实行相应的优惠让利政策支持居民住房改善、购换汽车、教育医疗服务等消费。比如，落实国家新能源汽车免征车辆购置税政策，支持绿色节能家电和新兴智能家电消费，鼓励成品油零售企业开展让利促销活动，激发成品油消费潜力，多渠道刺激消费者需求，实现从想消费到敢消费、能消费的转变。

（二）加强消费引导，促进消费升级

建设国际消费中心城市，加强对消费市场的引导和培育，通过大力发展餐饮消费、会展消费、网络消费以及文旅健康融合消费，推动消费结构转型升级。推广"西安老字号"、西安名吃、陕菜等本地特色美食品牌，提高餐饮服务质量，增加餐饮消费场所的数量和品质，打造特色餐饮街区，吸引更多消费者前来就餐，宣传美食文化，促进餐饮消费。推动会展与文旅产业深度融合，充分激发会展消费效应，提高会展服务质量，举办更多高品质、高水平的展览和会议，吸引更多的参展商和观众，促进会展消费增长。加强电商平台建设和运营，提高电商服务质量，推广线上消费，鼓励消费者通过网络购物、预订酒店、机票等，发展网络消费。借助"互联网+体育"的发展模式，支持文旅健康消费融合发展，推广文化旅游、健康养生等消费模式，推动产业融合发展和消费增长。

（三）发展多元经济，满足消费需求

随着经济的发展和社会的进步，人们的消费需求更加多样化。满足消费者的多样化需求，促进消费市场的全面发展，可以通过发展夜间经济、户外经济、县乡经济等释放市场潜力，优化城市空间布局，提高城市的功能和品质。

大力发展夜间经济，通过适当延长商业街、餐饮、娱乐场所的营业时间，允许外摆经营，提高酒吧街、咖啡街、餐饮街等可夜间消费场所的数量和品质，依托"大唐不夜城""回民街""钟鼓楼"等文化旅游街区，以推广夜间旅游等方式来促进夜间经济的发展。此外，加强夜间安全保障，提高夜间消费者的安全感，做好保障工作。

支持户外经济，引导和支持企业开发公园、广场、河道等户外休闲场所，形成以"浐灞后海""老菜场"等为代表的露天集市，推广消费新模式。西安还可以通过举办户外运动、文化活动等，吸引更多的人参与，增加户外经济的活力。同时，加强环境保护，提高公共设施的质量，提升户外经

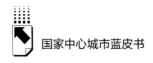
济的品质。

挖掘县乡经济，激发县乡消费潜力，通过发展农村旅游、特色农产品等方式，推广"袁家村""茯茶小镇"等优秀经验，促进县乡经济的发展。此外，加强农村基础设施建设，提高农民的生产技能和管理水平，增加农村经济的竞争力。

（四）引进优质品牌，提升消费品质

积极引进国内外知名的优质品牌和企业，聚集全球优质品牌，增加优质产品供给。支持和鼓励国际知名品牌在西安开设首店，引进世界各地中高端进口商品，满足消费者多样化需求，促进时尚消费、品牌消费。加强对中高端进口商品的引进和推广，提高消费者对进口商品的认知和接受度，建立中高端进口商品的销售渠道，通过开设进口商品线下体验店、跨境保税自提店等模式，为消费者提供更加便捷的购买方式，提高消费者的购买力和消费意愿。

同时，加强本土企业品牌的建设、宣传和推广，通过线上线下融合的渠道和方式推广西安名优产品，为其提供更多的展示和销售机会，提高西安名优产品影响力和市场占有率，倡导品质消费。

（五）健全消费监管体系，优化消费环境

建立健全消费者权益保护机制。加强消费者权益保护法规建设，完善消费者维权途径，加大对违法商家的打击力度，提高消费者维权意识和能力。同时，加强市场监管。建立健全消费品质量安全监管体系，加强对商家的日常监管和抽检，加强对商家宣传和广告的监管，加大对假冒伪劣商品的打击力度，保障消费者权益，优化消费市场环境。

参考文献

《西安市老龄化趋势及其影响分析》，陕西省统计局。

庹国庆、刘晓、高峰、叶茂升：《基于 SWOT 视角的武汉建设国家中心城市策略研究》，《现代营销》（学苑版）2021 年第 11 期。

《中共中央 国务院关于新时代推进西部大开发形成新格局的指导意见》。

《陕西省人民政府办公厅关于印发进一步激发消费活力促进消费增长三年行动方案（2022—2024 年）的通知》。

刘社建：《"双循环"背景下上海构建国际消费城市路径探析》，《企业经济》2021 年第 1 期。

探 索 篇
Exploration Section

B.20
国际性多中心城市消费能级跃迁路径研究
——以上海为例

刘美平　徐晓莹*

摘　要： 2021年3月5日国务院发布了《中华人民共和国国民经济和社会发展第十四个五年规划和2035年远景目标纲要》，提出了进一步加强国际消费中心城市建设和推动消费升级，打造全球领先的消费中心城市的目标。为了加快实现"十四五"规划目标，上海以新一轮建设"五个中心"为核心，探究国际性多中心城市消费能级跃迁的新路径，以此来提升上海消费质量、扩大消费规模以及实现消费能级扩散，从而为上海经济高质量发展注入新活力。

关键词： 国际性多中心城市　国际消费中心城市　消费能级跃迁

---

* 刘美平，博士，上海海事大学马克思主义学院教授、博士生导师，研究方向为马克思主义政治经济学与中观经济问题；徐晓莹，上海海事大学硕士研究生，研究方向为政治经济学。

2021 年 7 月，上海、北京、广州、重庆和天津成为首批国际消费中心城市试点。同年 8 月，商务部发布《培育国际消费中心城市总体方案》，提出通过"构建全球多元融合的消费资源聚集地、建设具有全球影响力的标志性商圈"① 等六个重点任务推进国际消费中心城市建设。这是我国新型城镇化战略的重要抓手，对于促进我国消费结构升级，推动经济结构调整，实现城市高质量发展具有重要意义。

以上海为例探索国际性多中心城市消费跃迁的路径有多方面原因。一是上海的人口规模和经济总量十分庞大，在消费市场上具有较大的影响力和号召力。二是上海作为国际化大都市，吸引大量国际品牌和高端消费品进驻刺激"首店"经济发展。三是上海的城市规划和管理相对成熟，城市形象和城市品质为城市消费能级的跃迁提供重要保障。四是上海作为中国的经济、金融、贸易、科创和航运中心，在不同领域拥有较强的实力和优势，为城市消费能级跃迁提供有力支撑。五是上海拥有丰富的文化、娱乐和旅游资源，吸引越来越多的国内外游客前来游玩消费。六是上海作为中国城市化进程中的典型代表，城市基础设施、公共服务、社会保障等方面建设不断推进。因此，上海在经济、贸易、金融、科技创新等各方面具有得天独厚的优势，以上海为例探索国际性多中心城市消费能级跃迁路径，不仅具有代表性和参考价值，而且还有多方面的解释和支撑。

一 上海国际经济中心改善经济发展条件实现消费能级跃迁

改善经济发展环境与巩固经济发展基础是国际性多中心城市消费能级跃迁的重要基础。2022 年上海市实现地区生产总值 44652.80 亿元，超过全国平均水平。在城市经济发展推动消费能级跃迁方面，促进消费转型升级的策略发挥着"主引擎"作用。

---

① 《培育国际消费中心城市总体方案》。

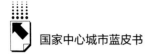

一是实施高质量利用外资策略，积极引进国内外优质企业和投资。例如，上海自贸区的设立和改革开放政策的实施，为外资企业提供更加便利的投资环境和更大的市场准入机会，吸引外资和鼓励国内企业创新发展。2022年上海实际使用外资超过239亿美元，规模创历史新高。[①] 其中，浦东新区作为全国首个自由贸易试验区，吸引外资在上海市占比超过40%，跨国公司地区总部占比近50%，外贸总量占比约60%，[②] 吸引多数跨国公司进驻上海，不断扩大整体经济规模和实力。

二是多方联合共治改善消费环境，提高消费市场竞争力和吸引力。上海市政府积极推动营商环境的改善，简化行政审批程序，降低企业成本，提高市场准入门槛，增强市场竞争力。此外，上海加大对知识产权的保护力度，优化创新创业的环境和氛围。这些举措不仅吸引更多的企业和投资者，也为本地企业的发展提供更多保障。上海通过落实《消费者权益保护法》与相关法律法规，增强法律威慑力，为消费者提供安全有保障的法治环境，并且加大社会监督力度，督促生产者与经营者提高可持续发展眼光与社会责任感，维护消费环境和市场秩序，重视消费者权益。

三是促进现代服务业转型升级，促进消费能级的提升。上海国际经济中心在建设过程中促进实体经济与服务经济共同发展，形成科创园、娱乐城、美食馆、文化街、游乐园等多元组合，促进饮食购物、休闲娱乐等消费升级。例如，上海的购物中心和商业街区不断引进国际一流品牌和时尚潮流，形成提供高品质购物和娱乐体验的枢纽和平台。数据显示，2022年上海市社会消费品零售总额达到1.64万亿元，继续居中心城市之首，世界知名高端品牌集聚度超过90%，国际零售商集聚度位居全球城市第2。[③] 同时，上海还积极推动文化创意产业和旅游业的发展，全市共有红色旅游基地34个，A级旅游景区134个，备案博物馆159个，丰富消费者的文旅选择。

---

① 严曦梦、宋薇萍：《对华投资热度不减 外资企业持续加码布局中国市场》，《上海证券报》2023年2月9日。

② 上海市人民政府新闻办公室：《2022年10月9日市政府新闻发布会问答实录（上）》。

③ 上海市统计局：《2022年上海市国民经济和社会发展统计公报》。

四是推动产业升级和创新发展，提高经济发展的质量和效益。上海不断提升产业链水平和附加值，积极推动科技创新和数字化转型，加快产业转型升级的步伐。《2022 年上海科技进步报告》显示，2022 年前 11 个月，高新技术产品出口额占总出口商品总额的比重为 36.1%，战略性新兴产业制造业部分实现总产值 15735.24 亿元，比上年增长 7.2%。其中，新能源汽车产值增幅较大，比上年增长 64.4%[①]。除此以外，上海通过推动科技创新、加强产学研合作和创新人才培育，不断推动科技创新和数字化转型，提高企业创新能力。

上海国际经济中心的发展将带动多方面消费升级，包括以下几个方面。第一，高端消费升级。随着上海国际经济中心的发展，更多的国际品牌和高端产品将被引进，消费者将有更多机会购买到奢侈品、高端电子产品等高品质高附加值的消费品。第二，服务业消费升级。上海国际经济中心将成为商务中心和金融中心，吸引大量的企业和商务人士进驻，这将带动更专业的金融、法律、咨询、会展等领域服务业和服务消费发展。第三，科技消费升级。上海国际经济中心将引进更多科技企业和创新项目，将促进智能手机、电子设备、互联网服务等科技消费升级。第四，文化娱乐消费。上海国际经济中心将举办各种文化艺术活动、演出和展览，将带动消费者对参观艺术展览、购买艺术品等文化娱乐产品和服务的需求升级。第五，绿色环保消费。上海国际经济中心的发展将推动绿色环保消费升级，引入环保技术产品，推动消费者对可再生能源产品、环保家居用品、绿色交通工具等绿色环保产品的需求升级。总之，上海国际经济中心的建设将带动高端消费品、服务业消费、科技消费、文化娱乐消费和绿色环保消费等方面消费升级，提升消费品质和消费体验，推动经济的可持续发展。

二 上海以国际贸易中心促进内外贸易消费能级跃迁

2021 年 4 月上海市人民政府印发的《"十四五"时期提升上海国际贸易

---

① 上海市科学技术委员会：《2022 年上海科技进步报告》。

中心能级规划》指出："十四五"时期是上海开启深化国际贸易中心建设新征程、实现上海国际贸易中心能级提升的关键时期。上海国际贸易中心能级实现跃升，基本建成全球贸易枢纽、亚太投资门户、国际消费中心城市、亚太供应链管理中心、贸易投资制度创新高地，对于上海建设国内大循环中心节点、实施国内国际双循环战略、促进内外贸易一体化、提高消费拉动能力具有重要意义。① 上海是商品交易中心、国际展览中心、物资流通中心、购物服务中心，探索以国际贸易中心促进消费能级跃迁路径主要从以下几个方面入手。

一是推动贸易结构升级和消费升级。上海国际贸易中心通过引进更多的高端商品和服务，推动贸易结构升级、消费水平提高。据上海海关 2023 年 1 月 19 日发布的统计数据，2022 年上海口岸进出口值再度刷新历史纪录，达 4.19 万亿元，同比增长 3.2%。其中，出口 1.71 万亿元，增长 9%；进口 2.48 亿元，下降 0.5%。新能源等产业成为 2022 年上海市出口的主要产业。其中，新能源汽车出口 839.9 亿元，增长 130.1%；锂电池出口 254.1 亿元，增长 360.8%；精细化学品出口 627 亿元，增长 40.3%。同时，高端消费品和服务的进口量也在不断增加，如豪华汽车、奢侈品、高端酒店等。

二是提高服务质量和水平。上海国际贸易中心作为一个全球性综合交易平台，为国内外企业提供更加便捷、高效的贸易和物流服务，促进内外贸易的互通互联，吸引更多的国内外客商和消费者。此外，上海国际贸易中心的物流服务、金融服务、信息服务等都得到不断改进和提升，为消费者提供更加便捷、高效的服务。可见，上海国际贸易中心正在通过提高服务质量和水平探索消费能级跃迁的路径。

三是打造全球性综合交易平台。集展览、会议、商务、金融等多种功能于一体的综合性贸易服务平台，旨在为国内外企业提供全方位、多层次、高品质的贸易服务，吸引来自全球的客商和参展商，吸引更多的国内外企业入驻，推动内外贸易一体化发展。目前，上海国际贸易中心正在通过打造全球

① 《"十四五"时期提升上海国际贸易中心能级规划》。

性综合交易平台探索消费能级跃迁的路径。

上海国际贸易中心当前实现多个方面的消费升级，包括但不限于以下几个方面。第一，跨境电商消费升级。上海国际贸易中心的发展推动跨境电商的快速增长，消费者可以通过跨境电商平台购买到来自世界各地的商品，享受更多样化的选择，同时提高购物的便利度和效率。第二，文化创意消费升级。文化创意展览、艺术品展销等活动推动文化创意消费的升级，消费者可以体验或购买来自世界各地的独特文化艺术。第三，跨境金融消费升级。上海国际贸易中心能够促进跨境金融服务的发展，消费者通过上海的金融机构和平台进行跨境支付、外汇兑换、国际投资等操作，享受到更便捷、安全的跨境金融服务。总之，上海国际贸易中心当前实现跨境电商消费、文化创意消费和跨境金融消费等方面的消费升级，为消费者提供更多选择和更好的消费体验，推动经济的发展和消费市场的繁荣。

三　上海以国际金融中心激发金融消费潜能迸发

国际金融中心的功能是"使金融活动国际化，即资金融通、外汇交易、保险业务以及证券市场的作用和影响远远超过本国范围"。[①] 作为中国金融业的重要枢纽，上海国际金融中心也是证券交易中心、外汇调剂中心、资金融通中心，提供会计审计、质量认证、市场信息咨询、法律服务等专业服务，对促进内外贸易一体化、提高消费拉动能力、发展绿色金融等方面形成新刺激。以上海国际金融中心为例，探索消费能级跃迁路径包括以下几个方面。

一是优化金融市场环境，提升消费拉动力。上海国际金融中心通过优化金融市场环境提升消费拉动力。根据《2022 年上海市国民经济和社会发展统计公报》，上海证券交易所总成交额 496.09 万亿元，增长 7.6%，上海期货交易所全年总成交金额 181.30 万亿元。[②] 此外，通过推进金融市场对外

---

① 周炼石：《加快国际性城市金融中心的形成》，《世界经济与政治》2004 年第 11 期。
② 《2022 年上海市国民经济和社会发展统计公报》。

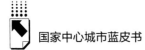
开放吸引更多外资进入上海金融市场，推出股票期权、债券通等一系列金融产品和服务，吸引更多的投资者进入上海金融市场，提高上海金融市场的国际化水平，这些举措有助于提高上海金融市场的活跃度，进而提升消费拉动力。

二是发展绿色金融，推动消费升级。上海国际金融中心通过发展绿色金融，推动消费升级。上海国际金融中心通过绿色债券、碳排放权交易等措施推动绿色金融发展，促进消费升级。根据 2022 年的数据，上海市发行人2022 年发行贴标绿色债券 79 只，规模为 856.8 亿元；发行"投向绿"债券95 只，规模为 1197.6 亿元①，为上海和全国的可持续发展带来新的消费增长点。

三是加强金融科技创新，提升科技金融服务水平。上海国际金融中心积极推动金融科技的发展，如人工智能、区块链等，打通数据壁垒，深化数据应用，增强线上产品的服务开发能力，这些举措有助于提高金融服务的效率和质量，进而提升消费体验，促进消费能级跃迁。

上海国际金融中心当前实现多个方面的消费升级，对城市消费能级跃迁做出以下贡献。第一，金融科技消费升级。上海国际金融中心积极推动金融科技的发展，为消费者提供更便捷、安全的金融服务，通过手机应用、电子支付等技术手段，实现在线投资理财、支付结算等操作，这种金融科技的升级能够促进城市消费能级的提升。第二，高端金融产品消费升级。众多国际金融机构进驻上海，消费者可以购买到来自世界各地的投资产品、保险产品等金融产品，享受到专业化个性化的金融服务，这种高端金融产品的升级能够提升城市消费能级并增加消费者的投资选择机会。第三，金融教育消费升级。上海国际金融中心推动金融教育的发展，通过金融知识培训、投资理财等课程提升人们的金融素养和投资能力，这种金融教育的升级能够提高城市消费能级，让消费者能够更理性地进行金融决策和规划。总之，上海国际金

---

① 廖原、白红春、陈凯玥、商瑾：《从绿色债券到可持续类债券——2022 年度中国绿色债券市场回顾与展望》，《债券》2023 年第 3 期。

融中心通过金融科技消费、高端金融产品消费和金融教育消费等方面的升级，提升消费者的金融服务体验、投资机会和金融素养，推动城市消费能级的提高和城市经济的发展。

四　上海以国际科创中心促进"科创＋低碳＋文化"协同发展促进高端消费

作为中国科技创新的重要枢纽，上海国际科创中心不仅有助于提高上海的国际竞争力，还能够鼓励"科创＋低碳＋文化"多向协同发展，满足高品质消费需求。以上海国际科创中心为例，探索消费能级跃迁路径包括以下几个方面。

一是推动科技创新，提高消费品质。上海国际科创中心通过推动科技创新，提高消费品质。例如浦东张江高科技城区和嘉定科技城推出人工智能、物联网等一系列科技产品和服务，为消费者提供更多的高品质科技产品和服务，满足消费者的高品质消费需求，这有助于提高上海科技创新产业的活跃度，进而提高消费品质。

二是发展低碳经济，促进绿色消费。2019 年习近平总书记在上海调研时强调"要强化科技创新策源功能，努力实现科学新发现、技术新发明、产业新方向、发展新理念从无到有的跨越，成为科学规律的第一发现者、技术发明的第一创造者、创新产业的第一开拓者、创新理念的第一实践者"[①]。因此上海国际科创中心致力于提高创新策源能力。2022 年上海新能源、高端装备、生物、新一代信息技术、新材料、数字创意等战略性新兴产业完成总产值 17406.86 亿元，比上年增长 5.8%，创新策源与低碳经济发展为可持续发展注入了新动力。

三是发展文化创意产业，提升消费文化品质。上海国际科创中心积极推动数字艺术、文化旅游等文化创意产业的发展，提升文化消费品质。根据

---

① 俞陶然：《强化创新策源功能，培育"硬科技"企业》，《解放日报》2019 年 11 月 25 日。

2023 年 3 月 29 日上海市文化创意产业会议统计数据，2022 年上海创意设计产业总产出 1.64 万亿元，同比增长 1.17%，其中数字设计产业总产出 6789 亿元，显示出强劲的发展势头。文化创意产业的发展为上海和全国的文化产业增加新经济增长点。

上海国际科创中心当前实现以下消费升级，并通过多向协同发展体现"科创+低碳+文化"的特点。第一，科技产品消费升级。上海国际科创中心聚集大量科技创新企业和研发机构，为消费者提供智能家居设备、无人机、人工智能助手等科技产品和服务，实现智能化生活。第二，绿色低碳生活消费升级。上海国际科创中心致力于为消费者提供电动汽车、太阳能充电设备、环保家居用品、清洁交通等更多可持续、环保的产品和服务，为低碳生活提供更多产品方案，这种绿色低碳生活消费的升级体现了科创中心的环保意识和可持续发展理念。第三，科创与文化的协同发展。科创中心的科技创新为文化创意产业提供更多创新工具和平台，推动文化创意产品的发展。同时，文化创意产业也为科技创新提供更多创意和灵感，促进科技产品的人性化设计和艺术化呈现，促进科技产品和文化创意产品的消费升级。

五　上海以国际航运中心建设增强国际交通服务消费

上海国际航运中心是上海市加快建设国际航运中心的重要组成部分，是中国推进"一带一路"建设，促进内外贸易一体化，实现商品集散、口岸吞吐、配物和转运枢纽功能的重要载体。随着上海国际航运中心的不断发展，港口、公路、铁路、水路、航空等统筹规划促进上海都市圈的形成，在促进上海运输业旅游业等消费能级跃迁方面发挥着越来越重要的作用。

第一，上海国际航运中心通过升级陆改水，优化海铁联运、水水中转等，为上海的内外贸易提供更便捷高效的物流支持。上港集团 2023 年 1 月 1 日发布的快速统计数据表明，2022 年上海港集装箱吞吐量突破 4730 万 TEU（标准箱），连续第 13 年蝉联全球第 1。上海国际航运中心以维护全球产业链、供应链稳定和货运物流畅通的方式为上海的外贸发展保驾护航。

第二，上海国际航运中心通过提供高品质的消费服务，促进上海消费能级的跃升。国际航运中心在软件上不仅包括为物流和人流提供便捷通关的政务，还应包括一系列必需的配套服务，尤其是为上海中外旅行社合作接团、国际邮轮游客及其船员提供消费、旅游、休闲等系列服务。[①] 2023 年 6 月 18日招商维京游轮在上海港率先试航邮轮国际航线，这是自交通运输部发布《国际邮轮运输有序试点复航方案》以来上海港国际客运中心开出的首条国际邮轮航线，标志着上海国际邮轮稳步恢复，助力上海邮轮经济高质量发展，也开启了休闲娱乐消费能级跃迁的新篇章。

第三，上海国际航运中心积极探索低碳可持续发展路径，助力航运消费能级跃迁。新型航运业是新型工业化的基础前提，新型工业化是实现中国式现代化的必然要求。一是建设持续性船舶工业，推广绿色航运。通过引入LNG 船舶、使用低硫燃料油、推广船舶能效管理等措施有效减少航运业的碳排放，降低对环境的影响，提高船舶工业与航运业的竞争力和服务质量。二是建设智能港口。目前我国港口信息化实现计算机管理、网络管理，通过计算机采集数据、录入数据、自动处理、生成有效信息、打印信息、网络传输信息，[②] 港口数字化转型和智能化发展促进航运消费能级的跃迁。三是推广绿色物流。通过推广集装箱运输、建设物流园区、发展智能物流，实现节能减排、提高运输效率、降低物流成本与提高服务质量的目标。四是发展绿色金融。绿色金融是一个新兴的领域，发行绿色债券、设立绿色基金、发展绿色保险等措施能够为绿色经济发展提供资金支持，促进航运消费能级的跃迁，助力海洋强国战略建设。

上海国际航运中心通过实现航运服务、航运科技和航运金融服务的消费升级，提高消费者的满意度，促进航运业的发展和城市经济的繁荣。一是航运服务的提升。上海航运中心的升级能够改善物流供应链，加快货物流通速度，降低物流成本，提供更多高效便捷的航运服务，使消费者享受到更优质的货物运

---

① 李俊军：《邮轮经济为上海国际航运中心腾飞添翼》，《中国储运》2006 年第 5 期。
② 谢文宁、郑见粹：《我国第四代港口智能化发展对策》，《中国港口》2011 年第 8 期。

输服务。二是航运科技的应用。上海国际航运中心积极推动航运科技的应用，消费者通过智能化的航运管理系统实时追踪货物运输状态，提前预知到货时间，提高货物运输的可控性和安全性，使消费者能够更好地管理和掌控货物运输过程，提升消费者的体验和效率。三是航运金融服务的创新。上海国际航运中心也能够推动航运金融服务的创新，为消费者提供航运保险、船舶租赁、供应链金融等更多金融产品和服务，为消费者提供更多便利灵活的航运金融方案。

总体而言，上海市作为一个国际性多中心城市，其消费能级跃迁的成功经验值得其他城市借鉴。一是发展高附加值产业。国际性多中心城市应该发展金融、科技、文化、创意等高附加值产业，提高城市的经济实力和国际竞争力，从而带动城市的消费能级跃迁。二是建设高水平的城市基础设施。基础设施是否配套完善影响着城市经济发展与消费能级跃迁进程，国际性多中心城市应该建设高水平的城市基础设施，如交通、通信、能源、水利等设施，提高城市的便利性和效率，吸引更多的人才和资本流入，促进城市的经济发展和消费能级跃迁。三是培育消费新需求。作为国际性多中心城市，上海提高人们的文化素质、健康意识、环保意识等，引导人们消费高品质、高附加值的产品和服务，从而推动城市的消费能级跃迁。四是加强国际交流与合作。国际性多中心城市应该加强国际交流与合作，吸收国际先进经验和技术，了解国际市场和消费趋势，提高城市的国际竞争力和影响力，促进城市的经济发展和消费能级跃迁。五是推进城市绿色发展。城市绿色发展是城市可持续发展的重要方向，国际性多中心城市应该推进城市绿色发展，加强环境保护和资源利用，提高城市的生态环境和居民的生活质量，从而吸引更多的人才和资本流入，促进城市的经济发展和消费能级跃迁。这些经验不仅适用于国际性多中心城市，也适用于其他城市的消费能级跃迁和经济发展。

参考文献

《马克思恩格斯文集（第 5 卷）》，人民出版社，2009。

李名梁、康文哲：《国际消费中心城市的内涵、指标及建设路径》，《天津商业大学学报》2023 年第 2 期。

黄庆华、向静、周密：《国际消费中心城市打造：理论机理与现实逻辑》：《宏观经济研究》2022 年第 9 期。

周勇：《打造国际消费中心建设的国内大循环格局：消费者视角》，《重庆理工大学学报》（社会科学）2022 年第 8 期。

顾锋等：《上海"五个中心"新一轮发展战略研究》，《科学发展》2023 年第 4 期。

黄有方等：《"双碳"目标导向下我国绿色航运物流发展现状与趋势》，《大连海事大学学报》2023 年第 11 期。

赵楠、谢文卿、真虹：《上海国际航运中心新一轮深化发展的目标思路和主要任务》，《科学发展》2023 年第 2 期。

许宪春、王洋、唐雅：《2022 年中国经济形势分析与 2023 年展望》，《经济学动态》2023 年第 2 期。

白阳、包晗：《全面提升国际传播效能》，《人民日报》2022 年 12 月 28 日。

袁志刚：《上海国际金融中心新一轮发展战略再定位》，《科学发展》2022 年第 11 期。

B.21
对河南省产业转型几个问题的思考

赵德友　张　旭*

摘　要： 随着经济体量的增大以及能源资源环境等约束条件的增多，河南经济保持较快增长面临瓶颈制约，亟须产业转型，特别要在"四个"方面转型升级中加快新旧动能转换，并要处理好传统与新兴、存量与增量、实体与虚拟、市场与政府四对关系，扎实推进中国式现代化建设的河南产业转型升级实践，全面推动经济高质量发展。

关键词： 产业转型　现代化　传统产业　新兴产业　市场化

进入新发展阶段，以中国式现代化全面推进中华民族伟大复兴成为鲜明的时代主题。新阶段新征程上，河南必须牢记习近平总书记殷殷嘱托，锚定"两个确保"奋斗目标，紧紧依靠产业转型这个战略抓手，全面推动经济高质量发展，在中国式现代化建设河南实践中交出奋勇争先、更加出彩的靓丽答卷。

一　河南省产业转型的必要性和紧迫性

区域经济竞争日趋激烈，不进则退、慢进亦退、不创新必退。党的十八

---

* 赵德友，博士，河南省统计局一级巡视员、高级统计师，河南省统计学会副会长，研究方向为应用统计学；张旭，河南省统计局国民经济综合统计处一级主任科员，研究方向为应用统计学。

大以来，河南经济总量常年稳居全国第 5 位，在全国大局中的地位和作用更加凸显。但随着能源资源环境约束加剧，传统优势产业发展瓶颈越来越大，为稳住经济总量全国第 5 的位次，走好追赶型现代化道路，必须加快产业转型。

（一）保持经济总量位次稳定要求推进产业转型

自 1995 年以来，河南省 GDP 一直稳居全国第 5 位。但是，与经济总量第 4 位的"标兵"浙江的差距越来越大，由 2000 年的 1111.80 亿元扩大到 2022 年的 16369.95 亿元；与经济总量第 6 位的"追兵"四川的差距逐步缩小，由 2016 年 7110.86 亿元缩小至 2022 年的 4595.25 亿元，有被反超的风险（见图 1）。

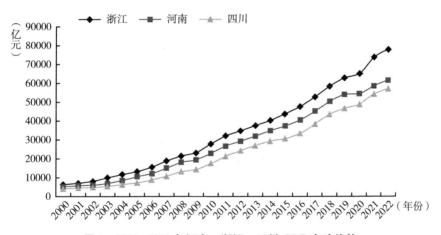

图 1　2000—2022 年河南、浙江、四川 GDP 变动趋势

数据来源：各省统计局数据。

经济的竞争归根结底是产业的竞争，因此，要做大做强河南省经济，关键是推进产业转型，提高产业竞争力，实现换道领跑，弯道超车。

（二）走追赶型现代化道路要求推进产业转型

河南省第十一次党代会以前瞻 30 年的眼光来谋划河南发展，提出锚定

"两个确保"、实施"十大战略",明确人均生产总值、城镇化率、研发经费投入强度、全员劳动生产率、居民人均可支配收入五个衡量现代化的核心指标到 2035 年达到或超过全国平均水平。河南经济在全国经济中的地位与中国经济在世界经济中的地位相似,总量规模大,人口基数高,但结构不合理,致使上述五项现代化指标低于全国平均水平,迫切需要以"人一之、我十之"的拼抢劲头,加快转型发展。2020 年,河南人均 GDP 为 54691 元,是全国的 76.1%,相当于浙江的一半左右,比四川低 3318 元,居全国第 20 位;城镇化率为 55.43%,低于全国 8.46 个百分点;研发经费投入强度为 1.64%,低于全国 0.76 个百分点;全员劳动生产率为 110531 元/人,是全国的 93.9%;居民人均可支配收入为 24810 元,是全国的 77.1%,其中城镇居民人均可支配收入为 34750 元、是全国的 79.3%,农村居民人均可支配收入为 16108 元、是全国的 94.0%。

(三)调整优化产业结构要求推进产业转型

河南省产业普遍存在大而不强、全而不优、大而不新的特点,与高质量、现代化的要求有较大差距。

1. 农业大而不强

河南是全国重要的农业大省,农林牧渔业总产值常年位于全国前列,但从农业综合竞争力看,受结构不优制约,还远不是农业强省。第一产业增加值占生产总值的比重高,2022 年全省第一产业增加值占生产总值的比重为 9.5%,高于全国 2.2 个百分点;农业产值比重大,而附加值较高的林牧渔业比重相对偏低,2021 年全省农业总产值占农林牧渔业总产值的比重为 62.5%,高于全国 9.2 个百分点;第一产业投资持续下降影响农业发展后劲,2022 年全省第一产业投资下降 11.2%,低于全国平均增速 11.4 个百分点,自 2021 年下半年以来持续呈现下降态势。

2. 工业全而不优

河南工业门类齐全,41 个行业大类中河南有 40 个,工业经济总量居中西部首位,但结构不优、竞争力不强。2022 年全省传统支柱产业增加值占规模以上工业增加值的比重为 49.5%，较 2020 年提高 3.3 个百分点；高耗能行业增加值占规模以上工业增加值的比重为 38.6%，比 2020 年提高 2.8 个百分点；高技术制造业增加值占规模以上工业增加值的比重为 12.9%，低于全国 2.6 个百分点。

3. 服务业不强不优

2022 年河南服务业增加值占 GDP 的比重低于全国 3.8 个百分点，且总体发展层次不高，主要集中在传统的批发零售、物流、房地产等领域，而信息传输、软件和信息技术服务业，科学研究与技术服务业等现代服务业发展不够充分，尤其是数字经济、共享经济、体验经济等发展速度和质量滞后于制造业转型升级的实际需求。

（四）调整优化能源结构布局要求推进产业转型

长期以来，河南形成了以煤为主的能源和电力生产结构。2021 年，河南煤炭占全部能源消费总量的比重为 63.3%，比全国平均水平高 7.3 个百分点。全省规模以上工业火力发电量占全部发电量的比重为 87.0%，比全国高 15.9 个百分点。

2022 年郑州市规模以上工业燃煤发电量超 350 千瓦时，占全部发电的比重接近 9 成，8 家分布于郊县的燃煤发电企业中 6 家年发电量超过 40 亿千瓦时，出现"煤电围城"现象。

二　河南推进产业转型的战略抉择

新阶段新征程上，河南推进高质量发展，必须加大产业转型力度，推进全产业的"信息化、智能化、绿色化"是产业转型的必由之路。

（一）推进第一产业转型升级

在农业生产的育种、种植、管理、收割、加工、销售等各环节，充分利用现代信息网络技术，减少生产成本，畅通销售渠道，提升生产效率，多方增加

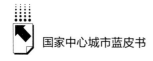

农民收入。在农业生产的各环节、各领域引入机器人、无人机等技术，提高农业生产的智能化水平。坚持绿色生产、绿色技术、绿色生活、绿色制度一体化推进，发展绿色低碳循环农业，减少农业二氧化碳排放量，提升农业碳汇功能。

（二）推进第二产业转型升级

第二产业特别是工业中的制造业，是产业转型升级的主战场、主阵地，要加快推进新型工业化，做强做优做大工业经济。推进信息化与制造业深度融合。推动大数据、工业互联网、人工智能、区块链等技术和实体经济深度融合，构建万物互联、融合创新、智能协同的产业发展生态。加强人工智能创新应用。重点突破图像识别感知、数字图像处理、语音识别、智能判断决策等核心应用技术，引进一批人工智能龙头企业，加快培育壮大本地企业，做强智能网联汽车、智能机器人、智能无人机、智能计算设备、智能家居产品等优势智能产品。

（三）推进第三产业转型升级

在交通运输、商贸流通、住宿餐饮等传统第三产业领域广泛应用大数据、云计算、机器学习、人工智能、增强现实/虚拟现实/混合现实（AR/VR/MR）等信息化技术，用这些技术推进第三产业转型升级。大力推动现代物流、电子通信、信息技术、电子商务等以数据为要素的第三产业加快发展。培育一大批以现代信息技术、智能技术、绿色技术为引领的第三产业领军型龙头企业。

（四）推进能源生产与消费转型升级

调整优化能源生产结构，大力发展水电、风电、核电等清洁能源，积极稳妥地减少燃煤发电的装机容量。调整优化能源消费结构，在工业企业以及消费领域倡导使用清洁能源，减少煤炭的消费量，在工业领域大力推进节约用煤，减少碳排放量。调整优化能源生产区域布局，积极稳妥地将燃煤电厂从地级以上城市迁出，用风电、水电等清洁能源予以替代。实施绿色低碳转型战略，提高制造业绿色化水平，对工业企业煤炭、石油等化石能源的消费量和碳排放量进行监测，分类指导，奖优汰劣，为实现 2030 年碳达峰目标贡献力量。

三　河南产业转型要把握的几对关系

产业转型是保持我省经济平稳较快增长、推动高质量发展的必由之路，推动产业转型，既要积极，又要稳妥，要把握好以下四对关系，防止走进实践误区。

（一）把握好传统与新兴的关系，"一关了之"很武断

习近平总书记在二十届中财委第一次会议上强调："坚持推动传统产业转型升级，不能当成'低端产业'简单退出。"传统产业占据河南工业的"半壁江山"，它不是落后产业的代名词，是财政收入的"钱袋子"，要用"信息化、智能化、绿色化"改造提升传统产业，重塑传统产业优势。同时，大力发展新兴产业，推动新一代信息技术、高端装备等战略性新兴产业发展，全力扩大规模，提高对经济增长的带动性；抓好未来产业的前瞻布局，选取河南省具有一定基础、能够抢抓机遇率先布局的前沿科技，谋划布局一批未来先导产业，打造经济未来竞争新优势。

（二）把握好存量与增量的关系，"腾笼换鸟"不可取

现有产业是国民经济的"压舱石"。坚持以存量稳基础，向增量要空间。一方面，优势资源、建设用地要向新增高技术企业倾斜，以新增产业的高质量促进经济的高质量发展。另一方面，要改造升级"老字号"，积极引导存量产业扩大规模、实现转型、提质发展，要慎用"腾笼换鸟"这一提法，换掉两个"老鸟"，可能要补充三个"新鸟"才能达到总量动态平衡，得不偿失。

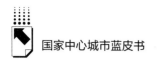

（三）把握好实体与虚拟的关系，"脱实向虚"很危险

习近平总书记深刻地指出："一个国家一定要有正确的战略选择，我国是个大国，必须发展实体经济，不断推进工业现代化、提高制造业水平，不能脱实向虚。"实体经济和虚拟经济彼此依赖并相互促进，实体经济为虚拟经济的发展提供物质基础，虚拟经济可以优化资源配置，提高实体经济运行效率。既要充分认识虚拟经济的独特优势，充分发挥它对实体经济的促进作用，又要充分认识虚拟经济的高泡沫和高风险性，防止"脱实向虚"。

（四）把握好市场与政府的关系，"行政决策"要慎重

要充分发挥市场在产业转型中的决定性作用，优化要素配置，引入要素交易市场、碳排放市场等市场方式，推动引领产业转型。同时，政府要在产业转型中发挥引领性作用，强化基础设施建设，为产业转型做好各种制度性安排，主要出台推进产业转型的若干政策，适当鼓励产业补链、延链、强链，也要防止无限无序扩张，拖垮主导产业，一个县的产业链条不宜超过三层，一个省辖市的产业链条不宜超过五层。

参考文献

习近平：《把握新发展阶段，贯彻新发展理念，构建新发展格局》，《求是》2021年第9期。

习近平：《当前经济工作的几个重大问题》，《求是》2023年第4期。

《习近平主持召开二十届中央财经委员会第一次会议强调加快建设以实体经济为支撑的现代化产业体系　以人口高质量发展支撑中国式现代化》，《人民日报》2023年5月6日。

《河南省国民经济和社会发展第十四个五年规划和二○三五年远景目标纲要》。

《河南省"十四五"制造业高质量发展规划》《河南省"十四五"现代服务业发展规划》。

B.22
西安建设"一刻钟便民生活圈"的路径与对策

王铁山 杨淑悦*

摘 要： 我国推进城市"一刻钟便民生活圈"建设，有利于满足居民日常生活需求，不断提高居民消费品质。作为西部地区国家中心城市，西安是我国首批"一刻钟便民生活圈"试点城市，在经济总量、人口规模、消费能力、市场发展、消费业态等方面具有较强基础。本文在借鉴其他试点城市实践经验的基础上，提出西安以社区试点为主体，采取试点先行，鼓励创新发展进行"一刻钟便民生活圈"建设的基本思路，继而提出具体对策建议。

关键词： 西安 一刻钟便民生活圈 社区 国家中心城市

2021 年 5 月 28 日，商务部、国家发改委、民政部等 12 部门印发了《关于推进城市一刻钟便民生活圈建设的意见》，提出要将便民生活圈建设成为有利于壮大国内市场、服务基本民生、推动便利消费、畅通城市经济微循环以及扩大就业的重要平台和载体，打造居民小生活里的大幸福。2021年 10 月 8 日，商务部办公厅等 11 部门公布了全国首批城市"一刻钟便民生活圈"试点名单，北京、烟台、武汉、重庆、成都等 30 个试点城市（区）

---

* 王铁山，博士，西安工程大学管理学院副教授、硕士生导师，中国区域经济学会理事，中国软科学研究会理事，陕西省经济学学会常务理事，研究方向为区域经济与产业经济；杨淑悦，西安工程大学管理学院硕士生，研究方向为社会发展与公共政策。

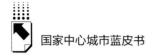
入选，西部中心城市西安也名列其中。2022 年 5 月 6 日，西安市政府印发了《西安市一刻钟便民生活圈试点城市建设实施方案》，新城、碑林、雁塔、经开和高陵 5 个区成为西安首批"一刻钟便民生活圈"试点地区。2023 年 2 月 23 日，西安市"一刻钟便民生活圈"建设推进大会召开。"一刻钟便民生活圈"建设促使西安全面优化民生福利，致力于为社区居民提供更丰富、更便利、更规范、更有品质的生活方式，加速扩大基本保障型、品质提升型商业业态，进而带动城市消费和经济新升级。

一　西安建设"一刻钟便民生活圈"的经济社会基础

西安入选全国首批"一刻钟便民生活圈"试点以来，全市采取试点先行、以点带面、逐步推开的方式，建成首批 27 个高品质"一刻钟便民生活圈"，基本形成了市、区、街道、社区"四级"联创机制。同时，西安通过科学优化布局、补齐设施短板、丰富商业业态、壮大市场主体、创新服务能力、引导规范经营等六大举措，致力于为社区居民提供更丰富、更便利、更规范、更有品质的生活方式，全面提升社区居民生活的舒适感、获得感和幸福感。

（一）经济总量持续增长

2015~2022 年西安市地区生产总值如图 1 所示，西安市地区生产总值呈现不断上升趋势，近 3 年来全市地区生产总值更是实现万亿元的突破。2022 年全市地区生产总值达 11486.51 亿元，增长 4.4%，规模以上工业增加值增长 13.9%，两项增速均位居副省级城市第 1；固定资产投资增长 10.5%，增速位居副省级城市第 2。[①]

（二）人口规模不断增加

2015~2022 年西安市常住人口数如图 2 所示，西安市常住人口数由

---

① 增速按不变价格计算。

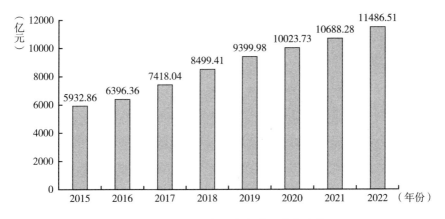

图1 2015~2022年西安市地区生产总值

数据来源：历年《西安市国民经济和社会发展统计公报》。

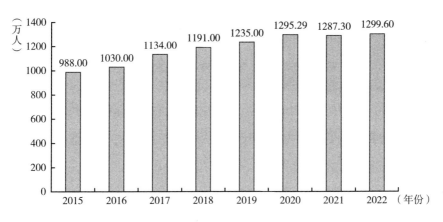

图2 2015~2022年西安市常住人口数

数据来源：历年《西安市国民经济和社会发展统计公报》。

2021年的1287.3万人增加到了2022年的1299.6万人。其中，人口城镇化率为79.59%，人口出生率为8.32‰，人口死亡率为7.54‰，自然增长率为0.78‰。人口规模的不断扩大，人口素质的提升，有效提升了西安的城市竞争力，同时也增强了西安城市集聚资源要素和辐射周边的能力。

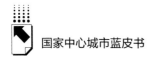
（三）消费能力持续增长

2019~2021年西安居民消费价格指数呈现下降趋势，2021年西安居民消费价格指数为101.7（见图3）。2022年西安经济开始回升，西安针对恢复经济、提升消费能力采取了相关措施，促进西安释放消费活力。

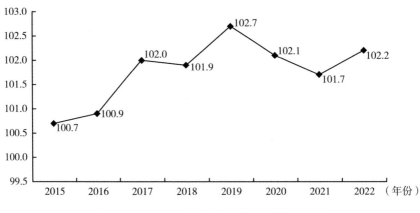

图3　2015~2022年西安市居民消费价格指数

数据来源：中经数据库。

根据国家统计局西安调查队数据，2022年西安居民消费价格水平总体稳定，全年居民消费价格总水平（CPI）同比上涨2.2%，分别高于全国（2.0%）、全国36个大中城市平均水平（2.1%）和全省（2.1%）0.2个百分点、0.1个百分点和0.1个百分点。2022年，西安CPI月度平均上涨2.2%，涨幅比上年扩大0.5个百分点。其中，食品价格上涨4.2%，非食品价格上涨1.8%；消费品价格上涨2.9%，服务价格上涨1.2%。发展到2023年，西安总体城市消费价格水平快速提升，跻身于全国前10。

（四）消费内容不断升级

2022年西安为建设国家中心城市出台促进夜间消费六条措施，实现社会消费品零售总额 4624.11 亿元（见图 4）。2023 年，西安市推进"一刻钟便民生活圈"建设，把恢复和扩大消费摆在优先地位，全力促进消费升级。

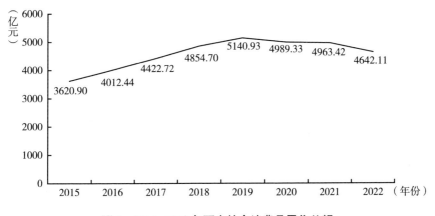

图 4　2015~2022 年西安社会消费品零售总额

数据来源：历年《西安市国民经济和社会发展统计公报》。

　　西安市商务局为推动补齐便民生活业态，完善社区消费供给设施，拓展便民服务，打造消费增长新引擎，重点围绕"六抓六促"扩消费、"四增三强"稳外贸开展工作。着重打造西安商圈、夜经济聚集区建设，释放消费潜力，解锁多元化、特色化消费场景，着力建设线下商圈，打造新型"造节造景、文化破圈、首店经济、活力夜经济"；探索激发社区空间活力，不断以高品质、多层次的城市配套兑现产业供应端的消费增长需求，壮大企业发展力量；打造消费新场景、新 IP，全面提升消费需求，推进线上线下相融合；发展非遗年俗、国潮文创等特色旅游消费产业，鼓励配套下沉社区更新升级，打造独具西安特色的餐饮集合地，提升传统消费，分析判断现有商业发展新模式、新趋势，培育新型消费，制定推动商业消费增长新举措，扩大服务消费。

（五）社会福利不断扩大

　　随着经济不断发展，人民对舒适感、获得感、幸福感有了更多要求，这就促使西安市政府致力于打造老百姓迫切需要的便民生活圈，加大社会福利建设力度，解决民生问题，不断提高就业、教育、医疗、卫生、社会保障、养老、文化体育、社会救助、食品药品安全、法治建设、社会治理等水平。一是就业方面，西安市重点培育新型服务企业，致力于改善人力资源服务现状，建设就业信息网络服务平台，引导就业人员稳定就业，打造新型就业模式，持续优化就业环境。二是教育方面，西安2023年计划新建、扩建校园26所，其中包括中小学和幼儿园的建设，同时扩增学位数量约3.3万个。为提升教育资源，西安将持续调整和优化学校区域布局，将城市现有的优质教育资源分配到城市周边地区和县城，发展新的优质学校170所。深化教育综合改革，完善教师和学校领导培训制度，加大教师流动和轮岗相关的制度举措实施力度，实现西安市均衡合理配置现有的教育资源。三是医疗卫生方面，西安市积极建设国家医疗中心和国家区域医疗中心，加快推进市红十字会医院等8家大医院和19家区县级医院及疾控机构建设。大力推进紧密型医联体建设，帮助三级医院支援或托管区县医院和社区卫生服务中心。四是住房方面，西安为居民提供保障性住房，满足住房困难群体的基本需求，出台毕业生住房优惠政策，颁布措施改善西安"办证难"问题，确保租房租金不高于市场租金的90%，同时合理规划房屋建设用地，制定规范的住房保障措施，改善现存的住房矛盾。

（六）服务能力显著增强

2015~2022年西安市三次产业增加值如图5所示，西安第一产业发展呈现缓步上升趋势，第二产业增加值达到4071.56亿元，第三产业发展最为迅速，2022年第三产业增加值达到7091.37亿元，年均增长1.3%。2022年西安市第一产业的投资比上年减少了20.5%，而第二产业的投资增加了26.0%，第三产业的投资增加了7.8%。西安在2022年实现GDP约1.15万亿元，其中超过60%来自第三产业。

近年来，西安市第三产业在规模、效益和专业化方面得到了发展。在总量和增速快速提高的同时，第三产业也实现了产业现代化，逐步形成了多元化格局，促进了现代服务业企业的快速发展。

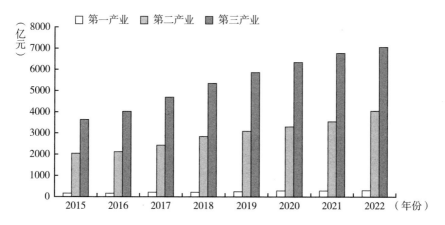

图5　2015~2022年西安三次产业增加值

数据来源：中经数据库。

二　"一刻钟便民生活圈"试点城市（区）的建设经验

（一）试点城市（区）的相关文件

部分"一刻钟便民生活圈"试点城市（区）出台了相关文件（见表1）。这些文件显示，各城市为加快便民生活圈建设工作，全面优化民生福利，致力于为社区居民提供更丰富、更便利、更规范、更有品质的生活方式，提出了可供其他城市借鉴的实践经验。

表1　部分"一刻钟便民生活圈"试点城市（区）的相关文件

批次	城市	相关文件	实践经验
第一批	北京（东城区、石景山区）	《加快建设一刻钟便民生活圈促进生活服务业转型升级的若干措施》	①首创一刻钟可达圈概念；②新增品质提升类业态；③立体便民网成型；④"管理服务+生活服务"同步更新升级；⑤动态监测便民网点供给情况；⑥"线上、线下"便民渠道无缝衔接

批次	城市	相关文件	实践经验
第一批	烟台	《城市一刻钟生活圈专项规划》	①强化社区领导方式,建立健全工作机制;②补齐短板,推动生活圈提档升级;③营造良好发展氛围
第一批	武汉	《武汉市一刻钟便民生活圈国家试点城市建设实施方案》	①完善便民生活圈顶层布局工作;②实施便民生活圈分类建设;③优化便民生活圈业态;④提升便民生活圈运行水平;⑤引导便民生活圈创新发展;⑥增强便民生活圈服务能力
第一批	重庆(两岸新区)	《重庆市中心城区推进街道中心和社区家园实施的规划要求》	①强调连锁企业的重要性,提升便利社区的消费措施,创造高质量的生活新动态;②提升商业网点能力,贯彻实施"数字服务商户扶持计划""数字赋能实体零售帮扶行动",大力支持建设城市末端快递公共取送点;③推进便民生活圈协同化一体化建设;④建立服务业扩大开放"1+9+N"大型试点机制,分解试点任务;⑤促进现代第三产业蓬勃发展,创新引领新型服务业,拓展产业发展新空间
第一批	成都	《成都都市圈发展规划》	①结合社区各年龄人群活动需求,形成"基本公共服务+其他生活服务"社区综合体功能业态体系;②统筹谋划功能布局,注重系统集成服务供给、积极探索多元主体的建设方式;③管理运营机制和体制方面采用多元化管理方式:志愿自管,联动共管,采取"合作社+公司"模式,建立"1+1+X"机制,引导社区居民入股打造"共享超市"
第二批	石家庄	《石家庄市关于支持完善社区便民服务网络的政策措施》	①支持综合体等循环型商业;②加快便民市场建设;③大力推进早餐工程建设;④支持生活型商业连锁和品牌发展;⑤推进社区电子商务和社区配送网络建设;⑥完善城市核心区的便民服务网络;⑦提高社区商业的发展水平和服务能力

（二）试点城市（区）的实践探索

各试点城市贯彻落实商务部、国家发改委、民政部等12部门印发的《关于推进城市一刻钟便民生活圈建设的意见》，围绕科学优化布局、补齐设施短板、丰富商业业态、壮大市场主体、创新服务能力、引导规范经营等主要方面，因地制宜地采取不同方法和措施推动"一刻钟便民生活圈"建设。因此,各地"一刻钟便民生活圈"建设呈现出百花齐放的效果。

1. 天津:壮大市场主体

天津激发市场主体活力,持续优化支持民营经济、外商投资等企业发展的投资环境,壮大市场主体,支持企业做大做强。具体措施如下。

一是指导规范经营。积极发挥市场的决定性作用,加快实行"六个统一",推进菜市场和生鲜超市(菜店)的标准化、智能化建设,支持供应链运作,加强供应链管理,促进冷链技术、设备和设施的改进。

二是创新便民能力。支持便利蜂、物美等企业与大型企业合办小企业并开放供应链、物流渠道和门店资源,通过商业特许经营,实施品牌化、标准化发展。提高服务的便利性,通过代收代付、分拣配送、送货上门、租赁等服务,推动创建"一站式"服务,并通过跨界经营,寻求提高服务的便利性。

三是创建配送点。鼓励大中小型企业投入资金建设配送点、中转中心和其他物流基础设施保障项目,确保平等对待各种相关的大中小型企业。将建设城乡配送网络设施有关的工作纳入城市物流业发展相关工作的核心保障范围,帮助满足基础条件的物流基础设施保障工作获得国家资金支持。

2. 常熟:丰富商业业态

常熟坚持加快推进"一刻钟便民生活圈"建设,发展社区商业新业态,努力为市民提供便利的生活服务。通过重点建设改造商业中心、购物综合体、社区商业中心等,满足消费者的日常生活需求。

一是优先补充基本保障类业态。通过扩充优化现有网点,优先补充26项基本保障类业态。按照商业性、公益性的分类,适度发展可移动的商业设施作为有益补充。同时在新建居住区统一规划和建设基本保障类业态网点,着力推进早餐工程建设。

二是致力于发展品质提升类业态。根据现有周边街道经济发展状况和社区居民消费水平,加快发展更高层次促进便民利民需求的24项品质提升类业态。提高品牌连锁化覆盖率。结合"10分钟体育健身圈""10分钟文化生活圈"和社区家庭医生服务站等基础工作,建好全民健身场地设施、公

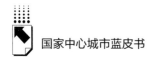

共文化设施等。

三是鼓励发展智慧升级类业态。积极紧抓数字经济时代发展机遇，鼓励有条件的社区借助智能化的科技，提升相关社区的 11 项智慧升级类业态。同时注重智能化体验，将智能设施和智能技术引进社区、门店，打造集约式发展生态圈，推进智慧菜篮子工程网点建设工作，支持社区电商（社区团购）健康发展。

3. 福州：科学优化布局

福州结合老旧城区改建和现有城市动态更新，着力于消费方式更新升级新趋势，围绕便民服务，大力建设便民生活圈，其具体采取以下四方面措施。

一是完善顶层设计。结合旧城改造和城市更新，促进土地综合体的开发利用和土地综合体用途的合理变更，顺应消费者的现代化趋势，合理优化零售网点，重点加强旧城区、新建居民楼、城乡接合部零售网点的选址和建设，满足人们的舒适生活和日常消费需求。

二是对建筑的布局进行分类。鼓励老旧城区弥补零售空间的不足，升级现有空间，以满足当地情况。建设新型住宅区，发展集中式商业模式，综合开发建设配套的购物中心、便利商店、大型商场、养老保健服务中心。注重优化和调整商业形式的多样性，加强对新形式和服务的引进，扩大商业功能，提高服务水平。

三是科学的街区选址。挑选地理位置优越的区域作为试点地区，将其与基础公共设施联系起来，确保居民可以在 15 分钟的步行时间内到达。同时，将鼓励靠近居民区的购物中心转型为社区便利中心，充分利用自助售货机、移动餐饮售货机等移动商业零售方式的灵活性，使其成为便利圈的有益补充，满足居民在家门口的一站式消费需求。

四是促进商业和住宅区的和谐发展。商业开发应充分考虑所在街道社区的发展基础，实现配套效益和增量发展，兼顾社会、文化和娱乐功能，因地制宜地发展街区的不同主题文化和地方特色。同时将商业区和住宅区尽可能分开，保持两者和谐发展。

4. 泰安：补齐设施短板

一是在省政府领导下，推动建设便捷化社区商业设施，鼓励在社区部署智能邮箱、可移动早餐点和自助果蔬贩卖机；支持居民所在街道对附近商圈内的综合服务设施进行改造和更新，改进烦琐的便民服务功能；鼓励房地产服务企业在养老、托幼、居家养老、寄递、预售等方面拓展和延伸服务；推进"房地产服务+生活服务"，提高消费便利性和质量。

二是有针对性地填补自身短板，推动改造老旧购物商场、服务中心以及其他综合基础服务设施。对于新建社区以及新建街道，要抓紧建设基础配套服务设施，为居民提供满足日常生活的便利服务。

三是在新型工业化强市战略基础上重点建立13条产业链，打造产业生态，通过创链、补链、扩链、强链，促进产业发展。建立完善相关产业链，为13条产业链分设链长、副链长；实行"链长+专员+专班"的推进机制，推动产业集群加速形成。

5. 武汉：创新服务能力

一是提高养老服务供给质量。鼓励企业提供方便使用、符合老年人需求的服务。为老年人提供助餐、助购等相关帮助，以及理疗保健、家庭护理、紧急救护等服务。充分考虑老年群体和特殊群体的日常生活需求，加快建设和改造更多无障碍基本服务设施，系统布局新型基础设施，提高便民服务的"温度"。

二是加强对公共服务的保障。鼓励社区配置新型老年大学、社区健身场所、小区阅览室、文化体验中心、便民服务点等基础公共服务设施。

三是探索应对突发事件的新途径。落实"平战结合"的要求，以社区为主导，充分利用生活便利区集中众多业态的独特优势，建立应急保障体系，创建应急供应队伍，建立健全应急供应机制。

6. 贵阳：引导规范经营

一是推动建立健全社区相关信用等级评估机制，根据信用等级的优劣对商户进行分类管理，鼓励支持社区商户提供诚信、优质的服务。鼓励零售企业定期加强对辖区内食品的自查，以保障食品的卫生状况，规范标注保质期，提前预警临近期的所有食品，全面合理规划食品分类放置工作，重视食品安全问题，减少食品过期、腐烂等浪费情况。加强知识产权保护，落实商品明码标价制度，培育舒适、健康、公平的生活消费环境。

二是规范发展社区电子商务（社区团购）。推动创建规范的平台商业，为社区商户提供免费或优惠的营销、信息、流量、数字工具等服务，提供集货、配送、共同仓储、分销等供应链支持，将实体店作为重要的供应链协同体，实行线上线下联动、店内配送、送货上门。同时，尊重发展和规范，明确规则，制定准则，加强监管，规范程序，促进公平竞争，打击垄断，避免混乱的资本扩张。加强监管，保护公众利益和社会稳定，鼓励平台公司对产品质量和食品安全负责，提供标准化的设备和工具，如冰柜、冷链车、可追溯技术和农药残留检测，改善治理，尊重社区团购的九条禁令，维护线下和线上的公平市场环境。

三 西安建设"一刻钟便民生活圈"的路径

以上试点城市建设"一刻钟便民生活圈"的要点在于问需于民，将生活圈创建与基层社会治理相结合；以政府为主导，以市场为主体，以社区为重点，创建市、区、街道、社区"四级"共创机制；同时促进创新发展，营造商业与公共设施相结合、商业与公共管理相融合、商业发展与居民需求相一致的良好环境；通过科学优化区位、弥补劣势、丰富业态、壮大市场主体、提升服务水平、管理规范运作，为营造商业与公共设施互联互通的良好环境做出贡献；商业与公共管理相互衔接，商业发展与人民需求相互协调，创建社区居民喜爱的便民生活圈。基于这些经验借鉴，西安建设"一刻钟便民生活圈"的思路如下。

一是科学优化布局。结合社区人口、消费、经济水平等因素，向住宅与商业设施适度分离的方向发展，促进商业基础设施与社区基本风貌相协调，推动社区有关方面的基础安全与品质提升工作相结合，满足居民向往的舒适化和便利化消费需求。

二是完善商业业态。优先提供基础保障型商业，支持便利于社区居民日常生活的店铺等进入社区；在安全、合法的前提下，采用"单点多用"、服务全覆盖的方式，发展微利商业，保障生活必需品需求。

三是培育市场主体。重点优化现有城区、优化居住区和城乡接合部的网点布局，优先选择基本保障型业态，鼓励与群众日常生活密切相关的商店、综合超市和菜市场兴起。同时，大力支持发展品质提升型业态，以连锁的方式发展企业，严格落实"六统一"。

四是创新服务方式。支持各类销售点为市民提供多种服务，依托其店铺实施留存缴费、帮收帮发、上门服务、租赁等不同项目，通过跨界经营提高为市民提供服务的能力。

五是推进规范经营。全面升级社区相关管理举措，提高社区便民的管理水平，引导社区相关商户规范经营，通过共同协商和治理，加强行业监管。推进规范化管理与经营模式，加快完善社区的相关配套服务功能。

四 西安建设"一刻钟便民生活圈"的对策

西安建设"一刻钟便民生活圈"时要注意以下基本原则：一要重点解决目前存在的服务网点分布不均、设施陈旧、业态结构不合理的问题；二要重视新业态、新技术、新模式，以及在这些方面，各区域发展不平衡、不充分的问题；三要明确目标是建设布局合理、业态健康、功能健全、智能便捷、规范正规、服务优质、商住和谐的便民生活圈；四要积极汲取和借鉴全国先进经验，建立便民服务链，提高人民生活质量和幸福指数。

（一）强化顶层设计，统筹规划布局

西安的"一刻钟便民生活圈"是基于全面系统的规划布局，由政府引导和市场规划进行政策框架的完善工作，大力提升公共资金投入，优化服务的相关基础设施，因地制宜做好区域设计规划工作。

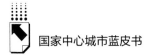
第一，重点是优化和调整商业结构，完善社区便民生活圈的布局，改善新业态模式，承接新的服务，扩展商业功能。

第二，要注意集中服务要素的要求。通过整合，完善餐饮、住宿、交通、旅游、购物、休闲、医疗、健康、养生等方面的"一站式"便利功能。整合街道、社区、房地产、商户等利益相关方，实现"便捷的商业服务+居住服务+社会活动服务"功能。

第三，追求系统思维。从促进服务业提质增效的角度出发，着力优化和完善设施；从满足生活服务型企业的基本需求出发，逐步拓展为质量提升型企业。

第四，坚持创新升级。建设中心商业服务功能区，满足居民多种类型的消费需求。开发吃、穿、住、行新空间，集居住、休闲、娱乐、养生于一体探索更为便捷的生活方式，致力于探索新型网络平台，便利居民日常社区生活。

第五，普及"一刻钟可达圈"概念，加快形成立体便民网，推动"管理服务+生活服务"动态更新，持续见刊便民网点相关服务情况，实现"线上、线下"便民渠道无缝衔接。

（二）推动构建新型消费体系

第一，以畅通国民经济发展，顺应双循环发展格局为重要举措，贯彻落实促销费、稳增长、扩大内需决策部署的战略目标，推进建设与促进消费工作有效结合的实践探索。同时，发挥西安依托区位优势、古城特色等，展示国际消费城市新名片，增强城市服务消费实力。

第二，将积极营造适应国际化的营销环境、完善自由便利的国际消费政策体系、联动形成区域消费发展新格局等重点贯穿实施工作。着力于探索多种建设运营模式，发挥政府引导、市场主导作用，推动建设重大战略开放消费平台，让城市更加宜居、生活更有温度。

第三，打造集约式发展生态圈，推进智慧菜篮子工程网点建设，加快发展新产业新产品，支持社区电商（社区团购）健康发展。同时，建设"一刻钟便民生活圈",推动日常生活性服务行业创新发展,综合生活性服务有效配置,让城市更加宜居、生活更有温度。

(三)坚持规划便民生活圈建设工作

第一,着力填补老旧社区商业设施的空白,改造现有设施,尤其要加快菜市场的改造和升级。在改造后的社区优先发展社区集贸市场模式,加大商业系统的整合力度。重点优化和调整流通基础设施相对完善社区的商业形态组合,改造传统产业,促进传统产业更新升级,加强对新业态的引进,拓展流通功能。

第二,注重老年人和幼儿对舒适家庭服务的需求,弥补空间不足,按照创建"完整社区"的要求,考虑老年人和幼儿的日常需求,增加制造业投资,加快建设和改造各种公共服务设施。在建设社区交通设施、社区书屋、文化活动中心的同时,建设便民住宅小区,为社区居民提供优质的公共文化空间。

第三,制定和完善与城市商业区体系、旧房再开发规划、城市更新建设相一致的具体规划措施,通过划区、定点、管区,实现便民居住区全面涵盖完整居住社区的目标。重视老字号下沉社区的建设工作,引导多方投入资金发展"社区经济"。

第四,加大财政支持力度,吸引品牌连锁店、生鲜超市、特色餐饮店等下沉社区,鼓励建设商户信用等级评估机制,增加制造业投资,支持西安大企业和大公司改造、指导社区小微店铺以及个体户等传统门店,通过供应链服务和数字化技术为其赋能。

(四)加快社区新型基础设施建设,为老年人创造舒适的生活空间

第一,通过建设"智慧城市"打造升级化的便民生活圈,加快优化城市基础设施,加快协调城市建设更新工作,提升城市生活质量和核心竞争能力。同时加快优化住房服务的位置;建设更多的新型公共基础设施;加快消费城市的成长和建设;创建差异化的"区域特色街区"。

第二,由政府牵头推动不同社会主体投入资金,建设社区养老保健服务

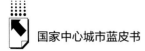

机构、家庭智能养老服务中心和嵌入式小型养老机构，探索"居家+社区（街道）+物业"的养老服务新模式。

第三，制定和完善养老行业的法规和行业标准，加强服务质量标准评估和监督管理体系评估，统一和完善相应的收费标准，切实保障老年群体的合法权益，加快建设适老化配套基础设施，优化服务老年群体的质量。

（五）统筹保障体制机制建设

第一，完善"一刻钟便民生活圈"相关保障机制，加快推进便民生活圈创建，成立协调指导小组，创建城市治理机制，协调解决政策规范、信息互通、动力统一、协同推进等方面的重点问题。

第二，持续优化营商环境，推动形成区域消费发展新格局，激发市场消费活力和潜力，提高教育、卫生、养老、托幼等公共服务的支出效率。推进规范化的管理与经营模式，加快完善社区的相关配套服务功能，建立以社区为基础的民生福利保障机制，完善促进消费的体制机制，全面推动消费方式和模式升级。结合实际，积极做好生活圈建设工作，政府应采取出资租赁、项目合作、物业调配等多种方式，落实街道居民养老服务中心建设工作，有力有序推进"一刻钟便民活圈"服务项目建设。

参考文献

董蓓：《一刻钟，如何"圈"出便捷新生活》，《决策探索（上）》2021年第7期。

肖凤玲、杜宏茹、张小雷：《"15分钟生活圈"视角下住宅小区与公共服务设施空间配置评价——以乌鲁木齐市为例》，《干旱区地理》2021年第2期。

张素丽：《十五分钟生活圈规划对策分析》，《中国标准化》2019年第24期。

林星彤：《关于"一刻钟便民生活圈"下城市社区公共空间设计策略》，《福建建设科技》2022年第1期。

李可愚：《商务部答每经问：补齐社区商业设施短板，打造一刻钟便民生活圈》，《每日经济新闻》2022年1月24日。

B.23
河南数字经济发展面临的挑战及对策

高亚宾　李　猛*

摘　要： 数字经济是优化要素资源、重塑经济结构，驱动社会进步的重要引擎。本文深入探究世界、我国数字经济发展趋势特点，分析河南数字经济发展瓶颈，提出"固根基，完善提升数字基础设施""强支撑，集聚发展数字经济产业""抓创新，突破关键技术研发与产业化""促应用，赋能产业升级和社会治理能力提升""优环境，构建一流数字经济生态圈"的政策建议。

关键词： 数字经济　创新引领　产业升级

　　数字经济是依托现代信息网络技术，提升经济效率、优化经济结构的新型经济形态，是信息经济、信息化发展的高级阶段。党的十八大以来，我国数字经济快速发展，已成为拉动经济增长的核心引擎。河南省委、省政府把发展数字经济作为引领创新发展、绿色发展、高质量发展的重要举措，积极推动数字经济强省建设。

一　国内外数字经济发展趋势特点

（一）世界数字经济发展趋势特点

　　随着物联网、大数据、人工智能等新一代信息技术蓬勃兴起，全球经济

---

* 高亚宾，河南省发展战略和产业创新研究院副研究员，研究方向为产业经济；李猛，河南省发展战略和产业创新研究院经济师，研究方向为区域经济。

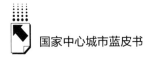
已进入以数字化、智能化为显著特征的新发展阶段，数字经济蓬勃发展，成为全球经济增长新动能。

1. 数字经济成为全球经济增长新引擎

2021 年，全球数字经济总量超 38.1 万亿美元，占 GDP 的比重达到 45%，其中，美国、英国、德国数字经济总量占 GDP 的比重超 65%。根据《全球服务贸易创新趋势报告（2022）》，世界处于百年未有之大变局，全球服务贸易反弹回升，知识密集型可数字化交付的服务贸易逆势增长。

2. 欧美等发达国家和地区前瞻布局数字经济发展

欧美等发达国家和地区高度重视数字经济发展，2015 年以来，美国先后发布《数据科学战略计划》《美国国家网络战略》《美国先进制造业领导力战略》，欧盟发布《欧盟人工智能战略》《通用数据保护条例》《非个人数据在欧盟境内自由流动框架条例》等一系列政策，英国实施《数字宪章》《产业战略：人工智能领域行动》《国家计量战略实施计划》等一系列行动计划。

3. 数字技术和资源向大型高科技公司高度集中

联合国贸易和发展会议（UNCTAD）报告指出，全球数字经济活动及其创造的财富增长迅速，且高度集中，目前，美国和中国 5G 普及率最高，占近 5 年人工智能初创企业融资总额的 94%，占世界顶尖人工智能研究人员的 70%，占全球最大数字平台市值的近 90%。2020 年以来苹果、微软、亚马逊、谷歌、Facebook、腾讯和阿里巴巴的规模、利润、市场价值和主导地位进一步加强。全美市值超 3000 亿美元的 5 家公司（苹果、谷歌、微软、亚马逊、Facebook）全部为数字经济龙头企业，其中谷歌拥有 90% 的互联网搜索市场。我国阿里巴巴占据近 60% 的中国电子商务市场。

4. 数字安全领域投入不断加大

随着企业竞争向生态竞争转变，生态系统中任何一个环节被攻破，都可能引发整个生态系统的连锁损失和崩溃。目前，企业高度重视"安全技术"，通过优化组织结构，强化数字安全要素投入，确保企业健康可持续发展。

（二）国内数字经济发展趋势特点

我国高度重视数字经济发展，2017年3月，数字经济被首次写入政府工作报告；党的十九大报告提出加快建设"数字中国"，发展数字经济等新兴产业；党的二十大报告提出，加快建设制造强国、质量强国、航天强国、交通强国、网络强国、数字中国，标志着数字经济发展进入新征程。

1. 数字经济规模快速壮大

2010年以来，我国数字经济高速发展，中国信通院《中国数字经济发展研究报告（2023年）》显示，我国数字经济增加值已由2011年的9.5万亿元增加到2022年的50.2万亿元，占GDP的比重从20.3%提升到41.5%，其增速连续11年显著高于同期GDP增速，数字经济在国民经济中的地位进一步凸显，对经济增长贡献率达到60%以上。

2. 各地抢滩布局数字经济制高点

沿海发达省份都把发展数字经济、建设数字强省作为掌握未来竞争主动权、增强核心竞争力的头号工程，中部、西南部省份也倾力发展大数据、人工智能等新产业，各地纷纷出台相关政策和行动方案，超前布局5G网络、工业互联网等新型基础设施，主要城市新一轮竞争格局正在加速形成。杭州市围绕"数字经济"出台实施专项行动计划和政策，设立专项资金5亿元，打造"全国数字经济第一城"；福州市实施"数字经济领跑行动"，持续举办数字中国建设峰会。从总量来看，江苏、浙江、上海、北京、山东、福建、湖北、四川、河南、河北、安徽、湖南等省市数字经济增加值超过1万亿元；从占比来看，北京、上海数字经济在地区经济中占据主导地位，数字经济占GDP的比重已超过50%。

3. 数字经济技术赋能实体经济成为主攻方向

在新基建的推动下，互联网、大数据、人工智能等新一代信息技术作为促进先进制造业升级的重要举措，加快推动数字经济与实体经济深度交融、物质与信息耦合驱动，大幅提升全要素生产率。未来，数字经济产业的边界将被打破，产业链、供应链、价值链将加快整合重构。

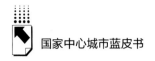

二 河南数字经济发展存在的问题

近年来,河南大力推动数字经济发展,并取得了一定成效,但与发达省份相比,河南数字经济发展仍需后续发力。

(一)数字经济占GDP比重低于全国平均水平

2021年,河南数字经济总量突破1.7万亿元,占GDP的比重为29.6%,低于全国平均水平10.2个百分点(见图1)。根据国家网信办《数字中国发展报告(2021年)》公布的数据,综合数字基础设施、数字技术创新、数字经济、数字政府、数字社会、网络安全和数字化发展环境方面的发展水平来看,浙江、北京、上海、广东、江苏、山东、天津、福建、湖北、四川等地区数字化综合发展水平位居全国前列,河南省数字化水平有待提升。

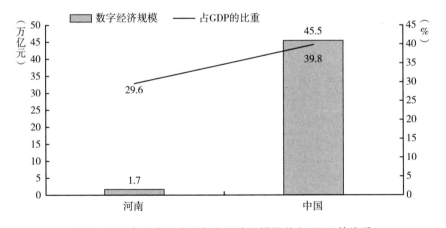

图1 2021年河南和中国数字经济规模及其占GDP的比重

数据来源:《河南省数字经济发展报告(2022)》《中国数字经济发展报告(2022年)》。

(二)制造业数字化水平不高

智能制造整体水平偏低,2021年,全省规模以上工业企业关键工序数控化率、数控设备联网率低于全国平均水平；全省各类工业互联网平台不足，与发达地区存在明显差距；制造业企业生产环节的数字化、智能化程度较低，"不会转""不能转""不敢转"等问题突出。

（三）科技创新能力薄弱

科技创新发展实力不足是制约全省数字经济高质量发展的关键因素，企业家精神等与发达省（市）有较大差距，互联网新业态、新模式不足，缺少龙头企业带动。2021 年，河南省 R&D 投入强度为 1.73%，低于全国平均水平 0.7 个百分点，居全国第 17 位，居中部地区第 3 位（见表 1）。

表 1　2021 年主要省（市）R&D 投入强度

单位：%

排名	省份	R&D 投入强度	排名	省份	R&D 投入强度
	全国	2.43			
1	北京	6.53	10	湖北	2.32
2	上海	4.21	11	四川	2.26
3	天津	3.66	12	湖南	2.23
4	广东	3.22	13	辽宁	2.18
5	江苏	2.95	14	重庆	2.16
6	浙江	2.94	15	福建	1.98
7	陕西	2.35	16	河北	1.85
8	山东	2.34	17	河南	1.73
9	安徽	2.34	18	江西	1.70

（四）本土市场主体培育不足

河南省数字平台型企业不足，大数据、人工智能等领域缺少新锐企业，与发达城市相比，独角兽企业偏少。根据胡润研究院《2023 中国独角兽企业研究报告》，2022 年中国独角兽企业分布于 50 个城市。其中北京（76 家）、上海（63 家）、深圳（36 家）、杭州（24 家）、广州（23 家）、

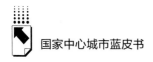

苏州（16家）、南京（14家）7座城市独角兽数量超10家，而河南省仅有3家。

（五）数字经济人才短缺

人才是数字经济高水平发展的关键支撑。数字经济人才资源紧缺、人才集聚效应有限、人才结构不健全，尤其是高层次、复合型人才缺乏是制约全省数字经济高质量发展的瓶颈。一是信息技术人才总量偏少。2022年郑州市从事信息技术相关产业的人员约12万，但与同期杭州相比，仍然存在较大的差距。二是复合型人才缺乏。数字产业化、产业数字化需要信息技术、数学、金融、产业等多方面的知识支撑。河南省知名的高等学校和研发机构相对较少，数字经济高端人才不足，尤其是缺乏具有实操经验和丰富知识储备的复合型人才。三是高端人才引进不成功。河南科技人员数量和薪酬水平远远低于发达地区，高精尖人才缺乏已成为制约全省数字经济创新发展的关键因素。

三 "十四五"时期河南省数字经济发展的对策

数字经济是推动中国式现代化建设的重要支撑。顺应数字经济发展规律，紧抓"十四五"时期发展机遇，以"数字经济强省"为目标，立足河南实际，从基建、产业、技术、应用、生态五个层面综合发力，谱写数字经济高质量发展河南实践新篇章。

（一）固根基，完善提升数字基础设施

高效、便捷、优质的网络基础设施是保障数字经济高水平发展的基石。"十四五"时期，河南要谋好"数字经济"发展蓝图，激发"数字经济"发展潜力，以升级网络基础设施、构建大数据中心、打造"数字丝绸之路"枢纽为抓手，筑牢河南数字经济安全发展的根基。一是升级网络基础设施。加快5G和光纤超宽带"双千兆"网络布局，全领域、全行业、全社会拓展

应用场景。提升 5G 网络在商圈、景区、交通枢纽和产业园区的覆盖率和时效性，构建城乡共享共建的互联网生态。二是建设大数据中心。充分发挥郑州国家大数据综合试验区作用，以"全国区域性数据中心枢纽"为导向，稳步推进国家级大型数据中心、区域分中心建设。依托国家超算计算郑州中心，推进产学研用深度融合，构建准确、高效的计算机应用生态环境。三是打造"数字丝绸之路"枢纽。以"四条丝路"为突破口，着力打造郑州数字创新枢纽高地；以郑州国家中心城市为依托打造中原数字港，强化国内外数字经济重点城市区域协同发展、互利共赢，以数字资源、创新优势抢占数字经济发展高地。

（二）强支撑，集聚发展数字经济产业

产业是经济的命脉，数字经济繁荣发展需要产业强有力的支撑。随着新一代信息技术革命的到来，立足河南实际，构建产业核心基地、做大数字经济应用产业园区、做强融合型数字新产品是推动数字经济高质量发展的重要路径。一是打造郑州数字经济核心产业基地。顺应数字科技革命发展趋势，谋划布局 5G、区块链、物联网、北斗导航、人工智能，推动新兴产业、未来产业与传统产业融合发展，提升数字经济发展的速度和效率。二是壮大省辖市数字经济应用产业园区。优化整合数字经济资源，加快引进培育有实力、有潜力、有竞争力的大数据骨干企业，构建完善的数字经济发展生态链。强化"给出路"意识，聚焦数字经济企业发展的难点、困难，出台落实破题之策，助力数字经济高质量发展。三是加快发展融合型数字新产品。锚定高端设备，以先进制造业为引领，将数字技术与制造业生产有机衔接，以数字科技高质量发展推动制造强省建设。顺应消费升级趋势，加快发展可穿戴设备和智能家电，推动传统家电数字化转型，提升消费者的体验感和满意度，共享数字经济发展红利。

（三）抓创新，突破关键技术研发与产业化

科技创新是推动数字经济高质量发展的关键引擎。加快技术研发，推动

成果转化，充分调动企业积极性，以数字技术标准化推动数字经济协同发展，实现数字经济基础研究和应用研究"双突破"。一是抓前沿关键技术突破。顺应新一代信息技术革命发展趋势，围绕大数据、人工智能、物联网等领域，加快关键技术研发，将数字技术与传统领域融合发展，探索"数字+"新模式。二是抓科技成果产业转化。搭建测试验证平台，尤其是加强对基础前沿关键技术的测试验证，聚焦大数据、云计算、"城市大脑"、智能网约车、量子计算等多领域，积极承接和布局国家级科学装置与实验验证平台。三是抓数字技术标准制定。数字技术标准化有利于加快数字技术推广和应用，是保障数字经济可持续发展的重要环节。加强政府、行业协会、领军企业及高效科研院所的沟通交流，积极对接国外数字技术相关标准，推进数字技术兼容运营，实现数字经济高质量发展。

（四）促应用，赋能产业升级和社会治理能力提升

数字是推动经济社会发展的重要引擎，大力发展数字经济有利于加快资源要素整合，推动产业结构升级，提升社会治理能力现代化，培育壮大经济增长极，实现数字经济和实体经济深度融合。一是加快产业数字化。实施"制造业数字化"工程，引导传统企业智能化改造，提升制造业生产效率。加快文旅、物流、金融等行业数字化提升进程，规范服务业发展流程，确保"现代服务业数字化"高水平发展。以农业强省建设为契机，大力发展智慧农业，实现"农业数字化"。二是加快城市场景数字应用。聚焦城市发展瓶颈，统筹"城管""住建""交通""环保"等环节，实现城市智慧运营，满足人们对美好生活的需要。三是加快公共服务领域数字化。围绕"一老一小一青年"，加快5G、人工智能、大数据、物联网等信息技术在养老、育儿、就业、医疗、环保等层面的应用和布局，打造"人工智能+医疗""物联网+环保""智慧教育云"等新型公共服务场景，提升城市公共服务智能化、数字化、精准化水平，以数字化引领公共服务高水平发展。

（五）优环境，构建一流数字经济生态圈

数字是破除信息壁垒、实现公平竞争的重要抓手，数字经济通过优化开放环境、人才环境、安全环境、法治环境，充分发挥市场对资源配置的基础性作用，推进产业政策与国际经贸规则有机衔接。一是构建良好的开放环境。搭建全省统一的数据交易大市场，规范数据权利归属、数据交易等行为，引导企业间数据连接和信息共享。二是构建良好的人才环境。充分发挥河南招才引智作用，引进数字经济领域科技领军人才和团队，壮大数字经济人才队伍。立足郑州航空港综合试验区，设立国际数字人才创新创业示范高地，引育一批数字经济高层次人才。建设河南数字经济研究院，加快互联网、金融、数学等交叉学科建设，营造良好的干事创业环境。三是构建良好的安全环境。以"数字安全谷"为统领，加大数据加密等网络安全新技术和新产品的研发力度，筹划具有影响力、实力强的网络安全中心和数据安全保障中心。四是构建良好的法治环境。围绕创新引领、产业发展等关键领域，统筹数字经济发展"效率"和"安全"，加快立法工作进程，建立健全网络治理体系，确保数字经济发展造福人类。

参考文献

朱永明、朱雅杰、沈志锋：《数字经济推动全域高质量发展的机理研究——以中国式现代化为目标》，《郑州大学学报》（哲学社会科学版）2023年第2期。

王姝、刘奕彤：《数字经济赋能经济高质量发展的机制与路径剖析——评〈数字经济赋能经济高质量发展〉》，《当代财经》2023年第5期。

杨秀云、从振楠：《数字经济与实体经济融合赋能产业高质量发展：理论逻辑、现实困境与实践进路》，《中州学刊》2023年第5期。

杜金柱等：《数字经济与制造业高质量发展：影响机制与经验证据》，《统计与决策》2023年第7期。

徐曼、邓创、刘达禹：《数字经济引领经济高质量发展：机制机理与研究展望》，《当代经济管理》2023年第2期。

B.24
西安建设国际消费中心城市的
竞争力评价与提升路径[*]

班 斓^{**}

摘 要: 内需是我国经济发展的基本动力,消费是内需的重要组成部
分。国际消费中心已经成为中心城市资源聚集、消费凝聚、对
外服务的直接体现。西安加快建设国际消费中心城市,发挥消
费集聚辐射功能,对于西安持续优化消费环境,培育壮大新型
消费,提升消费产业发展质量,拓展国内国际消费市场等方面
具有重要意义。本文构建发展中城市(以西安为例)角度的
竞争力评价指标体系,对重庆、成都、武汉、郑州、西安5市
建设国际消费中心城市的竞争力进行评价,发现:成都处于绝
对优势地位,武汉、郑州、西安3个城市竞争力相差不大,西
安走文化宜居路径的优势明显,在基础设施支撑力、商业金融
实力、消费需求支撑力方面存在短板。最后,本文从释放消费
新动能、创新消费新环境、凝聚消费新力量三个方面,提出西
安建设国际消费中心城市及争取第二批试点城市可行的路径和
策略。

关键词: 国际消费中心城市 竞争力评价 消费环境 西安

---

* 基金项目:西安市社科基金项目《发展中城市建设国际中心城市的竞争力评价与提升路
径——以西安为例》(项目编号:22LX21)。

** 班斓,博士,陕西省社会科学院经济研究所副研究员,研究方向为区域经济高质量发展。

党的二十大报告提出，"着力扩大内需，增强消费对经济发展的基础性作用和投资对优化供给结构的关键作用"。中央经济工作会议要求，着力扩大国内需求，把恢复和扩大消费摆在优先位置。国际消费中心城市已经成为中心城市资源聚集、消费凝聚、对外服务的直接体现。西安加快建设国际消费中心城市，发挥消费集聚辐射功能，对于西安持续优化消费环境、培育壮大新型消费、提升消费产业发展质量、拓展国内国际消费市场等方面具有重要意义。2021年7月，经国务院批准，上海、北京、广州、天津、重庆率先开展国际消费中心城市培育建设。为对标西部试点城市重庆，且与其余未入选的国家中心城市进行比较，本文首先分析西安建设国际消费中心城市的基础优势与瓶颈不足，其次进行重庆、成都、武汉、郑州、西安5个发展中城市的城市竞争力评价，以找出西安建设国际消费中心城市的制约因素和推动力，最后提出可行的建设路径和策略。

一　西安建设国际消费中心城市的基础优势

（一）基础条件好

伦敦、纽约、巴黎、东京、迪拜、新加坡等世界顶级的国际消费中心城市发展经验表明，城市本身的经济社会发展水平对于消费中心的形成作用重大，城市经济发展综合实力提升，有利于夯实消费市场基础。本文从经济发展、高端供给链、城市知名度3个方面出发分析西安建设国际消费中心城市的基础。在副省级城市与9个国家中心城市中，西安经济发展综合实力较强，为国际消费中心城市建设打造了较好的基础条件。

1. 科创"双中心"建成，驱动经济发展提质加速

2023年1月西安市获批建设"综合性科学中心"和"科技创新中心"，成为全国第四个"双中心"城市。西安市实施创新驱动发展战略，加大研发投入力度，快速提升科技创新能力。2022年，西安市全社会研发经费投入强度为5.18%，位居副省级城市第2，全球"科技集群"排

名跃升至第 22 位，全球科研城市百强榜排名上升至第 29 位。依托秦创原创新驱动平台，西安市城市科学辐射功能迈入新阶段，2022 年，培育入库科技型中小企业 1.23 万家，促进全市技术合同成交额增长 20%。科创"双中心"建成，带动西安市经济发展步伐加快，实现了追赶超越，2022 年西安市 GDP 为 11486.51 亿元，居全国城市百强榜第 22 位，较上年上升2位。[①]

2. 支柱产业倍增壮大，高端供给链加快培育形成

西安聚焦产业转型，培育扩规机器人、卫星应用、大数据与云计算等新兴产业，倍增发展电子信息、汽车、航空航天、高端装备等支柱产业。2022 年 1~11 月，西安市支柱产业产值增长 27.1%，占规上工业总产值的比重达到 86%，拉动规上工业增加值增速连续 8 个月保持 15 个副省级城市及 9 个中心城市第 1，从而推动西安市新能源汽车、3D 打印等中高端产品供给能力提升，逐步培育形成高端供给链。2022 年，西安市新能源汽车产量比上年增长 2.8 倍，新能源汽车产量突破 100 万辆、占全国的 14.1%，位居全国第 1，3D 打印设备、单晶硅、集成电路圆片产量分别增长 76.0%、1.3 倍、67.8%，闪存芯片、单晶组件市场占有率位居全球第 1。

3. 城市综合能级持续提升，打造热门城市 IP

西安借助十四运会"办一次会，兴一座城"，着力补短板、强功能、提品质，依托《关中平原城市群建设"十四五"实施方案》《西安都市圈发展规划》，加快国家中心城市建设步伐，轨道交通"米"字形运营骨架网全面形成，入选国家智能建造试点城市，获评为全国绿色出行考核达标城市，城市综合能级持续提升，有力支撑文旅行业复苏、繁荣，2022 年，西安市文旅业的复苏速度、繁荣程度位居全国前列，同时，依托深厚文化底蕴，丰富历史资源，融入各种文创"潮物"，西安多次登上"中国城市文化创意指数排行榜"前 10，成为全国文化旅游核心城市。同时，聚焦创意产业等文化

---

① 本章未进行特殊说明的数据均来源于西安市统计局网站。

新业态，引进 LPL、KPL 等顶级职业联赛，依托电竞产业打造热门城市 IP。2023 年 1~2 月，西安市文化产业蓬勃发展，营业收入同比增长 27.7%，增速较去年同期约提高 42 个百分点。

（二）消费潜力大

西安市消费市场较快恢复，居民收入和财富稳步增长，并不断优化消费环境，构建了一个潜力巨大的国际消费市场，有利于西安国际消费中心城市建设。

1. 网上消费持续发力，消费市场稳健复苏

西安市加快发展社区团购、线上购物等新业态。2022 年，西安市限额以上网上商品零售额达 759.46 亿元，比上年增长 10.1%，2015~2022 年，网上消费年均增速近 35%（见图 1）。网上消费持续发力，带动消费市场稳健复苏，2022 年，西安市社会消费品零售总额为 4642.11 亿元，比上年下降 5.2%，降幅较前三季度收窄 1.1 个百分点，2023 年一季度，西安市社会消费品零售总额 1260.02 亿元，恢复至 2019 年同期水平的 1.1 倍，同比增长 10.1%，增速是 2019 年同期增速的 1.8 倍。2023 年元旦期间，西安市消费市场加速回暖，消费力明显复苏，市重点监测的 53 家商贸流通企业共实现销售额 2.07 亿元，同比增长 52.89%，其中重点监测餐饮企业也较上年增长 3.5 倍。2023 年春节期间，西安举办六大主题 1500 余场次"西安年"系列活动，让西安年文化 IP 充分彰显，带动消费市场恢复进程加快，15 家重点旅游景区累计接待游客 227.79 万人次，同比增长 160%，恢复至 2019 年同期水平。

2. 居民财富稳步增长，消费市场潜力巨大

2022 年，西安全体居民人均可支配收入达 40214 元，收入水平高于全国（36883 元）3331 元，西安市居民收入稳步增长，加速居民财富积累。12 月末，西安市金融机构人民币存款余额 31428.29 亿元，已突破 3 万亿元大关，成为全国第 12 的"有钱"城市。2023 年第一季度，西安居民人均可支配收入为 11278 元，收入水平高于全国（10870 元）408 元，实际增长 5.4%，高于全国 1.6 个百分点。随着西安市财富的积累，其消费能力也会

图1　2015～2022年西安限额以上网上商品零售额及其增速

数据来源：《西安统计年鉴2022》、西安市统计局和国家统计局数据库。

相应提高，再加上，西安市人口平均年龄37.1岁，低于全国平均年龄1.7岁，年轻的城市基因给城市消费带来了广阔的市场前景。

3. 消费环境不断优化，消费繁荣度大力提升

近年来随着城市的快速扩张和消费行为的转变，西安重点打造商业综合体新模式，城市商业综合体进入发展快车道，全球范围内第二家高端百货奢侈品大商场SKP-S在西安开业，2021年，西安新开27座购物中心，总面积超过200万平方米，共开业各类首店品牌212家，其中国内首店达到9家，西北首店139家。西安市运用"互联网+"思维，通过云直播、微视频等方式，大力发展智慧旅游等新业态，打造了失恋博物馆、大雁塔音乐喷泉等众多"网红景区"及景小宝、游陕西等互联网智旅产品，并配合线上营销，构建了数字文旅产品生态圈，2021年西安入围多个全国热门微度假、露营城市榜单。根据《2022新一线城市商业魅力榜》，西安市消费繁荣度大力提升，城市商业魅力在15座新一线城市中稳居前5。

（三）国际化水平较高

1. 加速建设西安都市圈，打通国内国际双循环

2022年，西安都市圈发展规划获批，西安—咸阳一体化进程和西渭融合发展深入推进，多城协同抱团打通国内国际双循环，发挥带动辐射效应，成为保障全球供应链稳定的重要力量，同时，西安都市圈文旅资源规模优势显现，立足多城文旅资源禀赋的差异性和互补性，结合文旅产业发展实际，打造精品旅游线路和湖城一体、古今辉映的城市文旅品牌，与西安共建世界级旅游目的地，集中释放文旅带动消费的优势。

2. 聚力建设国际交通物流枢纽，打造内陆改革开放高地

西安国际性综合交通枢纽、国际航空枢纽加快建设，全国首个临空会展中心开馆运营，成为连接中亚、西亚、南亚，辐射欧洲腹地的国际物流大通道，内陆开放高地效应进一步凸显。2022 年，中欧班列长安号成功开行跨里海、黑海班列，全年开行 4639 列，同比增长 20.8%，核心指标稳居全国第 1，对"一带一路"沿线国家进出口增长 39.0%，西安市（含西咸新区直管区企业）进出口总值 4474.1 亿元，较去年增长 0.8%，入选全国 2022年"一带一路"建设案例。

3. 积极开拓海外新赛道，初步确立向西开放的国际合作前沿城市引领地位

西安市加快建设国际港务区、自由贸易试验区（陕西）等平台，积极开拓海外新赛道，构筑起内陆地区效率高、成本低、服务优的国际贸易通道，探索内陆与"一带一路"沿线国家经济合作和人文交流新模式，成为国家向西开放的战略支点。以国际港务区为例，抢占"跨境电商＋直播模式"新风口，以阿里巴巴、京东等电子商务龙头企业为引领，聚集各类电商企业 2500 余家、人才 5000 多人，实现网络交易额超过 2000 亿元，构建完整跨境电商产业生态。

二 西安建设国际消费中心城市的瓶颈与不足

本文对西安与重庆、成都、郑州、天津 4 个国家中心城市进行横向对比，分析西安国际消费中心城市建设存在的瓶颈和不足。

（一）经济规模一直较小

2015~2022 年，西安市地区生产总值年均增速为 10.25%，在 9 个国家中心城市中排名第 1，增速比郑州高 1.76 个百分点，但仍旧没有追上郑州，比郑州晚两年迈入万亿级俱乐部。2022 年，西安市实现地区生产总值 11486.51 亿元，在 9 个国家中心城市中排名第 9，体量不足成都的 60%、重庆的 40%，经济规模偏小（见图 2）。2023 年第一季度，西安市实现地区生产总值 2834.11 亿元，在 9 个国家中心城市中排名第 9，同比增长 7.6%，增速在 9 个国家中心城市中持续排名第 1，但体量上与其他城市的绝对差距还是很大。①

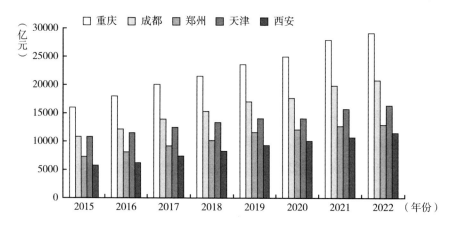

图 2 2015~2022 年西安与重庆、成都、天津、郑州的地区生产总值情况比较

数据来源：各市统计年鉴、各市统计局和国家统计局数据库。

（二）消费市场扩张有限

2022 年，西安市社会消费品零售总额为 4642.11 亿元，在 9 个国家中心城市中排名第 8，仅比天津市高，与北京、上海等市差距较大。同为西部

---

① 西安在 9 个国家中心城市中的排名为本文分别对北京、上海、广州、重庆、成都、武汉、天津、郑州等其余 8 个城市的地区生产总值进行排序后得到，数据来源于国家统计局数据库及各市统计局，下文同。

城市的重庆、成都社会消费品零售总额分别是西安市的 2.99 倍、1.96 倍，且相对差距不断扩大，2015 年重庆、成都社会消费品零售总额分别是西安的 2.25 倍、1.45 倍（见图 3）。2015~2019 年西安市社会消费品零售总额增速维持在 6%~11%，市场规模不断扩大。2020~2022 年，西安社会消费品零售总额出现下降，特别是 2022 年，西安市社会消费品零售总额比上年下降 5.2%（见图 4），增速在 9 个国家中心城市中排名第 8，下降幅度仅次于上海，增速低于排名第 9 的天津和排名第 7 的郑州。2023 年第一季度，西安市实现社会消费品零售总额 1260.02 亿元，同比增长 10.1%，增速虽然在 9 个国家中心城市中排名第 1，但由于体量较小，增量仍较小。总之，西安市消费规模扩张有限，国际消费中心城市建设面临"前后夹击"的不利局面。①

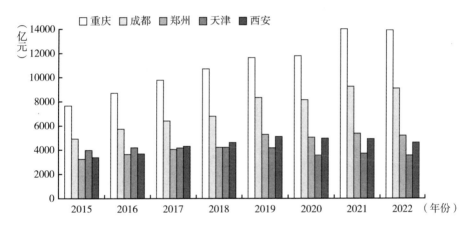

图 3　2015~2022 年西安与重庆、成都、天津、郑州的
社会消费品零售总额情况比较

数据来源：各市统计年鉴、各市统计局和国家统计局数据库。

---

① 2021 年西安市社会消费品零售总额同比增速 0.8%，是按可比口径（2021 年统计口径）计算，该数据与据据 2021 年、2020 年总额数据计算的结果不一致，以及 2021 年西安社会消费品零售总额占全国比重出现大幅下降的原因，是统计口径的改变：2015~2016 年由于西安市社会消费品零售总额的数据仅为西安市的数据；2017 年由于西安市代管西咸新区，2017~2020 年西安市社会消费品零售总额的数据是包含西咸新区的口径；2021 年 7 月，西咸新区被划分为两部分——西咸新区直管区和西安（西咸新区）—咸阳共管区，从 2021 年 8 月起，消费数据为不包含西咸新区共管区口径。

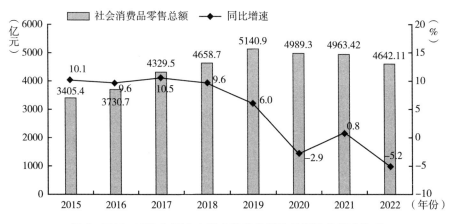

图4 2015～2022年西安市社会消费品零售总额及其增速情况

数据来源：国家统计局数据库及各市统计局。

（三）消费意愿处于较低水平

2022年，西安市人均可支配收入为40214元，高于全国水平（36883元），但人均消费支出（24051元）却低于全国平均水平（24538元），且西安人民消费水平比上年下降3.1%，人均消费支出在9个国家中心城市中排名第9，同时，西安市人均消费支出占人均可支配收入的比重处于较低水平，仅为59.81%（见图5），也远低于全国平均水平（66.53%），在9个国家中心城市中排名第7，仅高于北京、上海。西安不仅人均消费支出最低、增速转负，消费意愿也处于较低水平，是9个国家中心城市中最"不能花钱也不敢花钱"的城市。

三 西安国际消费中心城市的竞争力评价

2021年7月，经国务院批准，上海、北京、广州、天津、重庆率先开展国际中心城市培育建设。为对标西部试点城市重庆，且与其余未入选的国家中心城市进行比较分析，本文对重庆、成都、武汉、郑州、西安5个发展

图5 2015～2022年西安市人均消费支出及其占人均可支配收入的比重情况

数据来源：国家统计局数据库及各市统计局。

中城市进行城市竞争力评价，以找出西安建设国际消费中心城市的制约因素和推动力。

（一）评价指标体系

目前对于国际消费中心城市指标体系构建与评价的研究较少，且多以北京、珠三角等发达城市为研究对象，以城市发展水平维度的指标为主，对于中西部发展中城市来说适用性不足。本文基于发展中城市（以西安为例）角度的国际消费中心城市应具备的特征内涵和形成机制，构建了一个对于中西部发展中城市来说适用性较高的指标评价体系，并进行城市竞争力评价，为提出可行的建设路径和策略提供经验数据支撑。

本文基于发展中城市（以西安为例）角度的国际中心城市应具备的内涵及形成机制，从消费资源集聚力、消费风向引领力、消费环境竞争力、消费需求支撑力4个方面构建一级指标，从消费集聚力、产业集聚力、首店引领力、城市吸引力、基础设施支撑力、消费者满意度、商业金融实力、旅游贸易能力、文化宜居魅力、居民收入支撑力、消费实现力11个方面构建了13个指标（见表1）。

表1 发展中城市角度的国际消费中心城市的竞争力评价指标体系

一级指标	二级指标	三级指标
消费资源集聚力	消费集聚力	社会消费品零售总额(万元)
	产业集聚力	第三产业增加值占 GDP 的比重(%)
消费风向引领力	首店引领力	首店数量占 5 市总首店数量的比重(%)
	城市吸引力	旅游人数(万人次)
消费环境竞争力	基础设施支撑力	城市轨道运营线路里程(公里)
		城市数字化指数
	消费者满意度	消费者满意度指数
	商业金融实力	金融业增加值(亿元)
		固定资产投资(亿元)
	旅游贸易能力	进出口总值(亿元)
	文化宜居魅力	(常住)总人口(万人)
消费需求支撑力	居民收入支撑力	人均可支配收入(万元)
	消费实现力	人均消费支出(万元)

（二）评价方法

本文选用相较于以往研究的熵值法更为客观的纵横向拉开档次法。构建的指标体系中均为正向指标，首先，对各指标进行标准化处理，处理方法如下：

$$x_{ijk}^* = \frac{x_{ijk} - \min_j}{\max_j - \min_j} \qquad (公式1)$$

其中：x_{ijk} 表示第 i 个城市第 j 个指标第 k 年的值，x_{ij}^* 表示标准化后的数值，$\min_j (j=1，2，\cdots1，m)$ 表示第 j 个指标的最小值，$\max_j$ 表示其最大值。

其次，构造标准化值的数据矩阵 A，并计算对称矩阵 H，公式如下：

$$A = \begin{pmatrix} x_{111} & \cdots & x_{1j1} \\ \vdots & \ddots & \vdots \\ x_{11k} & \cdots & x_{1jk} \\ \vdots & \ddots & \vdots \\ x_{i1k} & \cdots & x_{ijk} \end{pmatrix}, H = A^T A \qquad (公式2)$$

对称矩阵 H 的最大特征值对应的特征向量即权重向量 w，根据权重矩阵及标准化矩阵，就可计算 5 个城市的国际消费中心城市竞争力评价值。

（三）评价结果

首店数量数据来源于《2022 年中国首店经济高质量发展报告》，城市轨道运营线路里程数据来源于《城市轨道交通年度统计和分析报告（2015～2022）》，消费者满意度数据来源于《中国消费者协会城市消费者满意度测评报告（2015～2022）》，其余数据来源于重庆、成都、武汉、郑州、西安 5 个城市的统计局网站及其历年统计公报、统计年鉴，部分缺失数据使用差值法、增速估值法补齐。综上，运用纵横向拉开档次法，得到 2015～2022 年重庆、成都、武汉、郑州、西安 5 个城市的国际消费中心竞争力评价结果，如表 2 所示。

表 2　2015～2022 年重庆、成都、武汉、郑州、西安 5 个城市的
国际消费中心城市竞争力评价结果

年份	重庆	成都	武汉	郑州	西安
2015	77.65	71.54	68.80	63.19	64.94
2016	79.52	73.72	69.56	66.18	66.45
2017	81.73	76.47	71.48	67.55	68.40
2018	83.70	79.28	74.20	69.75	70.59
2019	86.22	81.75	75.87	71.69	71.55
2020	85.56	84.06	75.79	73.13	72.29
2021	88.61	87.11	77.47	74.57	73.36
2022	89.74	87.12	79.22	74.26	73.20

2022 年，重庆、成都、武汉、郑州、西安 5 市的国际消费中心城市竞争力评价值依次为 89.74、87.12、79.22、74.26 和 73.20。西安申请第二批国际消费中心城市过程中，面临的最大竞争对手就是成都，成都国际消费中心城市竞争力评价值从 2015 年的 71.54 上升至 2022 年的 87.12，与西部唯一的国际消费中心城市重庆的差距很小，在第二批国际消费中心城

市竞争中处于绝对优势地位。武汉、郑州、西安 3 个城市竞争力相差不大，2015～2018 年西安竞争力水平还高于郑州，2019～2022 年被郑州反超。

西安要想在第二批国际消费中心城市申请中脱颖而出，必须尽快补齐短板，发挥优势，故本文从消费资源集聚力、消费风向引领力、消费环境竞争力、消费需求支撑力 4 个方面时西安与郑州、武汉进行对比分析，以找出西安建设国际消费中心城市的制约因素和推动力。2015～2022 年武汉、郑州、西安 3 个城市竞争力分项评价结果如表 3 所示。

表3　2015～2022 年武汉、郑州、西安 3 个城市竞争力分项评价结果

年份	消费资源聚集力			消费风向引领力			消费环境竞争力			消费需求支撑力		
	武汉	郑州	西安	武汉	郑州	西安	武汉	郑州	西安	武汉	郑州	西安
2015	11.35	9.83	11.91	11.33	9.88	10.63	37.70	36.51	34.81	8.41	6.97	7.59
2016	11.77	10.52	12.29	11.44	9.89	10.70	38.08	37.40	35.28	8.26	8.36	8.18
2017	12.19	10.97	12.49	11.59	9.95	10.87	39.06	38.16	36.53	8.64	8.46	8.51
2018	12.65	11.49	12.53	11.74	10.02	11.21	40.45	39.37	38.29	9.37	8.86	8.56
2019	13.03	12.09	12.75	11.90	10.11	11.50	41.08	40.20	38.47	9.86	9.29	8.83
2020	12.95	11.94	12.68	11.29	10.60	10.93	41.77	41.37	39.91	9.78	9.22	8.77
2021	13.03	12.07	12.67	11.11	10.24	11.01	43.27	42.40	40.66	10.05	9.86	9.01
2022	12.97	11.88	12.26	11.77	9.74	10.55	44.16	42.59	41.23	10.32	10.05	9.16

一是在消费资源聚集力、消费风向引领力方面，西安与武汉差距很小，且高于郑州，有一定的竞争优势；二是在消费环境方面，西安虽然与武汉有较大差距，但与郑州差距不大，具体来看，2022 年，西安市的基础设施支撑力、商业金融实力略低于郑州市，制约着西安国际消费中心城市建设；三是在消费需求支撑力方面，西安与武汉、郑州差距较大，人均可支配收入和人均消费支出都低于其他两个城市；四是从路径选择上来看，西安走文化宜居路径的优势明显，在受疫情影响的情况下旅游人数和人口总数仍保持较高水平，走旅游贸易路径的话，基础设施支撑上还有所不足。

四 西安建设国际消费中心城市的提升路径

对标第一批 5 个试点城市及成都、武汉、郑州等竞争力强的城市，西安国际消费中心城市建设存在诸多问题和不足，基于形成机制分析、竞争力评价，本文提出西安建设国际消费中心城市及争取第二批试点城市可行的路径和策略。

（一）释放消费新动能，塑造魅力城市

1. 创建消费新场景，塑造西安历史文化魅力

立足丰富的历史资源、文化资源、美食资源，《西安国际消费中心城市培育创建三年行动方案（2022—2024 年）》提出培育"三都四城"城市品牌。目前西安市打造了以"大唐不夜城"为代表的众多历史文化"IP"、以"回民街"为代表众多美食街区，同时拥有众多的网红购物街区，但缺乏一个有聚合力、吸引力、辐射力的时尚 IP。消费背后的文化繁荣能够为国际消费中心城市建设提供源源不断的动力，要将城市的历史、文化遗产、自然遗产以及现代商业、文创产业有机融合起来，通过链接科技、数字等技术手段，打造历史文化街区的"科技感"，通过"长安十二时辰"等历史文化活动演出互动、影视 IP 打造等文化符号塑造，打造时尚购物街区的"文艺范"，打造历史与时尚融合发展的新 IP，创建消费新场景，塑造西安历史文化魅力。

2. 构筑消费新生态，塑造西安健康幸福魅力

发挥西安"北跨"战略优势，建设融合生态、绿色、健康、教育、休闲、文化等多种需求的新型城区，创新开展养老服务模式试点，推出健康养老旅游线路，加大教育公平供给力度，提升公园街区品质，着力挖掘医疗康养、体育会展、艺术欣赏、旅游休闲、信息网络等服务型消费，构筑物质消费、知识消费、文化消费、精神消费联动融合、协同发展的消费生态体系，塑造西安健康幸福魅力。

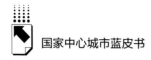
3. 创造消费新热点，塑造西安科技现代魅力

首店对于区域经济发展产生积极影响，现阶段首店建设目标已经从追求"数量"演变到追求"质量"，所谓的首店不单是指在行业里有代表性的品牌或新的潮牌在某一区域开的第一家店，也是指创新经营业态和模式形成的新店，创新首店更能够引领消费新方向、扩大国际影响力。2023 年 1 月西安市获批建设"综合性科学中心"和"科技创新中心"，成为全国第四个"双中心"城市，"科技创新"是西安重要的名片之一，依托"双中心"城市建设，在丝路科学城，推动比亚迪、隆基、中兴等高科技龙头企业，打造集科技、生产、生活、体验于一体的新旅游业态，提升消费的沉浸感、场景感、绿色化，创造消费新热点，引领消费新潮流，塑造西安科技现代魅力。

（二）创新消费新环境，营造美好城市

1. 完善消费政策，营造西安开放便利氛围

探索便捷高效的快速通关模式和一站式窗口服务，吸引规模化国际消费者，整合优化出口商品申报检疫等相关政策和流程，缩短进口商品流转周期，构筑起内陆地区效率高、成本低、服务优的国际贸易通道，建立消费者投诉快速反应机制，优化消费服务环境，打造完善自由便利的国际消费政策体系。营造符合世界标准的、开放便利的消费营商环境。

2. 补齐消费短板，营造西安畅通美丽印象

西安市的基础设施支撑力、商业金融实力略低于郑州市，制约着西安国际消费中心城市建设。要培育数字、文旅融合发展的产业生态，加快 5G、工业互联网、物联网、人工智能等数字经济领域发展，补齐基础设施短板。要强化优势和资源支撑，创新产业链供应链金融产品和服务，推动产业链资金链深度融合，补齐商业金融短板。要贯彻习总书记提出的创新、协调、绿色、开放、共享的发展理念，统筹产业体系、生态保护、公共交通、文化旅游、生活就业等综合布局，建设创新城市、人文城市、绿色城市、枢纽城市、智慧城市，全方位实现城市美化、洁化、绿化、畅通化、智能化、高效化，营造西安畅通美丽印象。

3.创新宣传推广，营造西安国际网红形象

充分运用抖音、快手、微博等新媒体，广泛发动人民群众参与城市IP的推荐和评选，宣传和推广西安的历史IP、美食IP、时尚IP，带动城市"出圈"。创新性建设和运维面向全球的国际消费运作平台，举办服贸会、时装周、旅游节、艺术节、电竞比赛等国际赛事和活动，提高城市国际知名度，营造西安国际网红形象。加快推进跨境电商综试区线上综合服务平台和线下产业园区建设，鼓励海外仓企业在"一带一路"沿线国家和地区布局，在国际上强化"西安"元素，提升西安国际影响力，吸引国际消费者。

（三）凝聚消费新力量，打造引领城市

1.调整消费结构，打造西安高端引领潮流

消费尤其高层次消费需要一定的技能、涵养和品格，高层次人才的聚集带来多元、开放、包容的消费氛围，引领形成高端消费潮流，也需要高层次的产品和服务供给支撑。着力培养新经济产业创新的政策体系、平台生态、人才生态，以产业升级和经济转型促进高层次人才聚集，依靠人才力量带动本地消费升级，调整消费结构，打造西安引领消费潮流的新高地。引导生产要素流向新业态新模式发展领域，打造扩大引领新消费、促进产业高端化的新载体，促进医疗、智能、健康、教育等方面高端消费产品和服务供给升级，依靠供给力量释放新消费潜能，形成新型消费引领潮流。

2.提升消费能级，打造共建共享西安都市圈

积极推进西安都市圈、关中平原城市群消费协同发展，实现基础设施互联互通、公共服务共建共享、集群消费网错位发展，立足多城文旅资源、消费层的差异性和互补性，实行以汉唐文化为符号的文旅产品和服务组团营销，联动形成区域消费发展新格局，发挥西安引领带动辐射效应，打造西安共建共享都市圈。

3.聚焦消费核心，打造西安国际消费先行区

引进知名品牌旗舰店、连锁店、体验店和"首店"，重点布局于"钟楼·大南门"和"小寨·大雁塔"商圈、大唐不夜城等核心商圈，着力提

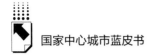
升核心区的商业首位度，打造集演艺、美食、新零售于一体的文旅消费新地标，打造西安国际消费先行区。创新消费监测评价制度，密切跟踪消费新业态、新模式、新载体发展动态，探索建立与国际消费中心城市相适应的消费统计监测体系，打造新消费新业态监管机制创新试验区。

参考文献

钟陆文：《珠三角适宜消费城市评价研究》，《经济地理》2018 年第 6 期。

郭馨梅、于海琳：《北京建设国际消费中心城市影响因素实证研究——基于 VECM 模型》，《商业经济研究》2022 年第 2 期。

汪婧：《基于熵权法的国际消费中心城市竞争力评价》，《商业经济研究》2020 年第 21 期。

黄庆华、向静、周密：《国际消费中心城市打造：理论机理与现实逻辑》，《宏观经济研究》2022 年第 9 期。

张裕东、姚海棠：《人口集聚影响居民信息消费的溢出效应与集聚效应》，《经济问题探索》2021 年第 2 期。

B.25
基于郑州城乡居民消费行为分析视角的扩大内需研究[*]

辛绢　聂蓓[**]

摘　要： 扩大内需是充分发挥超大规模市场优势、构建双循环新发展格局、把握未来发展主动权的战略性布局和先手棋。本研究基于郑州城乡居民消费行为分析发现：2017~2021年郑州城乡居民收入水平持续增长、消费意愿明显提升、消费结构不断优化、恩格尔系数稳定在相对富裕水平、生活质量显著提高，但也存在收入增长不快、消费能力不强、整体消费结构不优和差距依然较大等问题，只有统筹供给侧与需求侧，从多渠道增加居民收入、不断完善社会保障制度、全面促进消费、加大政策支持力度等方面增强消费能力、改善消费条件，才能不断释放经济增长的内需潜力。

关键词： 郑州　消费　收入　居民　城乡

2022年，党的二十大报告和中央经济工作会议提出，要"着力扩大国内需求，把恢复和扩大消费摆在优先位置"。扩大内需是充分发挥超大规模市场优势、构建双循环新发展格局、把握未来发展主动权的战略性布局和先

---

* 河南省2023年度社科联调研课题"新发展阶段提升郑州国家中心城市能级策略研究"（项目编号：SKL-2023-2593），郑州市2023年度社会科学调研课题"郑州与其他国家中心城市的竞争力比较研究"（项目编号：ZSLX2023507）的研究成果。

** 辛绢，博士，郑州师范学院国家中心城市研究院讲师，研究方向为城市发展、城市生态；聂蓓，郑州师范学院助教，研究方向为金融统计。

手棋。现阶段，我国经济发展仍面临需求收缩、供给冲击、预期转弱三重压力，消费需求和消费信心受到严重影响，居民消费行为发生巨大变化。郑州作为国家中心城市、河南省省会，是全国城镇体系的塔尖城市，集中了空间、人口、资源和政策上的优势，要勇于挑起扩内需促消费的大梁，发挥中流砥柱作用。深入研究其城乡居民消费行为有助于准确把握消费需求和动机，判断未来消费市场发展趋势，预见未来企业发展动向，有助于充分挖掘国内市场潜力，重振居民消费信心，实现经济社会更高质量发展。

一 郑州城乡居民消费行为现状分析

在百年未有之大变局和复杂严峻国内外形势的深刻影响下，郑州始终坚持"以人民为中心"，聚焦民生福祉，在发展中保障和改善民生，多渠道增加居民收入，增强消费能力，补齐民生短板，人民生活持续改善，人民群众幸福感、获得感不断增强。

（一）城乡居民可支配收入持续增长

自国家支持郑州建设国家中心城市以来，郑州经济不断实现新的跨越，人民生活水平显著提升。2021 年郑州居民人均可支配收入达到 39511 元，是 2017 年的 1.29 倍，高于全省居民人均可支配收入 12700 元，高于全国居民人均可支配收入 4383 元。从城镇和农村居民人均可支配收入来看，2021年城镇居民人均可支配收入为 45246 元，是 2017 年的 1.26 倍；农村居民人均可支配收入为 26790 元，是 2017 年的 1.34 倍（见图 1）。2017~2021 年，城乡居民人均可支配收入比值呈逐年下降的趋势，2021 年城乡居民人均可支配收入比值达 1.64，比 2017 年缩小 0.16，说明近 5 年来农村地区经济发展良好，城乡居民收入倍差逐步缩小。

从各种收入来源来看，2021 年，城乡居民的人均工资性收入分别为29798.24 元和 17073.45 元，占人均可支配收入的比重分别为 65.85 和63.73%，远高于其他收入来源，是郑州居民收入的主要来源。

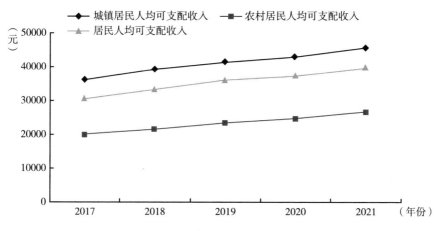

图1 2017～2021年郑州居民可支配收入情况

数据来源：郑州市统计局。

（二）城乡居民消费意愿明显提升

随着居民收入水平的稳步提升，居民消费能力也相应提高，消费支出不断增长。2021年郑州居民人均生活消费支出为25962元，是2017年的1.21倍，高于河南人均生活消费支出7571元，高于全国人均生活消费支出1862元。具体来看，2021年城镇居民人均生活消费支出为28710元，是2017年的1.15倍；农村居民人均生活消费支出为19868元，是2017年的1.34倍（见图2）。2017～2021年城乡居民人均生活消费支出比值除2018年略高外，其余年份呈逐年减小的趋势，2021年达到1.41，比2017年缩小0.23，说明农村居民生活消费支出增长幅度大于城镇居民，城乡居民消费差距逐步缩小。

平均消费倾向即消费支出在可支配收入中所占的比例，反映了在一定的收入水平和社会环境下居民的有效消费水平。随着收入水平的不断提高，平均消费倾向将不断降低。2017～2020年，郑州城镇和农村居民消费倾向均呈现下降趋势，2021年略有升高，城镇和农村居民平均消费倾向分别达到63.45%和74.16%。与此同时，农村居民的消费倾向均高于城镇，但一直低于全国平均水平，表明城镇和农村居民都具有较大的消费潜力。

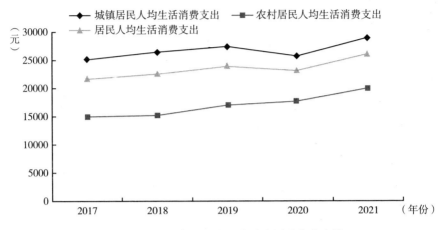

图 2　2017~2021 年郑州居民人均生活消费支出情况

数据来源：郑州市统计局。

（三）城乡居民消费结构不断优化

生存类消费情况。2017 年城镇居民八大类消费支出中，食品烟酒支出所占比重最大（27.76%），其次是居住支出（21.06%）；2018~2021 年，居住消费暴涨，所占比重最大，介于 27.50%~32.31%；其次是食品烟酒支出，所占比重是介于 22.11%~24.99%，这可能是由于 2017 年郑州房价上涨以及城镇化引起的真实住房需求不断增加。其余消费支出比重保持相对稳定。2017~2020 年农村居民八大类消费支出中，居住消费所占比重最大，介于 25.78%~29.45%，其次是食品烟酒支出，介于 22.00%~24.17%。2021 食品烟酒支出增加明显，比重达到 25.43%；而住房消费居第 2 位，比重为 21.76%（见表 1、表 2）。

发展享受类消费情况。2020 年城镇居民的交通、通信及服务，教育及文化娱乐类消费支出达到最低值，2021 年较 2020 年均有所增长，教育及文化娱乐消费支出比重较 2020 年上涨 3.3 个百分点，医疗、保健及服务类消费支出比重则相对稳定。2021 年农村居民发展享受类消费支出及其比重较 2020 年均有所上升，教育及文化娱乐和医疗、保健及服务所占比重增长明显，分别比 2020 年上涨了 3.97 个和 1.80 个百分点，这说明随着经济社会的发展，城乡居民消费结构都在不断升级。

表1　2017~2021 年郑州城镇居民生活消费支出占比情况

单位：%

年份	食品烟酒	衣着	居住	生活用品及服务	交通、通信及服务	教育及文化娱乐	医疗、保健及服务	其他商品及服务
2017	27.76	10.69	21.06	9.05	11.59	11.13	6.31	2.40
2018	22.11	7.40	30.05	7.10	11.30	11.11	8.23	2.69
2019	23.23	6.96	29.31	6.16	10.99	11.81	8.38	2.78
2020	24.99	6.52	32.31	5.80	10.46	9.34	8.39	2.19
2021	24.78	7.12	27.50	6.26	11.50	12.64	7.93	2.27

数据来源：河南省统计局。

表2　2017~2021 年郑州农村居民生活消费支出占比情况

单位：%

年份	食品烟酒	衣着	居住	生活用品及服务	交通、通信及服务	教育及文化娱乐	医疗、保健及服务	其他商品及服务
2017	22.00	7.74	26.16	6.59	17.43	9.46	8.16	2.46
2018	23.97	7.15	29.45	6.40	13.75	8.64	8.55	2.08
2019	24.17	7.11	25.78	5.78	16.87	9.07	8.84	2.32
2020	24.07	6.27	28.63	6.08	15.69	7.33	9.50	2.40
2021	25.43	6.84	21.76	5.83	15.56	11.30	11.30	1.97

数据来源：河南省统计局。

（四）城乡居民恩格尔系数稳定在相对富裕水平

恩格尔系数用于表征居民消费支出中食品支出所占的比重，是衡量一个国家和地区人民生活水平和消费升级状况的重要指标。恩格尔系数越大，一个国家或地区就越贫困；反之，恩格尔系数越小，一个国家或地区就越富裕。根据联合国粮农组织的标准，恩格尔系数在 40%~50% 的为小康，在 30%~40% 的为富裕，小于 30% 的为最富裕。2018~2021 年，郑州城镇和农村居民恩

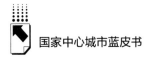

格尔系数均低于30%，总体呈现城镇居民恩格尔系数小于农村居民的趋势，这说明城镇居民家庭相对富裕，消费结构相对优化。2020年和2021年城镇、农村居民恩格尔系数均明显高于2018年和2019年，这可能是由于居民整体消费信心不足以及消费方式发生变化。与其他国家中心城市相比，郑州消费水平相对较低，这可能是跟其他城市食物种类较丰富，居民更加注重饮食品质有关。

（五）城乡居民生活质量显著提高

随着经济社会发展，城乡居民消费升级步伐加快，生活质量显著提高，主要表现在以下几方面。一是汽车、空调、移动电话等耐用消费品拥有量不断增多。2021年城乡居民平均每百户家用汽车拥有量为63辆和75辆，分别比2017年提高21.2%和47.1%；平均每百户空调拥有量为232台和191台，分别比2017年提高5.5%和33.6%；平均每百户移动电话拥有量为242部和295部，分别比2017年提高4.6%和11.3%。二是居住条件明显改善。随着老旧小区改造、公租房建设及农村危房改造的推进，城乡居民生活条件明显改善。2021年城乡居民钢筋混凝土或砖混材料结构住房的比重均达到99.8%，其中农村较2017年提高5.9个百分点。三是医疗和教育水平显著提高。随着健康中国战略的实施，县域医共体深入推进，城乡居民享有的公共医疗逐步提高。2021年社区卫生服务中心达297张，实有床位数达4095张，分别比2017年增加了1.0%和81.4%。城乡居民获得的教育服务水平明显改善。2021年"双减"改革强力推进，午餐供餐和课后延时服务实现城乡全覆盖；平均每万人拥有普通小学数量为0.77个，普通初中数量为0.32个，义务教育巩固率为109.08%。

二　郑州城乡居民消费行为现存短板

近年来，尽管郑州人民生活持续改善，消费意愿明显提升，消费结构逐步优化，与其他国家中心城市相比，仍然存在城乡居民收入增长不快、消费能力不强、整体消费结构不优、差距依然较大等问题，亟待改善。

1. 城乡居民收入增长不快

2020~2022 年郑州居民人均可支配收入增速显著放缓，三年平均实际增长 4.5%，相较于 2017~2019 年的平均增速（8.6%）降低了 4.1 个百分点。其中，城镇、农村居民可支配收入增速分别降低了 5.0 个和 2.2 个百分点。由于收入预期减弱，居民储蓄意愿明显增强，投资和消费更加谨慎，消费收缩较为严重。与此同时，郑州城乡居民的收入水平与其他国家中心城市相比也存在较大差距。2021 年郑州居民人均可支配收入在 9 个国家中心城市中仅高于西安和重庆，不及北京、上海、广州的 60%，武汉的 70%，排在第 7 位。其中城镇居民人均可支配收入在 9 个国家中心城市中仅高于重庆，居第 8 位；农村居民人均可支配收入在 9 个国家中心城市中仅高于重庆和西安，居第 7 位。

2. 城乡居民消费能力不强

2020~2022 年郑州城乡居民工作和收入的不稳定性和支出的不确定性增加，生活和消费方式发生巨大变化，消费逐步回归理性，消费意愿持续下降。为进一步挖掘消费潜力，提振消费信心，国家出台一系列政策措施，稳主体、促消费，助力经济增长。随着我国经济社会全面恢复常态化，促消费政策效应持续显现，消费市场加快恢复，居民消费倾向有所回升。但与其他国家中心城市相比，郑州居民消费能力仍然较弱。郑州居民人均生活消费支出在 9 个国家中心城市中仅高于西安和重庆，居第 7 位，其中城镇居民人均生活消费支出在 9 个国家中心城市中居第 9 位，农村居民人均生活消费支出在 9 个国家中心城市中居第 6 位；城乡居民的平均消费倾向在 9 个国家中心城市中分别居第 5 位和第 4 位，消费潜力巨大。

3. 城乡居民整体消费结构不优

消费结构即各类消费支出占总费用的比重，能够反映一个地区的整体经济发展水平。一般来说，发达地区食品、住房、衣着等生存型消费的支出比重较小，交通、娱乐、卫生保健等发展享受型消费的支出比重较大；反之，不发达地区生存型消费支出比重较大，发展享受型消费支出比重较小。从消费结构来看，2021 年，郑州城乡居民生存型消费支出所占比重为 67.2% 和 63.4%，发展享受型消费支出所占比重为 32.7% 和 36.5%，由此可以看出生存型消费仍占据主导地位，发展享受型消费发展不充分。

4. 城乡居民差距依然较大

随着城乡协调发展深入推进，我国仍存在发展不平衡、不充分的问题，城乡居民差距仍然较大，主要表现在以下几个方面。一是收入差距较大。近年来，虽然农村收入增速高于城镇，城乡居民收入差距逐步缩小，2021 年城乡居民人均可支配收入比值低至 1.64，但目前农村居民的收入水平仅相当于城镇居民 2013~2014 年的收入水平，比城镇居民落后 7~8 年。二是社会保障差距较大。目前，城镇的社会保障项目已相当完善，而农村的项目种类明显少于城镇，制度体系缺失严重，在医疗、养老、住房等方面仍未完全建立。三是财产差距较大。我国城乡居民财产差距逐步扩大，农民财产性收入远低于城镇居民。2021 年城镇居民家庭人均财产净收入为 6357.36 元，农村人均财产净收入为 1455.5 元，城乡之比扩大至 4.37∶1。四是消费水平差距较大。城乡居民收入水平差距逐步缩小，城乡居民消费差距也逐步缩小。2021 年城乡居民人均生活消费支出比值为 1.41，农村居民消费水平与城镇居民相差 7~8 年。

三 政策建议

随着经济社会发展，郑州作为国家中心城市、河南省省会，只有统筹供给侧与需求侧，从多渠道增加居民收入、不断完善社会保障制度、加大政策支持力度、全面促进消费等方面增强消费能力、改善消费条件，才能不断释放经济增长的内需潜力，更好发挥消费对经济发展的支撑作用。

（一）多渠道增加居民收入，增强居民消费能力

收入是民生之源，是激发居民消费欲望的根本因素，是实现高质量发展

的前提保障。消费作为终极产物，可以拉动经济增长，促进生产发展。一要坚持市场化就业与政府帮扶相结合，持续激励现有市场主体创造更多就业机会，通过零成本创业、零收费服务，完善创业补贴、创业担保贷款、减税降费等政策，鼓励重点群体自主创业，以创业带动就业，推动多渠道灵活就业。二要着力打造"互联网+就业"的公共服务就业模式，依托"云平台+就业""精准化+就业""一体化+就业"等各类线上服务平台，优化就业业务办理流程，为各类劳动者提供信息咨询、求职登记、招聘洽谈、业务办理等多位一体的一站式服务。三要在推进基本职业技能培训服务的基础上，充分发挥企业主体作用，完善终身职业技能培训制度，特别是要围绕社会需求，建立高技能人才培训基地、技能大师工作室、职业技能公共实训中心等，着力加强培训的针对性和有效性。四要分层次开展金融知识宣传培训，促使消费者树立正确的投资理财观念，增强金融风险鉴别能力和自我保护能力，同时鼓励金融机构向消费者提供多元化的投资、理财产品，不断增加其财产性收入。

（二）不断完善社会保障制度，着力保障和改善民生

马斯洛需求层次理论表明，人们只有在满足了生理需求和安全需求后，才能追求其他更高层次的需求。社会保障体系作为现代经济社会的"减震器"，不仅能消除居民的后顾之忧，促进社会和谐稳定，还能改善居民消费预期，持续拉动有效需求。一要统筹城乡社会保障制度。充分考虑各类社会人群特点，整合城乡社会保险制度，在筹资机制、待遇保障、经办管理等方面统一城乡社会保障制度，尤其要加强对农村社会保障的财政支持，完善各类基础保险制度，缩小城乡社会保障差距，提高社会保障水平。二要大力做好参保扩面提升工作。聚焦未参保人员、灵活就业人员、农民工、新业态人员等重点群体，持续开展社保政策宣讲解读活动，扩大社保政策的公众知晓率，精准施策，进一步扩大社保覆盖面，实现应保尽保。三要推动社保数字化转型。聚焦网办帮办，健全"网上社保大厅+政务服务网+微信公众号+手机App+自助服务终端+社保机器人"多样化的线上服务通道，推进网办事

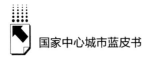

项全面网上运行，提高数字化水平，真正实现"网上能办的掌上也能办""零跑腿、零感知、零打扰"的社保模式。

（三）全面促进消费，促进消费提振升级

2022年10月，党的十九届五中全会提出要"全面促进消费"，凸显了消费在经济社会发展中的重要性，为今后一段时期优化经济结构、蓄积发展动能指明了重要的发力点。一要提升传统消费。持续推动新能源汽车、家具、家电等大件商品下乡活动，不断完善农村数字化流通体系、物流配送体系和商业设施，推动农村消费提质升级；持续推动餐饮业数字化转型，积极与电商、直播等合作，拓展线上盈利渠道，同时鼓励餐厅在严格把控食品质量的同时，进行场景化升级，增强消费体验。二要大力发展消费新业态、新模式。完善"露营+"商业模式，细分需求人群，精化供需匹配，促进露营旅游向"精致露营"加速发展；依托跨境电商综合试验区，大力发展跨境电商新零售业，鼓励电子商务企业与海关部门协同合作，不断简化报关程序，促使进出口更便捷高效。三要培育壮大特色消费。在二七商圈、紫金山商圈等老牌商圈打造老字号集聚区，推动老字号品牌守正创新，升级打造品牌店、旗舰店、集成店等，重振老字号品牌；聚焦"新郑红枣""河阴石榴""中牟草莓"等特色产业，支持农村申报名优特新农产品，持续扩大名牌效应，推动农业提质增效。

（四）加大政策支持力度，释放消费潜力

消费作为畅通国内大循环的关键环节，政府采取的一系列举措可以为提振消费把脉支招，释放消费潜力。一是完善税费优惠政策。税费优惠政策是最直接有效和公平的惠企政策，可以直击市场主体，为企业纾困解难，为稳住市场经济大盘发挥重要作用。实施一系列延续优化的税费支持政策、加大涉农财政资金投入、加大转移支付力度，把更多的资源用到基层。二是实施若干促消费政策，进一步释放消费潜力、巩固回暖势头，更好发挥消费对经济的基础性作用。除了发放消费券、直接提供补贴等方式，还要积极推进汽

车、空调、洗衣机等重点领域的消费；开展文旅促消费专项活动，通过发放电子消费券、推出联游套票或免门票等方式，加快文旅消费市场的恢复；大力发展电商直播、快递物流、跨境电商、品牌消费等，提升"电商+物流+直播"的现代化产业链水平；创新消费场景，加强消费平台建设，支持郑州建设国际消费中心城市。

参考文献

李支立、麻宝斌：《中部地区城镇居民消费结构的实证分析》，《统计与决策》2021年第17期。

唐升、孙皓：《城乡居民消费结构转型升级：趋同特征与演化路径》，《中国软科学》2022年第03期。

王蕴：《当前我国居民消费变化的新特征与新趋势》，《人民论坛》2022年第24期。

张焕明、马瑞祺：《中国城镇居民消费结构变动趋势及其影响因素分析》，《统计与决策》2021年第13期。

本刊记者：《着力扩内需促消费 为需求潜力"松绑"为经济循环"加油"——国家发展改革委国民经济综合司负责同志答记者问》，《宏观经济管理》2020年第11期。

张恒龙、姚其林：《基于城乡居民消费行为分析视角的扩大内需研究》，《求是学刊》2020年第01期。

张慧慧、李雪松：《扩大内需战略下全面促进消费问题研究》，《当代经济管理》2023年第7期。

陈文玲：《推动经济快速复苏的关键是提振消费》，《宏观经济管理》2023年第03期。

B.26
郑州建设国际消费中心城市的对策研究[*]

徐艳红　常阳[**]

摘　要: 本文从国际消费中心城市的国际化、消费力、中心性内涵出发,
基于国际消费中心城市建设的国际化水平、消费能力、枢纽水平
3个目标,从9个维度筛选了35项指标构建了国际消费中心城
市建设竞争力评价指标体系。利用熵值法对郑州与其他14个超
大、特大城市开展实证对比研究,结果显示:郑州的国际消费中
心城市建设指数在15个城市中位列第三梯队,其国际化水平竞
争力指数相对于消费能力和枢纽水平排名略靠前。基于评价结
果,对郑州建设国际消费中心城市的基础和短板进行了分析,并
针对性地提出了推进郑州国际消费中心城市建设的对策和建议。

关键词: 郑州　国际　消费　中心　竞争力

自国家"十三五"规划提出"培育发展国际消费中心"以来,国内针
对国际消费中心城市的研究就已经开始。在双循环新发展格局下,国际消费
中心城市的建设有助于刺激释放消费潜力、增强消费能力,进而提升我国在
高质量发展中的自主性和可控性。

郑州作为沿黄特大城市、"一带一路"关键节点城市、支撑中部崛起的

---

[*] 基金项目:河南省高等学校重点科研项目计划项目"科技创新引领黄河流域绿色发展的有效
路径研究"(项目编号:22A790027);郑州市2022年度社会科学调研课题"郑州打造国际性
消费中心城市对策研究"(项目编号:ZSLX20221181)。

[**] 徐艳红,博士,郑州师范学院国家中心城市研究院讲师,研究方向为城市发展、城市生态;
常阳,博士,郑州师范学院国家中心城市研究院助教,研究方向为经济统计、城市发展。

核心城市和重要的国家中心城市，培育国际消费中心城市，不仅是带动城市提升国际化水平、加快消费提质升级、提高经济发展质量的重要举措，同时也是加快形成以国内大循环为主体、国内国际双循环相互促进的新发展格局，推进新一轮高水平对外开放，全面提升郑州经济发展水平和辐射带动功能的内在要求。

一 国际消费中心城市的基本内涵

1.国际化

国际消费中心城市的城市建设聚焦"国际"，是全球消费资源的集聚地。城市发展秉持开放包容的心态，广泛聚集全球优质市场主体和优质商品服务，成为集聚全球消费资源的"引力场"，这是国际消费中心城市的国际化表达要义。

2.消费力

国际消费中心城市的城市发展紧扣"消费"，是消费升级的新高地。当前，传统消费蜕变出新，新型消费方兴未艾，强大的消费吸引功能，高效的消费配置和带动功能，突出的消费创新和引导功能是国际消费中心城市的消费力表达要义。

3.中心性

国际消费中心城市的城市建设突出"中心"，是全球消费者集聚和区域联动发展的中心。国际消费中心城市不仅经济实力强，是国际产品和服务消费新平台，且具有完善便捷通达的立体交通网络，物流配送体系健全高效安全。同时对区域发展具有集聚辐射和引领带动作用，具有立足国内、辐射周边、面向世界的"中心"作用。

二 研究方法

本文根据国际消费中心城市内涵，遵循评价指标选择的科学性、代表性、数据可获得性等原则，构建国际消费中心城市建设竞争力评价指标体系。根据国家统计局公布的 21 个超大、特大城市，选择包括北京、天津、上海、广州、重庆 5 个已经批复建设国际消费中心城市的国家中心城市，同时选择深圳、南京、青岛、武汉、成都、青岛、西安、长沙、济南 9 个经济总量超万亿元的超大、特大城市，从国际化水平、消费能力、枢纽水平 3 个层次对比郑州和这 14 个超大、特大城市的建设水平，分析郑州国际消费中心城市建设中的优势和短板。

（一）指标体系建设

结合对国际消费中心城市的内涵分析以及现有研究，构建包括 3 个功能 9 个维度 35 个表征指标的国际消费中心城市建设竞争力评价指标体系（见表 1）。

表 1　国际消费中心城市建设竞争力评价指标体系

序号	功能	维度	指标	单位
1	国际化水平	综合经济实力	GDP	亿元
2			常住人口数量	万人
3			第三产业增加值比重	%
4			地区一般公共预算收入	亿元
5			上市公司数量	个
6		旅游影响力	入境旅客接待量	万人次
7			4A 级以上景区数量	个
8			世界文化遗产数量	个
9			三星级及以上酒店数	个
10			举办展会数量	个
11		对外开放水平	世界 500 强企业数量	个
12			外贸依存度	%
13			实际利用外资额占 GDP 的比重	%
14			机场出港航班次数量	班次

续表

序号	功能	维度	指标	单位
15	消费能力	消费水平	社会消费品零售总额	亿元
16			居民人均消费支出	元
17			第三产业增加值	亿元
18		国际消费吸引力	旅游总收入	亿元
19			中华老字号数量	个
20			星级饭店营业收入总额	亿元
21		综合消费环境	城市营商硬环境竞争力指数	—
22			地理标志商标数量	—
23			消费者满意度指数	—
24			万人医疗机构床位数	张
25	枢纽水平	交通物流通达性	机场年货物吞吐量	万吨
26			机场年旅客吞吐量	万人次
27			货物周转量	亿吨公里
28			旅客周转量	亿人公里
29			轨道交通运行总里程	公里
30		网络信息便利程度	万人互联网用户数	户
31			邮电业务总量	亿元
32		城市综合承载力	建成区面积	平方千米
33			人均道路面积	平方米
34			建成区绿化覆盖率	%
35			通勤高峰期交通拥堵指数	—

（二）数据来源及评价方法

本文所用数据来源于各城市统计局和相关政府网站公布的官方数据，大部分为各城市国民经济和社会统计公报公布的 2021 年数据，个别尚未采集到的数据采用 2020 年数据。

本文评价采用 max-min 标准化方法进行数据标准化处理，为降低主观因素对赋权产生的影响，指标权重的计算采用能够客观反映各个评价指标数据变异程度的熵值法对各城市国际消费中心城市建设竞争力进行评价。

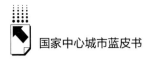

三 实证结果分析

评价结果显示（见图1），15 个城市的国际消费中心城市建设竞争力指数明显分为 3 个梯队，其中上海和北京位列第一梯队，竞争力指数均在 0.60 以上；广州、深圳、成都、重庆、杭州 5 个城市建设竞争力指数在 0.30~0.45，位列第二梯队；竞争力指数在 0.30 以下的城市包括南京、武汉、青岛、天津、西安、郑州、长沙、济南 8 个城市，均位列第三梯队。其中，目前已被国家明确批准建设国际消费中心城市的 5 个城市竞争力指数从大到小依次是上海（0.7147）、北京（0.6479）、广州（0.4478）、重庆（0.3521）、天津（0.2271），分别排在第 1 位、第 2 位、第 3 位、第 6 位和第 11 位。

与其他超大、特大城市相比，郑州的国际消费中心城市建设竞争力指数优势不明显，仅为 0.1948，在 15 个城市中排在第 13 位，略高于长沙（0.1799）、济南（0.1593），但与同为中西部国家中心城市的武汉（0.2701）、西安（0.2226）还有一定差距。

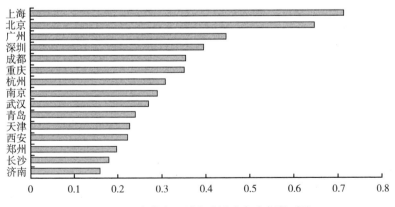

图 1 国际消费中心城市建设竞争力指数对比

1. 国际化水平测度分析

从国际化水平上看，综合经济实力、旅游影响力、对外开放水平均位列前2位的北京（0.2779）、上海（0.2623），其国际化水平仍以绝对优势领先；其次是国际化水平指数大于0.10的深圳、广州、重庆、成都、杭州。郑州的国际化水平指数为0.0610，排在第12位，同时低于其他8个国家中心城市（见图2）。

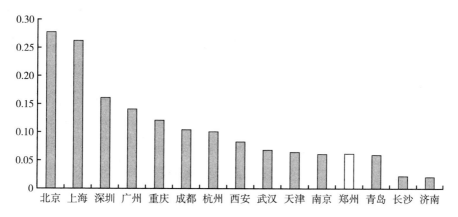

图2　各城市国际化水平指数对比

从维度上看，郑州的综合经济实力、旅游影响力、对外开放水平分别排在第13位、第8位、第12位。从指标上看，与其他城市相比，2021年郑州的GDP（12691亿元）、地区一般公共预算收入（1223.6亿元）、上市公司数量（54个）均排在第13位，常住人口数量（1274.2万）排在第10位；实际利用外资额占GDP的比重（2.47%）、外贸依存度（46.43%）排名较为靠前，分别排在第6位和第9位；但目前郑州还没有世界500强企业，而武汉、青岛、长沙各有1个，西安有2个，济南和成都各有3个。企业是经济发展的重要支撑力量，郑州仍需在"专精特新"企业培育的基础上，持续加强头部企业的培育。

2. 消费能力测度分析

从消费能力上看，郑州的消费能力指数为0.0607，低于武汉

（0.0960）、长沙（0.0786）、天津（0.0751），略高于济南（0.0587）和
西安（0.0447），排第 13 位（见图 3）。其中，消费水平维度、国际消费
吸引力维度、综合消费环境维度指数值分别排第 14 位、第 13 位、第
10 位。

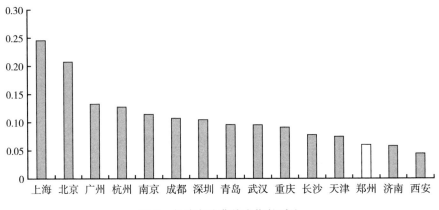

图 3　各城市消费能力指数对比

从评价指标上看，消费水平方面，2021 年郑州的社会消费品零售总额
为 5389.21 亿元，高于西安（4963.42 亿元）、济南（5126.1 亿元）和长沙
（5111.6 亿元），排第 12 位；居民人均消费支出为 25962 元，仅高于西安
（24800 元）、重庆（24598 元），排第 13 位。国际消费吸引力方面，郑州的
中华老字号数量仅为 3 个，远低于同为中西部的武汉（14 个）、西安（16
个）、长沙（17 个）；星级饭店营业收入总额也相对较低，2021 年郑州为
14.42 亿元，低于武汉（16.01 亿元）、西安（16.05 亿元），排在末位。综
合消费环境上，根据中国社科院公布的《中国城市竞争力第 19 次报告》，
郑州的城市营商硬环境竞争力指数为 0.531，高于武汉（0.504）、重庆
（0.389）、济南（0.377）、长沙（0.444），排第 11 位；根据中国消费者
协会公布的《2021 年 101 个城市消费者满意度测评报告》，郑州消费者满
意度指数为 79.26，高于长沙（78.83）、重庆（78.79）、西安（76.73），
排第 12 位。

3. 枢纽水平测度分析

从枢纽水平上看，郑州的枢纽水平指数为 0.0731，低于其他 14 个超大、特大城市，排在末位（见图 4）。各维度上，郑州的交通物流通达性、网络信息枢纽便利程度、城市综合承载力指数分别为 0.0158、0.0011、0.0563，分别排在第 12 位、第 15 位和第 13 位。

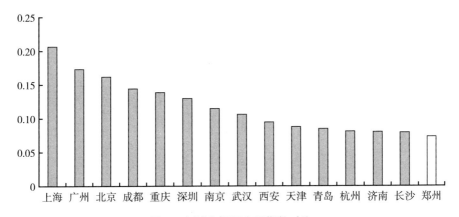

图 4　各城市枢纽水平指数对比

虽然郑州该项功能排名较为靠后，但从部分表征指标上看，仍具有一定的优势。在交通物流通达性上，2021 年郑州的机场年货物吞吐量和机场年旅客吞吐量分别达到 70.5 万吨、1895.5 万人次，分别排在第 7 位和第 11 位，高于天津、南京、青岛、济南；轨道交通运行总里程上，2021 年郑州为 206.4 公里，高于长沙（161.6 公里）、济南（84.1 公里），但低于西安（252.6 公里）、天津（265 公里）、青岛（284 公里）及武汉（484.2 公里）。2021 年郑州邮电业务总量实现 378.1 亿元，高于天津（345.1 亿元）、武汉（344.7 亿元）、南京（294.6 亿元）、长沙（283.7 亿元）、西安（269.7 亿元）、青岛（224.1 亿元）、济南（187.9 亿元），排第 8 位。郑州建成区面积仅高于长沙，但郑州通勤高峰期交通拥堵指数仅为 1.597，仅略高于深圳（1.534），优于其他 13 个对比城市，这在一定程度上也证明了郑州公路交通的通达便利性。

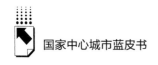
四 郑州国际消费中心城市建设的基础与短板分析

（一）基础条件

基于以上分析，郑州国际消费中心城市建设的基础条件主要如下。

1. 综合经济实力逐步增强

在多重国家战略叠加和突出区位优势的助推下，郑州国家中心城市建设加快推进，综合经济实力持续提升，2021 年全市完成 GDP 12691 亿元，居全国城市第 16 位，居 9 个国家中心城市第 8 位，居 21 个超大、特大城市第 13 位。人均 GDP 9.96 万元，高于西安（8.12 万元）、重庆（8.68 万元）、成都（9.40 万元）；2021 年全年进出口总额 5892.1 亿元，增长 19.1%，居全国城市第 17 位、中部城市首位，并持续保持贸易顺差。居民人均可支配收入实现较快增长，达到 3.73 万元，城镇居民、农村居民人均可支配收入实现较快增长，分别达到 45246 元、26790 元，分别较 2010 年增长 1.4 倍、1.9 倍，为国际消费中心城市建设提供了需求支撑。

2. 现代产业体系持续优化

现代产业体系是经济的根基和城市核心竞争力的体现，也是建设国际消费中心城市的最基础支撑。2021 年三次产业结构为 1.4∶39.7∶58.9，其中六大主导产业增加值增长 13.3%，战略性新兴产业增长 22.1%。组织"醉美夜郑州"等系列促销活动，发放 2.5 亿元消费券带动直接消费 57.4 亿元，获批国家级市场优化升级专项行动试点城市、服务业标准化（商贸流通专项）国家试点城市，现代服务业发展提质增效。同时持续加快布局数字经济，超聚变公司首台服务器量产下线，规模以上软件和信息服务业增长 28.2%。

3. 交通物流枢纽地位凸显

2021 年，中欧班列（郑州）累计开行 1546 班次，郑州始发中欧班列境外目的站点增至 12 个，已经形成覆盖 30 个国家、130 余个境外城市的国际物流网络。航空发展上，2021 年，在郑州机场运营的全货运航空公司已达 31 家，其中国际地区 25 家，开通全货机航线 48 条，其中国际地区 38 条。同时，以郑州为中心的"2 小时高铁经济圈"覆盖半径 500 千米、人口 4.08 亿。郑州现代交通体系建设和城市群内城际轨道交通体系的完善，将在更大范围实现人口流动及消费资源的合理配置，从而为国际消费中心城市建设提供坚实的支撑和强大的动力。

4. 开放带动优势明显

从对外开放层面看，郑州外贸起点相对较高，2016 年为 3642.56 亿元。2017 年，进出口总额首次突破 4000 亿元大关，并在此后稳步增长，2021 年跻身中部地区城市第 1 位。2021 年进出口总额增速达到 19.1%，对外贸易成绩稳中向好。从外贸依存度上看，郑州 2021 年实际利用外资额占 GDP 的比重（2.47%）、外贸依存度（46.43%）排名较为靠前，分别排在第 6 位和第 9 位，外贸已成为推动郑州经济发展的重要力量，为郑州国际消费中心城市的建设奠定了基础。

5. 自然人文资源底蕴深厚

郑州历史文化悠久，与中华文明五千年的历史同步，是国家历史文化名城，中国古都协会认定的八大古都之一。郑州是华夏历史文明的核心地带，全市拥有登封"天地之中"历史建筑群和中国大运河郑州段 2 处世界文化遗产，国家 4A 级以上景区 18 个，全国重点文物保护单位 83 处，国家级非物质文化遗产名录 6 个。同时郑州还是黄河生态文化的核心区域，拥有很多独一无二的黄河文化资源。深厚的自然人文资源能够为郑州国际消费城市建设厚植文化内涵。

6. 消费综合环境持续改善

郑州重点领域改革有序展开，"放管服"改革加快推进，着力改善城市综合消费环境。营商环境持续优化，全省综合实力连续 3 年排名第 1，一体化政务服务能力跻身全国前 10。随着改革全面深化，对外开放门户越开越大，郑州跨境电商综试区发展指数仅次于杭州、深圳和广州，位居第 4。2022 年 3 月 2 日，郑州市政府颁布《郑州市创建国际消费中心城市实施方

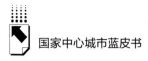

案》，提出了实施国际化营商环境改善工程的三项措施，进一步为郑州国际消费中心城市培育和建设提供了良好的政策环境支撑。

（二）短板问题分析

根据郑州与其他超大、特大城市国际消费中心城市建设竞争力对比，郑州亟须弥补的短板主要有以下几个方面。

1.国际知名度有待提升

国际消费中心城市的打造，不仅需要在国内形成消费中心城市，还肩负着成为国际消费中心的职责，即其消费要满足国际客流，而这就需要郑州拥有一定的国际知名度。但目前郑州举办的影响力大的国际活动不多，国际通航点不足成都的 1/3、西安的 1/2，入境旅游人数不到成都、武汉的 1/5；国际友好城市数量仅 22 所，远低于武汉（111 所）、广州（63 所）、西安（37 所）。与此同时，郑州的外国领事馆也一直未实现零的突破。对外交流水平和国际影响力是国际消费影响力传播的重要途径，是建设国际消费中心城市的必要条件，因此，郑州仍需要持续加强国际交往，提升国际影响力。

2.独特消费场景有待打造

目前我国批复培育建设的 5 个国际消费中心城市中，北京提出建设以"老字号+国潮"为特色的传统文化消费圈，上海提出建设"时尚之都""演艺之都""消费之都""博物馆之都"，天津提出打造具有"天津范"的洋楼文化消费名片，广州提出形成岭南文化传承地，重庆提出实施"渝货精品"培育工程，各城市都在充分结合城市底蕴的基础上进行国际消费中心城市培育建设的战略布局。目前郑州主要有 5 个成熟商圈、5 个新兴商圈，从消费特色来看，郑州各商圈的同质性较高，高端资源消费较少，"郑味""豫味"体现不足，独特的城市文化与消费商圈建设融合不深，缺乏具有独特魅力和吸引力的现代化商圈，导致国际消费吸引力、竞争力不够。

3.居民收入水平有待提高

消费作为拉动经济的重要引擎、在带动经济持续稳定增长方面发挥重要作用。但要消费，居民首先得有收入。2021年郑州市居民人均可支配收入为3.95万元，居民人均消费支出约为2.60万元，支出占收入的比例达到65.7%。对比其他超大、特大城市，长沙（67.6%）、杭州（65.9%）略高于郑州，而北京（58.2%）、南京（59.1%）、武汉（62.0%）、上海（62.6%）、深圳（63.0%）、广州（64.3%）等均低于郑州，一定程度上说明了郑州人民的消费意愿是较高的。但还要看到，郑州的居民人均可支配收入仅为上海（7.80万元）的一半，不足北京（7.50万元）、深圳（7.08万元）、广州（6.89万元）、南京（6.61万元）的3/5。

4. 支撑自主品牌的强产业链有待构建

郑州拥有中华老字号3个、驰名商标66件、地理标志商标5件、地理标志产品5件、农产品地理标志9件，与武汉、西安、长沙、成都等城市相比，郑州还缺少具有国际影响力和核心竞争力的强势品牌，缺少品类的头部品牌。主要原因在于制造业大部分还以代工、贴牌等低附加值生产模式为主，文化创意、原创性研发设计等高附加值产业存在断链、弱链情况，涉及设计、研发、生产、营销、服务的全产业链效应尚未形成。

五　对策建议

根据郑州与其他城市国际消费中心城市建设竞争力分析结果，为充分发挥城市基础优势，有效弥补郑州国际消费中心城市建设中的短板问题，本文提出以下对策建议。

（一）提升郑州城市国际知名度

强化国际交往。积极推进郑州与"一带一路"沿线节点城市缔结友好关系，开展国际友好城市交往。提升现有对外交流平台等级，积极承办国际国内有影响力的对外交流活动和重大经贸活动，争取一批国家来郑设立领事馆或商务机构，促进交流合作。

积极发展首店首发经济。要优化营商环境，建立完善高效的审批环节和

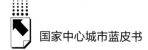
奖励政策，努力吸引全球知名品牌在郑州举办全球新品首发活动，让全球最新款、最新潮的产品或服务在郑州率先上市，供消费者选择，利用品牌效应引致中高端消费，倒逼消费结构优化，提高郑州的全球知名度和影响力。

加大郑州城市文化形象的宣传力度。政府部门要积极主动地在各类大型会议、大型活动、大型会展上宣传郑州城市文化、黄河文化、商都文化、少林文化的独有魅力。在商圈建设和培育中，注重将传统文化与时尚购物有机融合，在文化艺术、音乐剧、歌舞秀等活动中持续融入中原文化、黄河文化、黄帝文化、商都文化、少林文化等，打造郑州消费特色。

（二）提升城市文化与消费融合度

重振老字号品牌。在二七商圈、西区商圈、紫荆山路商圈等打造"中华老字号""河南老字号"集聚区，重塑城市商业名片。推动老字号守正创新发展，支持老字号引入科技互动、沉浸体验、深夜经济等新兴业态，优化生产工艺和经营模式，推动品牌营销创新，推动老字号数字化转型。

培育"郑制造"品牌。聚焦"新郑红枣""河阴石榴"等特色产业，支持农业企业、农民专业合作社注册农产品商标和地理标志商标，打响郑品牌。发展原创品牌概念店、定制店，构建品牌汇集、品质高端、品位独特的优质商品供给体系。

提升特色文旅消费。挖掘郑州黄河文化、华夏文化，培育一批文旅精品景区和旅游演艺、特色节会，打造国际级黄河文化旅游带，擦亮郑州"黄河之城""华夏之城"文化名片。开发戏曲曲艺等传统豫剧元素与现代时尚元素结合的旅游文创商品。

（三）打造国际消费集聚区

打造郑味国际消费核心区。促进二七德化街、紫荆山路商圈、花园路商圈的互联互通。加快推进街区数字化、智能化改造升级，加快国际品牌、高端产业等要素资源集聚融合，打响二七塔、百年德化地标文化，打造郑州黄河、黄帝人文艺术地标性景观，"夜商都"休闲文化艺术走廊，形成独具人文魅力的国际性商业街区，构建具有郑州特色的国际消费核心区。

打造"沉浸式多国体验"的国际消费商圈。顺应现今"沉浸式体验"热潮，在高新区、北三环、惠济、曼哈顿等新兴商圈的扩容升级中，坚持以人为本、文化为先、注重体验、主题突出的场景营造理论打造商业空间，以场景化、智能化、国际化为目标，选取不同国家、地区具有代表性的物件，营造出各国各具特色的全新主题消费场景，让游客和消费者在购物中有环游多个国家的感受。

（四）多措并举扩大内需

提升居民消费能力。积极扩大中等收入群体，提升广大中低收入群体的收入水平，提高最低工资标准，加强对用人单位为劳动者依法按时足额缴纳社保的监管等。充分解决教育、医疗、住房和养老等重大民生保障问题，释放有效的消费能力。

积极扩大有效投资。创造公平宽松的财政政策、货币政策环境，更多地调动社会资本的投资积极性，让市场对资源配置的决定性作用最大化。政府通过制定行业规则、设施标准、产业规划等，让投资与消费、就业、产业、区域等政策形成合力，促进产业和消费"双升级"，推进市场有序运行。

（五）培育消费新业态新模式

延长消费产业链以拓展消费新空间新业态。聚焦旅游业态创新，不断推动目的地旅游产业高端化转向，着力挖掘文化教育、医疗康养、体育会展、艺术欣赏、旅游休闲、信息网络等服务型消费，提升消费的国际化、品质化和个性化水平，重塑带动经济增长的消费动力。

注重数字化与商圈融合。充分发挥互联网、大数据、人工智能等现代科技优势，促进数字技术和现代消费活动的深度融合，创新多元化消费场景，推行智慧商圈、智慧街区，开拓形成具有颠覆性、革命性的消费新业态、新模式、新方式、新场景，提升消费的沉浸感、场景感、绿色化，营造与时俱进的购物文化。

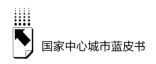
参考文献

陈文玲：《建设国际消费中心城市的几点思考》，《民生周刊》2021年第20期。

姜薇、刘士林：《消费中心城市：历史逻辑、理论逻辑与现实逻辑》，《社会科学》2022年第2期。

刘元春、张杰：《聚焦国际消费中心城市建设》，《前线》2021年第5期。

陶希东：《国际消费中心城市的功能特征与核心要义》，《人民论坛》2022年第5期。

汪婧：《基于熵权法的国际消费中心城市竞争力评价》，《商业经济研究》2020年第21期。

魏颖：《新时代我国国际消费中心城市建设思考》，《产业创新研究》2020年第1期。

张淑萍：《长三角城市群国际消费中心城市竞争力评价》，《商业经济研究》2022年第10期。

周勇：《消费中心布局：原则、逻辑及路径》，《河南社会科学》2022年第2期。

附录一　2022年国家中心城市主要统计数据汇总

指标	单位	北京	天津	上海	广州	重庆	成都	武汉	郑州	西安
年末常住人口数	万人	2184.3	1363	2475.89	1873.41	3213.34	2126.8	1373.9	1282.8	1299.59
城镇化率	%	87.6	85.11	—	86.48	70.96	79.9	84.66	79.4	79.59
地区生产总值	亿元	41610.90	16311.24	44652.8	28839	29129.03	20817.5	18866.43	12934.7	11486.51
同比增长	%	0.7	1.0	-0.2	1.0	2.6	2.8	4.0	1.0	4.4
人均 GDP	元	19.00	11.92	18.04	15.36	9.07	9.81	13.78	10.08	8.88
第二产业生产增加值	亿元	6605.1	6038.93	11458.43	7909.29	11693.86	6404.1	6716.65	5174.6	4071.56
第三产业生产增加值	亿元	34894.3	9999.26	33097.42	20611.40	15423.12	13825.0	11673.99	7574.5	7091.37
第三产业占比	%	83.8	61.3	74.1	71.5	53.0	66.4	61.9	58.6	61.7
全社会固定资产投资增长率	%	3.6	-9.9	-1.0	-2.1	0.7	5.0	10.8	-8.5	10.5
社会消费品零售总额	亿元	13794.2	—	16442.14	10298.15	13926.08	9096.5	6936.2	5223.1	4642.11
消费价格指数	%	101.8	101.9	102.5	102.4	102.1	102.4	102.3	101.2	102.2
地方财政一般公共预算收入	亿元	5714.40	1846.55	7608.19	1854.73	2103.4	1722.4	1504.74	1130.8	834.09

续表

指标	单位	北京	天津	上海	广州	重庆	成都	武汉	郑州	西安
地方财政一般公共预算支出	亿元	7469.20	2751.52	9393.16	3014.2	4892.8	2435	2227.24	1456.4	1573.13
金融机构本外币存款余额	亿元	218628.8	40488.3	192293.1	80495.1	49567.2	53189.0	35754.0	29031.9	31428.3
金融机构本外币贷款余额	亿元	97819.9	42494.7	103138.9	68918.6	50051.9	53053.0	44383.8	34337.4	32053.7
进出口总值	亿元	36445.5	8448.5	41902.8	10948.4	8158.4	8346.4	3532.2	6069.7	4474.1
实际利用外资总额	亿美元	174.1	144.3	239.6	85.4	18.6	25.9	22.0	12.0	11.7
旅游人数	亿人次	1.80	1.12	1.89	0.38	-	-	2.05	0.894928	-
客运总量	万人次	24037.4	53963.49	141373.64	90510.96	135432.72	-	61524.66	19961	26832.02
货运总量	万吨	28057.7	8768.99	8629.55	17280.79	21149.01	-	4667.1	4469.5	6109.09
城市轨道交通运营里程	公里	797.3	233.02	831	643.1	463	557.8	510.6	233	272.4
卫生机构床位数量	万张	13.40	6.85	-	11.05	25.08	16.70	9.86	11.37	8.11
国家级高新技术产业开发区、经济技术开发区总数	个	4	7	8	4	7	2	3	2	4
重点高等院校数（211,985高校）	个	26	4	10	4	2	5	7	1	6
普通高等院校数	个	92	56	64	83	69	65	83	68	63
普通高等学校在校学生数	万人	103.8	68.73	79.97	165.09	117.16	116.4	133.3	139.5681	101.32
专利授权量	万项	20.3	7.15	17.83	14.69	6.65	8.3616	8.9461	5.2031	5.8045
居民人均可支配收入	元	77415	48976	79610	71366	35666	47948	-	41049	40214
居民人均消费支出	元	42683	31324	46045	44041	25371	28989	-	26484	24015
城镇居民人均可支配收入	元	84023	53003	84034	76849	45509	54897	58449	46287	48418

数据来源：各城市国民经济和社会发展统计公报。"-"表示数据未公布。

附录二　中共中央、国务院及地方相关政策文件汇编

一　国家层面

1.《广州南沙深化面向世界的粤港澳全面合作总体方案》

国务院印发《广州南沙深化面向世界的粤港澳全面合作总体方案》，2022 年 6 月 6 日。

《方案》提出，以习近平新时代中国特色社会主义思想为指导，全面贯彻落实党的十九大和十九届历次全会精神，坚持稳中求进工作总基调，完整、准确、全面贯彻新发展理念，加快构建新发展格局，全面深化改革开放，坚持创新驱动发展，推动高质量发展，坚持以供给侧结构性改革为主线，坚定不移贯彻"一国两制"方针，深化粤港澳互利共赢合作，厚植历史文化底蕴，加快建设科技创新产业合作基地、青年创业就业合作平台、高水平对外开放门户、规则衔接机制对接高地和高质量城市发展标杆，将南沙打造成为香港、澳门更好融入国家发展大局的重要载体和有力支撑。

《方案》提出，本方案实施范围为广州市南沙区全域，总面积约 803 平方公里。按照以点带面、循序渐进的建设时序，以中国（广东）自由贸易试验区南沙片区的南沙湾、庆盛枢纽、南沙枢纽 3 个区块作为先行启动区，总面积约 23 平方公里。充分发挥上述区域依托交通枢纽快捷通达香港的优势，加快形成连片开发态势和集聚发展效应，有力带动南沙全域发展，逐步

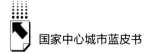
构建"枢纽带动、多点支撑、整体协同"的发展态势。

《方案》提出,到2025年,南沙粤港澳联合科技创新体制机制更加完善,产业合作不断深化,区域创新和产业转化体系初步构建;青年创业就业合作水平进一步提升,教育、医疗等优质公共资源加速集聚,成为港澳青年安居乐业的新家园;市场化法治化国际化营商环境基本形成,携手参与"一带一路"建设取得明显成效;绿色智慧节能低碳的园区建设运营模式基本确立,先行启动区建设取得重大进展。到2035年,南沙区域创新和产业转化体系更趋成熟,国际科技成果转移转化能力明显提升;生产生活环境日臻完善,公共服务达到世界先进水平,区域内港澳居民数量显著提升;国际一流的营商环境进一步完善,在粤港澳大湾区参与国际合作竞争中发挥引领作用,携手港澳建成高水平对外开放门户,成为粤港澳全面合作的重要平台。

2.《扩大内需战略规划纲要(2022—2035年)》

中共中央、国务院印发《扩大内需战略规划纲要(2022—2035年)》,2022年12月14日。

《纲要》提出,培育城市群和都市圈。推进成渝地区双城经济圈等城市群建设,完善城市群一体化发展体制机制,统筹推进基础设施协调布局、产业分工协作、公共服务共享、生态共建环境共治。依托辐射带动能力较强的中心城市,提高通勤圈协同发展水平,培育发展同城化程度高的现代化都市圈。推进超大特大城市瘦身健体,严控中心城市规模无序扩张。完善大中城市宜居宜业功能,支持培育新生中小城市。健全城镇体系,依法依规加强城市生态修复和功能完善,合理确定城市规模、人口密度、空间结构。

《纲要》提出,依托区域重大战略打造内需新增长极。以疏解北京非首都功能为"牛鼻子",持续推动京津冀协同发展。坚持生态优先、绿色发展和共抓大保护、不搞大开发,全面推动长江经济带高质量发展。支持香港、澳门更好融入国家发展大局,积极稳妥推进粤港澳大湾区建设。紧扣"一体化"和"高质量",提升长三角一体化发展水平。协调上中下游共抓大保护,扎实推进黄河流域生态保护和高质量发展。支持经济发展优势区域增强经济和人口承载能力，提升创新策源能力和全球资源配置能力，促进区域间融合互动、融通补充，培育新增长极，带动全国经济效率整体提升。

《纲要》提出，推动区域协调发展完善内需增长空间格局。在全国统一大市场框架下充分发挥各地区比较优势，努力实现差异竞争、错位发展，释放区域协调发展的巨大内需潜力。深入推进西部大开发、东北全面振兴、中部地区崛起、东部率先发展，支持欠发达地区、革命老区等特殊类型地区加快发展，加大对民族地区发展支持力度。推动巩固拓展脱贫攻坚成果同乡村振兴有效衔接，完善农村低收入人口和欠发达地区帮扶机制。健全区际利益补偿等促进区域协调发展机制。积极拓展海洋经济发展空间。

3. 中央经济工作会议

2022 年 12 月 15 日至 16 日，中央经济工作会议在北京举行。

会议指出，当前我国经济恢复的基础尚不牢固，需求收缩、供给冲击、预期转弱三重压力仍然较大，外部环境动荡不安，给我国经济带来的影响加深。但要看到，我国经济韧性强、潜力大、活力足，各项政策效果持续显现，明年经济运行有望总体回升。要坚定做好经济工作的信心。

会议指出，做好经济工作，必须坚持党的全面领导特别是党中央集中统一领导；坚持发展是党执政兴国的第一要务，发展必须是高质量发展，完整、准确、全面贯彻新发展理念；坚持稳中求进工作总基调，坚持实事求是、尊重规律、系统观念、底线思维，把实践作为检验各项政策和工作成效的标准；坚持和完善社会主义基本经济制度，坚持社会主义市场经济改革方向，坚持"两个毫不动摇"；坚持推进高水平对外开放，稳步扩大规则、规制、管理、标准等制度型开放；坚持推动经济发展在法治轨道上运行，依法保护产权和知识产权，恪守契约精神，营造市场化、法治化、国际化一流营商环境。

会议强调，做好明年经济工作，要以习近平新时代中国特色社会主义思想为指导，全面贯彻落实党的二十大精神，扎实推进中国式现代化，坚持稳中求进工作总基调，完整、准确、全面贯彻新发展理念，加快构建新发展格局，着力推动高质量发展，更好统筹疫情防控和经济社会发展，更好统筹发展和安全，全面深化改革开放，大力提振市场信心，把实施扩大内需战略同深化供给侧结构性改革有机结合起来，突出做好稳增长、稳就业、稳物价工作，有效防范化解重大风险，推动经济运行整体好转，实现质的有效提升和量的合理增长，为全面建设社会主义现代化国家开好局起好步。

4.《关于在有条件的自由贸易试验区和自由贸易港试点对接国际高标准推进制度型开放的若干措施》

国务院印发《关于在有条件的自由贸易试验区和自由贸易港试点对接国际高标准推进制度型开放的若干措施》，2023 年 6 月 1 日。

《措施》提出，支持试点地区开展重点行业再制造产品进口试点。相关进口产品不适用我国禁止或限制旧品进口的相关措施，但应符合国家对同等新品的全部适用技术要求（包括但不限于质量特性、安全环保性能等方面）和再制造产品有关规定，并在显著位置标注"再制造产品"字样。试点地区根据自身实际提出试点方案，明确相关进口产品清单及适用的具体标准、要求、合格评定程序和监管措施；有关部门应在收到试点方案后 6 个月内共同研究做出决定。有关部门和地方对再制造产品加强监督、管理和检验，严防以再制造产品的名义进口洋垃圾和旧品（适用范围：上海、广东、天津、福建、北京自由贸易试验区和海南自由贸易港，以下除标注适用于特定试点地区的措施外，适用范围同上）。

5.《关于支持高标准高质量建设雄安新区若干政策措施的意见》

－2023 年 6 月 30 日，中共中央政治局会议审议通过。

会议指出，设立雄安新区，是以习近平同志为核心的党中央为疏解北京非首都功能、深入推进京津冀协同发展做出的一项重大决策部署，是千年大计、国家大事。当前，雄安新区工作重心已转向高质量建设、高水平管理、高质量疏解发展并举，制定出台一揽子支持政策，对于统筹推进雄安新区承接北京非首都功能疏解与大规模建设发展，高标准高质量建设雄安新区，具有重要意义。

会议强调，要结合雄安新区现阶段的实际需要，紧紧围绕疏解人员利益关切，有针对性地采取支持措施。要坚持稳步有序、量力而行，持续推进标志性疏解项目在雄安新区落地建设，积极探索和遵循城市建设发展规律，强化节约集约、绿色低碳，合理把握建设规模和节奏，创造"雄安质量"。要坚持探索创新、先行先试，处理好当前和长远、政府和市场等关系，有针对性地推动相关领域改革创新举措在雄安新区落地实施，优化营商环境，加强科技创新，发展高端高新产业，不断增强雄安新区自身建设发展能力。要聚焦城市治理架构、公共服务制度等，加强雄安新区未来城市建设运营管理体制的前瞻设计，积极探索具有中国特色的现代化城市治理新模式。

会议要求，要把党的领导贯穿高标准高质量建设雄安新区全过程、各领域、各环节，加强雄安新区各级党组织和领导班子建设，坚持正确选人用人导向，建设一支政治过硬、改革意识强、能力水平高、敢闯敢干、清正廉洁的高素质专业化干部队伍。河北省要切实履行主体责任，雄安新区要履行属地责任，有关地方要积极予以支持，中央和国家机关有关部门要主动指导服务，同向发力、形成合力，创造性地贯彻落实，阶段性进行总结评估，确保各项政策落地见效，推动雄安新区建设发展不断取得新进展、迈上新台阶。

二　地方层面

6.《中共武汉市委关于认真学习宣传贯彻党的二十大精神的决定》

2022 年 11 月 10 日，中共武汉市委十四届三次全体会议审议通过。

全会强调，要将学习贯彻党的二十大精神与深入贯彻习近平总书记考察湖北武汉重要讲话精神结合起来，坚决把党的二十大做出的决策部署付诸行动、见之于成效。要坚持以推动高质量发展为主题，深入实施创新驱动发展战略，打造新时代内陆开放新高地。要坚持人民城市人民建、人民城市为人民，以党建引领基层治理、以规划引领城市建设、以数字赋能城市治理，积极探索超大城市现代化治理新路子。要坚持在发展中保障和改善民生。要牢固树立和践行绿水青山就是金山银山的理念。要坚定不移贯彻总体国家安全观。要坚定不移推进全面从严治党。要以昂扬的精神状态、务实的工作作风

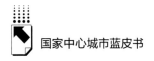
贯彻落实党的二十大精神，努力在湖北建设全国构建新发展格局先行区中当先锋、打头阵。

7.《中共天津市委关于深入学习宣传贯彻党的二十大精神奋力开创全面建设社会主义现代化大都市新局面的决定》

2022年11月24日至25日上午，中国共产党天津市第十二届委员会第二次全体会议审议通过。

全会强调，认真学习宣传贯彻党的二十大精神是当前和今后一个时期的首要政治任务。全市各级党组织和广大党员干部要认真贯彻落实习近平总书记关于学习宣传贯彻党的二十大精神的一系列重要指示要求和党中央决策部署，在全面学习、全面把握、全面落实上下功夫，在领悟精神实质、统一思想行动、推动贯彻落实上取得实实在在的成效，切实把思想和行动统一到党的二十大精神上来，把智慧和力量凝聚到党的二十大确定的各项目标任务上来，斗志昂扬、意气风发地踏上新征程，奋力开创全面建设社会主义现代化大都市新局面。

全会指出，中国式现代化是中国共产党带领中国人民进行的具有历史意义和世界意义的伟大创造，把对马克思主义关于人类社会发展规律的认识提升到新境界。全面建设社会主义现代化大都市，是中国式现代化在天津的生动实践，是全面建设社会主义现代化国家的天津篇章。要对标对表党的二十大关于以中国式现代化全面推进中华民族伟大复兴的战略部署，进一步调整完善、深化提升天津市全面建设社会主义现代化大都市的目标任务、思路举措，推动党的二十大确定的重大决策部署具体化、实践化、行动化。完整、准确、全面贯彻新发展理念，服务构建新发展格局，着力推动高质量发展。深化高水平改革开放，激发市场主体活力。打造教育强市、科技强市、人才强市，塑造发展新动能新优势。深化全过程人民民主实践，充分调动人民群众的积极性、主动性、创造性。坚持全面依法治市，推进法治天津建设。坚定文化自信，推进文化强市建设。坚持以人民为中心的发展思想，不断增进民生福祉、提高人民生活品质。推动绿色发展，加快建设美丽天津。坚决维护国家安全和社会稳定，筑牢首都政治"护城河"。

8.《中共郑州市委关于深入学习宣传贯彻党的二十大精神落实省委十一届四次全会部署全面加快国家中心城市现代化建设的实施意见》

2022年12月11日至12日，中国共产党郑州市第十二届委员会第三次全体会议审议通过。

全会提出，要坚持以党的二十大精神为指导，全面贯彻省委十一届四次全会部署，努力开创国家中心城市现代化建设新局面。当前和今后一个时期，郑州工作的总体要求是：以习近平新时代中国特色社会主义思想为指导，全面贯彻落实党的二十大精神，深入贯彻落实习近平总书记视察河南重要讲话重要指示，落实省委十一届四次全会部署，以"当好国家队、提升国际化、引领现代化河南建设"为总目标，以"整体工作争先进成高原，重点工作创一流起高峰"为总要求，以工作有标杆、落实有标准、突破有标志"三标"活动为总抓手，以建设国家创新高地、先进制造业高地、开放高地、人才高地、国际化现代化综合交通物流枢纽、华夏历史文明传承创新重地、国际消费中心"四高地、一枢纽、一重地、一中心"和全国重要的都市圈为重点，加快推进国家中心城市现代化建设，加快打造高质量发展增长极，努力在"两个确保"中当先锋、做示范，在"十大战略"中担重任、走前头，为中原更加出彩、中部地区崛起、社会主义现代化强国建设做出新的更大贡献。

全会明确，对照党的二十大战略部署和省委"两个确保"工作安排，我市国家中心城市现代化建设的奋斗目标是：到2035年，在"确保高质量建设现代化河南"中引领带动，率先基本实现社会主义现代化；在国家中心城市现代化建设中奋勇争先，综合实力、创新能力进入前列。到21世纪中叶，在"确保高水平实现现代化河南"中树立标杆，建成富强民主文明和谐美丽的社会主义现代化强市。"十四五"时期的主要目标任务是：经济总量迈上大台阶、在国家中心城市中晋位升级，城市承载能力明显提升，创新重大平台打造、创新主体培育、创新型人才队伍建设等取得重大突破，全国综合性交通枢纽地位不断巩固提升，重点领域关键环节改革取得重大突破，人民生活更加美好，基本公共服务均等化水平明显提升，发展安全保障更加有力，治理体系和治理能力现代化建设走在全国前列。

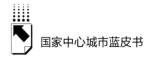
9.《中共广州市委关于深入学习贯彻党的二十大精神奋力在全面建设社会主义现代化国家新征程中高质量实现老城市新活力、"四个出新出彩"的决定》

2022年12月16日，中国共产党广州市第十二届委员会第五次全体会议审议通过。

全会强调，要对照党的二十大战略擘画，认清广州所处历史方位，把实现老城市新活力、"四个出新出彩"放在中国式现代化大格局中再认识再研究再谋划。充分认识广州肩负的使命任务、基础和优势、差距与不足，守正创新、开拓进取，勇当走在前列的排头兵，勇挑支撑带动的重担子，增强窗口示范的使命感，在服务好全国全省发展大局中推进现代化建设，满怀信心奋进新征程、建功新时代。

全会强调，要牢记习近平总书记赋予广州的使命任务，对标对表党的二十大战略部署，完善推进现代化建设的具体行动方案和施工图，高质量实现老城市新活力、"四个出新出彩"。坚持用好改革开放关键一招，强化粤港澳大湾区核心引擎功能，加快推进南沙深化面向世界的粤港澳全面合作，高质量共建国际一流湾区和世界级城市群。坚持实体经济为本、制造业当家，狠抓产业平台提质增效、项目培育引进、推动企业发展壮大和优化产业发展环境，打好产业基础高级化和产业链现代化攻坚战，大力推进生产性服务业高端化专业化发展，促进生活性服务业品质化提升，高质量建设现代化产业体系。坚持塑造发展新动能新优势，全面建设教育强市、科技创新强市、人才强市，高质量强化教育、科技、人才基础性战略性支撑。坚持城乡区域协调发展，优化城市功能布局，巩固提升国际综合交通枢纽能级，以城中村综合治理改造为突破全面改善提升城市面貌，大力推进城乡融合发展，高质量提升城市能级和核心竞争力。坚持走中国特色社会主义政治发展道路，高质量发展全过程人民民主。坚持全面依法治市，高质量推进法治广州建设。坚持文化自信自强，深入实施文化强市建设"八大行动"，高质量增强城市文化综合实力。坚持在发展中保障和改善民生，高质量促进共同富裕。坚持推动绿色发展，协同推进降碳、减污、扩绿、增长，高质量建设人与自然和谐共生的绿美广州。坚持以新安全格局保障新发展格局，高质量统筹发展和安全两件大事。

10.《中共重庆市委关于深入学习贯彻党的二十大精神　坚决拥护"两个确立"　坚决做到"两个维护"　在新时代新征程全面建设社会主义现代化新重庆的决定》

2022年12月21日，中国共产党重庆市第六届委员会第二次全体会审议通过。

全会强调，要对标落实党的二十大战略部署，全面建设社会主义现代化新重庆。新时代新征程新重庆这一主题主线，锚定了重庆发展新的历史方位，要以时不我待、只争朝夕的责任感和使命感，拥抱新时代、奋进新征程、建设新重庆。建设现代化新重庆，需要把握五个方面的重要内涵。一是"新"在全面贯彻落实习近平总书记殷殷嘱托上取得的新成效。要沿着总书记指引的方向坚定前行，一以贯之贯彻落实好总书记对重庆做出的系列重要指示要求，在思想上不断深化新的认识，在实践中不断取得新的更大成果。二是"新"在以中国式现代化全面推进中华民族伟大复兴进程中做出的新贡献。要勇担时代重任，发挥重庆优势，努力在西部地区现代化进程中走在前列、做出示范。三是"新"在国家高质量发展版图中争创的新地位。要坚定贯彻新发展理念，积极服务和融入构建新发展格局，加快打造带动全国高质量发展的重要增长极。四是"新"在人民群众对更加幸福美好生活有实实在在的新感受。要在高质量发展中扎实推进共同富裕，全面提升人民群众的获得感、幸福感、安全感、认同感。五是"新"在深入推进新时代党的建设新的伟大工程中展现的新气象。要高水平推进以党的自我革命引领社会革命的市域实践，把全市各级党组织和党员干部队伍锻造得更加坚强有力。

全会强调，要牢记习近平总书记殷殷嘱托，明确全面建设社会主义现代化新重庆的奋斗目标。习近平总书记高度重视重庆发展，对重庆工作做出系列重要指示批示，要求我们营造良好政治生态，坚持"两点"定位，实现"两地""两高"目标，发挥"三个作用"，推动成渝地区双城经济圈建设，加快建设西部陆海新通道，为我们提供了政治指引、根本遵循、动力之源。按照党的二十大部署要求，对标习近平总书记的殷殷嘱托，重庆市现代化建设总的目标安排：从现在起到 2035 年，在高质量发展中基本实现社会主义现代化目标，共同富裕取得更多实质性进展；从 2035 年到 21 世纪中叶，全面建成社会主义现代化强市，全面建设共同富裕美好社会。未来五年的主要目标任务：全面落实党中央确定的各项战略部署，经济实力显著提升，科教实力显著提升，城市综合实力显著提升，生态文明建设水平显著提升，社会治理水平显著提升，人民生活水平显著提升，全面建设社会主义现代化新重庆。

全会强调，全市上下要紧扣现代化新重庆建设目标，系统谋划重大举措、重大改革、重大政策、工作机制，打造更多具有重庆辨识度的有形载体、有效抓手，取得新的突破性进展，形成更多标志性成果，实现整体性跃升。着力推动成渝地区双城经济圈建设，全面增强中心城区发展能级和综合竞争力，培育发展现代化都市圈，辐射带动全域发展，推动"双城"合作、"双核"联建走深走实。着力扩大有效需求，全面促进消费提质扩容，优化和拓展投资，积极开拓国内外市场。着力构建现代化产业体系，把制造业高质量发展放到更加突出的位置，加快培育壮大数字经济，构建优质高效的服务业新体系。着力推进以数字化变革为引领的全面深化改革，建设数字政府，培育数字社会，健全数据管理体制机制，推动数字化改革向各领域各方面延伸。着力推进科教兴市、人才强市建设，以科技创新赋能产业发展，办好人民满意的教育，加快建设国家吸引和集聚人才平台。着力建设内陆开放高地，加快建设西部陆海新通道，打造"一带一路"倡议枢纽，稳步扩大制度型开放，实施自贸试验区提升战略，打造高质量外资集聚地，建设中西部国际交往中心。着力打造国际一流营商环境，提升政务环境，提升法治环境，提升市场环境，提升创新环境，提升要素保障环境。着力推动国资国企高质量发展，深入推进国资国企改革发展，加快存量资产盘活利用，大力提升国资监管水平，加强央地国企合作。着力促进民营经济健康发展，严格执行产权保护制度，实施民营企业"龙头引领"行动，大力培育创新型民营企业，建立民营企业全周期全方位赋能机制，全面构建亲清政商关系。着力促进"一区两群"协调发展，大力实施城市更新提升行动，深入推进以县城为重要载体的城镇化建设，推动渝东北三峡库区城镇群生态优先、绿色发展，推进渝东南武陵山区城镇群文旅融合、城乡协同发展，打造"一区两群"区县协同发展升级版。着力推动乡村全面振兴，坚决守住"三条底线"，大力实施"四千行动"，切实增强关键支撑，全面深化农村改革。着力发展全过程人民民主，加强人民当家做主的制度保障，充分发挥人民政协专门协商机构作用，积极发展基层民主，巩固和发展最广泛的爱国统一战线。着力推动全面依法治市，高质量做好地方立法工作，推进依法行政，严格公正司法，加快建设法治社会。着力保障和改善民生，完善收入分配机制，促进高质量充分就业，织密织牢社会保障网，实施健康中国重庆行动。着力推进文化强市建设，完善意识形态工作体系，推动社会主义核心价值观融入新重庆建设，推进文明新风满巴渝，繁荣文化事业、振兴文化产业，讲好中国故事、传播重庆声音。着力打造山清水秀美丽之地，大力推动发展方式绿色转型，深入打好污染防治攻坚战，全面提升生态系统多样性、稳定性、持续性，积极稳妥推进碳达峰碳中和，全面激发生态文明建设活力。着力防范化解重大风险，防范化解好房地产风险，防范化解好金融风险，防范化解好地方政府债务风险。着力维护国家安全和社会稳定，增强维护国家安全能力，提升安全生产和自然灾害防御能力，完善社会治理体系。着力推进以党的自我革命引领社会革命的市域实践，健全党的全面领导体系，提升新时代党建质量，坚定不移推进全面从严治党。

11.《中共西安市委关于深入贯彻落实党的二十大精神全面推进中国式现代化西安实践奋力谱写高质量发展新篇章的决定》

2022 年 12 月 27 日至 28 日，中国共产党西安市第十四届委员会第四次全体会议审议通过。

全会强调，党的二十大在政治上、理论上、实践上取得了一系列重大成果，为新时代新征程党和国家事业发展、实现第二个百年奋斗目标指明了前进方向、确立了行动指南，必须全面学习、全面把握、全面落实。要全力推

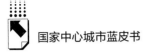
动党的二十大各项决策部署在西安付诸行动、见之于成效，深刻领会新时代十年伟大变革的实践启示，深刻领会开辟马克思主义中国化时代化新境界，深刻领会新时代新征程中国共产党的使命任务，深刻领会中国式现代化的中国特色和本质要求，坚持不懈用习近平新时代中国特色社会主义思想凝心铸魂，坚决扛起国家中心城市使命和省会城市担当，全面推进中国式现代化西安实践，奋力谱写高质量发展新篇章。

全会指出，奋进新征程，必须在深刻理解中国式现代化内涵基础上，准确把握国际国内发展大势，客观审视自身优势短板，积极抢抓战略机遇，全面建设经济高质量发展、产业具有国际竞争力、创新动能强劲、改革开放活力迸发、人与自然和谐共生、文化自信自强、全体人民共同富裕、实现高水平安全的现代化西安，充分展现中国式现代化可观可感的现实图景。

12.《关于深入学习贯彻党的二十大精神　奋力打造中国西部具有全球影响力和美誉度的社会主义现代化国际大都市的决定》

2022 年 12 月 29 日，中共成都市委十四届二次全体会议暨市委经济工作会议审议通过。

全会指出，当前成都正处于能级位势持续上升、发展方式调整转型、增长动能加快转换、开放格局整体跃升、民生福祉提升优化、城市治理深化变革的关键时期，面临重大战略交汇叠加、重大部署深入实施、重大政策加快落地等一系列历史机遇。迈步新征程，成都肩负着探索城市现代化建设国家试点示范的重大政治责任，要切实强化使命担当，坚定扛起主动服务和融入新发展格局的时代使命、建设成渝地区双城经济圈极核城市的时代使命、引领带动现代化成都都市圈建设的时代使命、建设践行新发展理念的公园城市示范区的时代使命、为人民创造幸福美好生活的时代使命，努力走出一条把握时代大势、符合发展规律、体现成都特色、服务国家战略全局和全省发展大局的现代化之路。要综合研判成都现代化建设阶段特征，把中国式现代化的中国特色、本质要求和重大原则贯穿城市发展全过程各领域，着眼 2100 多万人口规模的现代化，致力创新驱动、精明增长、智慧治理，在探索超大城市转型发展新路径上率先突破；着眼全体人民共同富裕的现代化，致力区域协调、城乡融合、幸福提质，在促进城乡共富共美和社会公平正义上率先突破；着眼物质文明和精神文明相协调的现代化，致力物质富足、精神富有、文化富饶，在促进物的全面丰富和人的全面发展上率先突破；着眼人与自然和谐共生的现代化，致力生态优先、绿色低碳、节约集约，在探索山水人城和谐相融新实践上率先突破；着眼走和平发展道路的现代化，致力四向拓展、全域开放、五外联动，在打造国际门户枢纽和建设内陆改革开放高地上率先突破，奋力在西部地区率先实现现代化。

全会提出了新时代新征程的目标愿景：到 2035 年，践行新发展理念的公园城市示范区建设目标全面实现，基本建成中国西部具有全球影响力和美誉度的社会主义现代化国际大都市；到 21 世纪中叶，全面建成发展高质高效、动能充沛充盈、文化自信自强、社会和顺和谐、城乡共富共美的社会主义现代化国际大都市。会议指出，实现上述目标愿景，未来五年至关重要，我们要坚持功能提级推动高质量发展、幸福提质创造高品质生活、智慧提能实施高效能治理，努力实现超大城市转型发展迈出新步伐，经济高质量发展取得新突破，国际门户枢纽实现新跃升，世界文化名城彰显新魅力，绿色低碳转型取得新进展，幸福成都品质内涵得到新提升，城市现代化治理达到新水平。全市各级党组织和广大党员干部要牢牢把握中国式现代化的丰富内涵和精神实质，聚焦党中央和省委赋予成都的时代使命和独特定位，锚定"总牵引、总抓手、总思路"，努力建强"大后方"、唱好"双城记"、做强"都市圈"、建好"示范区"、打造"幸福城"，扎实推动社会主义现代化城市建设加快成势见效，在新的征程上奋力谱写中国式现代化的成都篇章。

13.《中共北京市委关于贯彻落实习近平总书记在深入推进京津冀协同发展座谈会上重要讲话精神的意见》

2023 年 6 月 16 日，中国共产党北京市第十三届委员会第三次全体会议审议通过。

全会指出，要深入学习贯彻习近平总书记重要讲话精神，进一步增强推进京津冀协同发展的使命担当。深刻领会和把握京津冀协同发展的新成效，进一步增强政治自觉、思想自觉和行动自觉，在奋进新征程上展现新作为。

深刻领会和把握京津冀协同发展的新形势，紧紧围绕高质量发展这个首要任务，增强历史自觉，把握战略主动，更好抢抓机遇、应对挑战，不断开创京津冀协同发展的新局面。深刻领会和把握京津冀协同发展的新目标，进一步提高工作站位，充分发挥辐射带动作用，促进北京的优质资源要素在更大范围优化配置，携手绘就中国式现代化先行区、示范区的新图景。深刻领会和把握京津冀协同发展的新要求，用好习近平新时代中国特色社会主义思想的世界观、方法论，以及贯穿其中的立场、观点和方法，更加奋发有为推动京津冀协同发展迈上新台阶，全力以赴把习近平总书记擘画的宏伟蓝图变成生动的现实。

全会强调，要牢牢牵住疏解北京非首都功能这个"牛鼻子"，推动"新两翼"建设取得更大突破。坚定不移疏解北京非首都功能，坚持积极稳妥、稳中求进，控增量和疏存量相结合，内部功能重组和向外疏解转移两手抓。坚决支持和服务央属标志性项目向外疏解，增强向外疏解的内生动力，确保非首都功能疏得出、落得下、能发展。持续开展疏解整治促提升专项行动，深化综合治理，大力实施城市更新，不断优化人居环境和城市品质，进一步从源头上严控非首都功能增量。牢牢守住"四个中心"首都城市战略定位，稳步推进核心区功能重组。坚持把支持雄安新区建设作为分内之事，落实好两地新一轮战略合作协议，支持雄安新区建设新时代创新高地和创业热土，助力提升公共服务水平，共同抓好区域交通生态等基础设施建设，助力雄安新区打造高质量发展样板。高水平建设好城市副中心，着力处理好与雄安新区、中心城区、北三县等周边地区的关系，努力建设国际一流的和谐宜居之都示范区、新型城镇化示范区、京津冀区域协同发展示范区。高品质打造疏解非首都功能集中承载地，高质量建设发展"3+1"主导功能，加强对中心城区服务保障，实现以副辅主、主副共兴。健全完善创新链条和产业生态，加快形成符合城市副中心功能定位的产业集群。高标准提升城市建设管理水平，使之成为新时代的精品城市。高起点推进通州区与北三县一体化高质量发展，努力打造环京交界地区协同发展典范。

全会强调，要充分发挥北京"一核"辐射带动作用，扎实推动区域高质量发展。加快建设北京国际科技创新中心和高水平人才高地。着力打造世界主要科学中心和创新高地，强化国家战略科技力量，打造我国自主创新的重要源头和原始创新的主要策源地。发挥企业创新主体作用，探索由企业主导的产学研用深度融合新范式。推进中关村新一轮先行先试改革措施落实落地，促进"三城一区"协同联动。持续深化人才发展体制机制改革，大力营造国际一流的人才发展环境。强化区域协同创新。推进区域创新链、产业链、供应链三链联动，建设京津冀协同创新共同体。共同建好京津冀国家技术创新中心，打造技术研发、产业培育、人才培养"三位一体"协同创新体系。延伸科技创新服务链，大力提升科技成果区域内转化效率和比重。推动区域产业协作。提升区域产业链供应链韧性和安全水平，巩固壮大实体经济根基。深入推进区域产业一体化，"一链一策"制定产业链延伸和协同配套政策。引导北京龙头企业在津冀优化区域产业分工和生产力布局。打造一批世界级先进制造业集群，高标准建设区域数字基础设施，加强京津冀产业转移承接重点平台建设。构建现代化首都都市圈，推动形成环京地区通勤圈、京津雄功能圈、节点城市产业圈三个圈层，打造京津冀世界级城市群的重要支撑。

全会强调，要着力促进区域平衡协调发展，不断提高人民群众获得感幸福感安全感。唱好新时代京津"双城记"。落实好新一轮战略合作协议和7个专项合作协议，着力把北京的科技创新资源和天津的先进制造研发优势结合起来，共同打造区域发展高地。深化京冀高水平合作。助力河北有条件的地区更好承接创新成果转化和产业转移，形成紧密的分工协作和产业配套格局。大兴国际机场临空经济区探索建立京冀联合招商和利益共享等机制。实施京张体育文化旅游带建设规划，促进体育、文化、旅游融合发展。促进区域基础设施互联互通。巩固提升"轨道上的京津冀"，完善区域公路交通网。着力打造京津冀世界级机场群、港口群，促进北京空港、陆港与津冀海港联动发展。强化生态环境联防联控联治。扎实推进山水林田湖草沙一体化保护和系统治理，积极推动实施北方防沙带生态保护修复工程。共同打好污染防治攻坚战，守护好蓝天白云、绿水青山。推进区域绿色低碳发展，优化区域能源结构和布局，探索区域碳达峰碳中和新机制。加快推进公共服务共建共享。促进京津冀地区更加充分、更高质量就业，推动优质养老资源优先向环京地区延伸布局，以教育集团、学校联盟、结对帮扶等方式开展跨区域合作办学，加快跨区域医联体建设。

14.《中共上海市委关于深入学习贯彻习近平新时代中国特色社会主义思想 深化高水平改革开放 推动高质量发展的意见》

2023年7月4日，中国共产党上海市第十二届委员会第三次会议审议通过。

全会指出，党的二十大擘画了以中国式现代化全面推进中华民族伟大复兴的宏伟蓝图，明确了高质量发展是全面建设社会主义现代化国家的首要任务。习近平总书记站在战略和全局的高度，要求上海强化全球资源配置功能、科技创新策源功能、高端产业引领功能、开放枢纽门户功能，明确了深化"五个中心"建设的战略重点，指出了推动高质量发展的主攻方向。全市要深入学习贯彻习近平新时代中国特色社会主义思想和党的二十大精神，全面落实习近平总书记考察上海重要讲话精神和对上海工作重要指示要求，坚持稳中求进工作总基调，完整、准确、全面贯彻新发展理念，加快服务构建新发展格局，着力推动高质量发展，胸怀"两个大局"，以全面深化改革为根本动力，以高水平制度型开放为战略引领，以强化"四大功能"为主攻方向，以弘扬城市精神品格为重要支撑，坚持"四个放在"、强化担当，坚持对标一流、先行先试，坚持问题导向、效果导向，坚持系统集成、统筹推进，坚持底线思维、风险可控，加快提升劳动生产率和核心竞争力，更好参与国际合作与竞争，努力成为国内大循环的中心节点和国内国际双循环的战略链接，继续当好全国改革开放排头兵、创新发展先行者，奋力开创建设具有世界影响力的社会主义现代化国际大都市新局面。

全会强调，踏上新征程，现代化建设对深化改革开放提出了更高要求。要牢牢坚持改革开放正确方向，全面贯彻中央部署要求，把技术逻辑、市场逻辑、治理逻辑有机统一起来。要把敢闯敢试作为新征程上深化高水平改革开放最重要的使命和最重大的责任，形成系统化、体系化方案设计。要预见预判新技术条件下规则可能发生的变化，因势利导、不失时机地探索规则构建。要全面深化事中事后监管改革，构建与高水平开放、高质量发展相适应的监管体系。

全会要求，要强化全球资源配置功能，彰显高质量发展的战略位势，做大做强资本要素市场，高效配置关键要素资源，提升经营主体全球运作的水平。要强化科技创新策源功能，激发高质量发展的澎湃动力，加强基础研究，强化关键核心技术攻关和科技成果转移转化，构建具有全球竞争力的开放创新体系。要强化高端产业引领功能，发挥高质量发展的示范作用，聚焦三大先导产业和未来产业打造世界级产业集群，以六大重点产业为主推动智能化、绿色化、融合化发展，发挥生产性服务业对产业升级的赋能作用，培育具有标杆示范意义的世界一流企业。要强化开放枢纽门户功能，提升高质量发展的辐射能力，深化规则、规制、管理、标准等制度型开放，深化贸易投资自由化便利化，提升走出去发展竞争力，打造世界级航运枢纽。

附录三 国家中心城市建设大事记

2022 年 5 月 13 日 天津市人民政府印发《关于支持"滨城"建设的若干政策措施》，聚焦 10 个方面，全力支持美丽"滨城"发展。

2022 年 5 月 19 日 北京市人民政府印发《北京市生态安全格局专项规划（2021 年—2035 年）》，聚焦生态安全格局的系统化构建和差异化管控，探索首都非建设空间的规划、管控与实施路径。

2022 年 5 月 19 日 北京市人民政府印发《北京市国土空间生态修复规划（2021 年—2035 年）》，明确要全面诊断生态系统受损、退化和破坏程度及修复潜力，绘制全市生态修复一张图，识别生态保护、修复和整治的重点地区，进一步明确 3 种修复方式，9 种修复类型和修复优先序。

2022 年 5 月 30 日 天津市人民政府印发天津市贯彻落实《扎实稳住经济的一揽子政策措施》，主要包括全面落实国家财政政策、用足用好货币金融支持、稳投资促消费扩大内需、保障粮食能源安全、稳定畅通产业链供应链、兜牢民生保障底线 6 个方面、35 条政策措施，高效统筹疫情防控和经济社会发展，努力实现全年经济社会发展预期目标。

2022 年 6 月 1 日 郑州市人民政府印发《郑州市稳经济促增长政策措施》，围绕做好疫情防控、持续纾解企业生产经营困难、保持产业链供应链稳定等 8 个方面提出 45 项支持措施。

2022 年 6 月 2 日 西安市人民政府印发《西安市扎实稳住经济若干政策措施》，突出惠企业增信心、扩需求增活力、稳产业增动力、保就业增后劲、兜底线增底气等方面，紧盯重点行业、重点区域、重点企业纾困解难，促进经济平稳健康发展。

2022 年 6 月 2 日　北京市人民政府印发《北京市统筹疫情防控和稳定经济增长的实施方案》，针对当前市场主体和群众最关心、最直接、最迫切的现实困难，提出了 6 个方面 45 条措施，全力统筹疫情防控和稳定经济增长。

2022 年 6 月 6 日　国务院印发《广州南沙深化面向世界的粤港澳全面合作总体方案》，赋予南沙"立足湾区、协同港澳、面向世界"的重大战略性平台的新定位和新使命。

2022 年 6 月 15 日　重庆市人民政府印发《重庆市城市基础设施建设"十四五"规划（2021—2025 年）》，进一步明确了"十四五"期间重庆城市基础设施发展思路、发展目标和重大任务。

2022 年 6 月 16 日　北京市人民政府印发《北京市"十四五"时期土地资源保护利用规划》，明确了"十四五"时期土地资源保护利用的总体思路、具体目标、主要任务等，规划期限为 2021—2025 年。

2022 年 6 月 20 日　成都市人民政府印发《增强发展韧性稳住经济增长若干政策措施》，从财税支持、金融政策、稳投资促消费等 9 个方面提出了 40 条措施。

2022 年 6 月 21 日　武汉市人民政府印发《武汉市建设全国碳金融中心行动方案》，提出到 2025 年末建成"三中心一圈"——支撑碳市场和碳金融高质量发展的全国碳排放权注册、登记、结算中心，辐射长江经济带的生态资源权益交易中心，立足中部、辐射全国的碳金融生态圈，碳市场的核心节点、结算枢纽及碳定价中心。

2022 年 6 月 25 日　重庆市人民政府印发《重庆市城市更新提升"十四五"行动计划》，提出"十四五"期将完善基础设施体系，加快推进城市基础设施建设，全市高铁通车及在建里程超过 2000 公里，开工建设高速公路 1000 公里、建成 1200 公里，构建起多层次、立体复合的现代化交通设施体系。

2022 年 6 月 29 日　郑州市人民政府印发《关于建设国家区域性现代金

融中心的实施意见》，提出到 2025 年末，金融业对全市经济贡献度不断提高，金融供给水平不断提升；各项存贷款规模达到 8 万亿元，其中贷款年均增速高于全国平均水平；直接融资比重逐年提高；金融服务体系日趋完善，服务质效不断提升，融资成本稳步降低，服务"四个高地"和郑州国家中心城市建设的能力显著增强。

2022 年 7 月 4 日　国家发展改革委和交通运输部印发《国家公路网规划》，提出到 2035 年，基本建成覆盖广泛、功能完备、集约高效、绿色智能、安全可靠的现代化高质量国家公路网。展望到 2050 年，高水平建成世界一流国家公路网，与现代化高质量国家综合立体交通网相匹配，与先进信息网络相融合，与生态文明相协调，与总体国家安全观相统一，与人民美好生活需要相适应，有力支撑全面建成现代化经济体系和社会主义现代化强国。

2022 年 7 月 7 日　重庆市人民政府印发《重庆市计量发展规划（2021—2035 年）》，提出到 2025 年，重庆计量科技创新能力进入全国前列，部分领域达到国内领先水平；到 2035 年，计量科技创新水平与计量服务保障能力大幅提升，计量整体能力跻身全国领先梯队。

2022 年 7 月 29 日　武汉市人民政府印发《武汉市"无废城市"建设实施方案》，提出到 2025 年，全市工业固体废物产生强度较快下降，主要农业废弃物接近全量利用，生活垃圾分类基本实现全覆盖，建筑垃圾综合利用水平显著提升，危险废物得到安全管控，固体废物管理信息"一张网"初步建成，以汽车、钢铁、石化、建材、食品等为主导的产业"无废"模式初步形成，"无废"理念深入人心。

2022 年 8 月 10 日　天津市人民政府印发《天津市贯彻落实"十四五"市场监管现代化规划实施方案》，提出，"十四五"期间，本市将全面培育和壮大各类市场主体，支持实体经济和各类市场主体发展壮大。

2022 年 8 月 11 日　重庆市人民政府和四川省人民政府印发《重庆都市圈发展规划》，明确重庆都市圈由重庆主城都市区中心城区（以下简称中心城区）和紧密联系的周边城市共同组成。

2022 年 8 月 19 日 重庆市人民政府印发《重庆市建设世界级智能网联新能源汽车产业集群发展规划（2022—2030 年）》，提出到 2025 年，初步形成世界级智能网联新能源汽车产业集群雏形，智能网联新能源汽车产销量占全国比重达到 10% 以上；到 2030 年，建成世界级智能网联新能源汽车产业集群，智能网联新能源汽车产销量在全国的占比进一步提升，产业规模达到全球一流水平。

2022 年 8 月 25 日 天津市人民政府印发《天津市碳达峰实施方案》，聚焦"十四五"和"十五五"两个碳达峰关键时期，明确了提高非化石能源消费比重、提升能源利用效率、降低二氧化碳排放水平等方面的主要指标。

2022 年 8 月 27 日 天津市人民政府印发《天津市计量发展规划（2022—2035 年）》，提出了总体要求、计量科技创新、计量应用服务、计量能力建设、计量监督管理和保障措施共分六个部分。

2022 年 9 月 13 日 西安市人民政府印发《西安市"十四五"公共服务体系建设规划》，从人口发展、公共教育、就业创业、社会服务、医疗卫生、文化建设、国民休闲、住房保障、全民健身、社区服务等领域对全市公共服务体系建设做出了明确的规划，促进基本公共服务均等可及，推动非基本公共服务普惠化发展。

2022 年 9 月 18 日 重庆市人民政府印发《重庆市"十四五"节能减排综合工作实施方案》，提出到 2025 年，全市单位地区生产总值能源消耗比 2020 年下降 14%，能源消费总量得到合理控制，主要污染物排放总量持续减少，化学需氧量、氨氮、氮氧化物、挥发性有机物重点工程减排量分别达到 4.32 万吨、0.18 万吨、3.68 万吨、1.06 万吨。节能减排政策机制更加健全，重点行业能源利用效率和主要污染物排放控制水平基本达到国内先进水平，全面增强经济发展绿色动能。

2022 年 9 月 20 日 武汉市人民政府印发《武汉市全民健身实施计划（2022—2025 年）》，提出到 2025 年，全市经常参加体育锻炼的人数比例达到 50% 以上，国民体质监测合格率达到 95% 以上，城乡居民"12 分钟体育健身圈"更加完善，每千人拥有社会体育指导员保持在 4 名以上，人均体育场地面积达到 2.7 平方米，体育产业总规模达到 1100 亿元，体育消费规模达到 260 亿元。

2022 年 10 月 8 日 国家发展改革委印发《长三角国际一流营商环境建设三年行动方案》，提出到 2025 年，长三角区域资源要素有序自由流动，行政壁垒逐步消除，统一开放的市场体系基本建立。与国际高标准市场规则体系全面对接，协同开放达到更高水平。

2022 年 10 月 11 日 北京市人民政府印发《北京市碳达峰实施方案》，围绕"效率引领、科技支撑、机制创新"三方面，安排了 28 项任务措施，确保如期实现 2030 年前碳达峰目标。

2022 年 10 月 13 日 国家发展改革委、商务部等六部联合印发了《关于以制造业为重点促进外资扩增量稳存量提质量的若干政策措施》（以下简称《若干政策措施》），进一步加大制造业引资力度，着力解决外商投资企业面临的突出问题，全面加强外商投资促进和服务，推动利用外资高质量发展。

2022 年 10 月 14 日 武汉市人民政府印发《武汉市创建国家生态园林城市工作方案（2022—2023 年）》，要求以高质量园林绿化建设补齐功能短板、提升生态品质、增进民生福祉，为加快建设美丽武汉、奋力打造新时代英雄城市提供有力支撑。

2022 年 10 月 18 日 西安市人民政府印发《西安市"十四五"工业和信息化发展规划》，聚焦建设全国一流的先进制造业基地，打造支柱产业多元并进、新兴产业快速发展、生产性服务有力支撑的先进制造业体系，实现产业强、企业强、创新强、品牌强、融合强的发展目标，全方位提高工业和信息化发展水平，推动西安经济高质量发展。

2022 年 11 月 8 日 成都市人民政府印发《成都市进一步推动外资扩量提质促发展的若干政策措施》，包含加大投资促进力度、激励外资科技创新、推进外商投资便利化、完善外企投资保护、提升惠企政策可及性 5 方面，15 条政策措施，既体现外商投资政策集成创新，又突出强调外资企业在蓉发展的协同服务保障。

2022 年 11 月 10 日　郑州市人民政府印发《郑州市"十四五"现代能源体系规划》，提出到 2025 年基本形成以"内优外引"为基本特征，清洁低碳、安全高效的现代能源体系。

2022 年 11 月 10 日　中共武汉市委十四届三次全体会议审议通过《中共武汉市委关于认真学习宣传贯彻党的二十大精神的决定》，强调要将学习贯彻党的二十大精神与深入贯彻习近平总书记考察湖北武汉重要讲话精神结合起来，坚决把党的二十大做出的决策部署付诸行动、见之于成效。

2022 年 11 月 25 日　西安市人民政府印发《西安市全民健身实施计划（2021—2025 年）》，以构建"运动之城、文化之城、活力之城、宜居之城"为总体蓝图，围绕"运动让生活更有趣，体育让城市更温暖"主线，坚持"夯实基础、示范带动，融合联动、服务群众"的原则，进一步创新载体、整合资源、有效供给，加快构建更高水平的全民健身公共服务体系，满足群众多元化健身需求，服务体育强市和国家中心城市建设。

2022 年 11 月 24 日至 25 日　中国共产党天津市第十二届委员会第二次全体会议审议通过《中共天津市委关于深入学习宣传贯彻党的二十大精神奋力开创全面建设社会主义现代化大都市新局面的决定》，强调要对标对表党的二十大关于以中国式现代化全面推进中华民族伟大复兴的战略部署，进一步调整完善、深化提升天津市全面建设社会主义现代化大都市的目标任务、思路举措，推动党的二十大做出的重大决策部署具体化、实践化、行动化。

2022 年 12 月 2 日　郑州市人民政府印发《郑州市"十四五"公共服务和社会保障规划》，明确"十四五"时期本市人力资源社会保障事业发展的总体思路、发展目标、主要任务和重大政策措施。

2022 年 12 月 6 日　武汉市人民政府印发《武汉市加快促进软件和信息技术服务业创新发展实施方案（2022—2025 年）》，着力发展基础软件、工业软件、网络安全软件、地球空间信息、互联网信息服务、行业信息化、嵌入式系统软件、新兴平台软件、电子设计自动化软件（EDA）和汽车软件等 10 个重点领域。

2022 年 12 月 11 日至 12 日 中国共产党郑州市第十二届委员会第三次全体会议审议通过《中共郑州市委关于深入学习宣传贯彻党的二十大精神落实省委十一届四次全会部署全面加快国家中心城市现代化建设的实施意见》，提出，要坚持以党的二十大精神为指引，全面贯彻省委十一届四次全会部署，努力开创国家中心城市现代化建设新局面。

2022 年 12 月 13 日 国家发展改革委和科技部联合印发《关于进一步完善市场导向的绿色技术创新体系实施方案（2023—2025 年）》，提出，到 2025 年，市场导向的绿色技术创新体系进一步完善，绿色技术创新对绿色低碳发展的支撑能力持续强化。企业绿色技术创新主体进一步壮大，培育一批绿色技术领军企业、绿色低碳科技企业、绿色技术创新领域国家级专精特新"小巨人"企业。各类绿色技术创新主体创新活力不断释放，协同创新更加高效。绿色技术供给能力显著提升，形成一批基础性、原创性、颠覆性绿色技术创新成果。绿色技术交易市场更加规范有序，先进适用的绿色技术创新成果得以充分转化应用。

2022 年 12 月 14 日 中共中央 国务院印发《扩大内需战略规划纲要（2022-2035 年）》，涵盖十一个部分、三十八条，全面阐释我国实施扩大内需战略的规划背景，明确总体要求，并提出八个方面的政策举措。

2022 年 12 月 15 日至 16 日 中央经济工作会议在北京举行。会议总结了 2022 年经济工作，分析了当前经济形势，部署了 2023 年经济工作。

2022 年 12 月 16 日 中国共产党广州市第十二届委员会第五次全体会议审议通过《中共广州市委关于深入学习贯彻党的二十大精神奋力在全面建设社会主义现代化国家新征程中高质量实现老城市新活力、"四个出新出彩"的决定》，强调要牢记习近平总书记赋予广州的使命任务，对标对表党的二十大战略部署，完善推进现代化建设的具体行动方案和施工图，在推进中国式现代化中高质量实现老城市新活力、"四个出新出彩"。

2022 年 12 月 21 日 中国共产党重庆市第六届委员会第二次全体会议审议通过《中共重庆市委关于深入学习贯彻党的二十大精神，坚决拥护"两个确立"、坚决做到"两个维护"，在新时代新征程全面建设社会主义现代化新重庆的决定》，强调要对标落实党的二十大战略部署，全面建设社会主义现代化新重庆。

2022 年 12 月 27 日至 28 日　中国共产党西安市第十四届委员会第四次全体会议审议通过《中共西安市委关于深入贯彻落实党的二十大精神全面推进中国式现代化西安实践奋力谱写高质量发展新篇章的决定》，强调 2023 年要着力抓好八个方面重点工作，以务实举措推动高质量发展取得新成效，为中国式现代化西安实践开好局起好步。

2022 年 12 月 29 日　上海市人民政府办公厅印发《关于本市健全重特大疾病医疗保险和救助制度的实施意见》，进一步减轻群众医疗费用负担，不但巩固基本医保、大病保险、医疗救助 3 重基本制度综合保障体系。

2022 年 12 月 29 日　中共成都市委十四届二次全体会议暨市委经济工作会议审议通过《关于深入学习贯彻党的二十大精神　奋力打造中国西部具有全球影响力和美誉度的社会主义现代化国际大都市的决定》，以深入学习贯彻党的二十大精神和省委十二届二次全会精神为主题主线，以全面建设践行新发展理念的公园城市示范区为统领，聚焦打造中国西部具有全球影响力和美誉度的社会主义现代化国际大都市这一总体目标，按照思想指引、总体谋划、重点任务、政治保证四大板块展开。

2022 年 12 月 30 日　国家发展改革委、住房城乡建设部、生态环境部印发《关于推进建制镇生活污水垃圾处理设施建设和管理的实施方案》，进一步强化顶层设计，推动设施高质量建设和规范化运行管理。

2022 年 12 月 30 日　郑州市人民政府印发《郑州市"十四五"创新高地建设规划》，提出谋划打造"一带引领、两翼驱动、四区支撑、多点联动"的科技创新驱动发展空间格局，推动城市发展方式从以城促产向以产促城、产城融合转变，加快推进"1+8"郑州都市圈协同发展，引领中原城市群高质量发展。

2022 年 12 月 30 日　成都市人民政府印发《成都市持续优化提升营商环境十大举措》，以"激发市场主体信心和活力"为主线，从 10 个方面提出了 39 项改革举措。

2022 年 12 月 30 日 郑州市人民政府印发《郑州市"十四五"现代流通体系发展规划》，提出到 2025 年，支撑国家重大发展战略，全面融入国际国内双循环，聚力建设现代国际综合交通枢纽、现代国际物流中心、现代国际商贸中心、现代国际电商中心、现代国际消费中心名城，创建全国流通体系建设示范区，初步形成郑州国际现代流通中心。

2023 年 1 月 18 日 成都市人民政府印发《推进成都自由贸易试验区贸易投资便利化改革创新若干措施》，赋予成都自贸试验区更大改革自主权，深入开展贸易投资便利化改革创新，进一步激发市场主体活力，打造发展新优势，推动成都自贸试验区高水平对外开放。

2023 年 1 月 20 日 上海市人民政府印发《上海市提信心扩需求稳增长促发展行动方案》，提出 10 项行动共 32 条举措大力提振市场预期和信心，推动经济社会发展开好局起好步，努力实现全年经济发展主要预期目标。

2023 年 2 月 25 日 广州市人民政府印发《广州市建设国际消费中心城市发展规划（2022—2025 年）》，指出广州将锚定"国际"重要方向、"消费"核心功能、"中心"关键定位，坚持湾区联动、优势互补，供需互促、双向协调，大力实施"尚品""提质""强能""通达""美誉"五大工程，统筹用好国际国内两个市场、两种资源，着力提升供给的创新性、丰富性、适配性，携手港澳全面增强对全球消费的集聚辐射力、资源配置力、创新引领力，加快建成具有全球影响力、美誉度的国际消费中心城市，更好服务构建新发展格局，引领粤港澳大湾区高质量发展，加快高质量实现"老城市新活力、四个出新出彩"。

2023 年 2 月 27 日 中共中央、国务院印发了《数字中国建设整体布局规划》，从党和国家事业发展的战略高度，提出了新时代数字中国建设的整体战略。

2023 年 3 月 2 日 广州市人民政府印发《广州市碳达峰实施方案》，聚焦"十四五"和"十五五"两个碳达峰关键期，提出了提升能源利用效率和降低二氧化碳排放水平等方面的主要目标，相关指标和任务更加细化、实化和具体化，确保全市碳排放在 2030 年前达到峰值。

2023 年 3 月 2 日　四川省人民政府和重庆市人民政府印发《推动川南渝西地区融合发展总体方案》，明确了川南渝西地区成渝地区高质量发展重要支撑带、跨区域产业融合发展功能区、成渝地区对外开放合作重要门户、长江上游高品质生活宜居区等四大功能定位，部署了构建融合互补的区域发展布局、建设融合共赢的特色产业体系、构筑高效便捷的基础设施网络等七项重点任务。

2023 年 3 月 10 日　重庆市人民政府印发《重庆市推动成渝地区双城经济圈建设行动方案（2023—2027 年）》，提出要奋力推动成渝地区双城经济圈建设走深走实，聚力形成更多具有重庆辨识度的标志性成果，争当西部地区高质量发展排头兵，打造具有全国影响力的科技创新基地，勇当内陆省份改革开放探路先锋，加快建设高品质生活示范区，更好服务国家区域发展大局、内陆改革开放大局、长江经济带绿色发展大局、促进共同富裕大局。

2023 年 3 月 11 日　重庆市人民政府和四川省人民政府印发《推动川渝万达开地区统筹发展总体方案》，提出构建"一轴、两带、三组团"的区域发展布局，其中以区域内长江黄金水道、成都至达州至万州高速铁路及达州至万州铁路为经济发展主轴，以重庆至西安高速铁路和重庆至襄阳铁路沿线重点城镇和产业功能区为经济发展带，以万州区、达州市、开州区城区为支撑的城市功能组团。

2023 年 3 月 16 日　郑州市人民政府印发《郑州市"十四五"公共卫生体系和全民健康规划》，提出到 2025 年，基本建成与国家中心城市功能定位相适应的高质量卫生健康服务体系，服务模式明显转变，服务供给更加充分均衡，居民健康素养稳步提升，促进全民健康的政策体系和社会环境基本建立。

2023 年 3 月 17 日　武汉市人民政府发布《关于培育建设国际消费中心城市的实施意见》，提出到 2025 年，社会消费品零售总额达到 9000 亿元，外贸进出口总额达到 4700 亿元，旅游总收入达到 2700 亿元，入境旅游人数达到 130 万人次，展会节事活动达到 800 场次。到 2030 年，社会消费品零售总额达到 15000 亿元，外贸进出口总额达到 7500 亿元，旅游总收入达到

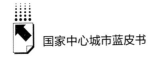

4000 亿元，入境旅游人数达到 350 万人次，展会节事活动达到 1000 场次。

2023 年 3 月 27 日 成都市人民政府印发《成都市支持制造业高质量发展若干政策措施》，从支持产业建圈强链、支持制造业创新发展、支持发展现代都市工业等 7 方面给出一系列真金白银奖补举措，单项支持金额最高达到 1 亿元。

2023 年 3 月 28 日 天津市人民政府印发《天开高教科创园建设规划方案》，明确园区将构建"一核两翼"、辐射全市的总体空间发展布局。

2023 年 4 月 7 日 郑州市人民政府印发《郑州市"十四五"时期"无废城市"建设实施方案》，提出到 2025 年，郑州市"无废城市"建设达到国家要求，进入全国 113 个"无废城市"的第一方阵，推动落实河南省"5+1"国家"无废城市"共建共享机制，带动郑州都市圈形成绿色可持续发展氛围，大力助推绿色经济发展，引领河南"无废城市"建设工作。

2023 年 4 月 18 日 上海市人民政府办公厅印发《关于新时期强化投资促进加快建设现代化产业体系的政策措施》，聚焦招商奖励、模式和载体，重点产业招商，招商机制建立，提出 3 方面 24 条措施。

2023 年 5 月 5 日 中共中央总书记、国家主席、中央军委主席、中央财经委员会主任习近平主持召开二十届中央财经委员会第一次会议，强调做好新一届中央财经委员会工作，研究加快建设现代化产业体系问题，研究以人口高质量发展支撑中国式现代化问题。

2023 年 5 月 8 日 教育部和天津市人民政府印发《关于探索现代职业教育体系建设改革新模式的实施方案》，指出，部市通过共同努力，将用 2 至 3 年时间，建成产教深度融合、职普相互融通，促进全民终身学习，更好服务人的全面发展和经济社会高质量发展的现代职业教育体系。

2023 年 5 月 21 日 北京市人民政府印发《北京市加快建设具有全球影响力的人工智能创新策源地实施方案（2023~2025 年）》，提出到 2025 年，本市人工智能技术创新与产业发展进入新阶段，努力建成具有全球影响力的人工智能创新策源地的总体目标。布局一批前沿方向，技术创新实现新引领；推动一批国产替代，技术攻坚取得新突破；构建一批产业方阵，产业能级完成新跃升；塑造一批示范标杆，场景赋能驱动新应用；营造一流创新环境，生态构建形成新成效。

2023 年 5 月 29 日　郑州市人民政府印发《郑州市金融支持经济高质量发展若干措施》，从完善金融市场体系、创新金融服务方向、提升资本市场利用水平、推动房地产与金融形成良性循环、优化金融生态环境等方面制定 25 条举措，促进金融发挥"活水"作用，推进经济高质量发展。

2023 年 6 月 1 日　中共重庆市委和重庆市人民政府印发《关于促进民营经济高质量发展的实施意见》，聚焦八大重点任务共列出 59 条任务清单，每一项任务都有明确的工作抓手和任务分工，全力助推全市民营经济高质量发展。

2023 年 6 月 1 日　国务院印发《关于在有条件的自由贸易试验区和自由贸易港试点对接国际高标准推进制度型开放的若干措施》，率先在上海、广东、天津、福建、北京等 5 个具备条件的自由贸易试验区和海南自由贸易港，试点对接国际高标准经贸规则，稳步扩大制度型开放。

2023 年 6 月 7 日　天津市人民政府印发《天津市加快建设国际消费中心城市行动方案（2023—2027 年）》，提出 6 个方面 24 项重点任务，推动天津加快建设国际消费中心城市，增强消费对经济发展的基础性作用。

2023 年 6 月 7 日　上海市人民政府办公厅印发《上海市关于提升综合服务能力助力企业高水平"走出去"的若干措施》，提出力争到 2025 年，本市专业服务机构跨境服务能力进一步增强，对外投资结构和产业布局进一步优化，知识密集型服务贸易规模迈上新台阶。

2023 年 6 月 7 日　广州市人民政府印发《广州南沙科学城总体发展规划（2022—2035 年）》，提出将南沙科学城打造为有全球影响力原始创新策源地、创造创新创业驱动重大战略性新兴产业集群发展新引擎，并构建以南沙科学城为核心的粤港澳大湾区全球合作创新网络，打造世界一流科学城。

2023 年 6 月 8 日　国家发展改革委、教育部等 8 部门联合印发《职业教育产教融合赋能提升行动实施方案（2023—2025 年）》，提出，到 2025 年，国家产教融合试点城市达到 50 个左右，试点城市的突破和引领带动作

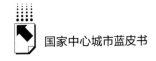

用充分发挥，在全国建设培育 1 万家以上产教融合型企业。

2023 年 6 月 16 日 中国共产党北京市第十三届委员会第三次全体会议审议通过《中共北京市委关于贯彻落实习近平总书记在深入推进京津冀协同发展座谈会上重要讲话精神的意见》，指出要深入学习贯彻习近平总书记重要讲话精神，进一步增强推进京津冀协同发展的使命担当。

2023 年 6 月 30 日 中共中央政治局会议审议通过《关于支持高标准高质量建设雄安新区若干政策措施的意见》，指出雄安新区工作重心已转向高质量建设、高水平管理、高质量疏解发展并举，制定出台一揽子支持政策，对于统筹推进雄安新区承接北京非首都功能疏解与大规模建设发展，高标准高质量建设雄安新区，具有重要意义。

2023 年 7 月 4 日 中国共产党上海市第十二届委员会第三次会议审议通过《中共上海市委关于深入学习贯彻习近平新时代中国特色社会主义思想深化高水平改革开放推动高质量发展的意见》，强调要成为国内大循环的中心节点和国内国际双循环的战略链接，继续当好全国改革开放排头兵、创新发展先行者，奋力开创建设具有世界影响力的社会主义现代化国际大都市新局面。

皮 书

智库成果出版与传播平台

❖ 皮书定义 ❖

皮书是对中国与世界发展状况和热点问题进行年度监测，以专业的角度、专家的视野和实证研究方法，针对某一领域或区域现状与发展态势展开分析和预测，具备前沿性、原创性、实证性、连续性、时效性等特点的公开出版物，由一系列权威研究报告组成。

❖ 皮书作者 ❖

皮书系列报告作者以国内外一流研究机构、知名高校等重点智库的研究人员为主，多为相关领域一流专家学者，他们的观点代表了当下学界对中国与世界的现实和未来最高水平的解读与分析。截至 2022 年底，皮书研创机构逾千家，报告作者累计超过 10 万人。

❖ 皮书荣誉 ❖

皮书作为中国社会科学院基础理论研究与应用对策研究融合发展的代表性成果，不仅是哲学社会科学工作者服务中国特色社会主义现代化建设的重要成果，更是助力中国特色新型智库建设、构建中国特色哲学社会科学"三大体系"的重要平台。皮书系列先后被列入"十二五""十三五""十四五"时期国家重点出版物出版专项规划项目；2013~2023 年，重点皮书列入中国社会科学院国家哲学社会科学创新工程项目。

皮书数据库

ANNUAL REPORT(YEARBOOK)
DATABASE

权威报告 · 连续出版 · 独家资源

分析解读当下中国发展变迁的高端智库平台

所获荣誉

- 2020年，入选全国新闻出版深度融合发展创新案例
- 2019年，入选国家新闻出版署数字出版精品遴选推荐计划
- 2016年，入选"十三五"国家重点电子出版物出版规划骨干工程
- 2013年，荣获"中国出版政府奖·网络出版物奖"提名奖
- 连续多年荣获中国数字出版博览会"数字出版·优秀品牌"奖

皮书数据库

"社科数托邦"
微信公众号

成为用户

登录网址www.pishu.com.cn访问皮书数据库网站或下载皮书数据库APP，通过手机号码验证或邮箱验证即可成为皮书数据库用户。

用户福利

- 已注册用户购书后可免费获赠100元皮书数据库充值卡。刮开充值卡涂层获取充值密码，登录并进入"会员中心"—"在线充值"—"充值卡充值"，充值成功即可购买和查看数据库内容。
- 用户福利最终解释权归社会科学文献出版社所有。

社会科学文献出版社 皮书系列
SOCIAL SCIENCES ACADEMIC PRESS (CHINA)

卡号：443871196845
密码：

数据库服务热线：400-008-6695
数据库服务QQ：2475522410
数据库服务邮箱：database@ssap.cn
图书销售热线：010-59367070/7028
图书服务QQ：1265056568
图书服务邮箱：duzhe@ssap.cn

法律声明

"皮书系列"（含蓝皮书、绿皮书、黄皮书）之品牌由社会科学文献出版社最早使用并持续至今，现已被中国图书行业所熟知。"皮书系列"的相关商标已在国家商标管理部门商标局注册，包括但不限于 LOGO（ ）、皮书、Pishu、经济蓝皮书、社会蓝皮书等。"皮书系列"图书的注册商标专用权及封面设计、版式设计的著作权均为社会科学文献出版社所有。未经社会科学文献出版社书面授权许可，任何使用与"皮书系列"图书注册商标、封面设计、版式设计相同或者近似的文字、图形或其组合的行为均系侵权行为。

经作者授权，本书的专有出版权及信息网络传播权等为社会科学文献出版社享有。未经社会科学文献出版社书面授权许可，任何就本书内容的复制、发行或以数字形式进行网络传播的行为均系侵权行为。

社会科学文献出版社将通过法律途径追究上述侵权行为的法律责任，维护自身合法权益。

欢迎社会各界人士对侵犯社会科学文献出版社上述权利的侵权行为进行举报。电话：010-59367121，电子邮箱：fawubu@ssap.cn。

社会科学文献出版社